HERMÈS 35
Cognition, Communication, Politique

LES JOURNALISTES ONT-ILS ENCORE DU POUVOIR ?

Ce numéro est publié
avec le concours du Centre national du Livre

CNRS EDITIONS
15, rue Malebranche – 75005 Paris

HERMÈS
Cognition, Communication, Politique

CNRS 27, rue Damesme, F-75013 Paris. Tél. (33) 01.44.16.73.65. Fax (33) 01.44.16.73.69
http://www.wolton.cnrs.fr

Directeur de la publication : Dominique WOLTON

ISSN 0767-9513 ISBN 2-271-06126-1

La communication est une valeur, une aspiration, mais elle est aussi une industrie, un marché florissant, voire une idéologie. Autrement dit, un phénomène complexe et polysémique qui requiert un travail d'analyse critique et de compréhension. Au cœur des sciences, des techniques et de la société, elle constitue aujourd'hui un des principaux facteurs des changements contemporains. C'est pourquoi, au-delà des effets de mode, elle est à prendre au sérieux. Tel est le pari scientifique de la revue Hermès : étudier de manière interdisciplinaire la communication dans ses rapports avec les individus, les techniques, les cultures, les sociétés.

Notre choix est celui de la connaissance, pour analyser les implications cognitives de ce vaste domaine d'activités, de discours et de recherches. L'objectif : partir à la connaissance de ce paradigme mobilisé par les chercheurs et indispensable à la compréhension d'un nombre croissant de phénomènes contemporains. C'est bien le caractère interdisciplinaire des sciences de la communication, et la nécessité de mieux distinguer vrais et faux problèmes qui justifient cet engagement intellectuel collectif, qui, au-delà de cette revue, vise à la constitution d'une communauté scientifique.

Le modèle de la communication est déjà requis par les sciences cognitives qui proposent des modèles d'interprétation pour les processus de perception, de mémorisation et de traitement de l'information en général. Il est également mobilisé par les sciences sociales qui cherchent à évaluer la façon dont les techniques de communication affectent les rapports sociaux, et la nature de l'espace politique. Il est enfin pris en charge par les disciplines philosophiques avec les théories de l'action et du langage, du discours et de l'argumentation.

Théories de l'action communicationnelle, sciences sociales, sciences cognitives sont ainsi les trois grands groupes de recherche appelés à s'exprimer dans les différents numéros de la revue Hermès.

Trois orientations guident aussi notre projet :

— construire le lieu de rencontre d'une culture scientifique accessible à un public éclairé ;

— concevoir des numéros thématiques pour disposer de la place nécessaire à un éclairage multiple, notamment étranger ;

— donner à la connaissance du lecteur des textes anciens, peu connus, pour éviter l'illusion de croire que les questions d'aujourd'hui sont toujours neuves.

Hermès, tout en étant une revue scientifique, souhaite rester accessible à un public ouvert, intéressé par l'émergence des problèmes théoriques liés à la communication. Mais en évitant l'enfermement dans une discipline, les illusions du modernisme, et la certitude des théories.

Dominique WOLTON
Directeur de la publication

HERMÈS 35

LES JOURNALISTES ONT-ILS ENCORE DU POUVOIR ?

Numéro coordonné par Jean-Marie Charon et Arnaud Mercier

SOMMAIRE

Dominique Wolton
Avant-propos
Journalistes, une si fragile victoire… 9

Jean-Marie Charon et Arnaud Mercier
Introduction
Pour en finir avec « le pouvoir des journalistes » 23

I. NOUVELLE CARTOGRAPHIE DE LA PROFESSION

Christine Leteinturier
L'hétérogénéité des journalistes 35

Rémy Rieffel
La profession de journaliste entre 1950 et 2000 49

II. UN JOURNALISME SOUS CONTRAINTES ÉCONOMIQUES ET TECHNOLOGIQUES

Fabien Blanchot et Jean-Gustave Padioleau
Une économie politique du travail journalistique 63

Dominique Augey
Les journalistes : petits maillons au bout de la chaîne industrielle 73

Dominique Marchetti
Les ajustements du marché scolaire au marché du travail journalistique 81

Nicolas Pélissier et Denis Ruellan
Les journalistes contre leur formation ? 91

Nicolas Pélissier
Un cyberjournalisme qui se cherche 99

Éric Lagneau
Agencier à l'AFP : l'éthique du métier menacée 109

III. UN RAPPORT AU MONDE ET À LA POLITIQUE POUR LE MOINS PROBLÉMATIQUE

Michel Mathien
Les journalistes et le pacte républicain. Les fondements historiques de la professionnalisation 121

Albert du Roy
Les liaisons dangereuses du journalisme et de la politique 131

Jean-Marie Charon
Le journalisme d'investigation et la recherche d'une nouvelle légitimité 137

Olivier Baisnée
Un impossible journalisme européen 145

IV. UNE CRISE DU JOURNALISME OCCIDENTAL ET DES PROFESSIONS INTELLECTUELLES

Meryl Aldridge
Journalistes au Royaume-Uni : « l'exceptionalisme » britannique 155

François Demers
Journalistes au Canada et au Québec : reconfiguration générale 165

Benoît Grevisse
Journalistes belges : le cumul des fragilités 175

Jean Michel
Les documentalistes : l'urgence d'une reconnaissance sociale 185

Marie-Françoise Fave-Bonnet
Les universitaires : une identité professionnelle incertaine 195

Lucien Karpik
Les avocats : entre le renouveau et le déclin 203

V. QUELLES RÉPONSES...

Olivier Da Lage
Les combats syndicaux 215

Benoît Grevisse
Légitimité, éthique et déontologie 223

Thierry Watine
Le modèle du « journalisme public » 231

BRÉSIL 1989-2002 : L'ALTERNANCE

Coordonné par Juremir Machado da Silva, avec la collaboration d'Anne-Marie Laulan, Marie-Françoise Lévy, Guy Lochard et Bruno Ollivier

Anne-Marie Laulan
Présentation
L'équilibre politique d'antagonismes culturels est-il possible ? 243

Juremir Machado da Silva
Introduction
Le déterminisme électoral cassé 247

Clóvis de Barros Filho et Bernardo Issler
Entre adhésion et autonomie : la fin de l'ère Cardoso dans les médias 253

Léa Freitas Perez
Le métissage au Brésil vu à travers les fêtes 261

Sérgio Capparelli et Suzy dos Santos
Les formes électroniques de la censure 269

Juremir Machado da Silva
La politique dans la télévision de fiction 277

Renato Janine Ribeiro
Après les élections brésiliennes 287

HOMMAGE*

Stéphane Tirard
Stephen Jay Gould (1941-2002) 295

LECTURES*

Divina FRAU-MEIGS, *Médiamorphoses américaines dans un espace privé unique au monde*, Paris, Economica, 2001 (par Jean-Claude Sergeant) 303

Patrick BAUDRY, Claude SORBETS, André VITALIS (dir.), *La Vie privée à l'heure des médias*, Pessac, Presses Universitaires de Bordeaux, coll. « Labyrinthes », 2002 (par Édith Puiglambert) 305

Miguel ABENSOUR, Géraldine MUHLMANN (dir.), « L'École de Francfort : la Théorie critique entre philosophie et sociologie », *Tumultes*, Paris, éd. Kimé, n° 17-18, mai 2002 (par Éric Dacheux) 308

Jesús MARTÍN-BARBERO, *Des Médias aux médiations. Communication, culture et hégémonie*, traduit de l'espagnol par Georges Durand, Paris, CNRS Éditions, coll. « CNRS Communication », 2002 (par Éric Macé) 309

RÉSUMÉS – *Abstracts* 313

LES AUTEURS DE HERMÈS 35 327

OUVRAGES REÇUS 333

* Rubriques coordonnées par Sylvie Catellin, Laboratoire Communication et Politique, CNRS, Paris.

Dominique Wolton
Laboratoire Communication et Politique, CNRS, Paris

AVANT-PROPOS

Journalistes, une si fragile victoire...

Les journalistes sont apparemment les grands vainqueurs de ce demi-siècle. Et ce pour quatre raisons liées : aux valeurs, à la technique, à l'économie et à la culture.

Pour les valeurs, le changement est considérable, même si on l'oublie trop souvent. Dans l'affrontement Est-Ouest, les valeurs de liberté et démocratie l'ont emporté. La liberté de la presse est devenue l'horizon de la communauté internationale, et même si elle n'est pas toujours respectée, loin s'en faut, la valeur en est acceptée. Ce sont les régimes autoritaires et dictatoriaux qui doivent maintenant se justifier. Presque partout même, au prix parfois de leur vie, les journalistes travaillent dans le monde. *La deuxième victoire*, après celle des idées, est celle des techniques. Les satellites, la radio, la télévision et Internet permettent maintenant de produire et d'envoyer des informations, presque en temps réel, de n'importe quel coin du monde. Impensable il y a encore trente ans. Le village global, pour l'information-presse, est devenu une réalité. La mondialisation de l'information, surtout pour les pays du Nord, est l'un des changements les plus spectaculaires des trente dernières années. *La troisième rupture* est économique. Les industries de l'information et de la communication sont en pleine expansion au plan mondial. Les quatre plus grandes multinationales ne sont-elles pas les industries de la communication dans lesquelles on trouve à la fois des journaux, des radios, des télévisions, des maisons d'édition, du cinéma, de la musique, des logiciels ? Dans toutes ces industries, la presse joue un rôle certain et les emplois existent. Le nombre de journalistes au monde, et particulièrement dans les pays occidentaux, a presque triplé en deux générations. Cela ne veut pas dire que le métier s'exerce facilement, car les pressions sont proportionnelles à l'élargissement du champ de l'information et aux concentrations, fusions et restructurations de plus en plus nombreuses, mais cela veut dire au moins que c'est un secteur dynamique qui permet d'absorber – ce qui a toujours été sa force – des individus venant d'horizons différents. Enfin, quatrième victoire, *d'ordre culturel*. Les journalistes sont un peu les héros des temps modernes. En tout cas fortement identifiés et valorisés par rapport aux hommes politiques, entrepreneurs, enseignants... Ils sont omniprésents dans la vie publique, culturelle et politique. Tout accès à la communication passe par eux, ce qui leur confère un pouvoir réel. D'autant que l'idée de liberté, de contre-pouvoir, d'information est au cœur de la culture contemporaine et les journalistes en sont le symbole.

Néanmoins, toutes ces victoires posent de redoutables défis à une profession inévitablement fragile parce que composée d'individus. D'autant que les journalistes travaillent sur l'information, qui n'est jamais une donnée naturelle, mais une donnée construite par des hommes, à destination d'autres hommes, et dont personne ne sait jamais comment elle est reçue. Les journalistes ont donc apparemment du pouvoir, ils en ont d'ailleurs, mais leur action est beaucoup plus difficile qu'ils ne le croient, ou même le disent. Et surtout leur légitimité s'effrite presque proportionnellement à leur visibilité. L'un des risques est de confondre la visibilité, et parfois le prestige dont ils sont l'objet, avec la réalité de leur métier. En dehors de la technique, qui s'est considérablement améliorée, leur métier n'est pas plus simple qu'hier. L'élargissement et la diversification du champ de l'information, se traduisent par des pressions croissantes. Et comme l'information est devenue une marchandise et un enjeu de pouvoir, il est évident que les journalistes sont alors au cœur des conflits.

Quant aux publics récepteurs, ils sont, avec le temps, de plus en plus sceptiques et critiques à l'égard de l'information, et donc à l'égard des journalistes. Ceux-ci sont donc à la fois les héros de la modernité, mais des héros fragiles, non seulement du fait de leur métier, qui reste d'interface, mais aussi à cause de réformes, qu'ils n'arrivent pas à faire. Le triomphe de l'information, visible ; dans l'économie de l'information ; l'idéologie des nouvelles technologies de l'information et le thème de *la société de l'information* pourraient, paradoxalement, conduire à un effritement de la légitimité journalistique. La visibilité journalistique n'est pas synonyme de légitimité et la prétention excessive de l'élite journalistique, en Occident, n'améliore pas les choses.

En réalité, la profession est confrontée à *cinq défis* qui sont autant liés à la victoire d'une certaine conception de l'information qu'aux contradictions d'une profession qui, pour l'instant, a surfé sur les mutations qui lui ont été favorables, plutôt qu'elle n'a essayé de les maîtriser.

Informer n'est plus communiquer

Hier, les deux étaient synonymes. Les techniques de production, diffusion, réception de l'information étaient si contraignantes que toute information était reçue, et la plupart du temps acceptée par les publics. À cette difficulté technique, s'ajoutait la rareté de l'information. Aujourd'hui, c'est l'inverse. Grâce à la technique, un nombre considérable d'informations circule dans tous les sens. Cela rompt la chaîne traditionnelle émetteur message récepteur qui fonde la communication. Les journalistes sont beaucoup moins certains qu'hier, dans un univers saturé d'informations, que leurs informations seront acceptées. Cela révèle l'autonomie du récepteur, on y reviendra, mais aussi le décalage entre les domaines de la réalité sur lesquels existe une grande quantité d'information, et ceux sur lesquels il n'y a pas beaucoup d'information. Non seulement le volume d'information repose la question de la communication, c'est-à-dire de son acceptation par les publics, mais elle révèle aussi les disproportions entre les domaines saturés d'informations et ceux sur lesquels on ne sait rien. Non seulement il y a des inégalités dans le traitement de l'information, mais en outre l'abondance d'information ne suscite pas forcément davantage de confiance à l'égard des journalistes.

Il n'y a plus de lien direct entre information et communication, et entre les deux, le récepteur est de plus en plus actif.

La communication n'est plus « naturelle », il faut la construire. Or les journalistes, dans leur vision du monde, avaient tendance à valoriser la problématique de l'information et à dévaloriser celle de la communication, réduite le plus souvent au commerce, au *marketing* ou à la publicité. L'information était noble, la communication douteuse. Aujourd'hui, non seulement il n'y a pas d'information possible, quel que soit le support, sans une stratégie de communication, mais de plus le problème de la communication, c'est-à-dire des conditions d'acceptation par les publics, devient crucial, par le simple fait de l'*élargissement* du champ de l'information. Plus il y a d'informations sur des sujets mondiaux, liées à de multiples cultures, accessibles sur de multiples supports, plus la question de leur acceptation par les publics, eux-mêmes de plus en plus nombreux, est importante.

C'est la victoire même de l'information qui remet la question de la communication au centre du rapport information-communication.

Produire et transmettre ne suffit plus à informer. Informer suppose de prendre en compte la problématique du récepteur, tout en sachant que cette prise en compte a ses limites. En effet, l'information ne peut pas être faite seulement en fonction du destinataire, sinon c'est la liberté d'information qui est en cause ! Informer, la plupart du temps, c'est bousculer les idées reçues. Le journaliste est ici prisonnier un peu de sa victoire : il y a beaucoup plus d'information, mais les publics n'imputent pas forcément aux journalistes la chance de pouvoir accéder à plus d'information. Les vrais « créateurs » d'information sont peu nombreux, essentiellement les journalistes d'agence, et les autres journalistes répliquent ou complètent, ou remettent ces informations dans une autre forme.

La vitesse de circulation pose aussi un problème nouveau. Hier, l'information circulait lentement. Aujourd'hui tout circule très vite, empêchant bien souvent les publics de prendre le temps de comprendre. Cela oblige donc à un effort considérable de *pédagogie*. Et le risque est évidemment celui de la saturation, car beaucoup d'informations, surtout dans les pays démocratiques, sont « en boucle ». La même chose est répétée pendant quelques jours, par tous les médias, avant de disparaître de la même manière dans tous les médias. Et la concurrence, féroce, entre médias et journalistes, au lieu de diversifier les sujets, conduit souvent au contraire à un certain conformisme.

Le résultat est à la fois abondance et répétition. La vitesse de production de l'information et son volume croissant laissent entière l'autre question, celle de la *compréhension* du monde. L'information ne suffit pas à « dissoudre » la complexité du monde. C'est pourquoi les journalistes doivent absolument compléter leur travail, en faisant appel aux autres professions, universitaires, spécialistes, experts qui peuvent compléter la logique de l'information par celle de la connaissance. *Les connaissances sont aujourd'hui le complément indispensable de l'information.* À condition que chacun reste à sa place. Les journalistes doivent rendre compréhensibles les événements d'un monde compliqué et instable. Les universitaires et les spécialistes doivent fournir les clés de la connaissance et de la culture pour essayer d'interpréter ces informations. Les connaissances, avec leur épaisseur historique, permettent en général de donner une certaine perspective à la logique événementielle.

L'emprise de l'économie

Globalement, le secteur de l'information et de la communication est un secteur en pleine expansion économique, mais davantage du côté des possibilités offertes par les systèmes d'information liés aux nouvelles technologies et aux réseaux à haut débit, que du côté des médias traditionnels. Si la radio peut être lucrative, la télévision l'est moins, la presse quotidienne très peu, la presse magazine et spécialisée beaucoup plus. Autrement dit, c'est à la fois un secteur dans lequel il y a beaucoup d'argent en circulation et où l'économie stricte de l'information-presse reste fragile. Mais les journalistes, depuis une génération, participent de cette logique économique d'expansion où les phases de concentration – restructuration – destruction se font souvent au niveau mondial, comme on l'a vu, avec AOL-Time-Warner ; Beertelsman ; Vivendi entre 2000 et 2002. La spéculation autour du Nasdacq a symbolisé le fait que l'information est devenue une marchandise. Elle a toujours été une marchandise, mais elle était *aussi* une valeur politique. Le grand changement, accéléré par les nouvelles technologies, est que l'information est devenue encore un peu plus une marchandise. Au point de se demander si l'information-presse n'est pas en train de devenir *la caution* de l'information marchandise...

Difficile pour les journalistes de se repérer dans ce gigantesque *malstrom* économique. Ils en bénéficient souvent, sur le plan professionnel, même si les conditions d'emplois restent précaires, et même si le milieu perçoit, confusément, ce glissement de logique où l'économie s'impose de plus en plus, modifiant le cœur du métier. Pour l'instant, c'est plutôt le silence. Non seulement l'information change de registre, passant d'une référence politique à une référence économique, mais, de plus, les journalistes n'ont pas la culture économique pour se situer dans ce nouveau champ de forces. Ils ont une culture politique, liée à deux siècles de batailles pour la démocratie dans tous les pays du monde, mais ils l'ont beaucoup moins pour l'économie. Non seulement l'économie mondiale de l'information et de la communication leur échappe complètement, car ils sont des pions rachetés et revendus au gré des restructurations ou des enjeux politiques, militaires, financiers, mais en plus ils ne savent pas toujours comment réagir. Même si à l'occasion des fusions, restructurations, ils arrivent, pour le moment, individuellement, à « s'en sortir ». Et souvent beaucoup plus « l'élite » du métier que les autres, mais c'est hélas cette élite que tout le monde voit. Les journalistes bénéficient à la fois de cette considérable croissance de l'économie de l'information et de la communication et ne peuvent guère la maîtriser. Pire, ils sentent bien que leur métier devrait les obliger à être beaucoup plus vigilants et critiques à l'égard de cette économie mondiale, dont ils sont à la fois acteurs et observateurs.

Dans quelques années, après quelques catastrophes et restructurations retentissantes, la *culture politique* de l'économie de l'information existera. Pour l'instant, les faits vont plus vite que les capacités d'analyse et d'action. D'autant, encore une fois, que les journalistes ne sont pas sinistrés comme, les mineurs ou les sidérurgistes, le furent, il y a moins de trente ans. Et les discours syndicaux existants, qui pourraient constituer un contre-pouvoir, sont eux aussi en difficulté car l'échelle des problèmes, la nature même des enjeux a considérablement changé, et en très peu de temps. À la décharge des journalistes, on peut remarquer que le monde académique qui pourrait, par ses connaissances, compenser la difficulté, pour les journalistes à analyser leur propre situation, est lui aussi, pris de surprise par la vitesse des événements. Et surtout, on retrouve ici le caractère récent de l'émergence du champ de connaissance de l'information et de la communication, comme enjeu de la mondialisation. L'explosion de la communication, en trente ans a beaucoup plus fasciné les acteurs qu'elle n'a suscité de désir de connaissance. Le résultat ? La difficulté, pour tout le monde, à prendre de la distance, par rapport à la loi d'airain de l'argent.

Le problème est d'autant plus délicat qu'il s'agit d'une profession fragile, individualiste, sur laquelle s'exercent facilement les pressions, et qui ne dispose même pas de la base arrière sécurisante des entreprises que représentent les journaux, les radios, les télévisions, pour résister, car celles-ci peuvent être rachetées du jour au lendemain. Le secteur public offre plus de sécurité, mais curieusement les professionnels ne le mettent pas en avant, comme si eux-mêmes n'en étaient pas fiers.

Le décalage entre la forte culture politique des journalistes, et leur faible culture économique nécessaire pour préserver leur place et leur autonomie, dans un secteur en pleine restructuration, est accentué par ce *changement de statut de l'information* dont on ne parle pas assez. Il y a d'une part une réalité de l'information devenue une marchandise dans une économie généralisée de la société de l'information, et d'autre part la subsistance d'un discours classique, et important, sur la liberté de la presse. Comme si le changement de statut de l'information, dans l'économie, n'avait pas d'impact sur la conception de l'information-presse, ou comme si on pouvait réduire cette question de l'information, devenue marchandise, à la problématique classique de la liberté politique de l'information.

Hier, l'information était avant tout une valeur politique, et elle était finalement vendue à un prix relativement modeste. Aujourd'hui, c'est l'inverse. L'information est abondante, mais vendue de plus en plus chère aux publics destinataires de plus en plus ciblés, car on est passé d'une conception politique à une conception économique de l'information. Il y a d'ailleurs un paradoxe. Soit l'information est de plus en plus chère, soit elle est gratuite, avec l'essor de la presse gratuite. Ce qui, dans les deux cas, illustre le changement du cadre de référence. La presse écrite est confrontée, à la gratuité, et à l'opposé, pour les systèmes d'information, on voit une segmentation des marchés et la montée des prix. Il y a d'une part une économie de l'information qui se met en place au plan mondial, et qui tend à faire payer de plus en plus cher toutes les informations rares ou utiles, et il y a d'autre part, sous couvert de « démocratie », en réalité d'économie de la publicité, la tendance à développer des journaux *gratuits*. Dans les deux cas, c'est le même phénomène. C'est le concept d'information politique, liée à une bataille d'émancipation qui est battu en brèche. *L'information payante* ramène à l'idée du lien qui existe depuis toujours entre information et pouvoir. *L'information gratuite* à la dévalorisation du concept même d'information citoyenne. Dans les deux cas, on assiste à une banalisation et à un changement de statut de l'information.

C'est non seulement la culture critique pour se situer face aux enjeux économiques de la profession qui manque, mais c'est aussi le moyen d'éviter que la nature même de l'activité journalistique qui est de produire le plus possible d'informations, compréhensibles, et bon marché, pour le plus grand nombre possible d'individus, qui ne soit finalement remise en cause par la nouvelle économie de l'information.

L'abondance d'information ne veut donc pas dire forcément information moins chère. C'est même le contraire puisque, entre temps, on est passé d'une conception politique de l'information à une conception économique de celle-ci.

Valoriser le statut de l'information-presse

Le changement de statut de l'information va obliger les journalistes, à définir les *critères déontologiques* qui permettent de valider une information-presse. Si tout le monde peut mettre n'importe quoi sur Internet et y accéder, il faut bien que le public puisse *distinguer* rapidement l'information labellisée par des professionnels, les journalistes de l'information, de celle produite et distribuée par tous ceux qui ont un accès à Internet.

Labelliser l'information-presse par rapport à toutes les autres informations est un impératif catégorique. À côté de l'information-presse, on trouve *l'information-service* en pleine expansion dans le monde entier, et qui est probablement le principal atout des nouvelles technologies ; *l'information-institutionnelle* très bien gérée par les acteurs économiques et politiques qui ont compris la nécessité d'être présents dans l'espace public ; *l'information-connaissance* liée à toutes les bases de données et aux systèmes d'information professionnels qui vont croître, au fur et à mesure des échanges et de la croissance d'une économie de la connaissance au niveau mondial. *Aujourd'hui, tout est information, dans la « société de l'information »*, mais on comprend vite qu'il ne s'agit pas de la même information selon que l'on parle de la bourse, de l'économie, des services, du savoir, de la culture, de la politique !

Non seulement il faut préserver une information universelle, bon marché, liée au statut de citoyen, mais il faut, en plus, que ces mêmes citoyens *distinguent facilement* les informations validées par les professionnels de la presse que sont les journalistes de toutes les autres informations produites par les acteurs de la société où la dimension de conviction, ou d'intérêt, l'emporte sur la déontologie de l'information-presse. Le problème pour les journalistes est de redéfinir, et de défendre suffisamment nettement des *critères* de distinction pour protéger l'information la plus fragile, celle qui est liée au statut de la presse.

C'est *l'information-presse* qui dérange depuis toujours et pour toujours. Même si, évidemment, à côté d'elle, peuvent exister d'autres informations et connaissances aussi, importantes pour le fonctionnement de la société. *Distinguer l'information-presse de tous les autres types d'information est indispensable pour l'avenir de l'information.* Comme il est nécessaire, dans un registre voisin, de distinguer les *connaissances* produites par le monde académique de toutes celles qui sont produites par les acteurs et les institutions. L'idée n'est pas que l'information-presse soit systématiquement meilleure que les autres, ou que les connaissances universitaires soient également de meilleure qualité que les connaissances produites par d'autres acteurs. Simplement *l'information-presse et la connaissance universitaire*, chacune dans leur domaine, constituent des points de repères indispensables pour comprendre le monde. Il suffit de voir les enjeux économiques et politiques mondiaux du « E-learning » pour comprendre qu'il ne s'agit pas là de débats « académiques ». Si le E-Business se régulera un jour, l'enjeu du E-learning est beaucoup plus considérable. Arriver à faire croire que des machines interactives sont plus performantes que des êtres humains, tout simplement parce que les élèves « seraient » autonomes devant les claviers ouvre des marchés gigantesques pour l'éducation au niveau mondial. Le même glissement, vers une conception technique et économique de l'information-presse est tout à fait possible. En réalité, les journalistes et le monde enseignant ont les *mêmes* valeurs à défendre : éviter que l'information-presse et la connaissance ne deviennent que des marchandises. On le voit avec le Web, la commercialisation des moteurs de recherche, des forums et des enjeux économiques autours des mots clés et les liens hypertextes.

Pour défendre le statut de l'information-presse, les journalistes doivent s'allier avec les archivistes, documentalistes qui, dans l'économie de l'information, jouent un rôle considérable. Sans eux, les journalistes ne peuvent plus faire leur travail, tant ils sont submergés par le volume de l'information. Le pôle journaliste-documentaliste pourra plus facilement distinguer les autres types d'information, notamment tout ce qui concerne le publi-reportage et les multiples formes d'informations institutionnelles. Les journalistes doivent aussi réfléchir à leur lien avec les différents métiers de la communication. Certes, ces métiers n'ont pas le même rapport à l'information et à la communication que les journalistes, mais les journalistes, *contrairement à leur discours*, se servent beaucoup des services des métiers de relation et de communication, sans beaucoup les connaître et les reconnaître. La frontière entre les différents types d'information, et de métiers, n'est pas toujours facile à tracer. Cela devrait obliger les journalistes, au lieu d'utiliser largement les services de communication des acteurs politiques et institutionnels, sans le dire toujours, à réfléchir au contraire *ensemble* aux rôles respectifs des uns et des autres.

Ce travail sur les différents types d'information obligera aussi les journalistes, et leur organisation syndicale, à augmenter les liens avec le milieu universitaire au sens large. Les uns et les autres regardent la même réalité, mais avec un regard différent. Et plus il y a d'informations et de connaissances, de toute nature, plus les journalistes ont besoin des repères, et de la connaissance universitaire. Cela oblige à deux changements. D'abord accroître la compétence technique des journalistes. Dans une société complexe, les journalistes doivent bénéficier de formation professionnelle permanente pour augmenter leur compétence. Comment faire de l'information si l'on dépend des acteurs ? Et d'autre part, cela passe aussi par la prise de conscience que la plupart des acteurs ont appris à utiliser, voire à « manier » les médias. Logique de l'information, et logique de la connaissance sont complémentaires pour essayer de rendre compte d'un monde dont les frontières ne cessent de s'élargir, où les événements politiques sont de plus en plus nombreux, ainsi que les acteurs et les institutions intervenant sur ce même monde.

À vrai dire, face à l'explosion de l'information, et de son marché, la préservation du statut de l'information-presse comme enjeu politique de la démocratie passe par *la constitution d'une sorte de triangle : journaliste-documentaliste-universitaire.*

L'émergence du récepteur, et le rapport au public

Plus il y a d'information, plus le rôle du récepteur devient central, car contrairement à ce que l'on a longtemps cru, et qui a été invalidé par les faits, le récepteur n'est jamais passif. Il sélectionne, trie, hiérarchise, accepte, refuse, et plus il est exposé à un flux croissant d'information, plus il se tiendra à distance. Les journalistes ne doivent pas écrire en fonction des publics, mais ils ne peuvent non plus ignorer la capacité active que ceux-ci ont, d'accepter ou de refuser l'information.

Le public d'aujourd'hui, plus éduqué et informé, est donc plus critique à l'égard de l'information et des journalistes. Ce qui va obliger beaucoup plus les journalistes à tenir compte de la diversité culturelle des récepteurs. C'est un des plus gros enjeux politiques de la mondialisation de l'information. L'information bâtie sur un modèle occidental est aujourd'hui distribuée dans le monde entier, de manière identique, sans tenir compte des diversités culturelles. Comme si tout le monde avait la même conception de l'information. Comme si tout le monde avait la même conception de la liberté, du rapport au pouvoir, de la hiérarchie, du droit de critique. Il suffit déjà de se rendre compte des différentes conceptions de l'information existant au sein de l'Europe et entre celle-ci et les États-Unis ! L'Occident, un peu arrogant, s'imagine qu'il détient, pour le monde entier, la vérité de ce qu'est l'information, et la liberté de l'information, tout simplement parce que c'est en Europe que ces concepts essentiels ont été inventés entre le XVIIIe et le XIXe siècles et que l'Europe les a exportés dans le monde entier. Parfois pour de bonnes raisons, parfois pour de moins bonnes…

Le Sud, après avoir été demandeur, à juste titre, d'informations, se retournera contre l'Occident en lui reprochant une vision unilatérale du monde. La critique de l'impérialisme culturel de l'information occidentale est un enjeu majeur pour l'avenir. Il faut se rappeler que le problème avait déjà été posé en 1980 à l'Unesco à l'occasion du débat sur le Nomic (Nouvel ordre mondial de l'information et de la communication). Les pays du Tiers-monde, appuyés par l'URSS à l'époque, avaient déjà dénoncé la domination culturelle en matière d'information, du Nord sur le Sud. L'Occident avait gagné, en rappelant que de toute façon l'URSS et la plupart des pays du Sud n'étaient pas suffisamment eux-mêmes démocratiques pour faire des leçons de démocratie. Vingt ans après, le déséquilibre du flux d'information Nord/Sud est encore plus grand. Et l'URSS n'est plus là comme grand méchant ! En outre, la mondialisation de l'information, à laquelle on assiste depuis vingt ans, montre non seulement le déséquilibre Nord/Sud, mais surtout combien l'Occident – et en cela l'Europe ne se distingue pas assez des États-Unis – n'est pas assez sensible aux différences culturelles.

Le 11 septembre illustre ce conflit et il suffit de voir comment l'information sur cette tragédie du Nord a été faite au Sud pour comprendre l'importance du fossé qui se creuse. Ce n'est pas parce que la plupart des États s'opposent au terrorisme qu'ils partagent, par ailleurs, notre conception de l'information et de la démocratie, car chez nous les deux sont liés.

Le modèle occidental de l'information est contesté. Il faudra demain organiser une cohabitation entre plusieurs valeurs de l'information, de telle sorte que l'information occidentale, aujourd'hui la plus libre, et la plus pluraliste, ne fasse pas l'objet d'un rejet, le Sud n'y voyant que la trace d'un impérialisme culturel. *Les techniques d'information sont mondiales, l'information n'est pas mondiale, le citoyen n'est pas mondial.* C'est cette contradiction qu'il faut maintenant gérer. En sachant qu'en trente ans, partout dans le monde, la culture de l'information s'est considérablement développée. C'est d'ailleurs le bénéfice de cette liberté croissante de l'information, mais la conséquence doit en être une attention, beaucoup plus forte, aux diversités culturelles. Or l'Occident a tendance à confondre le fait que ses informations sont de plus en plus accessibles dans le monde, avec le fait que le monde partage sa conception de l'information… Là aussi, il va falloir faire l'apprentissage de la diversité culturelle. Pas de liberté de l'information demain sans une réflexion sur la diversité culturelle. Ce qui oblige les journalistes à un considérable effort de connaissances et de cultures, afin d'intégrer dans leur approche de la réalité d'autres visions du monde que la leur. C'est évidemment les journalistes américains qui sont aujourd'hui les plus concernés par cet impératif catégorique d'un élargissement des visions du monde, et de la prise en compte du point de vue de l'autre. Malheureusement, les journalistes américains ont souvent, comme leur pays, beaucoup de difficultés à s'ouvrir et à respecter d'autres cultures que la leur.

La dimension universelle de l'information et du travail journalistique passe aujourd'hui par l'acceptation d'un relativisme historique pour permettre aux autres cultures d'appréhender cette information occidentale, en général, la plus libre, sans la rejeter. *L'universalisme de l'information occidentale passe par un relativisme historique pour ne pas être l'objet d'un rejet.* Non que l'occident doive abandonner sa philosophie de la liberté et de l'information, mais qu'il évite de croire qu'elle est « naturellement » meilleure. Et qu'il fasse un effort pour comprendre d'autres systèmes de valeurs, afin que s'établisse ainsi un dialogue interculturel favorable à tous.

Ce dialogue interculturel, et l'obligation d'organiser la cohabitation culturelle au niveau mondial sont un des enjeux politiques majeurs du XXI*e siècle.* Et d'ailleurs toutes les entreprises mondialisées vont y être rapidement confrontées, et seront obligées de consacrer beaucoup de temps et d'argent pour que leurs objectifs, leurs fonctionnements, leurs managements, soient acceptés dans tous les pays. Les marchés et les bourses peuvent être « en ligne », pas les hommes et les cultures qui sont au bout des réseaux. Pendant trente ans, on a été fasciné par les performances techniques, on va réaliser que le plus difficile est du côté des hommes. Plus les distances physiques diminuent, plus les distances culturelles augmentent. Et dans ce gigantesque aggiornamento à venir, la manière dont sera discutée la liberté de l'information sera un chantier-test pour ces problèmes interculturels fondamentaux de l'avenir.

Le paradoxe est que les journalistes, pour faire leur travail, ont besoin d'une certaine « inconscience », et ne pas trop prendre en compte les autres visions du monde qui concurrencent la leur et leur travail. Mais ils vont y être obligés par les réactions de méfiance qu'ils vont rencontrer.

Les journalistes sont sur le fil du rasoir : obéir à leur conception de l'information ; rester indépendants ; faire honnêtement leur travail ; tenir compte de la diversité culturelle, sans s'y soumettre. Ils ne réalisent pas assez hélas, comment aujourd'hui ils sont peu populaires dans les pays occidentaux. Et demain ailleurs. Le risque est qu'ils soient rejetés, comme sont rejetés aujourd'hui les hommes politiques, au motif de l'incapacité à comprendre le monde dont ils parlent. Les journalistes ont été longtemps protégés du rejet dont, pour de bonnes et de mauvaises raisons, les hommes politiques ont été l'objet. Demain ils peuvent être l'objet du processus identique de rejet.

La grandeur du métier de journaliste

Plus il y a de professionnels de l'information, plus il faut spécifier le métier de journaliste qui, à partir des événements, construit des informations à destination du public, le plus large possible. Car la légitimité du journaliste tient au lien très fort qui existe, entre son métier, et la démocratie de masse. C'est par rapport à une certaine éthique de l'information, et avec la possibilité d'intervenir sur tous les aspects de la réalité, qu'existe ce métier, aussi fragile que la liberté de la presse. *Et son pouvoir ne vient, en définitive, que de la confiance accordée par le public.* Si l'objectivité est depuis toujours impossible, l'honnêteté par contre reste un idéal à privilégier. Et de plus en plus.

Cela oblige à ne pas imposer, on l'a vu, de la même manière dans le monde, le modèle de la liberté de l'information, tel que nous le vivons en Occident. Les journalistes ne peuvent plus faire comme si le modèle occidental de l'information et de la presse était unanimement partagé et accepté. C'était à peu près vrai il y a trente ans, ça ne l'est plus. Il suffit de voir l'évolution des deux chaînes d'information américaines. CNN n'arrive pas à se départir d'une vision strictement américaine de l'information, et du monde. Fox News, sa concurrente qui maintenant la dépasse avec une conception discutable du journalisme, joue l'*entertainment* et la provocation. D'ailleurs, il faudra au plus vite multiplier les chaînes d'information mondiales, comme la chaîne francophone par exemple, afin de mieux s'ouvrir aux diversités culturelles.

Caractériser le métier, c'est aussi distinguer les différents types d'activités liées à l'information et à la presse. Et surtout oser rappeler que « *l'élite journalistique* » que l'on rencontre dans chaque pays ne correspond qu'à une partie de la profession. C'est cette élite qui est le plus souvent rejetée, car les citoyens y voient une collusion avec toutes les autorités, une certaine arrogance et sûreté de soi, finalement contradictoires avec un métier où la modestie est sans doute la valeur la plus importante à défendre. Car le journaliste voit, souvent, en premier, l'irrationalité du monde et de l'Histoire. Et les publics, de plus en plus attentifs à cette réalité, supportent mal de voir le comportement de plus en plus content de lui de cette minorité de journalistes qui confondent le fait de « voir » les grands de ce monde, avec le fait d'en faire partie. La proximité des décideurs de tous ordres devrait les rendre de plus en plus *modestes*. On assiste au contraire au mouvement inverse depuis trente ans. Les publics le voient et le supportent de moins en moins. Rappeler que l'écrasante majorité des journalistes n'a pas de rapport avec ce petit milieu aurait probablement un effet positif. *Pourquoi les journalistes ne se distinguent pas de ceux qui sont souvent devenus la caricature du métier en en devenant l'élite ?* Les journalistes d'agence, par exemple, si essentiels à la production de toute l'information mondiale, n'ont rien à voir avec la médiatisation de cette élite, ni la plupart du temps, les journalistes correspondants à l'étranger. Le rappeler permet de montrer les multiples facettes d'un métier à la fois en expansion, et fragile.

Critiquer un certain élitisme est donc important, comme faire des comparaisons sur les différentes manières d'exercer le métier selon les pays et les cultures, ou bien reconnaître certaines erreurs dans les enquêtes et l'information. Ne pas se transformer en justiciers et en alliés complices de la justice est aussi une piste à suivre surtout dans les pays occidentaux, où la presse a volontiers tendance, à l'imitation du modèle américain, à se poser en quatrième pouvoir et non en contre-pouvoir. Dans le même ordre d'idées, il faudrait réduire le nombre de livres plus ou moins vite écrits par les journalistes, qui encombrent les librairies et sont évidemment mieux traités par les journalistes dans les autres médias. Tout cela crée, non seulement une injustice, mais aussi le sentiment, désagréable, que les journalistes veulent à la fois avoir le monopole de l'information et celui des idées. Pourquoi les journalistes médiatisent-ils encore plus les journalistes qui sont *déjà* très médiatisés ?

De même, faudrait-il que les journalistes, en Occident, desserrent l'étau des *sondages*. Pas un jour, dans la presse, sans un sondage. Comme s'il n'y avait que l'information quantitative. Mais les journalistes, en privilégiant à l'excès les sondages, réduisent leur travail d'enquête, leur liberté d'esprit critique et confortent le sentiment qu'un individu, ou une rédaction, ne peuvent avoir raison, contre une information quantifiée. C'est toute la dimension qualitative du métier qui est en cause dans le glissement d'une activité journalistique qui, en dehors de la stricte couverture des événements, se réduit de plus en plus à un commentaire des sondages. De même faut-il de la part des journalistes un peu plus de réflexion. Non seulement *ils ne font jamais l'autocritique* qu'ils réclament par ailleurs à tous les autres acteurs de la société, mais ils confondent aussi souvent logique d'enquête avec goût des révélations. La fameuse référence au « journalisme d'investigation » a bon dos pour cautionner des pratiques proches de la dénonciation. Bref, il y a souvent loin des mots, des références et des discours à la réalité, et les journalistes ne voient pas que les publics voient. Ou plutôt, la plus grande majorité des journalistes, en ne se désolidarisant pas, de certains de leurs confrères, au nom d'un *corporatisme* dont ils sont victimes, nourrissent l'agacement croissant des publics à l'égard de ce métier, au demeurant magnifique, et indispensable. Quant aux différents milieux professionnels, culturels, qui doivent accéder aux médias, ils se gardent bien de toute réflexion critique, de peur de subir le boycottage de ceux qui en tenant les leviers des médias, commandent assez directement l'accès à l'espace public...

D'une certaine manière, c'est l'idéal du journaliste américain comme idéal de la profession qui est à interroger, surtout depuis le 11 septembre où le monde entier a compris que la presse américaine, si prompte à donner des leçons de professionnalisme à tous, succombait, tout autant que les autres journalistes du monde, aux réactions nationalistes et à l'autocensure.

C'est la diversité du métier de journaliste qu'il faut mettre en avant. Si l'attitude par rapport à l'information est relativement identique dans le monde, la manière de l'exercer varie beaucoup selon les supports, les cultures et les contextes. Il faut faire un travail de recensement et de caractérisation des différentes manières d'exercer le métier. À condition, bien sûr, de spécifier à chaque fois ce qui relève de la logique journalistique.

En réalité, la mondialisation de l'information va obliger les journalistes du Nord à une certaine réserve, car les confrères du Sud, et avec eux tous ceux qui accèdent de plus en plus aux informations, réalisent que la liberté de l'information n'est pas si naturellement garantie au Nord. Certes, il y a moins de dictateurs, mais les liens entre l'économie, la politique, les finances et les enjeux économiques du secteur de l'information sont tels que les journalistes du Nord doivent devenir plus modestes. Ils n'ont pas, sur leur propre secteur, la rigueur d'investigation qu'ils affichent par ailleurs pour d'autres secteurs d'activités. Et si, par exemple, le travail que réalise « Reporters sans Frontières » est indispensable, c'est aussi à condition qu'il intègre un certain *relativisme culturel*, sans lequel la défense d'une certaine universalité de l'information risquerait bien de se transformer en une simple défense de l'occidentalisme.

Le résultat favorable de la mondialisation de l'information est d'obliger à diversifier les rôles et comportements des journalistes, et à retrouver une certaine retenue qui, finalement, ramène le travail du journaliste sur l'enquête, qui est le centre de son métier.

Mais cela passe par *un effort sérieux de formation*. À la fois pour mieux comprendre les enjeux de la mondialisation de l'information, les réalités et contradictions des sociétés occidentales et pour s'ouvrir aux autres sociétés et cultures. *Le journaliste n'est ni un justicier, ni un compagnon du pouvoir, ni un politique, ni un universitaire en culotte courte.*

Pour ma part, cela fait des années qu'à la fois je défends ce métier, indispensable à la démocratie, j'en rappelle sa fragilité, au-delà de son apparente victoire, et réfléchis aux moyens d'en renforcer le statut et les liens, avec des professions dont les valeurs sont proches. J'en ai parlé dans de nombreux livres, L'information demain. De la presse écrite aux nouveaux métiers (1979) ; La folle du logis (1983) ; Terrorisme à la une : médias, terrorisme et démocratie (1987) ; War Game, L'information et la guerre (1991) ; La dernière utopie. Naissance de l'Europe démocratique (1993) ; Penser la communication (1997) ; Internet et après. Une théorie critique des nouveaux médias (1999).

Dans un monde saturé d'informations, de rumeurs et de mensonges, le rôle du journaliste, visant à déchiffrer le monde et les événements, pour essayer de les expliquer au plus grand nombre, est fondamental. *Entre l'action et la connaissance, leur métier, centré sur une information validée par eux, est déterminant.* Cette fonction de médiateur est encore plus importante aujourd'hui qu'hier car l'espace de la communication est plus vaste, et les enjeux de paix et de guerre, liés aux incompréhensions et mensonges, encore plus nombreux.

C'est du côté de la vérité que les journalistes se situent. À condition d'assumer, avec retenue, leur rôle. Défendre la fragilité, et le caractère indispensable du journaliste dans un univers saturé d'information, est une des batailles culturelles les plus importantes à mener. Les journalistes doivent à la fois se rapprocher de tous ceux qui, comme les documentalistes et universitaires, partagent les mêmes valeurs de vérité et de connaissance, tout en préservant nettement la spécificité de leur rôle.

C'est en distinguant plus nettement *les trois logiques fondamentales, de l'information, de la connaissance et de l'action* que l'on peut aussi contribuer à défendre et refonder le métier de journaliste, si indispensable à la démocratie. Le comble serait que, au moment où les valeurs de la démocratie n'ont finalement jamais été autant présentes dans le monde, que l'un des métiers qui en est le symbole, sans en être le seul, se voit progressivement délégitimé.

Au-delà des performances techniques, des mirages ou des réalités de l'économie de l'information, l'essentiel reste bien, ce lien entre information et journalisme. L'information n'existe jamais en soi ; elle est toujours le résultat d'une construction, discutable, par des hommes qui, tel Fabrice à Waterloo, voyant le spectacle fou du monde, essayent de le comprendre pour l'expliquer à d'autres hommes, innombrables, et invisibles. C'est cette chaîne, finalement fragile, entre les événements, l'information, les journalistes et le public qui font l'intérêt de ce métier. Sa grandeur ? Les valeurs qu'il incarne et qui permettent, comme pour la démocratie, d'en critiquer les erreurs, ou les dérives, au nom même des valeurs qui le portent, pour l'améliorer. Les journalistes, avec quelques autres, sont les fantassins de la démocratie.

Jean-Marie Charon
Centre d'Étude des Mouvements Sociaux (CEMS), EHESS, CNRS

Arnaud Mercier
Laboratoire Communication et Politique, CNRS, Paris/université de Nice

INTRODUCTION

Pour en finir avec « le pouvoir des journalistes »

Les journalistes et la société en général – particulièrement en France – entretiennent un mythe moderne, celui du pouvoir de ce groupe professionnel. Par une métonymie mal maîtrisée, par facilité de langage, par croyance et reprise de la *doxa*, ou par intérêt à propager cette croyance, on retrouve fréquemment dans les propos et les écrits la mise en correspondance du pouvoir des médias avec celui des journalistes. Les historiens rappellent à ce propos la longue hésitation des journalistes français à s'organiser en syndicat, face à leurs employeurs, comme cela se fera en 1918, ou à plutôt s'allier à ceux-ci, comme ce sera le cas dans « l'Association des journalistes républicains », dès 1881[1]. La confusion pouvoir des médias-pouvoir des journalistes s'explique bien sûr par le fait que l'information diffusée par les médias est produite par les journalistes. Il ne saurait y avoir d'écart entre les deux entités. Ce raisonnement est faux à plus d'un titre, et l'objet du numéro de cette revue est de montrer pourquoi. S'il n'est pas de notre ressort d'aborder ici la question des effets des médias – c'est-à-dire leur rôle social et politique – et donc leur « pouvoir », nous entendons en revanche discuter la thèse selon laquelle le pouvoir des médias peut s'entendre pour *quasi* synonyme du pouvoir de ceux qui les composent pour partie, à savoir les journalistes.

Notre démonstration suit deux axes. D'une part, il faut rappeler combien l'idée de convoquer « les journalistes » sous un même vocable, en postulant ainsi leur unité est un non-sens. Jamais la profession ne fut aussi éclatée, traversée de tensions et de réalités différentes et contradictoires. En d'autres lieux certains d'entre nous se sont employés à en tracer les territoires ou « univers professionnels »[2]. Ceci oblige à moult réserves, avant de considérer les quelques journalistes parisiens des grands médias nationaux comme représentatifs de l'ensemble de la corporation et des pouvoirs qu'elle détiendrait. Et le fait que de nombreux journalistes croient posséder un peu de ce pouvoir ne saurait suffire à en fournir la preuve. D'autre part, au sein même des entreprises de médias et dans leurs relations avec les divers intervenants au processus de création de l'information, le plus notable n'est pas l'emprise des journalistes mais au contraire leur situation croissante de dépossession, face à la prégnance des logiques de communication et des logiques économiques. Quid du « pouvoir » de celui qui doit négocier, au jour le jour, ses moyens, ses sujets, ses angles, ses manières de présenter et de dire, selon les impératifs du contrôle de gestion, les conseils appuyés du *marketing*, les opportunités de la publicité, les urgences rappelées par le service des ventes ou le dernier audimat... La profession de journaliste vit donc un paradoxe. Au moment où se trouve partout proclamée la puissance irrésistible des médias, les journalistes eux-mêmes, plus nombreux, mieux formés, paraissent au contraire avoir perdu la maîtrise de leur activité, tout comme une influence propre. Et les défis auxquels ils ont à faire face se multiplient, comme l'a analysé notamment Dominique Wolton[3].

Éclatement du métier

Pour aborder ces points, nous avons mobilisé de nombreux spécialistes des questions du journalisme afin de cerner l'ensemble des éléments de démonstration. Les données statistiques fournies – sorte de photographies successives sur un demi-siècle – nous éclairent d'abord sur la formidable hétérogénéité du corps des journalistes en France. Avec la montée en puissance des médias d'information depuis 30 ans, le nombre des titulaires de la carte professionnelle des journalistes a presque triplé, passant de 11 943 en 1970 à 31 903. Mais cette explosion des embauches a rimé avec diversification des situations et donc éclatement complet des conditions de travail, des parcours de formation et d'activité, des préoccupations quotidiennes et même des valeurs et représentations. À commencer par le fossé qui sépare celui qui exerce dans une entreprise, au sein d'une rédaction, bénéficiant d'une protection sociale indiscutable, et le pigiste, exerçant dans la solitude, à partir de son domicile, s'appuyant sur des outils techniques qu'il a dû lui-même acquérir, sans garantie aucune de continuité dans son activité.

Il n'y a presque plus rien de commun entre un jeune diplômé d'une école reconnue par la profession qui vise à être embauché en contrat à durée indéterminée dans une grande rédaction parisienne, de quotidien ou de télévision, et les multiples métiers de la production d'informations. Quoi de commun, en effet, entre le localier permanent de la presse de province, le pigiste à plein temps, travaillant pour quatre à cinq supports différents (magazines pour la plupart), l'homme à tout faire d'un mensuel hyperspécialisé, à la tête d'une rédaction virtuelle, ou plus récemment le journaliste-*webmaster* ne sachant pas toujours s'il produit, retraite ou rend attrayante de l'information-publicité ? (N. Pélissier). La conception du journalisme ne peut être la même, la relation aux sources diffère nécessairement, tout comme le niveau d'autonomie, d'initiative ou la maîtrise de son activité et de son produit. Les articles de C. Leteinturier et R. Rieffel soulignent avec précision les évolutions sociologiques profondes qu'a connues la profession sur 50 ans, conduisant à la situation actuelle d'éclatement et de dilution des repères communs.

Le poids des logiques d'entreprise

La perte de pouvoir, les journalistes la vivent chacun dans leur entreprise – lorsqu'ils ne sont pas confrontés à la précarité du pigiste – où désormais les dirigeants sont des gestionnaires, dont le sort est lui-même fixé par des décisions financières (ou des « ratios ») aux sommets de groupes de communication pour lesquels l'information n'est qu'une activité, parmi d'autres, évaluée à l'aune de la rentabilité[4]. Et dans le mouvement d'absorption des groupes de presse par des conglomérats de communication, les journalistes sont tendanciellement chassés des postes de responsabilité, ne parvenant presque plus à franchir la frontière les menant au-delà de leur « réserve », la rédaction, pour participer au choix stratégique de l'entreprise qui les emploie. Combien de journalistes parmi les dirigeants des quotidiens nationaux, qui furent pourtant longtemps le lieu par excellence où s'exprimait ce type de profil, de Hubert Beuve Méry à Pierre Lazareff, en passant par Philippe Tesson ou Pierre Brisson ? Il n'existe presque plus d'exemples de ces carrières traditionnelles, où un journaliste, franchissant les étapes conduisant à la direction rédactionnelle, finissait par présider aux destinées stratégiques de son journal. L'exemple de Jean-Marie Colombani, au *Monde* est devenu une exception, alors même que Serge July a dû laisser la main aux gestionnaires, et que *Le Figaro* est désormais entre les mains de l'ancien avocat d'affaire de Robert Hersant.

Au sein des groupes de communication contemporains, l'information ne bénéficie plus vraiment de l'extra-territorialité éthique et économique, appuyée sur les idéaux « d'art noble », de « fonction civique »... Ses responsables doivent défendre la profitabilité et les perspectives de croissance de leur domaine face au cinéma, à la musique, aux salons, aux banques de données, aux divertissements, aux services en-lignes dans des groupes aussi variés que AOL Time Warner, Bertelsmann, Vivendi Universal, Reed Elsevier ou Reuter. J.G. Padioleau et F. Blanchot soulignent combien le rationalisme économique impose ses lois, explicitement et implicitement, sur l'orientation des groupes de presse et du travail rédactionnel. À n'en pas douter, les journalistes apparaissent de plus en plus comme de « petits maillons au bout de la chaîne industrielle » (D. Augey), externalisables, comme l'impression, les études d'audience ou la gestion de fichiers d'abonnés dans « l'entreprise réseau »[5], sous la forme de pigistes, d'agences photographiques ou d'agences d'images... N'omettons pas également, que les journalistes maîtrisent beaucoup moins les conditions dans lesquelles ils peuvent accéder à leurs sources. Ces dernières déploient désormais des techniques et des services de communication toujours plus puissants et efficients. Pour ces sources l'information, y compris (surtout ?) en période de crise, est beaucoup trop précieuse et stratégique pour qu'on la laisse aux seuls journalistes. Ils entendent donc maîtriser les moments où l'on parle d'eux, les sujets, la tonalité, etc. choisissant bien souvent dans les rédactions les plus en vue, quel journaliste le fera le mieux. Et même une structure comme l'AFP, où un journalisme considéré souvent comme « de référence » se pratiquait, n'est plus désormais à l'abri de ses multiples contraintes économiques et financières, remettant en cause les canons du journalisme d'agence (E. Lagneau).

La bataille perdue de la maîtrise de leur activité

Dans le même esprit, la majorité des journalistes vivent dans l'obligation de se confronter aux suggestions et « conseils », pressants, du *marketing*, que ceux-ci concernent le choix des sujets à traiter, leur hiérarchisation, les couvertures et les Unes, les angles à privilégier, la tonalité ou le style, l'écriture même et la présentation. Face à leur intuition, le *feeling* ou l'expérience, ils trouvent graphiques d'audience, batteries d'études vu/lu, comptes rendus et cassettes de « groupes », etc. mettant en évidence la nécessité de réviser ou corriger leur manière de faire. Le « *managérialisme* » règne parfois en maître, et si individuellement les journalistes n'ont pas les moyens de s'y opposer – d'autant moins qu'ils sont sur des statuts précaires – collectivement la profession semble aussi s'en accommoder, comme l'illustre la faible influence des sociétés de rédacteurs ou le mutisme des syndicats de journalistes face aux grandes manœuvres, restructurations des principaux groupes de médias, sans parler des questions relatives à l'éthique, dans ces nouveaux contextes professionnels. De façon à optimiser les performances, les services commerciaux et publicitaires obtiennent des modifications dans les programmations de sommaires et les tonalités adoptées, de façon à coller aux attentes du public, ou pour mieux dire des clients. Le phénomène n'est pas équivalent dans tous les médias, plus prégnant en presse magazine que dans les grands quotidiens d'actualité, mais il est partout à l'œuvre.

La formation des journalistes n'échappe pas à ce conditionnement par les nécessités économiques. Le souci de rentabilité, d'efficacité, contribue à « professionnaliser » le métier et à rompre avec l'idéal longtemps constitutif des journalistes français, d'un apprentissage sur le tas – compagnonnage aux côtés de collègues chevronnés – à partir d'une formation généraliste en école de journalisme ou à l'université. Les formations en journalisme se sont adaptées aux demandes économiques et jouent de plus en plus la carte de la spécialisation (D. Marchetti). Pourtant, l'offre de formation reste insuffisante, pas toujours adaptée, comme le soulignent D. Ruellan et N. Pélissier.

Il faut dire que deux décennies d'évolution technologique, d'informatisation des rédactions, d'utilisation de nouveaux moyens de transmissions et télécommunications, le développement du Net mettent en évidence à quel point dans tous les médias les journalistes ont dû s'adapter. Cette adaptation concerne les manières de travailler (quel journaliste contesterait aujourd'hui de devoir écrire son papier sur un ordinateur et de le transmettre en « texte attaché » ?), mais aussi les structures favorisant le travail à distance, hors du « siège » ou hors du statut de salarié permanent (comme en presse magazine ou en presse technique et professionnelle). La technologie vient donc confirmer la perte de maîtrise des journalistes sur les conditions de leur activité.

Identité en crise

Dans ces conditions, l'identité du groupe est atteinte. Le rapport à la politique et à la République, constitutif de l'identité professionnelle (M. Mathien), est remis en cause. La figure du journaliste politique est en crise, comme le montre Albert du Roy. Le journalisme d'investigation apparaît dès lors comme une des figures de remplacement, revendiquant un nouveau regard face à la politique : désidéologisé mais plus critique encore, car reposant sur un substrat moral qui se veut inattaquable (J.-M. Charon). C'est dans cet univers journalistique en manque de repères qu'on comprend mieux les errements de la couverture de la campagne électorale présidentielle. Que ce soit la place consacrée, avant le premier tour, dans les journaux télévisés – première source d'information de nombreux Français – aux sujets sur l'insécurité, au point de pouvoir nourrir un sentiment de peur ; ou que ce soit les prises de position explicitement hostiles au Front National dans la plupart des reportages de l'entre-deux tours, comme s'il fallait compenser « l'erreur » commise avant le 21 avril. Peut-être trouverait-on des moyens de dépasser ces contradictions et de synthétiser la tradition politique française du journalisme avec les nouvelles considérations *managériales*, dans le développement du « journalisme public » ? (T. Watine). Un journalisme qui place le service réel rendu au public (entendu en tant que citoyen) au cœur de la démarche rédactionnelle. Car le niveau actuel du combat syndical et des réflexions éthiques (O. Da Lage) ne semble pas à la hauteur des défis posés par un nouveau mode de régulation de la profession. Surtout que le discours professionnel sur la déontologie se perd souvent dans une confusion problématique entre liberté de la presse et liberté d'expression (B. Grevisse).

Autres lieux, autres professions, mêmes problèmes…

Mais les phénomènes observés ne sont pas isolés et méritent d'être étudiés et mis en perspective avec ce que connaît la profession de journaliste ailleurs dans le monde. En Belgique

(B. Grevisse), au Canada (F. Demers), ou en Grande-Bretagne (M. Aldridge), pour bien des raisons, largement similaires, la profession de journaliste a connu un essor qui a déstabilisé les fondements sur lesquels elle avait assis son rôle social dans chacun des pays. Sans que les problèmes soient tous identiques, sans que les études statistiques soient partout disponibles, on peut noter de troublantes similitudes concernant la perte d'une identité unificatrice, la pression des logiques *managériales* sur le travail éditorial ou la fragmentation du marché du travail journalistique, avec son lot de précarisation et d'éclatement professionnel.

Il est important également de mettre en regard maints traits observés avec les évolutions que connaissent d'autres professions intellectuelles, hier influentes, respectées, disposant d'une identité et d'un capital de compétence reconnus, telles que celles du barreau, de la recherche, de l'enseignement ou de la documentation. Une des hypothèses que ce numéro ne peut que formuler est que l'actuelle mutation du journalisme suit en fait le cours d'autres professions intellectuelles.

Dans les sociétés occidentales, l'un des phénomènes sociaux majeurs de ces trente dernières années, avec l'émancipation des femmes, est sans aucun doute la montée générale du niveau d'éducation et le développement massif d'activités tertiaires – et notamment intellectuelles – nécessitant des niveaux de qualification toujours plus élevés. Cette élévation globale de la formation ne peut être sans conséquences sur les métiers concernés. On a assisté à une massification de l'enseignement supérieur et donc à une banalisation des diplômes, ce qui induit, en ricochet, une massification et une banalisation de métiers tels que ceux de la médecine, de l'enseignement, du journalisme, de l'ingénierie, de la justice... Et partout, on constate l'existence d'un *hiatus* entre l'allongement de la formation générale et théorique et l'acquisition d'un savoir-faire pratique. L'une des solutions semblant être la fuite vers l'hyperspécialisation.

Partout aussi, se rencontre la sensation d'un étirement du corps professionnel, puisque les écarts entre les niveaux élevés de la hiérarchie « l'élite » et « la base » se creusent. Dans nombre de cas, la question du statut professionnel et des « hors statut » a fait son apparition, posant la délicate question des frontières de la profession. Question d'autant plus sensible que des cassures brutales dans les conditions d'exercice de la profession, comme dans les niveaux de vie apparaissent parfois et modifient les représentations installées. Combien d'enseignants du supérieur se font juristes, éditeurs, conseillers, journalistes... en même temps ou alternativement ? Combien de journalistes passent du rôle d'éditeur à traducteur, d'enseignant à conseiller en communication, là aussi successivement ou simultanément, creusant encore un peu plus la crise de l'identité et des valeurs professionnelles ? Dans toutes ces professions, le marché a affirmé son emprise, et les relations que chaque professionnel voulait plus ou moins privilégiées avec son interlocuteur, deviennent d'abord des relations marchandes, l'interlocuteur se comportant en client, en consommateur.

La crise actuelle du journalisme peut ainsi se comprendre par un effet d'hystérésis. Les représentations sociales, les aspirations des nouveaux entrants, forgées par le souvenir d'un « passé glorieux » – celui des « grands anciens » – sont nécessairement en décalage partiel ou total[6] avec les réalités nouvelles du métier. Les enseignants du supérieur (M.-F. Fave Bonnet) se plaignent de la secondarisation de leur métier, de la massification des effectifs, de la sélection insuffisante, de la lourdeur des tâches administratives jugées indues... Les avocats (L. Karpik), les médecins généralistes dénoncent le défaut de reconnaissance sociale, leurs rémunérations trop faibles, la précarisation qui les touche parfois, l'entrée en force des logiques marchandes, la perte du prestige associé à leur profession... Les documentalistes (J. Michel) cherchent à redorer leur blason professionnel, en profitant de l'avènement du numérique, pour mieux souligner la valeur ajoutée qu'ils apportent au traitement de l'information reçue et triée. Mais les situations professionnelles éclatent, entre ceux qui ont pris le virage de la numérisation et les autres, notamment.

C'est donc en replaçant l'évolution du journalisme en France dans une perspective plus large que nous pourrons comprendre en quoi l'idée d'influence des journalistes sur la société constitue bien plus un mythe qu'une réalité démontrable, n'en déplaise à tous ceux qui trouvent intérêt à entretenir cette croyance, à commencer par les journalistes eux-mêmes.

NOTES

1. Cf. Christian Delporte, *Les Journalistes en France 1880-1950*, Paris, Seuil, 1999, p. 86.
2. Notamment Jean-Marie CHARON, *Cartes de presse – enquête sur les journalistes*, Paris, Stock, 1993, ou Erik Neveu, *Sociologie du journalisme*, Paris, La Découverte, coll. « Repères », 2001.
3. Dominique WOLTON, *Penser la communication*, Paris, Flammarion, 1997, notamment la quatrième partie : « Information et journalisme : tout se complique ».
4. Exemple parmi d'autres, *Libération* du 12 mars 2002, titrait sur « L'info en disgrâce sur les networks américains », relatant comment la chaîne ABC avait fait le choix de supprimer un carrefour d'information en soirée, au profit d'un show en fonction de critères de pure rentabilité financière.
5. Cette expression est utilisée pour caractériser l'entreprise de presse magazine, par Jean-Marie CHARON dans *La presse magazine*, Paris, La Découverte, coll. « Repères », 1999. Elle convient également pour nombre d'entreprises qui voient le jour dans les nouvelles télévisions ou dans l'Internet.
6. D'autant plus fort que ce voile du « passé glorieux » recouvrait pudiquement des réalités beaucoup plus contrastées de l'exercice de ces professions, notamment pour le journalisme, avec des périodes d'errances, telles que celles de la collaboration, de la vénalité sinon de la corruption, comme le rappellent des scandales tels que celui de Panama ou de l'affaire Stavisky,... (cf. J.-N. JEANNENEY, *L'Argent caché*, Paris, Seuil, 1984).

RÉFÉRENCES BIBLIOGRAPHIQUES

« L'Emprise du journalisme », *Actes de la recherche en sciences sociales*, n° 101-102, mars 1994.

BERTRAND, C.-J., *L'Arsenal de la démocratie*, Paris, Economica, 1999.

BOYD-BARETT, O., RANTANEN, T. (dir.), *The Globalization of News*, Londres, Sage, 1998.

CHARON J.-M., FURET, C., *Un Secret si bien violé. La loi, le juge et le journaliste*, Paris, Seuil, 2000.

CHARON, J.-M. *Cartes de presses. Enquête sur les journalistes*, Paris, Stock, 1993.

CORNU, D., *Éthique de l'information*, Paris, PUF, coll. « Que sais-je ? », 1997.

CORNU, D., *Journalisme et vérité*, Genève, Labor et Fides, 1994.

DELPORTE, C., *Les Journalistes en France 1880-1950*, Paris, Seuil, 1999.

DEMERS, F., « Journalisme, à propos d'une "demande éthique" d'une ampleur anormale », *Ethica*, vol. 9, n° 2, septembre 1997, p. 297-322.

DEVILLARD, V., LAFOSSE, M.-F., LETEINTURIER, C., RIEFFEL, R., *Les Journalistes français à l'aube de l'an 2000. Profils et parcours*, Paris, éd. Panthéon-Assas, LGDJ, 2001.

DUBAR, C., *La Crise des identités*, Paris, PUF, 2000.

FERENCZI, T., *L'Invention du journalisme en France*, Paris, Plon, 1993.

HUNTER, M., *Le Journalisme d'investigation*, Paris, PUF, coll. « Que sais-je ? », 1997.

LE BOHEC, J., *Les Mythes professionnels des journalistes français*, Paris, L'Harmattan, 2000.

LEMIEUX, C., *Mauvaise presse, Une sociologie compréhensive du travail journalistique et de ses critiques*, Paris, Métailié, 2000, 460 p.

LIBOIS, B., *Éthique de l'information. Essai sur la déontologie journalistique*, Bruxelles, Éditions de l'ULB, 1994.

MARINO, C., *De la presse écrite à la presse électronique, vers un nouveau média ?*, Paris, ADBS, 1996, 143 p.

MARTIN, M., *Histoire des médias*, Paris, Albin Michel, 1991.

MATHIEN, M., *Les Journalistes et le système médiatique*, Paris, Hachette, 1992.

MERCIER, A., *Le Journal télévisé*, Paris, Presses de Sciences Po, 1996.

MERRITT, D., *Public Journalism and Public Life, Why Telling the News is not enough*, Hillsdale, Laurence Erlbaum Associates, 1995, 129 p.

NEVEU, E., *Sociologie du journalisme*, Paris, La Découverte, 2001.

RANDALL, D., *The Universal Journalist*, Londres, Pluto Press, 1996, 208 p.

RIEFFEL, R., *L'Élite des journalistes*, Paris, PUF, 1984.

RIEFFEL, R., WATINE, T. (dir.), *Les Mutations du journalisme. Comparaison France-Québec*, Paris, éd. Panthéon-Assas, 2002.

ROSSI A., *La Professionnalisation des journalistes*, Thèse en sociologie, EHESS Marseille, 1999.

RUELLAN, D., *Le Professionnalisme du flou*, Grenoble, Presses Universitaires de Grenoble, 1993.

RUELLAN, D., *Les « Pro » du journalisme*, Rennes, Presses Universitaires de Rennes, 1997.

RUELLAN, D., MARCHETTI, D., *Devenir journalistes. Sociologie de l'entrée sur le marché du travail*, Documentation Française, 2001, 166 p.

VOYENNE, B., *Les Journalistes français*, Paris, CFPJ Retz, 1985.

WEAVER, D., (dir.), *The Global Journalist. News People around the World*, Cresskill, Hampton Press, 1998.

WOLTON, D., *War game. L'information et la guerre*, Paris, Flammarion, 1991.

WOLTON, D., *Penser la communication*, Paris, Flammarion, 1997.

I. NOUVELLE CARTOGRAPHIE DE LA PROFESSION

Christine Leteinturier

Rémy Rieffel

Christine Leteinturier
Institut Français de Presse (IFP)
Université Panthéon-Assas

L'HÉTÉROGÉNÉITÉ DES JOURNALISTES

Cet article présente les principaux résultats d'une radiographie[1] de la population des journalistes français au 1er janvier 2000, c'est-à-dire celle des 31 903 journalistes français détenteurs de la carte professionnelle 1999, réalisée grâce au concours de la Commission de la Carte d'Identité des Journalistes Professionnels (CCIJP).

La CCIJP[2] est un organe professionnel paritaire créé par la loi du 29 mars 1935 portant statut du journaliste professionnel qui attribue la carte professionnelle, symbole de l'appartenance des journalistes à ce groupe. Les critères retenus pour l'attribution de cette carte sont, pour l'essentiel, relatifs aux revenus (tirer le principal de ses ressources de son activité journalistique), à l'activité (collaborer à une ou plusieurs rédactions) et au statut des entreprises (agences de presse et assimilées, entreprises de presse et assimilées).

Si l'obtention de la carte de presse crée symboliquement l'appartenance à un groupe ainsi unifié, celui de journaliste professionnel, cette unité apparente est relativement trompeuse. En effet, l'analyse des différentes données[3] qui permettent de construire le profil sociodémographique et professionnel des journalistes fait apparaître des facteurs de différenciation qui s'opposent assez fortement à ce que cette dénomination de « journaliste professionnel » peut avoir d'unificateur. *Quatre éléments sont des facteurs significatifs de différenciation au sein de la profession : la situation professionnelle, le média d'exercice, le sexe et la formation.*

Des conditions d'exercice de l'activité très variables

Premier facteur de différenciation entre les journalistes, la situation professionnelle dans l'entreprise définie par le statut, la fonction, la qualification et le revenu mensuel brut, tous éléments qui sont fortement corrélés au média d'exercice.

TABLEAU 1

Répartition de la population des journalistes en fonction du statut – Total, femmes et hommes – 1999

Statut	Effectifs	En %	Femmes (%)	Hommes (%)
Journaliste titulaire	22 644	71	67,1	73,5
Journaliste stagiaire [a]	1 785	5,6	7	4,7
Directeur	483	1,5	0,6	2,1
Total Journaliste	*24 912*	*78,1*	*74,7*	*80,3*
Pigiste titulaire	4 863	15,2	17,2	13,9
Pigiste stagiaire	856	2,7	3,4	2,2
Total Pigiste	*5 709*	*17,9*	*20,6*	*16,1*
Demandeur d'emploi	*1 281*	*4*	*4,7*	*3,6*
% et effectifs	*31 903*	*100*	*100* *12 546 (39 %)*	*100* *19 447 (61 %)*

a. Tout nouvel entrant dans la profession relève de la position de « stagiaire » pendant deux ans. Toutefois les diplômés des écoles reconnues ne sont stagiaires qu'un an et certaines spécialisations techniques (photographe par exemple ou JRI) permettent l'accès direct à la position de titulaire.

Le statut est un élément distinctif important car il divise le groupe entre journalistes pigistes (18,4 % des journalistes en activité) exerçant souvent leur activité dans un cadre précaire (CDD ou rémunération à la copie) et journalistes salariés mensualisés (81,6 %) bénéficiant d'une plus grande stabilité de l'emploi.

Au-delà de l'écart entre la relative sécurité dont bénéficient les salariés mensualisés et la précarité réelle que vivent les pigistes, la différence principale entre ces deux catégories statutaires est le montant du revenu mensuel brut. Le revenu médian[4] des pigistes est estimé à 11 700 F brut mensuel alors que celui des salariés est estimé à 18 700 F, soit 7 000 F d'écart.

Même si pour une fraction importante, le passage par le statut de pigiste est une situation temporaire, certains journalistes font des « carrières » de pigistes. En effet, plus de 35 % des pigistes ont une ancienneté professionnelle supérieure à 10 ans, c'est-à-dire qu'ils n'ont pas pu, ou n'ont pas souhaité, être intégrés dans une entreprise avec un statut stable. Pour les pigistes, l'accès à des positions hiérarchiques intéressantes ou prestigieuses, et aux revenus associés, est pratiquement impossible.

Atteindre une position hiérarchique d'encadrement, elle même susceptible d'une évolution tout au long de la carrière, est un autre élément de différenciation : 38 % des salariés ont des responsabilités de gestion d'équipes, mais seulement 3 % des pigistes. Cet accès à des fonctions d'encadrement discrimine aussi fortement les femmes. Les postes dits « base » correspondent, en général, à des activités de terrain et concernent 62 % des salariés mensualisés et 97 % des pigistes.

Les métiers des journalistes, au-delà de la dénomination collective commune, sont très variés contribuant à l'hétérogénéité des situations professionnelles observables. La typologie de la CCIJP en recense plus de 300 qui ont été ramenées à une trentaine, en conformité avec les typologies classiques de la convention collective et des barèmes de salaires[5]. La catégorie la plus nombreuse est celle de « rédacteur-*reporter* » qui représente 45 % des effectifs d'ensemble mais 65,4 % des « journalistes base ». Cette catégorie même est assez floue, ce qui correspond aussi à la polyvalence croissante des journalistes entre *desk* et terrain. Parmi les fonctions d'encadrement, c'est celle de rédacteur en chef-rédacteur en chef adjoint qui domine, avec 12,5 % des effectifs mais 40 % des « journalistes cadres ».

TABLEAU 2

Qualifications – Parts des pigistes et des salariés mensualisés (en % de chaque qualification) – 1999

Journalistes « cadres »	Pigistes	Salariés mensualisés	% de l'ensemble des journalistes
Rédacteur en chef	1,8	98,2	7,7
Rédacteur en chef adjoint	4,2	95,8	4,8
Chef de service	0,9	99,1	4,9
Grand reporter	0,8	99,2	3,2
Chef de rubrique	1,0	99,0	2,9
Chef d'édition	1,9	98,1	1,6
Chef d'agence	0,0	100,0	1,5
Directeur	0,0	100,0	1,5
Directeur de la rédaction	1,2	98,8	1,1
Secrétaire général de rédaction	0,9	99,1	1,0
1er Secrétaire de rédaction	0,9	99,1	0,7
Directeur artistique	4,1	95,9	0,5
Directeur de la publication	0,0	100,0	0,1
Total « cadres »	*2,8*	*38,0*	*31,4*

TABLEAU 2 *(SUITE)*

Qualifications – Parts des pigistes et des salariés mensualisés (en % de chaque qualification) – 1999

Journalistes « base »	Pigistes	Salariés mensualisés	% de l'ensemble des journalistes
Rédacteur-*reporter*	29,1	70,9	44,8
Secrétaire de rédaction	7,5	92,5	8,9
Reporter photographe	47,2	52,8	4,8
Rédacteur graphiste	9,5	90,5	3,8
Journaliste *reporter* d'images	35,8	64,2	2,9
Rédacteur réviseur	25,1	74,9	0,7
Présentateur	26,8	73,2	0,6
Dessinateur	59,5	40,5	0,4
Iconographe	10,2	89,8	0,3
Maquettiste	11,6	88,4	0,3
Rédacteur en chef technique	0,0	100,0	0,3
Infographiste	9,1	90,9	0,1
Envoyé spécial permanent	0,0	100,0	0,1
Documentaliste	0,0	100,0	0,1
Autres	28,3	71,7	0,4
Total « base »	*97,2*	*62,0*	*68,3*
Rappel ensemble des journalistes (% et effectifs)	*18,6 %* *5 640*	*81,4 %* *24 685*	*100 %* *30 325*

Ces métiers variés s'exercent sous des statuts différents. Ceux de dessinateurs, de *reporters* photographes et de journalistes *reporters* d'images s'exercent de façon significative, entre 50 % et 35 %, sous le statut de pigiste. D'autres métiers rassemblent une part de pigistes moindre, mais supérieure à la moyenne, entre 29 % (rédacteur-*reporter*) et 25 % (rédacteur-réviseur). En revanche, les métiers techniques de la mise en page (secrétariat de rédaction, maquette et graphisme) s'exercent majoritairement sous le statut de salarié mensualisé.

La mosaïque des médias d'exercice

Le média d'exercice est le deuxième facteur de différenciation. En effet, le paysage médiatique français est très diversifié, qu'il s'agisse des supports (presse ou audiovisuel ou télématique), de la périodicité (du pluriquotidien des médias audiovisuels et télématiques à la multitude des périodicités de la presse), des contenus (de la presse spécialisée traitant de tous les sujets imaginables aux radios et télévisions généralistes) ou de la couverture géographique des médias (radios locales, hebdomadaires départementaux, grands quotidiens régionaux ou grands médias nationaux, agences internationales).

La presse écrite fait travailler l'essentiel des journalistes avec 72,82 %, très loin devant l'audiovisuel (21 % avec 12,4 % pour la télévision et 8,5 % pour la radio) et les agences (6 %).

Ceci correspond de façon assez logique à la structure du marché caractérisé, en particulier, par un très grand nombre d'entreprises de presse et de titres. Les statistiques de la Direction du Développement des Médias[6] dénombrent plus de 3 460 titres, dont la plupart sont des périodiques portant sur des sujets très différents, et concernant soit les amateurs, soit les professionnels. Ceci explique que la presse spécialisée fasse travailler environ 33 % de l'ensemble des journalistes. Il faut également noter que c'est en presse spécialisée que l'on trouve les tirages les plus élevés, supérieurs à un million d'exemplaires (presse de télévision et presse féminine).

On ne dénombre qu'à peine une centaine de quotidiens, dont à peine une dizaine ayant une couverture nationale. Les quotidiens régionaux ont une diffusion très supérieure à celle des quotidiens nationaux mais aussi des rédactions très nombreuses : ils font travailler plus de 20 % de l'ensemble des journalistes contre seulement 7,5 % pour les quotidiens nationaux.

Les entreprises de télévision[7], en particulier celles susceptibles de faire travailler des équipes importantes de journalistes sont peu nombreuses : il s'agit surtout des cinq grandes chaînes nationales hertziennes (3,5 % des journalistes), de quelques chaînes régionales (en particulier *FR 3*) ou locales et de quelques chaînes d'information. En radio, la situation est identique. Certes il existe plus de 1 200 stations[8] de radio mais 50 % sont des radios associatives et 22 % des radios musicales où l'information est quasi absente. Restent alors surtout les radios du groupe *Radio-France*, les grandes stations commerciales (*RTL*, *Europe 1* ou *RMC*) et les grands réseaux nationaux (*NRJ*) qui emploient 3,3 % des journalistes.

Tous ces médias n'ont pas les mêmes pratiques de recrutement et de gestion de leurs effectifs. C'est ainsi que la part des pigistes dans les rédactions est très variable en fonction des secteurs médiatiques[9].

TABLEAU 3

Pigistes et salariés permanents – Part dans les effectifs des médias (en % de chaque média) – 1999

	Pigistes	Salariés mensualisés	Ensemble des journalistes
Agences photographiques	42,7	57,4	0,9
Télévisions régionales	31,7	68,3	5,5
Autres télévisions	30,2	69,8	3,3
Presse spécialisée grand public	26,3	73,7	21
Radios nationales	23,6	76,9	3,3
Presse magazine d'information générale	22,8	77,2	5,3
Télévisions nationales	21,9	78,1	3,5
Autres agences	19,1	80,9	2,1
Presse quotidienne nationale	19,6	80,4	7,4
Presse spécialisée technique et professionnelle	17,1	82,9	11,7
Radios locales	16	84	5,3
Presse institutionnelle	14,7	85,3	4,2
Agences mondiales d'information	10,1	89,9	3,1
Presse quotidienne régionale	6,8	93,2	20,1
Presse régionale non quotidienne	6,1	93,9	3,1
Effectif total et en %	*5 640 (18,6 %)*	*24 685 (81,4 %)*	*30 325 (100 %)*

Le groupe des pigistes est surreprésenté dans les agences photographiques, dans les chaînes de télévision, les radios nationales et la presse magazine, généraliste ou spécialisée grand public (45 à 22 % des effectifs).

Ces secteurs ont une gestion spécifique de leur personnel journaliste. Dans les agences photographiques, les photographes sont rarement salariés permanents. Dans l'audiovisuel et surtout la télévision régionale (31,7 % de pigistes), les pigistes représentent véritablement un volant de main-d'œuvre flexible, plus souple à gérer et qui permet de compléter les effectifs sans engager l'entreprise. La presse d'information générale (presse quotidienne, nationale et régionale, et presse magazine) et les agences internationales comptent la plus grande part de salariés mensualisés (81 à 94 %) et un pourcentage significatif de cadres (entre 28 et 34 % des effectifs).

Les écarts de rémunération accentuent les différences selon les médias. Les quotidiens nationaux, l'audiovisuel national, les grandes agences mondiales et la presse magazine d'information générale proposent à leurs salariés des rémunérations plus élevées : 50 % d'entre eux ont des salaires bruts mensuels compris entre 15 000 F et 25 000 F et 30 % des salaires supérieurs à 25 000 F.

Au-delà des éléments de structure de la profession, ce sont les spécificités même de chacun des médias et de chacune des entreprises qui créent des différences entre les journalistes. Ces indicateurs conditionnent fortement la pratique quotidienne de l'activité journalistique, en particulier la culture propre à chaque entreprise et la variété des pratiques de recrutement.

Des disparités femmes – hommes importantes

Les différences observables dans les situations professionnelles des femmes et des hommes, combinées aux écarts d'âges, renforcent l'hétérogénéité du groupe.

En 1999, parmi les 31 903 détenteurs de la carte de presse, on compte 39 % de femmes et 61 % d'hommes[10], soit un taux d'activité féminine légèrement inférieur à celui de l'ensemble de la population active française. En revanche ce taux de féminisation est proche de celui que l'INSEE donne en 1999 pour l'ensemble des « cadres et professions intellectuelles supérieures » avec 34,4 % de femmes et 65,6 % d'hommes.

L'âge moyen du groupe est de 42 ans et l'âge médian de 41 ans. Les femmes sont proportionnellement plus jeunes que les hommes : 57 % des femmes ont moins de 40 ans contre seulement 44,5 % des hommes.

Plus jeunes, les femmes journalistes sont globalement moins avancées dans la carrière. Si 66,4 % de l'effectif total des journalistes a une ancienneté inférieure ou égale à 15 ans (soit une entrée dans la profession entre 1985 et 1999), la comparaison des anciennetés entre les femmes journalistes et les hommes journalistes confirme la relative jeunesse des femmes journalistes. En effet, 31,3 % des femmes journalistes ont une ancienneté égale ou inférieure à 5 ans, pour seulement 23 % des hommes ; 55,5 % des femmes ont une ancienneté inférieure à 10 ans pour seulement 42 % des hommes.

Le facteur âge n'est toutefois qu'un facteur explicatif partiel de la plus faible représentation des femmes journalistes dans les postes d'encadrement.

TABLEAU 4

Fonctions « cadre » - « base » des journalistes – Répartition femmes-hommes (en %) – 1999

	« Cadre »	« Base »	Total journalistes
Femmes	23,8	76,2	*11 774* (38,8)
Hommes	36,7	83,3	*18 551* (61,2)
Rappel ensemble journalistes	*(31,7 %)*	*(63,3 %)*	*30 325*

Les journalistes femmes ne sont que 23,8 % à être cadres (10 points de moins que leur part dans l'ensemble du groupe) alors que les hommes sont 36,7 % ; 9 % des journalistes femmes occupent un poste de rédacteur en chef ou de rédacteur en chef technique pour 15 % des journalistes hommes.

Cette moindre présence dans les fonctions d'encadrement est également due au fait que les femmes sont proportionnellement plus nombreuses à être pigistes (21,6 %) que les hommes (16,7 %) : le statut de pigiste ne permet pas de s'insérer facilement dans une logique de carrière avec progression hiérarchique.

De plus, l'observation des différents métiers du journalisme montre que certains sont nettement féminins et d'autres nettement masculins.

Les journalistes femmes sont très présentes dans deux métiers, rédacteur-*reporter* (44,2 %) et secrétaire de rédaction (58,7 %) ; alors que les hommes journalistes sont surreprésentés dans les

TABLEAU 5

Qualifications des journalistes – Répartition femmes-hommes (en %) – 1999

	Femmes	Hommes	Total journalistes
Rédacteurs-*reporters*	44,2	55,8	13 731 (44,8 %)
Secrétaires de rédaction	58,7	41,3	2 730 (13,5 %)
Reporters photographes	11,4	88,6	1 463 (4,8 %)
Grands *reporters*	25,2	74,9	970 (3,2 %)
Journalistes *reporters* d'images	15,5	84,5	955 (2,9 %)
Rappel ensemble journalistes	*(38,8 %)*	*(61,2)*	

métiers du reportage : 84,5 % des *reporters* photographes, 74,9 % des grands *reporters* et 88,6 % des journalistes *reporters* d'images. Là encore, il faut rappeler le prestige qui s'attache au reportage, et en particulier au reportage « images », photo et vidéo.

Si on considère 40 ans comme un âge pivot, on constate là encore des variations importantes dans la part respective des femmes et des hommes dans chacun des métiers.

TABLEAU 6

Part des moins de 40 ans dans les métiers observés – femmes, hommes, ensemble (en % de chaque groupe et chaque sexe)

	Femmes (entre 20 et 40 ans) en %	Hommes (entre 20 et 40 ans) en %	Ensemble journalistes
Rédacteurs-*reporters*	67	60	44,8
Journalistes *reporters* d'images	74	61	2,9
Reporters photographes	65	45	4,8
Secrétaires de rédaction	52	37	13,5
Grands *reporters*	33	22	3,2
Rappel ensemble journalistes	*38,8 %*	*61,2 %*	*100 %*

À l'exception des grands *reporters*, profession qui apparaît relativement âgée, ce qui correspond au fait qu'on y accède après une longue expérience du terrain, les métiers spécifiés dans les tableaux précédents comportent tous une part relative plus importante de jeunes femmes que de jeunes hommes, avec des variations significatives selon les métiers.

Les métiers de rédacteurs-*reporters* et de journalistes *reporters* d'images (JRI) sont des métiers jeunes, puisque les moins de 40 ans dominent : toutefois la part des femmes y est légèrement supérieure (67 et 74 %) à celle des hommes (60 %). Ces deux métiers sont largement ouverts aux journalistes débutants, l'activité de rédacteur-*reporter* en représentant l'activité dominante. Par ailleurs le métier de JRI est un métier relativement récent (une vingtaine d'années) et qui accueille aussi beaucoup de jeunes journalistes. En revanche, parmi les *reporters* photographes et les secrétaires de rédaction, la part des femmes de moins de 40 ans est nettement plus élevée que les hommes de moins de 40 ans : le rajeunissement de ces professions passe semble-t-il par leur féminisation.

Des différences assez nettes entre les femmes et les hommes apparaissent également dans la répartition par médias.

TABLEAU 7

Répartition des journalistes en activité par média – Ensemble, femmes et hommes (en % de chaque média) – 1999

	Femmes	Hommes	Total journalistes
Presse spécialisée grand public	51,7	48,3	6 381 (21 %)
Presse quotidienne régionale	26,4	73,6	6 099 (20,1 %)
Presse spécialisée technique et professionnelle	51,6	48,4	3 534 (11,6 %)
Presse quotidienne nationale	38,6	61,4	2 243 (7,4 %)
Télévisions régionales	27,2	72,8	1 075 (5,5 %)
Presse magazine d'information générale	42,3	57,7	1 608 (5,3 %)
Radios locales	35,0	65,1	1 605 (5,3 %)
Presse institutionnelle	45,3	54,7	1 283 (4,2 %)
Télévisions nationales	30,3	69,7	1 075 (3,5 %)
Autres télévisions	35,4	64,6	991 (3,3 %)
Radios nationales	32,0	68,0	985 (3,3 %)
Presse régionale non quotidienne	32,9	67,1	934 (3,1 %)
Agences mondiales d'information	31,0	69,0	928 (3,1 %)
Autres agences	32,3	67,7	634 (2,1 %)
Agences photographiques	26,9	73,1	279 (0,9 %)
Rappel ensemble journalistes	*38,8 %*	*61,2 %*	*30 325*

D'une façon générale, les journalistes femmes sont plus présentes dans la presse écrite que dans l'audiovisuel. Encore leur répartition au sein des grandes catégories de la presse est-elle, elle aussi, assez différente de celle de leurs collègues hommes : elles sont majoritaires (plus de 51 % des effectifs) dans la presse spécialisée (grand public et technique et professionnelle) et assez nombreuses en presse magazine d'information générale (42,3 %) et en presse institutionnelle (45,9 %). Les journalistes hommes sont nettement majoritaires dans l'audiovisuel et plus largement dans les grands médias nationaux ou internationaux (agences) d'information générale. Ces médias sont par ailleurs considérés comme les plus prestigieux.

Les journalistes exerçant en presse spécialisée, radio et télévision sont globalement plus jeunes que ceux qui exercent en presse quotidienne, en presse magazine d'information générale et en agences.

Ces écarts statutaires et fonctionnels, ces différences d'insertion sur le marché des médias expliquent que les journalistes femmes perçoivent aussi des revenus moindres : 56 % des femmes touchent entre 10 000 F et 20 000 F mensuels bruts pour seulement 46 % des hommes. Autre exemple : 5 % des femmes touchent plus de 30 000 F mensuels bruts contre 12 % des hommes. Les femmes sont en effet nettement moins représentées dans les fonctions d'encadrement, où l'on trouve aussi les salaires les plus élevés.

Le salaire médian masculin est de 19 300 F mensuels bruts, mais le salaire médian féminin n'est que de 16 700 F, soit un écart de 15,6 %. En revanche les différences de revenus entre les femmes pigistes et les hommes pigistes sont moins marquées. La tranche de revenus des piges la plus fréquente est celle des 5 000/10 000 F mensuels bruts ; elle concerne 39 % des femmes et 34,2 % des hommes.

Plus jeunes, ayant moins d'ancienneté, les journalistes femmes ont donc une situation professionnelle relativement discriminée par rapport aux journalistes hommes. Elles sont plus nombreuses dans des statuts précaires, dans des métiers moins qualifiés, et dans des catégories de presse considérées comme beaucoup moins prestigieuses que leurs collègues masculins.

Un groupe original : les titulaires de la carte de presse diplômés des écoles agréées

Le quatrième facteur important de différenciation à l'intérieur du groupe est celui de la formation. Ne font l'objet de cette analyse que les seuls diplômés d'une école professionnelle agréée titulaires de la carte 1999, aucune autre donnée sur la formation des journalistes n'étant disponible dans la base de données de la CCIJP.

Ces journalistes issus des formations agréées par la Convention collective des journalistes sont nettement plus jeunes (52 % ont entre 26 et 35 ans contre 30,3 % pour l'ensemble). L'observation des lieux de naissance et de résidence montre une présence plus importante de la province : 75,5 % sont nés en région contre 63,9 % pour l'ensemble et 42,3 % travaillent en région contre 39,7 %. Il faut d'ailleurs noter l'existence d'une relation entre les lieux de naissance et la localisation des écoles de formation, dont cinq sur huit reconnues en 1999 sont installées en province.

Leur situation professionnelle diffère également de celle de l'ensemble des journalistes. Plus jeunes ils sont logiquement plus nombreux à être pigistes (19,6 % contre 18,4 % pour l'ensemble). Mais pour eux, le statut de pigiste (à la pige ou en CDD) n'est qu'une étape dans leur parcours. Très peu de pigistes diplômés des formations agréées (12,5 % contre 40 % pour l'ensemble des journalistes) ont plus de 40 ans.

L'analyse de la présence des diplômés des écoles agréées par secteurs d'activité permet de mesurer leur place relative dans les effectifs des différents secteurs médiatiques. Ceci permet également d'identifier l'avantage relatif que représente le passage par une formation reconnue pour accéder aux médias considérés comme les plus prestigieux.

TABLEAU 8

Journalistes diplômés des écoles agréées titulaires de la carte 1999 – Présence dans les effectifs des médias (en % de l'ensemble des actifs)

	Diplômés des écoles agréées % de l'ensemble des actifs du média	En % de l'ensemble des journalistes
Télévisions régionales	28,5	5,5
Radios nationales	26,1	3,3
Agences mondiales d'information	26	3,1
Télévisions nationales	21,6	3,5
Autres télévisions	16,9	3,3
Presse quotidienne nationale	15,7	7,4
Internet	15,2	0,2
Presse quotidienne régionale	13,1	20,1
Radios locales	12,2	5,3
Autres Agences	11,8	2,1
Presse magazine d'information générale	10,4	5,3
Presse institutionnelle	7,3	4,2
Presse spécialisée technique et professionnelle	6	11,7
Presse spécialisée grand public	5,8	21
Presse régionale non quotidienne	4	3,1
Agences photographiques	2,5	0,9
Rappel effectif total et en %	*3 810* *12,2 %*	*30 619* *100 %*

Dans les télévisions régionales, les radios, les agences mondiales, ils représentent plus du quart des effectifs (28,5 à 26 %), soit le double de leur présence moyenne dans l'ensemble de la population active des journalistes (12,2 %). Ils sont également assez fortement représentés dans les télévisions nationales (21,6 %) et les « autres télévisions » (16,9 %) et dans la presse quotidienne nationale (15,7 %) et régionale (13,1 %). Dans les radios locales, les « autres agences » et la presse magazine leur présence correspond à leur part dans l'ensemble du groupe des journalistes.

En revanche dans les autres secteurs, presses spécialisées, agences photographiques et presse régionale non quotidienne leur présence est moindre puisqu'ils ne représentent que 2,5 à 7,3 % des effectifs.

Le passage par une école agréée semble rendre l'accès aux médias réputés les plus prestigieux (agences, audiovisuel et presse quotidienne) plus aisé.

Les journalistes femmes sont effectivement un peu plus nombreuses (12,7 %) que les hommes (11,4 %) à être passées par une école reconnue et ce phénomène s'accentue : les effectifs des écoles ont tendance à se féminiser. Et quand elles sont issues d'une école professionnelle agréée, elles sont proportionnellement plus nombreuses dans l'audiovisuel et dans les grands médias nationaux ou régionaux d'information générale. Le passage par une école de journalisme agréée par la profession représente un avantage réel pour les femmes journalistes en termes de carrière.

Les journalistes diplômés des écoles agréées occupent donc, en général, des positions apparemment plus favorables que la moyenne des journalistes. Cela se traduit bien sûr par des éléments matériels mesurables (accès à des positions cadres plus facile, revenus plus élevés) mais aussi des éléments symboliques, à savoir l'accès aux médias qui occupent le haut d'une hiérarchie implicite dont les critères d'organisation seraient d'une part la visibilité nationale ou internationale et d'autre part la proximité au monde politique.

Cette analyse des données statistiques de la CCIJP confirme donc l'hétérogénéité de la profession, qui apparaît relativement éclatée et moins unie qu'on ne le croit. Certes, comme tout professionnel, le journaliste prend en compte les contraintes structurelles, « objectives » du marché de l'emploi, la réalité des formes d'organisation des rédactions dans les médias. Mais il introduit également sa propre dynamique, ses attentes, ses désirs, tout ce qui relève d'une approche très individualisée de son activité professionnelle[11]...

L'analyse statistique n'offre qu'une photographie globale de la profession, mais les situations individuelles sont loin d'être aussi « prédéterminées » que ce qu'elle suggère car ces positions individuelles s'expliquent aussi par les dimensions subjectives qui ont présidé, pour chaque journaliste, au choix de cette profession et à la façon dont, ensuite, cette carrière et ses conditions d'exercice sont perçues et gérées.

NOTES

1. DEVILLARD, V., LAFOSSE, M.-F., LETEINTURIER, C., RIEFFEL, R., *Les Journalistes français à l'aube de l'an 2000. Profils et parcours*, Paris, éd. Panthéon-Assas, LGDJ, 2001, 169 p.
2. Site de la CCIJP [www.ccijp.org].
3. Les données présentées ici concernent l'ensemble des journalistes titulaires de la carte de presse 1999, ce qui ne recouvre pas totalement l'ensemble de ceux qui exercent des fonctions journalistiques.
4. Le revenu médian est celui qui divise en deux groupes égaux la population observée.
5. Cf. site [www.snj.fr].
6. Direction du développement des médias, *Tableaux statistiques de la presse. Édition 2001*, Documentation française, 2001, 145 p.
7. Service juridique et technique de l'information et de la communication, *Indicateurs statistiques de l'audiovisuel*, 1999.
8. Service juridique et technique de l'information et de la communication, *Indicateurs statistiques de la radio*, 1999, 102 p.
9. RUELLAN, D., MARCHETTI, D., *Devenir journalistes. Sociologie de l'entrée sur le marché du travail*, Paris, La Documentation française, 166 p.
10. La population active française est composée de 44,5 % de femmes et de 55,5 % d'hommes.
11. LETEINTURIER, C., « Devenir cadre dirigeant journaliste dans les médias français », *in* RIEFFEL, R., et WATINE, T., (dir.), *Les Mutations du journalisme. Comparaison France-Québec*, Paris, éd. Panthéon-Assas, 2002, p. 119-156.

Rémy Rieffel
Institut Français de Presse (IFP)
Université Paris 2

LA PROFESSION DE JOURNALISTE ENTRE 1950 ET 2000

La mise en perspective historique du milieu journalistique français que l'on se propose de réaliser ici, s'appuiera presque exclusivement sur les statistiques de l'évolution de la profession telles qu'elles ont pu être produites à partir de données fournies par la Commission de la Carte d'Identité Professionnelle des Journalistes (CCIJP). On n'ignore pas, ce faisant, qu'il est pour le moins réducteur de vouloir rendre compte des caractéristiques de cette profession en se fondant uniquement sur des données chiffrées et sur des comparaisons quantitatives.

Ce type d'approche privilégiant la description sociodémographique d'un groupe professionnel, s'il permet de déceler certaines tendances lourdes de la composition de ce secteur d'activité, n'est guère propice en revanche à une analyse approfondie des causes véritables des mutations éventuellement observées. On fera toutefois le pari qu'une étude de l'évolution de la morphologie de cette population particulière est à même d'apporter de précieux enseignements sur son intégration et sur sa reconnaissance dans la société française de la deuxième moitié du XXe siècle.

Toute profession représente en effet une forme historique d'organisation sociale (enjeu politique), favorisant à des degrés divers des cadres d'identification subjective et d'expression de valeurs (enjeu culturel) et donnant lieu à des coalitions d'acteurs qui défendent leurs intérêts en essayant d'assurer la fermeture de leur marché du travail (enjeu économique). Si l'on raisonne dans le cadre d'une perspective purement interactionniste, on dira, à la manière d'Anselm Strauss, qu'une profession est une espèce de « conglomérat de segments en compétition et en restructuration continue »[1] dans lequel les définitions officielles ou les nomenclatures établies n'ont qu'un poids relatif par rapport à « une construction commune de situation » et à des croyances plus ou moins partagées par les membres de cette profession. Or, comment restituer la complexité d'une telle dynamique interne par la simple analyse morphologique de la population en question ?

Le seul moyen de remédier partiellement à cette lacune est encore de resituer les chiffres dans le contexte économique et social de l'époque étudiée et d'analyser l'évolution du marché du travail. Il conviendrait également de décrire le développement du paysage médiatique français durant cette période puisque les mutations internes de ce dernier pèsent lourdement sur l'évolution de la profession de journaliste.

L'évolution du marché du travail et de l'emploi

Le processus de modernisation de la société française d'après-guerre débouche, au milieu des années 1960, sur ce qu'on a appelé la « Seconde Révolution française »[2] fondée sur le triomphe sans précédent d'un côté, de la consommation et de l'autre, de la rationalisation des entreprises. La crise des années 1970 qui met fin aux « Trente Glorieuses » (1945-1975) engendre une montée inquiétante du chômage et de la précarité qui touche au premier chef les jeunes et les femmes. Le passage d'une société industrielle à une autre société qu'il est malaisé de dénommer (société post-industrielle selon certains, société postmoderne selon d'autres) prouve que la crise s'est durablement installée.

Une nouvelle société tertiarisée apparaît donc dans les années 1980-1990 dans laquelle les catégories composées des salariés les plus diplômés ont fortement augmenté (cadres supérieurs et moyens, professions intellectuelles supérieures et intermédiaires)[3]. Cette crise devient également celle des identités professionnelles que Claude Dubar a dépeinte en soulignant que toutes les formes antérieures d'identification à des rôles établis sont devenues problématiques : les identités tayloriennes de métier, de classe, d'entreprise sont dévalorisées au profit d'une identité reposant sur l'individualisme (réalisation de soi) et sur l'incertitude (précarité)[4]. Le milieu journalistique n'échappera pas à la règle : la flexibilité des emplois apparaît depuis quelque temps de plus en plus visible. On assiste donc à une recomposition des marchés du travail et de l'emploi, à une métamorphose des systèmes de production et de relations professionnelles : l'instabilité et la fragmentation des statuts, la valorisation de la compétence scolaire, l'appel à l'autonomie individuelle sont désormais les maîtres mots de cette nouvelle donne économique et sociale[5].

Les journalistes français ne sortent pas indemnes de ces bouleversements. En reprenant la modélisation proposée par F. Dubet et D. Martuccelli[6] qui distinguent huit modalités de structuration des rapports sociaux, on classera ces derniers d'abord dans la catégorie des salariés jouissant d'une forte autonomie au travail, ayant des revenus assez élevés et disposant d'un emploi à durée indéterminée. Ce profil caractérise selon les deux auteurs, les « manipulateurs de symboles » que sont, entre autres, les consultants en management, les membres les mieux placés de la publicité, de la presse, des médias et de l'enseignement. Une telle classification ne concerne toutefois qu'une partie des membres de la profession journalistique, dont beaucoup appartiennent dorénavant à la deuxième catégorie, celle qui ayant objectivement des tâches semblables, se différencie de la première par le statut d'emploi : temps partiel, CDD, intérim etc.

Identité statutaire plus fragile, niveau de compétence des nouveaux entrants plus élevé, augmentation du travail féminin : autant de facteurs qu'on essaiera de discerner, parmi d'autres, dans l'évolution du milieu journalistique de ces dernières décennies.

Des enquêtes très disparates

Avant de dépeindre à grands traits les changements notables de la profession, il est nécessaire de s'attarder un instant sur quelques problèmes méthodologiques que posent les enquêtes sociologiques disponibles sur la profession de journalistes en France. La Commission de la Carte a fait procéder depuis l'après-guerre à cinq études au statut scientifique pour le moins variable.

La première porte sur l'année 1964 et a été publiée en 1967 : elle n'étudie que les journalistes ayant demandé le renouvellement de leur carte cette année-là, exclut par conséquent ceux qui sollicitaient une première inscription et ceux qui n'avaient pas répondu au questionnaire envoyé (environ 25 %). Elle a, en revanche, le mérite de fournir des chiffres sur l'évolution de la population de 1955 à 1966[7].

La deuxième, publiée en 1974, a uniquement analysé l'évolution de la population des nouveaux entrants dans la profession entre 1964 et 1971 : l'analyse sociodémographique réalisée ne porte donc cette fois-ci que sur un segment bien déterminé de la population[8].

La troisième, publiée en 1986, concerne la population des journalistes en 1983 qui a bien voulu répondre à un questionnaire (9 000 réponses sur 20 000 titulaires environ). Sa représentativité est donc sujette à caution[9], non pas en raison des 45 % de réponses obtenues, mais parce qu'elle repose sur le seul bon vouloir des journalistes qui ont fait la démarche de remplir le questionnaire et de le renvoyer.

Les deux enquêtes suivantes ont été effectuées avec un souci de représentativité plus grand. Leurs auteurs ont bénéficié, pour la première fois, d'un accès direct aux archives et aux dossiers de la Commission de la Carte et ont ainsi pu procéder à une étude scientifique rigoureuse. La quatrième enquête[10], publiée en 1992, s'est donc fondée sur un échantillon représentatif de la population des journalistes en 1990 (tirage au 17e effectué sur les 26 502 dossiers de l'époque) et a permis de brosser un tableau précis des contours de la profession. La cinquième enquête enfin[11], constitue une analyse sociodémographique réalisée pour la première fois à partir de données portant sur la totalité de la population des journalistes au 1er janvier 2000 (titulaires de la carte « 1999 ») : elle offre donc une photographie complète et fidèle de la profession au seuil du XXIe siècle.

La disparité des données disponibles et la variété des méthodes d'enquête mises en œuvre ne facilitent pas les comparaisons. On tentera cependant de confronter les différents résultats pour mettre au jour des tendances, à défaut de données chiffrées totalement fiables. Et plutôt que de procéder au relevé de toutes les évolutions de la profession au cours de ces dernières décennies, on a choisi ici de mettre l'accent sur deux grandes tendances qui semblent caractéristiques de l'état de la profession durant la seconde moitié du XXe siècle : une réelle consolidation de la profession et simultanément la persistance de certaines disparités et fragilités internes.

Une consolidation progressive de la profession

Une forte augmentation de la population, notamment entre 1975 et 1991

Bien que le degré de confiance des Français à l'égard des journalistes soit assez faible depuis un bon nombre d'années, la profession n'en continue pas moins de fasciner les jeunes souvent attirés par l'image quelque peu mythique du grand *reporter* ou du présentateur vedette du journal télévisé. Les chiffres sont à cet égard très parlants : le nombre de journalistes n'a cessé de croître tout au long du dernier demi-siècle.

La population des titulaires de la carte professionnelle est en effet passée de 6 836 en 1955 à 31 902 en 1999. Autrement dit, elle est aujourd'hui 4,6 fois plus importante en nombre qu'au milieu du XXe siècle : preuve que les besoins en matière d'information se sont accrus et que cette catégorie de professionnels représente à l'heure actuelle le corps professionnel le plus influent du secteur des médias.

Cette croissance des effectifs peut se décomposer en deux périodes : la première qui s'étend de 1955 à 1975, a vu un doublement du nombre des journalistes en 20 ans ; la seconde, qui va de 1975 à 1991, a entraîné un nouveau doublement, mais cette fois-ci en l'espace de 16 ans. En affinant quelque peu l'analyse, on se rend compte que les périodes les plus favorables au recrutement ont été les années 1978 à 1984 (de 15 500 à 20 500 journalistes) et 1984 à 1992 (de 20 000 à 27 800 journalistes) qui correspondent *grosso modo* au renouvellement du paysage médiatique audiovisuel français et à l'extension du marché publicitaire. Entre 1978 et 1988, la population des journalistes a donc augmenté de plus de 57 %

À l'image d'autres professions (informaticiens, ingénieurs etc.), celle des journalistes suit le mouvement de mutation de la société française qui connaît une hausse de certaines professions intellectuelles supérieures et intermédiaires et qui est de plus en plus influencée par les technologies de communication modernes. L'essor des métiers liés aux techniques d'information et de communication du grand public, ce que Bernard Miège[12] a appelé « les relations publiques généralisées », touche désormais les entreprises, les institutions, les associations et encourage l'adhésion du consommateur bien plus que la réflexion du citoyen. On peut donc légitimement se demander si, par une sorte « d'effet ricochet », la profession de journaliste n'a pas profité du succès grandissant des activités liées à tout ce qui touche à la médiation symbolique et d'un contexte favorable aux discours sur la société de communication caractéristique de ces vingt dernières années. Sans doute n'est-ce pas un hasard non plus si les professions de publicitaire, de responsable de communication interne et externe, connaissent au même moment une nouvelle impulsion qui renforce leur légitimité sociale et qui favorise leur professionnalisation.

Un secteur d'emploi fort et dominant : la presse écrite

Les différents secteurs d'emploi des journalistes ont évolué en fonction des transformations du paysage médiatique français lui-même. Il n'est donc guère surprenant de constater une forte concentration de ces professionnels dans la presse écrite avant l'essor de la télévision dans notre pays. En 1964, 8 % d'entre eux exerçaient dans les agences et 9,9 % dans la presse parlée, télévisée ou filmée comme l'on disait alors : tous les autres se retrouvaient dans la presse écrite, soit très exactement 81,5 % (auxquels s'ajoutent 0,6 % de journalistes dans la presse étrangère)[13]. Cette prédominance de l'écrit se double à l'époque d'une nette domination de la presse quotidienne (50,3 %) sur la presse hebdomadaire et périodique (31,2 %). La répartition des journalistes de presse écrite entre Paris et la province est encore à ce moment-là équilibrée. Par contre, la distribution par catégorie de presse montre une forte influence de la presse d'informations générales (plus de 51 %) sur la presse spécialisée très disséminée entre de multiples genres (féminine, économique, technique etc.) et encore assez peu développée.

La mutation s'opère au cours des années 1970 : les nouveaux titulaires de l'enquête menée en 1974 sont dorénavant en majorité dans la presse hebdomadaire et périodique, puis dans la presse quotidienne, ensuite dans l'audiovisuel et enfin dans les agences. Ce classement par grands types de médias ne sera plus modifié par la suite : seule la proportion des journalistes y exerçant, continuera d'évoluer.

En ce qui concerne la presse écrite, trois faits sont ici remarquables. D'abord les journaux demeurent, quoi qu'on en pense, le premier bassin d'emplois des journalistes en France : 76,9 % en 1983 ; 74,7 % en 1990 et 72,8 % en 1999. Bien qu'en légère diminution, le secteur de la presse écrite n'a pas vraiment été ébranlé par l'apparition de nombreuses stations de radio et chaînes de télévision depuis les années 1980. Ensuite, la presse magazine est indéniablement devenue le premier secteur d'activité des journalistes et ce, à partir des années 1970 environ. Elle en accueille 40,8 % en 1983 ; 46,7 % en 1990 et 41,1 % en 1999. Enfin, la presse quotidienne régionale se maintient à un bon niveau d'embauche : 26,1 % en 1983 ; 19,2 % en 1990 et 20,1 % en 1999 (contre respectivement 10 % ; 8,8 % et 7,4 % pour la presse quotidienne nationale dont le lent déclin se confirme).

Le poids de l'audiovisuel va croissant tout au long de ces années : 13,3 % des journalistes y travaillent en 1983 ; 17,1 % en 1990 et 20,9 % en 1999. En fait, un cinquième de la profession s'y trouve à l'heure actuelle contre un dixième au début des années 1960. Les agenciers, de leur côté, voient leur nombre se réduire depuis peu : ils étaient 7 % en 1983 ; 7,8 % en 1990 et sont dorénavant tombés à 6,1 %.

Une élévation du niveau de formation des journalistes

Le niveau de formation des journalistes français n'a cessé de monter à l'image de nombreuses professions. Une telle élévation du niveau d'études témoigne, *a priori*, de leur plus grande compétence intellectuelle et devrait, en principe, faciliter une approche plus maîtrisée et critique de l'actualité. Ce capital scolaire et universitaire accumulé se mesure à travers trois critères : le niveau d'études, le type de diplôme obtenu et le type de spécialité suivi.

Le niveau d'études s'est élevé très régulièrement. En 1964, les journalistes ayant suivi des études primaires et secondaires représentaient 60,8 % de la population totale. En 1983, ils ont presque diminué de moitié (33 %) et en 1990 ils ne sont plus que 28,8 %. L'étude de 1999 n'a pas permis d'évaluer les parcours scolaires, sauf pour les nouveaux titulaires de la carte[14] qui, en 1998, sont 17,7 % de l'échantillon étudié à avoir suivi un niveau d'études équivalent ou inférieur au baccalauréat. La baisse de cette catégorie de journalistes peu formés est par conséquent très visible et massive. Inversement, le niveau des études supérieures s'accroît continûment. En 1964, ils sont 37 % à avoir poursuivi des études après le baccalauréat ; en 1983, 66,2 % et en 1990, 68,8 %. Quant aux nouveaux titulaires de 1998, ils sont 82,3 % !

Le type de spécialité suivi laisse entrevoir des disciplines plus fortement plébiscitées que d'autres. En effet, au commencement de la période étudiée, si l'on met à part une forte majorité d'individus affirmant avoir été dans une filière « non spécialisée ou générale » (près de 60 %), on constate que les études de lettres et de droit (27 %) arrivent nettement en tête. Cette prédominance semble s'accentuer par la suite puisqu'en 1983, ces deux disciplines réunies rassemblent à elles seules 41,8 % des journalistes ayant effectué un parcours universitaire alors que la filière journalisme (le contenu exact de cette dénomination n'est pas précisé) n'en a attiré que 10,1 % et que les autres cursus se situent tous en dessous de 10 %.

Les sciences humaines et sociales ne réalisent véritablement une percée qu'à partir de la décennie 1980. Les lettres arrivent toujours en tête (20 %) devant le journalisme (19,5 %), le droit et la science politique (17,4 %), les sciences humaines (16,5 %), les filières information et communication (8,1 %), la technique, les sciences etc.

Il semblerait, au vu des résultats de l'enquête de 1999 portant sur les nouveaux entrants dans la profession, que les lettres soient désormais en légère perte de vitesse et que ce soit la filière information et communication qui ait dorénavant les faveurs des futurs journalistes (24,1 % en 1998), devant les lettres et langues (18,3 %), puis les sciences humaines et sociales (16,1 %). Le droit et la science politique, quant à eux, obtiennent un succès moindre (14,1 %) par rapport aux années 1960. Les filières scientifiques telles que sciences, technique et santé font en revanche une percée assez remarquable (13,2 %), répondant ainsi à des besoins nouveaux en matière de vulgarisation.

Il convient enfin, dans le cadre de ce tour d'horizon, de faire un sort particulier aux formations professionnelles : qu'en est-il exactement des études dans des écoles de journalisme proprement dites ? Le manque de fiabilité de certains chiffres doit une fois encore inciter à la prudence dans l'interprétation. Le fait marquant, toutefois, est la montée en puissance progressive de ce type d'études en liaison avec l'augmentation concomitante du nombre d'écoles « reconnues » par la profession. On part en effet d'un niveau très bas : en 1964, 6,2 % de journalistes auraient suivi cette formation. En 1983, (mais l'enquête signale que neuf journalistes sur dix n'ont pas répondu à la question), on se situait à 7,6 % de professionnels passés par une école conventionnée. En 1990, on monte à 9,8 % (sachant que 5,1 % sont en outre diplômés d'une école non reconnue) pour parvenir en 1999 à 12 % de l'ensemble de la population. L'augmentation récente du nombre de journalistes formés dans des écoles reconnues est confirmée par l'enquête sur les nouveaux titulaires : le pourcentage était de 8,9 % en 1990, il atteint 14,8 % en 1998.

En d'autres termes, les études spécifiques de journalisme, bien que minoritaires par rapport à l'ensemble de la population des journalistes, sont loin aujourd'hui d'être quantité négligeable : le pourcentage de professionnels ayant suivi cette voie a quasiment doublé en une quarantaine d'années.

Des disparités et des fragilités

Une féminisation progressive, mais de fortes inégalités selon le sexe

Nul n'ignore que le milieu journalistique a été pendant très longtemps pour le moins misogyne et relativement fermé aux femmes, souvent cantonnées à des postes subalternes. Cette position dominée des femmes au sein de la profession a commencé à être remise en cause au moment où l'évolution des mœurs est devenue très sensible, en France c'est-à-dire à partir des années 1970 et où s'est produite l'entrée en masse des femmes sur le marché du travail. Rappelons qu'entre 1962 et 1965, les femmes représentaient 33 % de la population active, qu'elles sont montées à 36 % en 1975 et à plus de 46 % en 1992[15].

En 1960 (première date permettant de calculer ce pourcentage) les femmes représentaient 14,3 % de l'ensemble de la population des journalistes. L'accroissement apparaît relativement lent pendant une quinzaine d'années (de près de 15 % à près de 20 %), puis s'accélère ensuite : les femmes dépasseront les 20 % à partir de 1975, arriveront à 30 % en 1987 et à enfin 39 % à l'aube de l'an 2000. Ce qui signifie que le pourcentage de femmes a quasiment doublé en 25 ans, entre 1975 et 2000 avec une augmentation très marquée notamment entre 1981 et 1990 (+ 51 %) et un peu moins forte entre 1990 et 1999 (+ 27,3 %). Cette féminisation de la profession, bien que n'ayant pas atteint le taux actuel de la population active féminine (44,5 %), est le signe indéniable d'une ouverture plus grande du milieu professionnel qui suit en gros le rythme d'évolution générale de la population active en France. Mais cette amélioration ne doit pas cacher la persistance de disparités et d'inégalités.

Des bassins d'emploi sexués

L'enquête de 1964 laissait apparaître une surreprésentation des femmes à Paris (82,5 % contre 50,5 % des hommes) qui pouvait s'expliquer par une absence plus sensible de débouchés dans la presse de province et/ou par une méfiance plus prononcée à l'égard des femmes en province. Elle montrait également que les femmes travaillaient surtout dans la presse hebdomadaire et périodique parisienne et, dans une moindre mesure, dans les quotidiens parisiens, dans les agences et dans la presse dite parlée et télévisée. Ainsi à Paris, en moyenne, pour l'ensemble des quotidiens, hebdomadaires et périodiques, la proportion de femmes était de 25 % (contre 75 % d'hommes) alors qu'en province, elle tombait à 6,7 %. Les femmes étaient d'ailleurs cantonnées dans la presse féminine, pour enfants, vie pratique ou artistique et littéraire.

Cette discrimination et cette marginalisation ne seront pas vraiment battues en brèche de sitôt. L'étude menée en 1974 sur les nouveaux entrants confirme en effet cette répartition des effectifs en fonction du sexe. Certains types de presse ne font qu'entrouvrir leurs portes aux femmes : la résistance est toujours le fait des journaux de province, des radios et télévisions, surtout périphériques. On distingue très aisément à cette époque, trois bassins d'emploi : une zone d'emploi à prédominance féminine (plus de 50 % de femmes) c'est-à-dire la presse féminine elle-même, la presse pour enfants, pour la jeunesse, pour adolescents et la presse vie pratique, qui confinent les femmes journalistes dans un rôle social traditionnel ; une zone d'emploi médiane (entre 30 à 45 % de femmes) c'est-à-dire la presse spécialisée de type scientifique ou culturel et la presse hebdomadaire ou périodique (qui emploient beaucoup de secrétaires de rédaction) et enfin une zone d'emploi à prédominance masculine (moins de 30 % de femmes) c'est-à-dire la presse d'information générale, économique, politique, de sport, du monde agricole etc. Reflet d'une répartition des rôles sociaux encore très ancrée dans les mœurs, la profession de journaliste ne fait guère preuve de modernité ou d'avant-gardisme en la matière.

Les choses ne changent que très lentement dans les années 1980. Les quotidiens de province restent la chasse gardée des confrères masculins tout comme, dans une moindre mesure, l'audiovisuel où les femmes demeurent minoritaires. En revanche, la presse quotidienne parisienne et les agences de presse sont plus accueillantes : la proportion de femmes y augmente assez sensiblement (elles emploient respectivement 10,3 % des hommes et 8,9 % des femmes ; 6,7 % des hommes et

7,8 % des femmes, en 1983). La distribution par sexe observée en 1990, ne révèle pas de grandes transformations. On ne sera donc pas surpris de constater une persistance de ce phénomène à la fin du XXe siècle : les femmes sont majoritaires dans la presse périodique, surreprésentées dans la presse spécialisée, grand public ou technique et professionnelle. Elles sont minoritaires en presse quotidienne régionale, en télévision régionale et dans les agences photographiques, mais convenablement représentées dans la presse quotidienne nationale, la télévision nationale et la radio, secteurs qui se sont progressivement ouverts, au fil des ans, aux femmes journalistes.

Une hiérarchie professionnelle inégalitaire entre hommes et femmes

Le statut professionnel des femmes est loin d'égaler celui des hommes : elles sont, au départ, sous-représentées dans les positions hiérarchiques élevées et surreprésentées dans les positions subalternes. Là encore, les changements se produiront avec lenteur, en phase avec l'abolition très progressive des différences de statut et de reconnaissance professionnelle entre hommes et femmes dans la vie économique française.

Le critère de la qualification (les différentes tâches effectuées par les journalistes au sein d'une rédaction) permet de saisir l'ampleur du problème sur la longue durée. À l'orée des années 1960, les emplois où les femmes sont en faible nombre (10 % ou moins) sont notamment ceux de « chefs » et ceux qui demandent des qualités de « baroudeur » ou une compétence technique particulière (grand *reporter*, correspondant à l'étranger ou reporter photo et *cameraman*). La proportion de femmes est en revanche plus importante dans les tâches de sténographe de presse (88 %), de rédactrice « *rewriter* » ou traductrice (45 %). Pour les nouveaux titulaires étudiés sur la période 1964-1971, le constat est *quasi* identique : nette prédominance masculine dans le groupe des rédacteurs en chef et dans le groupe des *reporters* et des correspondants ; forte domination féminine chez les rédacteurs-traducteurs et chez les sténographes-rédacteurs. Seule modification notable : la progression des femmes dans les emplois de secrétariat de rédaction.

Il existe donc en apparence des métiers davantage « réservés » à l'un ou l'autre sexe : distinction qui constitue en quelque sorte un héritage culturel du milieu professionnel et qu'il est très difficile de remettre en cause. Les années 1980 le confirment à nouveau : en 1983, les hommes chefs de service sont trois fois plus nombreux que les femmes de même grade, les rédacteurs en chef presque deux fois plus, tout comme les grands *reporters* et les directeurs de rédaction. La hiérarchie journalistique demeure très fermée à l'instar d'ailleurs des métiers du reportage photographique ou de *cameraman*. Petit à petit cependant, les femmes grignotent des domaines jusqu'alors plutôt masculins : le secrétariat de rédaction (confirmation par rapport à la décennie 1960) et la maquette.

Les enquêtes suivantes, en particulier celle de 1990, démontrent que la répartition hommes-femmes est sensiblement identique en ce qui concerne les tâches rédactionnelles (statut de rédacteur), mais qu'elle reste inégale en ce qui concerne certaines tâches techniques (secrétariat de rédaction, maquette/graphisme) qui sont désormais devenues plus féminines. Les femmes sont toujours absentes des spécialités « photographie » et « image ». Légère évolution en 1999 : les femmes sont cette fois-ci plus nombreuses à exercer le métier de rédacteur-*reporter* (51,1 %).

Une précarisation du métier

Les données disponibles sont là encore très lacunaires et plus ou moins fiables. Il est en effet particulièrement malaisé de connaître avec précision le taux de chômage dans cette profession parce que les déclarations en la matière sous-évaluent systématiquement le problème.

En 1955, on dénombrait 34 chômeurs sur 6 836 journalistes, soit 0,5 % de la population totale : ce qui est dérisoire. Dix ans plus tard, en 1965, le pourcentage n'a guère augmenté : 0,8 %. En 1975, on en est à peine à 1,4 % ; en 1985 à 3,2 % et en 1999 à 4 %. Comparés à l'augmentation du taux de chômage dans la population active française, notamment durant les vingt dernières années (on arrive en 1999 à un taux de 11,4 %), ces chiffres apparaissent ridiculement bas. On pourrait donc en conclure que la profession n'a guère été touchée par ce phénomène.

Rien n'est moins sûr car un nombre sans doute non négligeable de journalistes licenciés d'un emploi stable préfèrent se déclarer pigistes plutôt que chômeurs. Les statistiques officielles ne correspondent donc pas à la réalité. Un indice permet de le vérifier dans l'enquête de 1983 : seulement 29,3 % des journalistes ayant répondu, déclarent à ce moment-là n'avoir connu aucune période de chômage alors que 12,2 % en ont connu une et 3,2 % en déclarent deux. Par ailleurs, dans l'étude de 1999, on se rend compte qu'au sein de la catégorie des parcours stables (sans rupture de renouvellement de carte) 15,4 % d'entre eux ont connu une ou plusieurs périodes de chômage et qu'au sein de la catégorie des parcours discontinus, le groupe des « sortants » (ayant quitté la profession entre 1991 et 1995) comprend quasiment la même proportion de chômeurs (15 % d'entre eux ont connu au moins une fois une phase de chômage). Ces quelques chiffres, certes parcellaires, mais néanmoins révélateurs, semblent indiquer que le taux réel de chômage est plus élevé que ce que laissent entendre les statistiques officielles.

La forte proportion des parcours discontinus chez les nouveaux entrants (42,4 % de la cohorte de 1990) plaide en tout cas en faveur d'une interprétation en termes de précarisation de la profession depuis un certain nombre d'années.

D'abord parce que le pourcentage de pigistes dans l'ensemble de la profession s'est sensiblement accru. Il était de 5,5 % en 1955, de 6,2 % en 1965, de 9,6 % en 1975 et de 12,1 % en 1985. En 1990, il atteint presque la barre des 15 % (14,7 %) et en 1999 celle des 18 % (17,9 %). Pour bien prendre conscience du phénomène, il suffira de noter que le nombre de pigistes titulaires de la carte a augmenté de 145 % entre 1980 et 1990 alors que le nombre total de titulaires de la carte n'augmentait dans le même temps que de 60 %. On sait, en outre, que ces pigistes sont aujourd'hui plutôt des jeunes et plutôt des femmes, en situation d'attente plus ou moins longue avant d'intégrer définitivement la profession.

Ensuite parce qu'on constate chez les nouveaux entrants une hausse significative des étapes préalables à l'obtention de la carte (ceux qui ont connu entre quatre et cinq étapes sont passés de 29,4 % en 1990 à 55,2 % en 1998) ainsi que du recours aux stages, à la pige et aux CDD. Autant d'indices, une fois encore, de la plus grande difficulté à accéder à une activité stable et principale dans le journalisme. Les trajectoires antérieures s'apparentent dès lors à un véritable parcours du combattant qui se traduit par une plus grande flexibilité des emplois. La précarisation de la profession semble donc se confirmer et conduit à penser que l'identité statutaire des journalistes est dorénavant plus fragile.

L'évolution de la profession de journalistes au cours de ce dernier demi-siècle paraît bien marquée par un mouvement contradictoire : consolidation d'un côté, fragilisation de l'autre. Ce mouvement n'a en lui-même rien d'original : il ne fait que refléter les tendances lourdes des transformations du marché du travail et des professions dans nos sociétés « postindustrielles ». Ce sont les transformations économiques et plus exactement ce que Joseph Schumpeter appelait la destruction créatrice[16], c'est-à-dire le processus consistant pour les détenteurs du capital, à détruire constamment les anciennes formes de production par des formes techniquement plus efficaces et financièrement plus rentables, qui ont, semble-t-il, pesé le plus fortement sur les mutations du milieu journalistique du point de vue de sa structure morphologique. Le niveau de compétence s'élève, la part du travail féminin s'accroît, mais certaines inégalités subsistent et la flexibilité ou la précarisation augmentent parallèlement. Les identités collectives traditionnelles (culturelles et statutaires) du milieu professionnel commencent plus ou moins à être déstabilisées, provoquant très probablement des répercussions sur les identités individuelles que seule une enquête qualitative serait susceptible de mettre au jour.

NOTES

1. STRAUSS, A., *La Trame de la négociation*, Paris, L'Harmattan, 1992.
2. Voir MENDRAS, H., *La Seconde Révolution Française, 1965-1984*, Paris, Gallimard, 1re édition, 1988, coll. « Folio », 1994.
3. Voir à ce sujet CASTEL, R., *Les Métamorphoses de la question sociale*, Paris, Fayard, 1995.
4. DUBAR, C., *La Crise des identités*, Paris, PUF, 2000.
5. On trouvera dans l'ouvrage publié sous la direction d'Olivier GALLAND et de Yannick LEMEL, *La Nouvelle société française. Trente années de mutation*, Paris, Armand Colin, 1998, un certain nombre d'informations utiles à ce sujet.
6. DUBET, F., MARTUCCELLI, D., *Dans quelle société vivons-nous ?*, Paris, Le Seuil, 1998.
7. CCIPJ, *Enquête sociologique et statistique*, 1967.

8. CEREQ, *Les Journalistes. Étude statistique et sociologique de la profession*, dossier n° 9, 1974.

9. CCIJP, *50 ans de carte professionnelle. Profil de la profession. Enquête socioprofessionnelle*, 1986.

10. IFP, *Les Journalistes français en 1990. Radiographie d'une profession*, Paris, La Documentation française, 1992 (avec le SJTI et la CCIJP).

11. Valérie DEVILLARD, Marie-Françoise LAFOSSE, Christine LETEINTURIER, Rémy RIEFFEL, *Les Journalistes français à l'aube de l'an 2000. Profils et parcours*, Paris, éditions Panthéon-Assas, 2001.

12. Bernard MIÈGE, « L'espace public : perpétué, élargi et fragmenté » *in* Isabelle PAILLIART (dir.), *L'Espace public et l'emprise de la communication*, Grenoble, ELLUG, 1995, p. 163 à 175.

13. Ces chiffres sont calculés en soustrayant les réponses indéterminées qui représentaient plus de 16 % de l'échantillon étudié.

14. Voir l'étude du CRAP, *Devenir journalistes. Sociologie de l'entrée sur le marché du travail*, Paris, La Documentation française, 2001, p. 34.

15. Selon H. MENDRAS, *La Seconde Révolution Française, 1965-1984*, *op. cit.*, p. 298.

16. Joseph SCHUMPETER, *Capitalisme, socialisme et démocratie*, Paris, Payot, (1re édition 1942), 1965.

II. UN JOURNALISME SOUS CONTRAINTES ÉCONOMIQUES ET TECHNOLOGIQUES

Fabien Blanchot

Jean-Gustave Padioleau

Dominique Augey

Dominique Marchetti

Nicolas Pélissier

Denis Ruellan

Éric Lagneau

Fabien Blanchot
Université Paris IX-Dauphine, CREPA

Jean-Gustave Padioleau
Université Paris IX-Dauphine, GEMAS, Maison des Sciences de l'Homme, Paris

UNE ÉCONOMIE POLITIQUE DU TRAVAIL JOURNALISTIQUE

Ce bref essai de sciences sociales décrit une forme, un modèle de l'entreprise de médias contemporaine. L'exercice isole, accentue des traits caractéristiques et ne projette, en aucune manière, de saisir les variétés et les singularités des firmes[1].

Une firme de médias correspond à un système d'agencement de flux de ressources (technologie, capital, personnel, etc.) producteur de biens et de services – entre autres du journalisme – aux prises avec des situations de monopole et de concurrence en vue de satisfaire des buts privés, par exemple le profit, et collectifs – l'éducation. Une perspective pragmatique observe les *rapports* des médias entretenus avec des acteurs-clés (sources, publics, etc.) par l'intermédiaire desquels les médias existent en tant que firmes. Des rapports multiples, coordonnés ou découplés, structurent les entreprises. Des droits de propriété encadrent les statuts et les stratégies des firmes, des configurations de marchés disciplinent les liens avec les fournisseurs de papier, de fréquences hertziennes, les annonceurs ou les publics ; des relations sociales façonnent les conduites individuelles et collectives de techniciens, d'animateurs ou de journalistes, des institutions – au sens de « manières de sentir, de penser et d'agir » – règlent les interdépendances avec les milieux des sources, des pouvoirs politiques ou judiciaires.

Montrer les rapports en exercice appelle d'une part la mise à jour des mécanismes, des *modus operandi* de l'émergence, de l'entretien et de la coordination de ces rapports, et d'autre part l'examen de leurs contributions aux valeurs des performances des firmes – les parts de marché, la productivité, la réputation. Ce pragmatisme réaliste se distingue de travaux savants ou des écrits de critique sociale prospères en France. L'examen analytique des jeux d'acteurs dispense de s'en remettre *a priori* aux « grands touts » (J. Piaget) des lieux communs de l'essayisme à la P. Bourdieu – globalisation, TIC, capitalisme – de rejoindre la classe des mémoires de faire-valoir et de s'éprendre de l'impressionnisme de microsociologies naïves des médias. Le pragmatisme informé par des problématiques explicites et par des constats d'enquêtes assemble, pour faire bref, les interdépendances d'acteurs *et* de structures. La démarche rend sensible aux limites des travaux parcellaires centrés sur les professions de journalistes, sur les publics, sur l'économie des médias qui, nonobstant des intérêts documentaires demeurent par trop à l'écart des démarches « analytiques » souhaitées par J.-A. Schumpeter.

Rationalisme économique

À l'époque contemporaine, les régulations du rationalisme économique actionnent avec force les rapports constitutifs des firmes. Les phénomènes de régulation englobent les activités pratiques informelles ou codifiées susceptibles d'assurer les fonctionnements corrects (ou perçus comme tels) des rapports.

Le rationalisme économique – qui ne se réduit pas à des dimensions marchandes – est instrumental. La ligne d'action est celle des ajustements de moyens à des objectifs. Le rationalisme correspond aux usages appliqués *d'opérations de calculs* d'avantages et d'inconvénients, de coûts et de bénéfices dans la genèse, le maintien, le développement ou l'interruption des rapports entre les firmes de médias, les publics, les sources, des États. Dessinons à grands traits l'exercice du rationalisme économique dans quelques domaines afin de rendre sensible l'épure du modèle.

L'entreprise : portefeuille d'actifs

Du côté des droits de propriété, le rationalisme économique correspond à l'essor des rapports du capitalisme financier. Suite à la conjugaison d'une abondance de facteurs – les changements technologiques, l'ouverture des marchés – un capitalisme financier, souvent boursier, parfois cosmopolite de portefeuilles d'activités multiples, dont la figure type est le « groupe de communication », subvertit le capitalisme patrimonial indépendant de grandes familles – la vente du *Los Angeles Times* – le capitalisme managérial de technostructures (*Time Inc.*) et à plus forte raison les formules organisationnelles hybrides de « trust » et de fondations autonomes (*Guardian*, *Bertelsman*).

Cette tendance du capitalisme financier impose des représentations et des critères de jugement projetés sur les performances attendues des entreprises :

Les firmes de médias correspondent moins à des biens concrets riches d'identités distinctives, de patrimoines durables de « valeurs », de « principes » qu'à des *portefeuilles d'actifs* abstraits dont les valorisations dépendent de marchés financiers (emprunts, augmentations de capital, dettes, etc.) et boursiers.

– Portefeuille, les médias deviennent des *actifs mobiles* favorables à des mouvements répétés tactiques et stratégiques d'alliances, de prises de contrôle, de cessions, de fermetures.

– *Ce transformisme permanent* considère comme allant de soi l'instabilité et le relativisme des valeurs des actifs soumis aux cycles des marchés. Ces mouvements influencent d'autant plus les conduites et les décisions que les intérêts des dirigeants, de cadres supérieurs ou parfois du personnel en dépendent (stocks-options, contrats de travail). Les jugements ne s'en tiennent pas à des mesures de performances concrètes de rentabilité ou de croissance : des attentes spéculatives – des rumeurs d'OPA par exemple – ou bien des prévisions s'y insèrent ; des acteurs anticipent le fait que des médias vont rejoindre le droit commun de la concurrence et du libre-échange transnational.

– Dans ces circonstances les firmes de médias éprouvent sans cesse des *expériences de comparaisons*. Les portefeuilles sont mis en parallèle avec les standards de performances de secteurs externes – l'énergie, l'eau – en vue de céder ou de garder des actifs. De même, ces comparaisons s'exercent vis-à-vis des concurrents et elles « positionnent » les performances des entreprises de médias les unes vis-à-vis des autres. En interne, les groupes et les firmes n'échappent pas à la mise en parallèle ou en concurrence des résultats des filiales, des divisions et des services. Tous ces exercices permettent d'apprécier les « unités » eu égard aux champs de compétence, aux enjeux stratégiques, actuels ou futurs, des groupes et des firmes.

– Sous l'effet de tels rapports structurants et structurés émergent des firmes de médias *problématiques et contingentes*. Ces traits perturbent les assurances des représentations patrimoniales de traditions fortes (« service public », « bien commun »), d'identités stables (« les vocations du journalisme »), d'objectifs durables et à long terme (atteindre, entretenir le statut « d'institution »). États problématiques, contingents deviennent des principes « naturels » des conditions d'existence des firmes autorisant ces dernières à jouer avec ces ressorts pour transformer ou pour faire disparaître entreprises, divisions ou services.

Rapport avec les sources

Ces « structurations profondes » dirait A. Giddens orientent les cadres et les pratiques des rapports des médias avec les sources journalistiques. Les producteurs/diffuseurs de « nouvelles » n'échappent pas à l'influence omniprésente des sources. Une interprétation populaire, bien documentée, selon laquelle les contenus des médias reproduisent, se conforment aux intérêts et aux visées stratégiques de puissances commerciales ou politiques, décrit des pressions substantialistes. Cette emprise explicite enregistrant, acquiesçant aux pressions des sources laisse dans l'ombre des relations non moins structurantes. D'un côté, le principe du rationalisme économique génère des demandes et exige des firmes des modes de rapports, de l'autre les sources y répondent ou les anticipent. De part et d'autre, les partenaires sont en quête d'équilibres satisfaisant les préférences respectives.

En guise d'illustration, voici quatre règles du rationalisme économique prédisposant aux structurations du travail journalistique :

– plus les révélations de faits, d'événements s'imposent et deviennent maîtrisables par les firmes – couvrir le « 11 septembre » ;

– plus les activités d'assemblage en « nouvelles » des faits et événements satisfont les normes de coûts des firmes (dépêches d'agences, correspondances locales de pigistes, *pools* de reportages à bon marché, etc.) ;

– plus les « nouvelles » semblent correspondre aux attentes de publics solvables (annonceurs, lectorats, etc.) ;

– et plus les chances s'élèvent que des « sujets » deviennent des « nouvelles » produites et diffusées.

Ces ratios des coûts et bénéfices, les attentes du rationalisme économique distribuent des priorités du travail journalistique. À suivre ces règles, le journalisme assis du *desk* marginalise par exemple le reportage coûteux. Le labeur du journalisme d'enquête s'efface devant le journalisme à portée de main du commentaire moralisateur. La reprographie des documents « scandaleux » livrés à domicile par des juges et des avocats équivaut à un exploit sans risque du journalisme dit d'investigation. De telles pratiques optimisent les avantages et les coûts des firmes. Justement les « bonnes » sources excellent souvent à prévoir et à satisfaire les optimisations du travail journalistique en particulier lorsque les « nouvelles » requièrent des ressources humaines et logistiques (déplacements, équipes de réalisation, etc.).

De même, les attentes de bénéfices règlent les probabilités de sujets à faire la « une » de magazines ou l'ouverture d'émissions. Des *ratings*, seraient-ils grossiers, dictent les goûts des publics. Journalistes, rédacteurs en chef s'éprennent des conclusions de services *marketing* ou commerciaux pour y voir les volontés réelles des clients. Des résultats de vente aux numéros, des taux de « *prime-time* » témoignent de l'efficacité de produits d'annonce. Au cours des dernières décennies des événements collectifs jusqu'alors accessibles et gratuits deviennent des informations privatives et onéreuses. Sports, spectacles, événements culturels se transforment en des sources payantes grâce à l'invocation des attentes de publics solvables auxquelles le rationalisme économique n'est pas insensible.

Le rationalisme, bien qu'il importe au premier chef aux actionnaires et aux dirigeants, est aussi un phénomène de rapports de coproduction avec d'autres protagonistes : journalistes, publics solvables, acteurs locaux ou transnationaux, propriétaires de droits de retransmission.

Prospère, le journalisme d'affaires (*business journalism*) nord-américain de qualité (*Fortune, Business Week, Wall Street Journal*) ne manque pas d'être sensible à un rationalisme économique visible dans les pratiques de « couverture ». Journalistes-spécialistes, organes de presse clôturent des cercles de sources, diffusent les avis et rapports d'auditeurs ou de régulateurs, reproduisent les verdicts d'experts-consultants/universitaires titulaires simultanément de positions d'observateurs d'entreprises qui bien souvent sont des clients. Ces conventions communes établissent des balances d'inconvénients et d'avantages pour les protagonistes. Tout spécialement, ces pratiques gardent sous contrôle les frais des médias et des activités de communication des sources.

La quête de conventions, d'équilibres du rationalisme économique entre les rôles et les intérêts des médias, ceux des journalistes, des annonceurs et des lectorats, s'avère d'autant plus pressante que les interdépendances sont étroites et les enjeux sensibles. « Wall Street » et le journalisme d'affaires sont naturellement proches. Les journalistes s'accommodent de liens de dépendance avec les sources par suite de rapports asymétriques d'information étant donné, par exemple, l'accès délicat aux documents comptables. Qui plus est, les consommateurs solvables (lectorats, annonceurs) appartiennent ou sont dans l'orbite des milieux de « Wall Street ». Offrir des couvertures journalistiques s'écartant par trop des intérêts, des représentations, des attentes, des réalités vécues de « Wall Street », constitue une prise de risque susceptible de produire des baisses de revenus auprès des lecteurs et des publicitaires. Sauf à l'occasion de *kraks* ou en présence de clivages profonds ente les industriels et les financiers, les rapports avec les sources, les lectorats et les annonceurs prédisposent à un journalisme de routines et de conformité avec les milieux de « Wall Street » en accord avec le rationalisme économique. En effet, dans ces circonstances, au regard des gestionnaires, les calculs de coûts de couverture peuvent être planifiés et « optimisés », la stabilité des flux de revenus apparaît contrôlable.

Ces rapports interagissent. Dans le cas de « Wall Street », le modèle isole des liens typiques entre les sources et les journalistes mais en prenant soin d'y inclure les rapports d'attentes ou d'exigences des marchés de publics solvables et des milieux des affaires. L'analyse laisse poindre l'infiltration de rationalités composites dans le rationalisme économique.

Les marchés de publics

En effet, les publics solvables sont des marchés... sous réserve d'y voir des marchés imparfaits. Dans un « bon marché » : (i) les partenaires des échanges (publics/médias) poursuivent des intérêts propres explicites. En pratique, sous l'influence de rationalités limitées, les publics ne connaissent pas en toutes circonstances leurs préférences et intérêts. (ii) Les échangistes possèdent une information complète sur les produits présents sur un marché. D'ordinaire les connaissances des publics nécessaires à l'évaluation des produits transmédiatiques sont plutôt parcellaires. (iii) Le marché standard est concurrentiel. À l'évidence, les contextes de monopoles ou d'oligopoles des médias sont fréquents. Enfin (iv) un marché parfait n'entraîne pas d'externalités négatives sur des acteurs individuels ou collectifs qui ne sont pas des partenaires de l'échange. Dans le secteur des médias, les externalités ne manquent pas : éviter, censurer des sujets – la comptabilité créative d'Enron – porte atteinte ici ou là à des intérêts collectifs ou individuels en dehors des transactions entre les médias et les sources – la confiance des actionnaires, les intérêts des salariés d'Enron.

Paradoxalement, encadrer, corriger, faire disparaître les imperfections des marchés facilitent à l'occasion plutôt le déploiement du rationalisme économique. Des publics acceptent d'autant mieux des liens marchands avec les médias que, par exemple, des règles déontologiques, le respect des valeurs assurent qu'*a priori* les journalistes n'abusent pas des asymétries d'informations. Des gardiens-régulateurs surveillent les phénomènes d'externalités : le droit à la vie privée, la protection des enfants ou des investisseurs. Certes les *modus operandi* du calcul actionnent le rationalisme économique mais son exercice n'exclut pas la présence des ressorts de rationalités composites axiologiques (l'objectivité, le pluralisme) ou de croyances en des traditions de civisme dans le réglage des rapports entre les publics et les médias. Ces rationalités composites sont plus ou moins intenses et entrent à l'occasion en conflit avec le rationalisme économique. Quoi qu'il en soit, elles assurent des rôles variables de régulation du rationalisme vis-à-vis des publics en évitant par exemple que les pouvoirs législatifs ou judiciaires ne réglementent les abus d'externalités et d'asymétries d'informations. Le calcul du rationalisme économique ne prétend pas être *ipso facto* sans bornes mais sait parfois être sensible à l'ambiguïté présente dans les rapports avec les sources ou les publics.

Le managérialisme

Au quotidien, le rationalisme se concrétise dans les pratiques du *managérialisme* en vigueur dans l'entreprise postmoderne. Le *managérialisme* désigne l'exercice systématique, par une entreprise de médias, d'opérations et d'instruments d'activités *managériales* (*marketing*, contrôle de gestion, etc.) soumises à la discipline de résultats évalués sur et par des marchés d'investisseurs, de publics, de concurrents. Des indicateurs visibles traduisent la montée en puissance du *managérialisme* : la croissance et le statut hiérarchique des technostructures dans les médias, plus encore, soulignons ici l'emprise croissante des représentations collectives pratiques du *managérialisme* dans tous les services des firmes de médias et singulièrement, bon gré-mal gré, dans les rédactions.

Une première évidence : *la compétition généralisée et impérative* imprègne les firmes. À plusieurs titres. Outre les pratiques du rationalisme économique décrites ci-dessus, la concurrence s'affirme idéologiquement comme un principe dominant l'organisation sociale dans la vie quotidienne individuelle (progrès des individualismes, individuation et mobilité des carrières de journalistes, évaluation des compétences et des performances personnelles) et collectives des acteurs. Les attachements et les loyautés durables aux professions baissent – des journalistes lorgnent vers la communication, des firmes sont perçues comme opportunistes, favorables à la sous-traitance, à l'externalisation d'activités. L'ouverture des secteurs, des phénomènes de globalisation, des innovations technologiques épaulent ou amplifient les jeux compétitifs. Singulièrement l'entrée ou la menace d'entrée de concurrents imprévus à tous les stades de la conception, de la production et de la fourniture de biens et de services inquiètent – « Internet » surprend les médias bien établis. Des résistances et des coûts humains ou sociaux sont manifestes mais la compétition aspire à devenir un principe de morale collective et individuelle de l'entreprise de médias.

La compétition favorise l'essor du « *stratégisme* » et à l'inverse le *stratégisme* nourrit la compétition généralisée impérative. Les acteurs individus ou firmes règlent sans cesse les conduites au vu des comportements réels ou anticipés des autres joueurs, collègues ou concurrents. Le *stratégisme* possède une croyance stable profonde : l'incertitude et l'opportunisme de l'action et des acteurs. Dès lors, firmes et personnels s'inscrivent dans des états continus de veille, de vigilance et d'alerte qui, pour parler simple, les mettent sous pression, sous tension.

Compétition, *stratégisme* appellent l'exercice de capacités individuelles et collectives de *réflexivité*. Personnels et firmes prennent conscience et réfléchissent par eux-mêmes sur leurs propres opérations. En retour la *réflexivité* alimente les représentations du *stratégisme* et de la compétition. Des modes de gestion réflexive permettent à des systèmes d'information et d'évaluation de calculer les contributions d'individus, de services à la production des valeurs des performances – la rentabilité, la croissance, la satisfaction de publics et d'annonceurs.

Ces cadres du *managérialisme* instillent quotidiennement *la transparence et l'apprentissage* tous azimuts. Compétition, *stratégisme*, *réflexivité* commandent, en temps réel si possible et sans cesse actualisées, des informations avertissant, contrôlant, pilotant, sanctionnant les performances individuelles et collectives – les taux d'audience des « *prime-time* » affichés en continu dans les réseaux de télévision. À ces exigences de transparence répond la mise en place d'instruments nouveaux de gestion dits par activités ou par processus. Cette transparence nourrit des volontés d'installer des *firmes apprenantes (learning organizations)* dans lesquelles les unités, les personnels responsables des couplages de leurs compétences et performances doivent s'insérer dans des dispositifs de pilotage, de corrections, d'essais et d'erreurs.

Le *managérialisme*, dont les technostructures dirigeantes installées ou montantes se font les hérauts, se veut un cercle vertueux et complet d'intégration des personnels. Les bouclages des phénomènes (compétition généralisée – *stratégisme* – flexivité – transparence/apprentissage) génèrent des firmes et des personnels *activistes* jumelant la constance de la tension permanente et l'instabilité des pratiques.

Rationalisme économique et *managérialisme* condensent deux des problèmes radicaux des firmes de médias. Premièrement le modèle du rationalisme et du *managérialisme*, pour paraphraser A. Schütz, vise à une existence « naturelle ». Ce modèle de la firme de médias « suspend tout doute que le monde et ses objets puissent être autres quant à leur existence ». Les coproducteurs du rationalisme économique et du *managérialisme* n'imaginent pas ou plus, censurent l'existence de « réalités multiples » susceptibles aussi de façonner les firmes de médias – l'organisation *mass*-médiatique militante par exemple. Les réceptions de quotidiens et de magazines gratuits urbains ou de médias audiovisuels commerciaux témoignent que publics, annonceurs, journalistes, investisseurs, propriétaires acceptent la « naturalisation » du modèle du rationalisme économique et du *managérialisme*. Néanmoins, cette « naturalisation » ne va pas toujours de soi. Traiter, rendre compatibles les rationalités diverses créent des problèmes lorsque des publics, des sources, des journalistes les utilisent dans des tactiques et dans des stratégies d'antagonismes opposant au rationalisme et au *managérialisme* des rationalités journalistiques (le droit de connaître), culturelles (l'éducation) ou civiques (la citoyenneté).

Afin de prévenir ces tensions, des firmes projettent de tenir sous contrôle l'ambiguïté des rationalités en jouant, aurait pu dire E. Goffman, avec les registres des rôles de « l'identité sociale naturelle » et de « l'identité sociale réelle ». Cette dernière désigne les représentations d'attributs effectivement possédés et en exercice du rationalisme économique et du *managérialisme* des firmes décrits ci-dessus. L'identité virtuelle correspond aux représentations projetées et souvent mises en scène de rationalités axiologiques ou de croyances en des traditions – « l'héritage de Beuve-Méry fondateur du *Monde* ». Des activités visibles (médiateurs, charte éthique, *sponsorings* humanitaires, etc.) montrent des rationalités voyantes de faire le bien, affirment leur effectivité dans le travail journalistique, sans pour autant établir des constats de pratiques réelles de régulation avec le rationalisme économique et le *managérialisme* des firmes. Aujourd'hui, plus *Le Monde* se conforme au modèle de l'identité sociale réelle de la firme contemporaine, plus *Le Monde* prend le risque de la tentation de jouer avec l'identité sociale virtuelle du vertuisme déontologique, moralisateur pour entretenir sa réputation d'institution. Assurément les jeux des identités sociales réelles et virtuelles placent les firmes de médias revendiquant le statut « d'institutions », comme les groupes *Ouest-France*, *Le Monde*, *Télérama*, *CNN*, dans des états de tensions. De fait, des publics ou des cercles de journalistes peuvent être sensibles à des conséquences tangibles du rationalisme et du *managérialisme* – la censure des événements contraires à leurs intérêts et idéologies – en décalage avec les articles du *credo* journalistique revendiqué. Ces antagonismes possèdent de fortes chances d'être transitoires, circonscrits, marginaux et de se soumettre à l'ascendant flexible et robuste du rationalisme et du *managérialisme*. Un défi essentiel des professions du journalisme est moins d'entretenir des rapports frontaux que de maîtriser l'intelligence pratique des ressorts concrets du rationalisme économique ou du *managérialisme* et de les discipliner par l'exercice effectif de principes réalistes de rationalités composites. Au regard du modèle, ces régulations éventuelles des firmes de médias, invoquant des principes, sont loin d'être réservées aux professionnels du journalisme : elles sont coproduites grâce au concours d'actions collectives de publics, de sources, de législateurs, d'autorités judiciaires. Plus des corporations journalistiques revendiquent être les seuls propriétaires de valeurs et de jugements exclusifs – le droit de connaître, de critiquer, de dénoncer – plus les chances d'hégémonies prospères du rationalisme économique et du *managérialisme* s'élèvent. Entre autres, le modèle des firmes contemporaines de médias individualise des professions journalistiques concurrentes et opportunistes, valorise des rationalités collectives comme celles de satisfaire des publics solvables dont les légitimités peuvent apparaître égales, supérieures ou du moins concurrentes à la cléricature de journalistes « vertuistes » (Pareto) précepteurs des citoyens. C'est dire combien les jeux des identités sociales réelles et virtuelles des firmes et des journalistes appellent à rompre avec les idéologies dominantes de milieux journalistiques présentes dans les associations ou les écoles, et d'associés-rivaux complices de l'essayisme en critique sociale. Cette esquisse d'un modèle du pragmatisme se réclame d'un positivisme raisonnable, sans pour autant censurer l'exploration d'éventuelles « réalités multiples » de reconfigurations des firmes de médias. L'analyse pragmatique de l'économie politique des médias demeure à l'excès une *terra incognita*...

NOTE

1. On emploiera indifféremment firme/entreprise de médias, firme/entreprise/médias. Représentation analytique, ce modèle est néanmoins informé par des constats d'enquêtes menées, entre autres, dans le cadre d'enseignements de DEA à l'université Paris-Dauphine, à l'Institut d'Études Politiques et du programme « Management des Entreprises de médias » CFPJ-Dauphine. La facture de l'essai contraint à faire l'économie d'une documentation détaillée.

Dominique Augey
Université d'Aix-Marseille

LES JOURNALISTES : PETITS MAILLONS AU BOUT DE LA CHAÎNE INDUSTRIELLE

Les années 1980 constituent un tournant important dans l'histoire de l'industrie des médias. De nouvelles réglementations permettent l'émergence des radios libres, de nouvelles chaînes de télévision, la constitution de grands groupes de presse : le secteur des médias acquiert la dimension d'un véritable secteur industriel. Sa mutation s'accélère au cours des années 1990 durant lesquelles se multiplient les opérations de fusions-acquisitions aboutissant conjointement à une internationalisation des groupes industriels et à leur concentration.

Ces changements profonds mettent en relief non seulement le rôle fondamental des médias et de leur « maillon fort » – les journalistes – mais portent aussi en eux leur lot d'interrogations sur une profession qui s'adapte aux évolutions et craint de devenir le « maillon faible » au bout de la chaîne industrielle.

L'environnement économique des industries des médias

L'importance du secteur des médias, le nombre des acteurs, les enjeux culturels et financiers expliquent l'émergence relativement récente d'une analyse économique des médias (Alexander, 1998). L'Économie des Médias est une discipline qui se développe de manière sensible depuis la fin des années 1980 en France (Charon, 1996 ; Toussaint-Desmoulin, 1996 ; Le Flock-Sonnac, 2000 ; Balle, 2001 ; Augey, 2002). L'ensemble de ces études convergent vers un même bilan. Force est de constater que la pratique contemporaine de la production d'information suit une logique économique comparable à celle de tous les autres types de production. Le statut de bien hybride de l'information se déplace vers la sphère du privé. Qui dit développement d'un secteur industriel dit adoption de nouvelles règles du jeu. L'objectif annoncé des industries des médias est d'assurer leur rentabilité et leur pérennité.

À titre d'exemple, les industries de presse constituent un cadre de réflexion particulièrement intéressant. À la fin des années 1980, les industries de presse sont immergées dans un environnement économique triplement nouveau : *nouvelles politiques économiques, nouvelles technologies, nouveaux lecteurs* (Wildman, 1998). Les règles du monde économique changent. Les gouvernements des pays développés adoptent de nouvelles politiques économiques. Suite au second choc pétrolier de 1980, les politiques keynésiennes de relance économique par stimulation de la demande des consommateurs (redistribution des revenus, plan de relance par la consommation et/ou les dépenses publiques) sont remplacées par des politiques de type libéral fondées sur la dynamisation de l'offre des entreprises (libéralisation des marchés). Le rôle de l'État est mis en question – avec plus ou moins de vigueur selon les pays – pour faire place à plus de marché. Entre le tout intervention et le tout libéral, les pays développés naviguent sous un arc-en-ciel où toutes les combinaisons entre ces deux solutions existent. Le glissement vers le marché est renforcé par la chute du mur de Berlin et le choix des anciens pays de l'Est d'opter pour la transition vers le marché. Ce changement de politique économique se traduit par trois phénomènes imbriqués : la déréglementation – ou dérégulation – ; l'intensification de la concurrence ; la libéralisation du commerce mondial ou mondialisation. Ces trois éléments découlent les uns des autres. Déréglementer signifie que l'on donne à des entreprises la possibilité d'accéder à des activités économiques antérieurement difficiles ou impossibles d'accès, comme celles relevant d'un monopole d'État (radios et télévisions en 1981, réseaux de télécommunication aujourd'hui). Là où il y avait un offreur, les entreprises sont désormais nombreuses et se livrent une concurrence active. La concurrence vue comme un moyen de développement économique induit les gouvernements à pousser leur logique et à choisir la concurrence internationale, c'est-à-dire l'effacement des frontières – encore appelé mondialisation. L'Europe et en particulier l'Europe de la presse illustre ce processus. La libre circulation des capitaux offre aux entreprises la possibilité de ne plus se cantonner à leur marché national mais leur permet de s'intéresser à d'autres marchés européens dont les caractéristiques sont proches (pays membres de l'Union économique, niveaux de vie comparables, habitudes de consommation voisines, proximité géographique et culturelle[1]). L'internalisation des industries de presse leur permet de minimiser les risques en répartissant leur chiffre d'affaires sur différents marchés tout en faisant des économies d'échelle. La presse magazine est de loin et depuis longtemps le secteur le plus internationalisé à double sens : les groupes français dupliquent leurs magazines dans de multiples éditions à l'étranger *via* la création de filiales tandis que la présence de capitaux internationaux au sein des groupes français est fortement marquée. L'internationalisation privilégie actuellement les pays en transition et les pays émergents[2]. C'est ici qu'intervient le deuxième changement significatif. Si l'environnement économique des industries des médias change, l'environnement interne fait de même. L'apparition des TIC (Technologies de l'Information et de la Communication) modifie profondément la production d'un journal qui utilise désormais des supports numériques. L'informatique et Internet s'allient à l'information (Brousseau et Curien, 2001). L'évolution des techniques est parallèle à l'évolution de l'économie : elles concourent toutes deux à promouvoir des industries dont le métier est de produire et de faire circuler de l'information vite et loin, suivant en cela l'exemple des agences de presse (Boyd-Barett and Rantanen, 1998). L'économie est mondialisée et l'information numérisée : tout est prêt pour que la presse se regroupe au sein de grands groupes industriels. L'économie et la technologie ne sont pas les deux seuls changements notables : le lecteur lui aussi évolue. Le fait le plus marquant des dix dernières années est l'importante chute des tirages de la presse quotidienne généraliste (évolution de la diffusion 1990-2000 du *Figaro* : – 13.3 % ; de *Libération* : – 6 %) hormis *Le Monde* qui augmente légèrement sa part de marché (+ 4,2 % sur la même période[3]). Le lectorat boude la presse généraliste, principalement celui des jeunes de 15 à 25 ans. La presse quotidienne régionale se maintient grâce à son expertise locale et à la difficile concentration des titres (55 titres aujourd'hui contre plus du triple il y a cinquante ans) dans le but de diminuer les coûts. Mais elle aussi voit son lectorat s'éroder, attiré par la radio ou la télévision. Quant à la presse magazine, elle est foisonnante, crée des titres, en arrête certains ou en repositionne d'autres à partir d'une logique *marketing* fondée sur l'écoute des lecteurs et des annonceurs, de plus en plus volatils (Charon, 1999).

La logique industrielle des médias

Or pour faire face à la concurrence des autres médias, investir, se moderniser, un journal a besoin d'assurer sa rentabilité. Le chiffre d'affaires de la presse dépend à 50 % (en moyenne, pour la France) de la régie publicitaire[4]. La presse est sur un double marché apparent (vente directe aux lecteurs en kiosque ou par abonnement, publicité) qui n'en recouvre qu'un seul (le lectorat et sa composition). Les recettes publicitaires dépendent principalement du nombre de lecteurs et de leurs profils. Ainsi un magazine spécialisé peut être diffusé de manière limitée mais avoir un lectorat très ciblé (par exemple, une catégorie socioprofessionnelle très précise) avec un taux élevé de pénétration dans la cible (une grande partie de la catégorie socioprofessionnelle lit le titre en question). Le journal peut alors prétendre à des recettes publicitaires élevées : le taux de déperdition de la publicité est très faible. À l'inverse, la presse quotidienne généraliste cumule un lectorat en baisse et des profils de lecteurs non spécifiques. Non seulement les recettes publicitaires peuvent être fragiles pour des raisons propres à chaque journal, mais elles subissent aussi la concurrence des autres médias (médias traditionnels – radios, TV – et nouveaux médias – la presse en ligne, la presse d'information gratuite). Elles dépendent aussi de la conjoncture économique générale, c'est-à-dire de la santé économique nationale ou internationale (ralentissement de la croissance) ou du pessimisme (effet *11 septembre*) des annonceurs. Aucune entreprise ne peut assurer sa pérennité avec 50 % de son chiffre d'affaires constitué de recettes aléatoires. Plusieurs stratégies complémentaires sont pratiquées : coller au marché pour augmenter et fidéliser les lecteurs, établir un périmètre de sécurité formé d'autres activités et optimiser les coûts de production.

Coller au marché

Un des premiers objectifs est de sécuriser le nombre des lecteurs. Imitant en cela la presse magazine, l'ensemble de la presse utilise les techniques du *marketing*. Le lectorat est sondé, mesuré, analysé. Ainsi un journal peut savoir quelle rubrique est la plus appréciée, voire quel journaliste. Les journaux font évoluer leurs formules tant sur le fond que sur la forme. Un des outils récents permettant de mieux cerner les attentes du lecteur sont les analyses menées à partir des sites de la presse en ligne. Cette dernière n'a pas transformé l'essai. L'offre gratuite d'information a rapidement trouvé ses limites (Augey, 2001) et le journalisme « nouveau » n'a pas vu le jour (Pellissier, 2002). Mais la presse en ligne demeure. Elle a réduit la voilure (équipes de rédaction restreintes) et introduit le payant (consultation des archives ou paiement par abonnement ou à la consultation d'articles, formule d'abonnement premium proposant un forfait pour le journal papier et l'accès au site). La présence de la presse sur Internet se justifie pour un petit nombre de titres par une rentabilité acquise ou espérée (cas de la presse économique) et pour l'ensemble des autres titres par une opération de notoriété et une porte de dialogue avec le lectorat. Ainsi plusieurs sites proposent à l'internaute de noter l'article qu'il vient de lire afin que les internautes à venir puissent être informés de la « cotation » de l'article. Ainsi, ce que l'on pourrait appeler, un *lectomat* classe les articles en fonction de leur succès. D'autres sites incorporent des forums où les internautes donnent leurs opinions et parmi elles, ce qu'ils auraient souhaité trouver dans leur journal. Internet permet le développement d'un nouveau *marketing* (Gensollen, 2001). Un autre intérêt de la presse en ligne est de toucher un lectorat perdu : celui des jeunes. En effet, il n'y a pas de renouvellement du lectorat puisque les jeunes générations sont peu consommatrices de presse. Il faut donc aller vers elles. D'où une autre tentative : la nouvelle presse d'information gratuite (*Métro, 20 Minutes*) qui cible principalement les jeunes actifs (toutes catégories socioprofessionnelles de moins de 35 ans) vivant en ville. Qu'elle réussisse ou qu'elle échoue, la nouvelle presse gratuite met en relief un problème fondamental de la presse aujourd'hui : la désaffection d'une partie importante de son lectorat potentiel[5]. Or ce lectorat potentiel devrait être de plus en plus important pour deux raisons. La première tient aux *lois d'Engel*. Les *lois d'Engel* montrent que lorsque le revenu s'accroît, la consommation de certains biens et services augmente avec une élasticité positive. Les loisirs, y compris la consommation de biens culturels, font partie de ceux-là. Leur consommation augmente plus que proportionnellement au revenu. Le marché potentiel des médias est donc très large. La seconde raison est l'apparition de nouveaux lecteurs « à l'international » dans les pays où les revenus et les libertés n'étaient pas suffisants.

Établir un périmètre de sécurité et optimiser les coûts de production

Conquérir un lectorat n'est pas suffisant : il faut aussi trouver « une assurance antirisque de chute du chiffre d'affaires ». La stratégie est double : diversification et internationalisation. La *courbe de cycle de vie du produit* montre qu'un produit passe généralement par quatre phases : le lancement ; l'expansion ; la maturité ; le déclin. D'ordinaire, seules deux de ces périodes peuvent générer des profits, les phases deux et trois. La diversification des groupes de presse consiste à offrir plusieurs titres, afin que les phases de lancement ou de déclin des uns soient financées par les phases d'expansion ou de maturité des autres. La diversification peut se faire au sein d'une même catégorie. Ainsi, les groupes de presse magazine multiplient les titres. Certains d'entre eux peuvent être positionnés sur des marchés de niche (médias hyperspécialisés, médias alternatifs). La diversification peut aussi se faire de manière transversale en étayant les recettes d'un quotidien par celle d'un magazine, parfois intégré. L'internationalisation remplace la diversification *produit* par une diversification *géographique* et obéit à la même logique. Augmentation du lectorat *et* diversification sont nécessaires pour essayer de stabiliser les recettes publicitaires. La construction d'un périmètre de sécurité est aussi une démarche interne qui peut amener à diversifier ses financiers, à ouvrir son capital. Ainsi *Le Monde SA* a pour projet d'entrer en bourse pour 20 à 25 % de son capital. Mais une autre étape de la stratégie industrielle est importante : la réduction des coûts de production. Nombreux sont les éléments de coûts sur lesquels un groupe de presse a peu d'influence : prix du papier (dépend du cours mondial – en forte augmentation), tarif d'imprimerie (syndicat du livre). En revanche, il est possible d'agir sur le coût du capital humain journalistique. Deux solutions : réduire le coût direct (modération salariale, recours à la pige) ou augmenter la productivité des journalistes (utilisation des nouvelles technologies, élargissement des tâches).

Le journaliste : maillon « fort » ou maillon « faible » ?

L'environnement économique a modifié la nature des contraintes économiques pesant sur les industries de médias et par ricochet sur les journalistes. La rentabilité du journal, son tirage, le positionnement de la concurrence ne sont plus des variables réservées aux seuls financiers ou aux propriétaires. Les journalistes intègrent progressivement la dimension économique d'un journal. Les journalistes sont indéniablement fragilisés par l'intensité des contraintes économiques qui pèsent sur eux. En ce sens, ils constituent un maillon faible de la chaîne de production. Leurs conditions de travail et/ou leurs rémunérations peuvent en être affectées. Ainsi, le métier peut changer radicalement : à titre d'exemple, les journalistes de *Métro* sélectionnent puis formatent des dépêches d'agence et fabriquent en un temps record, grâce à un logiciel adapté, de nombreuses pages de journal. Mais l'ensemble de ces craintes justifiées et des difficultés actuelles ou futures ne doit pas faire oublier que pour qu'une industrie de presse vive, il faut qu'elle ait des lecteurs. C'est ici que le journaliste peut revendiquer son statut de maillon fort et en faire un argument de poids. Lire, payer pour lire, implique que l'information ait été traitée, valorisée. Le journaliste reste l'expert informationnel. Mais compte tenu de l'évolution de la demande, la valeur ajoutée attendue du journaliste implique de plus en plus un investissement accru, voire spécialisé dans des savoirs denses et évolutifs[6]. Cette intensification de l'expertise va dans le sens de l'utilité sociale des médias telle qu'elle peut être mise en évidence par certaines recherches récentes en théorie économique. L'utilisation plus importante des médias par des groupes à faibles revenus (introduction de la radio, de la TV) a fait que ces électeurs, mieux informés, sont devenus plus sensibles aux politiques établies pour eux, avec pour conséquence une augmentation de la fiscalité progressive. De même, un pays avec une circulation importante de journaux répond de manière plus adaptée aux besoins économiques de la population (Besley et Burgess, 2001 ; Stromberg, 2001). Dans un environnement économique transformé, les journalistes ont donc des arguments pour défendre l'idée qu'il existe une corrélation forte entre pérennité des entreprises de presse et qualité de l'information.

NOTES

1. Cet aspect est analysé par la théorie du commerce international. On observe en effet que les pays développés pratiquent un important commerce intrabranche (acheter et vendre simultanément le même type de produit). Ce type de commerce s'explique par la concurrence entre les firmes et la proximité des demandes (demande représentative de Linder), (Voir Krugman et Obsterfeld, 2001).

2. Il s'agit de pays en développement ayant atteint un PIB par tête relativement élevé et considérés à la porte du développement (nombreux pays d'Amérique du Sud et d'Asie).

3. Source : Balle, 2001, p. 90 (d'après l'OJD).

4. Extrait de l'interview de Jean-Marie Colombani dans *La Semaine de l'Économie* (ARTE), diffusé samedi 9 mars 2002 : « Le coût de fabrication du *Monde* est 10,50 F alors que le prix de vente au numéro est de 7,50 F. Il est impératif de trouver des ressources publicitaires ».

5. Le thème des « gratuits » fait l'objet d'une recherche par un groupe d'étude dirigé par Denis Ruellan (Lannion) et composé de Dominique Augey (Aix-Marseille), Alain Lavigne (Laval-Québec) et Jean-Michel Utard (Strasbourg). Ce travail s'inscrit dans une recherche menée par une vaste équipe de vingt universitaires français et étrangers sur la thématique des genres.

6. « Plus il y a d'information, plus des liens complémentaires entre information et savoirs sont nécessaires » (Wolton, 1997, p. 224).

RÉFÉRENCES BIBLIOGRAPHIQUES

ALEXANDER, A., OWNERS, J., CARVETH, R., *Media Economics, Theory and Practice*, 2e éd., Erlbaum, New York, 1998.

AUGEY, D., « La Fin de la Gratuité, La PQR en Ligne Cherche Modèle Économique Désespérément », *in* DAMIAN, B., RINGOOT, R., THIERRY, D. et RUELLAN, D., *Inform@ation.local : Le Paysage médiatique régional à l'ère électronique*, Paris, L'Harmattan, 2001, p. 49-64.

AUGEY, D., « La Presse économique et financière », *Médiatiques*, université de Louvain, n° 28, 2002, p. 4-9.

BALLE, F., *Médias et Sociétés*, 10e éd., Paris, Montchrestien, 2001.

BESLEY, T., BURGESS, R., « Political Agency, Government Responsiveness and the Role of the Media », *European Economic Review*, vol. 45, 2001, p. 629-640.

BOLTZ, P., « Economics and the Media », *Quarterly Review of Economics and Finance*, vol. 36, 1996, p. 161-168.

BOYD-BARETT, O., RANTANEN, T., (eds), *The Globalization of News*, Sage, Londres, 1998.

BROUSSEAU, E., CURIEN, N., « Économie d'Internet, Économie du Numérique », *Revue Économique*, vol. 52, octobre 2001, p. 7-38.

CHARON, J.-M., *La Presse Quotidienne*, Paris, La Découverte, coll. « Repères », 1996.

CHARON, J.-M., *La Presse Magazine*, Paris, La Découverte, coll. « Repères », 1999.

DUVAL, J., « Concessions et Conversion à l'Économie », *Actes de la Recherche en Sciences Sociales*, n° 131-132, 2000, p. 56-75.

GENSOLLEN, M., « Internet, Marché Électronique ou Réseaux Commerciaux ? », *Revue Économique*, vol. 52, octobre, 2001, p. 137-164.

KRUGMAN, P., OBSTERFELD, M., *Économie Internationale*, 3e édition, De Boeck, Bruxelles, 2001.

LE FLOCK, P., SONNAC, N., *Économie de la Presse*, Paris, La Découverte, coll. « Repères », 2000.

PELLISSIER, N., « Cyberjournalisme, La Révolution n'a pas eu Lieu », *Quaderni*, n° 46, 2002, p. 5-25.

STOMBERG, D., « Mass Media and Public Policy », *European Economic Review*, vol. 45, 2001, p. 652-663.

TOUSSAINT-DESMOULIN, N., *L'Économie des Médias*, 4e éd., Paris, Presses Universitaires de France, coll. « Que Sais-je ? », 1996.

WILDMAN, S., « Media and Multimedia, The Challenge for Policy and Economic Analysis », *Information Economics and Policy*, vol. 10, 1998, p. 1-7.

WOLTON, D., *Penser la Communication*, Paris, Flammarion, 1997.

Dominique Marchetti
Centre de sociologie européenne, CNRS

LES AJUSTEMENTS DU MARCHÉ SCOLAIRE AU MARCHÉ DU TRAVAIL JOURNALISTIQUE

Le champ journalistique présente la particularité de ne pas avoir de droit d'entrée formel. Avec 12 % de titulaires de la carte de presse ayant suivi une formation professionnelle initiale agréée[1], la France n'est pas une exception (Neveu, 2001, p. 25-26). Mais une lecture simple de ce chiffre de 12 % ou des données de nombre annuel de diplômés de formations reconnues (entre 300 et 350 environ) tend à occulter au moins trois phénomènes importants. Le premier est la présence croissante des diplômés des écoles de journalisme agréées dans les médias les plus prestigieux (Devillard *et al.*, 2001 ; Marchetti, 1997). Le second est la montée beaucoup plus importante des journalistes ayant suivi des formations professionnelles au sens large. En effet, ce chiffre de 12 % ne tient compte par exemple ni des premiers diplômés des écoles aujourd'hui reconnues avant qu'elles ne bénéficient d'un agrément, ni de ceux qui ont suivi des filières thématiques dans ces écoles, ni des journalistes qui ont suivi des formations continues ou en alternance, ni des jeunes journalistes, de plus en plus nombreux dans certains médias, passés par des formations au journalisme non reconnues. En effet, comme le montre une étude (Devillard *et al.*, 2001) sur le parcours des nouveaux titulaires de carte 1990 pendant neuf ans, 31,7 % d'entre eux déclarent avoir suivi une formation professionnelle initiale ou continue. Enfin, cette donnée ne prend pas en compte un nombre probablement faible de diplômés qui, selon eux, « font du journalisme » mais sans carte. Autrement dit, le nombre de journalistes passés par des organismes de formation tend à être de plus en plus élevé. Le troisième phénomène occulté est que le passage par une des écoles de journalisme agréées facilite grandement l'entrée sur le marché du travail.

En dépit de l'importance croissante des formations au journalisme dans l'apprentissage du métier, ce domaine reste encore relativement inexploré même si plusieurs études ont donné des premiers résultats (voir bibliographie). Avant de présenter un premier état de cette enquête[2], il faut rappeler l'hétérogénéité d'un espace où coexistent des formations dont le statut est très variable : certaines sont publiques, d'autres privées ; toutes n'ont pas l'agrément de la profession et ne sont pas reconnues par l'État. Les « concours », les « sélections » ou les « recrutements » sont également très différents par exemple sous le rapport des conditions d'âge ou de diplôme. Cette hétérogénéité se traduit encore dans le type même de formations proposées et les niveaux de formation : DUT, licence, maîtrise, DU, DEA, DESS, etc. Enfin, elle est encore plus manifeste quand on compare des indicateurs d'ordre économique : budgets, type de recettes, droits d'inscription, nombre de permanents, etc.

On voudrait donc ici se focaliser sur une autre série de transformations de l'espace des formations au journalisme, qui ne lui est d'ailleurs pas spécifique, à savoir la professionnalisation[3] croissante des études et le renforcement du poids des professionnels dans les politiques de formation durant les années 1980 et 1990. En effet, ces derniers (notamment à travers les organisations représentant les employeurs et les salariés) ont historiquement un quasi-monopole sur la formation certifiée des journalistes, non seulement par l'agrément donné aux établissements mais aussi par d'autres voies : la répartition de la taxe d'apprentissage dans les écoles, l'accueil des stagiaires dans les entreprises ou encore l'engagement des nouveaux diplômés (Deligny, 1989, p. 73) par exemple.

Ce mouvement de professionnalisation s'explique d'abord par l'accroissement sans précédent des offres d'emplois dans les décennies 1980 et 1990 ainsi que par la demande de journalistes « opérationnels ». Il renvoie ensuite au fait que le discours de professionnalisation, défendant notamment la nécessité de développer la formation au journalisme, s'est peu à peu imposé même si ces formations suscitent toujours des critiques de certaines fractions du milieu professionnel. Aux discours sur « la profession ouverte » ou le nécessaire « apprentissage sur le tas », les responsables de formations opposent l'indispensable apprentissage à l'école d'un « métier » comme les autres. C'est d'autant plus important selon eux que les journalistes ont une « responsabilité sociale » croissante. La défense d'un certain nombre de méthodes et plus largement de « valeurs professionnelles » est récurrente dans leurs discours. Il s'agit finalement de faire valoir que les métiers du journalisme font appel à des savoirs pratiques et scolaires qui doivent être enseignés à l'école.

« On nie complètement le fait qu'on doit avoir une formation journalistique spécifique (...) Est-ce que vous demanderiez à un flic d'avoir du talent ? À un juge d'avoir du talent ? Non (...) Vous leur demandez du professionnalisme, vous leur demandez de savoir faire ce qu'ils font (...) C'est pénible, parce qu'on oppose un vocabulaire d'artistes à un vocabulaire professionnel. C'est un journalisme d'artistes mais non. Ce n'est pas artistique la démocratie, excusez-moi, enfin normalement... » (directeur d'école).

Ce discours s'est renforcé parce que les responsables de formation et d'organismes professionnels ont perçu avec une grande réticence la multiplication des formations information-communication et parce qu'ils trouvent là aussi une manière de répondre pratiquement à la montée des critiques internes et externes. Enfin, ce mouvement de professionnalisation doit beaucoup à l'intensification de la concurrence entre les formations à un double niveau. Elle prend la forme d'une concurrence symbolique et économique pour la légitimité professionnelle auprès des employeurs et la récolte de la taxe d'apprentissage dont certains établissements sont très dépendants[4]. Celle-ci est d'autant plus nécessaire que les autres types de recettes (droits d'inscription, subventions publiques, formations continues par exemple) sont loin d'être suffisants pour réaliser les lourds investissements technologiques et faire face aux difficultés financières.

En effet, ce mouvement de professionnalisation se conjugue aussi pour les établissements de formation, surtout ceux qui sont reconnus, à un ajustement de plus en plus fin à un marché du travail qui a connu une expansion sans précédent. Dans certains cas, l'objectif est parfois d'anticiper les demandes comme l'explique ce formateur : « Notre volonté c'est d'être – on le dit bêtement entre guillemets – d'être à l'écoute des besoins de la profession, mais c'est vrai, c'est-à-dire de pas rater, quand il y a quelqu'un [d'une entreprise] qui nous dit, "voilà comment ça fonctionne chez moi", de l'analyser et de l'appliquer en amont ». Ce double aspect à la fois économique et professionnel est étudié, d'une part, à travers les contenus, et, d'autre part, le renforcement des relations que ces formations entretiennent avec les entreprises médiatiques.

Les ajustements des écoles : la professionnalisation des contenus

Le principal indicateur de la professionnalisation des enseignements est la mise en place dans les formations initiales au journalisme de nouvelles filières visant à former des journalistes à des spécialités fonctionnelles ou thématiques qui sont fortement demandées. Ce mouvement traduit bien la tension entre la volonté de créer une « culture professionnelle » commune généraliste et la nécessité de répondre à la segmentation croissante des métiers et des spécialités. L'enseignement de spécialisations fonctionnelles renvoie aux transformations du marché du travail, c'est-à-dire au poids croissant pris par trois grands types de médias dans les années 1980 et 1990 : la production audiovisuelle, la presse magazine et la presse en ligne. Du fait du développement des télévisions privées et publiques, d'agences ou de sociétés de production, trois écoles agréées (le CFJ en 1984 puis l'IUT Bordeaux et le CUEJ) ont développé une filière journaliste reporteurs d'images (JRI). Mais ces promotions restent numériquement relativement faibles parce que les coûts de formation sont élevés : six diplômés par an au CFJ, quatre à cinq à Bordeaux et cinq à quinze au CUEJ dans les premières années.

La seconde spécialisation fonctionnelle, numériquement plus importante, vise depuis les années 1990 les métiers de la presse magazine ou de la presse hebdomadaire régionale. Ils ont été pendant longtemps délaissés par les écoles de journalisme agréées pour des raisons très diverses : les offres étaient plus faibles et trop ciblées ; cette fraction du marché était structurellement « atomisée » ; du fait notamment de leurs propres trajectoires professionnelles et de l'état du marché du travail, les dirigeants d'école en partie se sont intéressés davantage aux quotidiens et aux médias généralistes ; la durée des périodes de stage ne correspondait pas forcément avec celles des écoles. Plusieurs établissements ont donc axé une partie de leur formation sur ce type de presse qui offre à la fois des débouchés pour les diplômés et des perspectives de recettes avec la taxe d'apprentissage. Les établissements se sont ici adaptés à une attente croissante des responsables d'une presse magazine en plein développement en France, la presse spécialisée grand public (29,6 %) et technique et professionnelle (12,3 %) étant avec la presse quotidienne régionale (13,7 %) les principaux employeurs des nouveaux entrants 1998 (Marchetti et Ruellan, p. 21 et suiv.). Sans développer de filières spécifiques, certaines écoles comme l'IPJ ont largement fourni la presse magazine et spécialisée (30 % des diplômés). Cet ajustement au marché du travail peut prendre des formes plus institutionnalisées dans le cas de la presse hebdomadaire régionale. C'est ainsi qu'à la suite d'une réunion avec des responsables du Syndicat de la PHR, l'ESJ Lille a créé en 1995 une formation d'un an visant très directement à répondre aux attentes de cette fraction du marché du travail.

Enfin, de manière plus marginale et plus récente, la spécialisation fonctionnelle des enseignements s'est réalisée dans le domaine du multimédia et des nouvelles technologies pour répondre aux premières demandes des entreprises même si les responsables de formation comme les cadres dirigeants d'entreprise de presse interrogés se veulent prudents sur l'évolution du marché. Mais plusieurs formations ont mis en place des enseignements spécifiques.

Par-delà la spécialisation fonctionnelle, la professionnalisation des contenus s'est opérée aussi à travers une spécialisation thématique à la fin des années 1990. Le développement des rubriques et de la presse spécialisée a provoqué une demande directe des employeurs ou une anticipation de leurs attentes. C'est ainsi qu'en créant une filière agricole l'ESJ Lille, comme l'explique son directeur, a voulu répondre à des besoins « identifiés, quantifiés » : « Il y aura une trentaine de postes par an. Nous, on a dit : on en forme 15. L'ambition, c'est que si déjà 50 % des gens qui entrent dans ce métier étaient formés, on aurait fait un sacré progrès ». C'est principalement le domaine scientifique qui a donné lieu à la création de filières dans des formations reconnues (ESJ Lille depuis 1993) ou non : plusieurs universités (Paris 7, Aix-Marseille 2, Montpellier 1) ont mis en place des DESS dans les années 1990. D'autres activités comme les questions européennes (CUEJ) ou internationales (Paris 3) ont fait l'objet de création de diplômes spécifiques avec des promotions réduites. Certaines formations ont aussi choisi des options de spécialisation dans le programme général d'enseignement comme la politique intérieure, l'international, le sport, l'économie ou l'« information de proximité ». Ces évolutions des spécialisations n'en demeurent pas moins très ajustées aux mouvements conjoncturels du marché du travail.

Outre la mise en place de formations spécifiques, l'autre indicateur de la professionnalisation des contenus est l'importance croissante des enseignements à visée pratique, qu'ils soient relativement spécialisés (sur un média, une fonction, une thématique) ou généraux (modes d'écriture, enquêtes, etc.), par rapport aux enseignements de « culture générale ». Face à la technicisation croissante des métiers du journalisme et à la montée des contraintes économiques, les entreprises demandent aux écoles des jeunes diplômés « opérationnels » immédiatement, capables de maîtriser les techniques professionnelles et les nouveaux outils. Les enseignements dits « universitaires » ou à visée moins directement professionnelle sont généralement jugés peu intéressants par les élèves selon plusieurs directeurs de formation. D'une part, certains responsables estiment qu'après trois, quatre ou cinq ans d'études « la culture générale est acquise » et, d'autre part, ils ont pour une partie d'entre eux une vision très négative de « l'universitaire » : « Si on met un prof et qu'on fait de l'enseignement universitaire, ils ne viennent plus, ça ne marche pas, ils ne sont pas là pour ça (...) l'universitaire ça n'a aucune chance de marcher, même si on voulait on pourrait pas mais on veut pas ça tombe bien. », résume l'un d'entre eux. À l'inverse, d'autres, notamment dans des établissements publics ou à l'ESJ, défendent la nécessité des enseignements qui ne sont pas exclusivement pratiques (culture générale, économie et droit de la presse, etc.).

Un travail historique sur l'évolution des programmes confirmerait largement cette tendance, de même qu'une étude de l'évolution du poids des professionnels parmi les enseignants : à titre indicatif, il oscillait en 1997 dans six des huit écoles agréées entre 63 % et 88 %, une partie de ces variations provenant du statut, public ou privé, des formations (SJTI, 1998). Les exercices pratiques sont privilégiés. Il en est ainsi des « journaux écoles »[5] qui doivent permettre aux élèves d'acquérir des savoirs pratiques, par la fabrication d'un produit journalistique dans des conditions réelles. Et certains établissements, très ajustés au marché du travail, comme l'IPJ ont opté pour des journaux « à la manière de » avec *Le Parisien* ou des magazines comme l'explique un responsable : « On fait venir un rédacteur en chef et un directeur artistique de ce journal, qui fait le premier *debriefing* pour expliquer aux étudiants comment fonctionne la rédaction, le nombre de services, le *timing* rédactionnel, l'aspect maquette et mise en page, pour comprendre l'esprit "produit" en quelque sorte. La promotion se transforme en rédaction avec tant de rédacteurs, tant de rédacteurs en chef, chefs de service et tant d'éditeurs. »

Enfin, le dernier indice de cette professionnalisation des écoles est lié aux discours que les dirigeants tiennent aux élèves, qui tendent à abolir la frontière entre l'école et le monde du travail : on rappelle aux apprentis journalistes qu'ils sont placés dans les conditions du travail en rédaction, on les traite en « professionnels » ou « futurs confrères », on constitue en miniature des structures collectives à travers le travail par petites équipes qui peuvent s'apparenter au fonctionnement des rédactions ou à certains microcosmes, etc.

« On n'a pas le temps de se peindre les ongles. Ce n'est pas la fac. Ce n'est pas le côté : je viens, je ne viens pas (...) Le premier jour, on leur dit : tout papier non rendu, c'est un blanc dans le journal, au deuxième ou troisième papier non rendu, vous prenez directement la porte. Les contraintes du monde du travail, on se les applique à nous, mais on les applique à eux aussi. On les traite la première année en étudiants, allant vers les jeunes confrères ; la seconde année, ce sont des jeunes confrères » (responsable de formation dans une école agréée).

Les étudiants vivent beaucoup dans l'enceinte des écoles et ont des horaires qui se rapprochent davantage de ceux des rédactions. Le choix des enseignants professionnels et leur complémentarité ont également pour objectif, d'une part, de préparer les élèves à travailler pour des médias qui s'adressent à des publics différents (spécialisé/généraliste, CSP, sexe, etc.) ou qui ont des logiques de fonctionnement diverses et, d'autre part, de les initier à exercer leur métier avec des journalistes ayant des attentes professionnelles spécifiques (style d'écriture, format des sujets, conditions de réalisation des reportages, etc.).

Le travail de relation avec les entreprises

Du fait de la concurrence exacerbée entre les formations professionnelles, des « attentes » des étudiants (notamment trouver un emploi) et des difficultés économiques dans certaines fractions du champ journalistique, l'ajustement au marché du travail s'est aussi réalisé de manière moins visible à travers un renforcement des relations avec certaines entreprises médiatiques. Alors que la formation interne des jeunes professionnels s'opérait quasi exclusivement ou exclusivement en entreprise, elle se fait aujourd'hui aussi pour partie dans les établissements de formation, puis par un apprentissage sur le tas sans véritable tuteur pendant et après la scolarité. Du coup, les relations entre cadres dirigeants et une partie des jeunes diplômés tendent aujourd'hui, du moins dans un premier temps, à être moins informelles et interpersonnelles parce qu'elles sont souvent médiatisées par l'école. Le passage par une formation reconnue est à cet égard décisif dans l'accès au marché parce qu'il permet de mobiliser pour les diplômés, un capital collectif de relations comme le note une responsable d'une école publique : « Je considère qu'une école comme la nôtre doit donner sa chance à niveau égal (...) donner leur chance à des gens qui ne seraient pas entrés dans la profession autrement qu'en passant par notre formation. Parce qu'ils ne bénéficient pas du réseau social qui leur permettrait de rentrer. »

Les formations au journalisme se sont très directement inspirées des pratiques des grandes écoles et de leurs diplômés. Tout se passe donc comme si l'école, au moins dans le cas des plus prestigieuses, était une banque de capital social qu'« anciens » et « futurs anciens » pouvaient utiliser. Bien évidemment, son efficacité varie notamment selon les établissements. Certains comme l'ESJ et le CFJ, qui a précisément été repris par ses « anciens », ont accumulé par leur ancienneté et leur réputation un capital de relations sans équivalent dans les fractions les plus prestigieuses du champ journalistique. Un responsable du CFJ explique ainsi sous un mode ironique : « Il y a l'association des anciens qui a une bourse aux emplois qui est très, très active et puis, il faut le dire : on est une "mafia", le CFJ c'est une mafia, il y a des anciens, c'est exactement le même fonctionnement que les grandes écoles, c'est-à-dire que les anciens qui sont dans les rédactions appellent quoi... ». Le passage par telle ou telle école joue le rôle d'une recommandation officielle auprès des anciens devenus cadres dirigeants : « D'une certaine manière, il y a quand même cette dimension-là un peu, pas affective – parce que là, ce ne sont pas des gens qui nous connaissent personnellement – mais ils connaissent l'institution, il y a une forme d'affection pour l'institution », explique ainsi un responsable de formation. Mais les « anciens » ne constituent qu'une partie du travail permanent d'entretien de cette espèce de capital à la fois collectif et individuel. Sa valeur se joue perpétuellement dans le recrutement, les invitations des enseignants professionnels (séminaires, rencontres, fabrication des « journaux écoles ») ou encore le suivi des étudiants en stage d'entreprise, la récolte de la taxe d'apprentissage, etc.

Cette interdépendance croissante entre écoles et employeurs doit être rapportée en second lieu au fait que les écoles représentent désormais un sous-marché du travail très important pour un certain nombre d'entreprises, notamment les plus prestigieuses. Comme le note en souriant un directeur d'école, les entreprises viennent faire « leurs emplettes » dans les établissements de formation, ce qui permet de répondre aux besoins urgents en stagiaires, en pigistes, etc. Pour certaines d'entre elles, ce prérecrutement s'effectue par le biais de concours[6] de jeunes journalistes des écoles qui débouchent pour les lauréats sur des contrats à durée déterminée en fin d'études. Plus fréquemment, les cadres dirigeants s'adressent très directement aux responsables d'établissements. C'est le cas par exemple des titres de la presse quotidienne régionale qui viennent recruter des étudiants stagiaires durant les périodes de vacances (plus seulement en été) et des diplômés en fin de cursus : « Ce qu'on appelle le stage d'été – un, en général deux, parfois trois – et là, on a un placement qui est notre fait, le fait des étudiants et le fait des journaux. T'as des journaux, ils te disent : "Voilà, j'ai besoin de tant, vous choisissez". Il y a des journaux qui disent : "Vous m'envoyez un stock, on trie". Et puis, il y a des stages qui sont trouvés par les étudiants », explique un formateur. Selon les écoles, des conventions de stages garantissant une rémunération conforme aux indices en vigueur dans la profession sont signées ou non avec les entreprises. Ce prérecrutement des entreprises s'effectue aussi de manière moins visible par certains de « leurs » journalistes – ce sont pour une part d'anciens élèves de ces écoles – qui enseignent dans ces formations, ceux-ci pouvant parfois mettre à profit cette position pour « remarquer » des jeunes journalistes.

Les écoles constituent pour certaines entreprises un vivier privilégié, mais elles offrent aussi en troisième lieu des ressources précieuses. Des directeurs des études, des directeurs de formation, etc. jouent ainsi pour les entreprises un rôle qui s'apparente à celui de directeur des ressources humaines informel. Parce qu'ils connaissent souvent à la fois les étudiants et les responsables d'entreprises (rédacteurs en chef, secrétaires généraux et plus rarement DRH) avec lesquels ils ont des relations fréquentes et bien souvent des affinités, ils peuvent exercer une fonction de « passeur », par exemple au moment des propositions de stages aux étudiants ou des demandes des entreprises.

« Quand dans une rédaction il y a une embauche et qu'il y a un ancien, l'ancien généralement appelle en disant : il y a un poste, est-ce que t'as quelqu'un ? Est-ce que tu vois quelqu'un ? Que ce soit un jeune ou que ce soit un rédacteur en chef, dans les deux cas on est informé et le réseau fonctionne (...) Et puis moi quand je vois quelqu'un, des fois on a des gens qui sont très, très particuliers... qui formulent des demandes où il va falloir un petit peu de recherche, on appelle dans les rédactions, on dit : voilà on a un jeune de tel profil, est-ce que dans ta rédaction tu verrais... »

Bien évidemment, pour traiter plus complètement cette question de l'ajustement des formations au marché du travail, il faudrait tout d'abord construire sociologiquement l'espace des formations de journalisme. La construction des principes de structuration de cet espace renverrait probablement à des indicateurs tels que l'histoire de ces établissements, les propriétés de leurs diplômés et les débouchés (Bourdieu, 1989). Il faudrait ensuite pointer un certain nombre de ses transformations récentes. Parmi les plus importantes qu'on n'a pas abordées ici, on peut citer celles qui affectent tout d'abord les établissements eux-mêmes : le développement sans précédent du nombre et des types de formations dans les deux dernières décennies, l'intensification de la concurrence, l'augmentation considérable des coûts de formation (et corrélativement des droits d'inscription), la dépendance de plus en plus grande de la taxe professionnelle même si sa part varie très fortement d'une formation à l'autre, etc. C'est ensuite le public même des formations au journalisme qui s'est transformé : augmentation du nombre de candidats (qui passent plusieurs concours et souvent plusieurs fois en cas d'échec), hétérogénéité croissante des niveaux de diplôme (même s'ils sont de plus en plus élevés) et des types de formation des candidats, homogénéisation du recrutement des formations les plus prestigieuses, etc.

NOTES

1. La liste des neuf écoles agréées en 2002 est la suivante : École supérieure de journalisme à Lille, Centre universitaire d'enseignement du journalisme à Strasbourg, École de journalisme et de communication de Marseille, IUT de Bordeaux et de Tours, École de journalisme de Toulouse, Centre de Formation des Journalistes, Institut Pratique de Journalisme et le Centre d'études littéraires et scientifiques appliquées à Paris.

2. On s'appuie principalement sur une enquête collective menée en 1999 et 2000 par des membres du Centre de recherches administratives et politiques et de l'Institut français de presse. Une partie des entretiens utilisés tirés de cette enquête ont été réalisés par Valérie Devillard et Marie-Françoise Lafosse et par nos soins. Christine Leteinturier, Remy Rieffel et Denis Ruellan ont également participé à cette série de seize *interviews* avec des responsables de formations au journalisme. Qu'ils en soient ici remerciés. Nous tenons également à remercier la Commission de la carte d'identité professionnelle des journalistes pour sa collaboration et la Direction du développement des médias pour son concours. Cet article s'appuie surtout sur un travail spécifique réalisé dans le cadre de cette même enquête portant sur les nouveaux entrants et leurs conditions d'entrée sur le marché du travail journalistique.

3. Il faudrait inscrire le mot professionnalisation entre guillemets pour montrer que ce mouvement ne peut être considéré comme un simple accroissement de l'autonomie du champ journalistique à travers par exemple l'acquisition de savoir-faire spécifiques mais il manifeste dans le même temps un ajustement à l'égard du marché du travail.

4. Si elle reste une part inférieure à 30 % dans les établissements universitaires, elle dépasse largement les 50 % dans certains établissements privés : par exemple 78 % des recettes du CFJ en 1996, 60 % de l'IPJ en 1999-2000.

5. Mais ce sont surtout les stages ou les expériences professionnel(le)s durant la scolarité qui sont aussi décisifs dans l'appréciation des qualités professionnelles et sociales du futur diplômé.

6. Par exemple Europe 1, la « bourse Lauga » ; France 3, la « bourse Jean d'Arcy » ; *L'Équipe* la « Page d'Or » ; etc.

RÉFÉRENCES BIBLIOGRAPHIQUES

BOURDIEU, P., *La Noblesse d'État. Grandes écoles et esprit de corps*, Paris, Minuit, 1989.

CHANEL, A., *Essai d'évaluation quantitative de l'impact des établissements délivrant des formations « conventionnées » sur la population des journalistes*, Strasbourg, CUEJ, novembre 1996.

CHARON, J.-M., (avec la participation de V. JAMIN, L. LACOUR, J. BEAULIEU, I. BOYAVALLE et J.-P. DESMOND), *Les Journalistes et leur qualification*, Observatoire des pratiques et des métiers de la presse, CFPJ, mars 1997.

DELIGNY, H., « Journalistes et formation professionnelle : le nécessaire malentendu », *Revue politique et parlementaire*, n° 941, 1989.

DELIGNY, H., *Le Discours des journalistes sur leur formation professionnelle. L'idéologie du métier démasquée*, Thèse d'Information-Communication, université de Paris IV-Sorbonne (CELSA), 1986.

DEVILLARD, V., LAFOSSE, M.-F., LETEINTURIER, C., RIEFFEL, R., *Les Journalistes français à l'aube de l'an 2000. Profils et parcours*, Paris, Éditions Panthéon-Assas, 2001.

MARCHETTI, D., *Contribution à une sociologie des transformations du champ journalistique dans les années 80 et 90. À propos d'« événements sida » et du « scandale du sang contaminé »*, Paris, thèse de sociologie (dir. Pierre Bourdieu), EHESS, 1997.

MARCHETTI, D., RUELLAN, D., *Devenir journalistes. Sociologie de l'entrée dans le marché du travail*, Paris, La Documentation française, 2001.

NEVEU, E., *Sociologie du journalisme*, Paris, La Découverte, coll. « Repères », 2001.

REMOND, E., « Pourquoi veulent-ils devenir journalistes ? », *Communications et Langages*, n° 119, 1er trimestre 1999, p. 4-23.

ROSSI, A., *La Professionnalisation des journalistes*, Thèse de sociologie, EHESS Marseille, 1999.

SALES, C., *La Formation des journalistes*, Paris, ministère de la Culture et de la Communication, 13 février 1998.

SIMEANT, J., *L'Élaboration de normes professionnelles : le cas d'une école de journalisme, le CFJ*, DEA d'études politiques, IEP Paris, 1991.

Service Juridique et Technique de l'Information, *Formation des journalistes*, Paris, SJTI, avril 1998.

Nicolas Pélissier
Université de Nice-Sophia Antipolis
CRIC/LAMIC

Denis Ruellan
IUT de Lannion
CRAPE/CNRS, IEP, université de Rennes 1

LES JOURNALISTES CONTRE LEUR FORMATION ?

Ce titre pourra paraître provocateur et injuste. En fait, nous souhaitons mettre en avant, dans une démarche contre-intuitive, deux constats issus de travaux récents : d'une part, la profession de journaliste, en France, demeure encore aujourd'hui très peu formée, tant sur un plan quantitatif que qualitatif. D'autre part, le groupe professionnel, en dépit des efforts rhétoriques de certains de ses représentants, demeure le principal responsable de cette carence.

Si, dans certains pays comme le Brésil, il reste indispensable d'être diplômé d'une école agréée pour exercer officiellement le métier de journaliste, tel n'est pas le cas de la France, où une large majorité des professionnels n'a pas suivi (et continue de ne pas suivre...) de formation *ad hoc*. C'est d'ailleurs ce que révèlent deux études sociodémographiques réalisées à dix ans d'intervalle, et qui montrent la faible proportion des diplômés des écoles professionnelles agréées par la profession : 10 % en 1990[1], puis 12 % en 2000[2]. L'étude[3] de deux cohortes de nouveaux titulaires de la carte, en 1990 et 1998, a permis d'accéder à une représentation complète du parcours scolaire de tous les entrants dans la profession : la proportion de diplômés de formations spécialisées, « reconnues » ou non, y varie de 16 à 23 % seulement.

Une appréciation des flux de sortie des écoles montre aussi la distance entre les besoins d'emploi et l'offre de formation : compte tenu du différentiel que l'on constate toujours entre le nombre de diplômés et le total des employés effectifs dans le secteur, on peut estimer que les écoles agréées mettent annuellement sur le marché environ 300 diplômés, les non agréées 150, et la formation par alternance environ 50. Un total de 500 journalistes formés parmi les nouveaux « encartés » de l'année, soit 18 % si l'on rapporte le chiffre à 2001.

En définitive, on retiendra que seulement un cinquième à un quart des entrants chaque année dans le journalisme ont bénéficié d'une formation professionnelle initiale, dont la moitié seulement par des écoles ou filières universitaires pleinement agréées par le paritarisme de la profession.

Nous souhaitons ici proposer une exploration des raisons de cette rareté, d'autant plus surprenante que le processus de mise en place d'un système de formation a commencé il y a plus de cent ans, que les organisations de journalistes se sont le plus souvent montrées favorables à la densification de l'offre pédagogique, que l'organisation de la profession réalisée par la loi de 1935 portant statut du journaliste fut explicitement reliée à l'institution de la formation, et que le dispositif d'agrément des écoles fut inséré dans la convention collective de 1956 afin de favoriser leur développement. Pourquoi un siècle de bonnes intentions aurait-il donc accouché d'une souris ?

Une réponse préférentielle aux besoins des médias généralistes

En première analyse, il semblerait que le système actuel de formation ne couvre qu'une partie de l'offre d'emplois. En effet, il n'existe pas un marché du travail du journalisme, mais plusieurs. Sa segmentation doit dès lors tenir compte des lieux de production, des publics et des médias. Un des principes de structuration du champ journalistique tient, selon Dominique Marchetti[4], à l'articulation entre les pôles « généraliste » et « spécialiste ». La répartition numérique des emplois n'est pas réalisée en l'état actuel des données, car l'on ne dispose que d'une appréciation par grands types de média (ainsi, 36 % des journalistes français seraient employés par les médias regroupés sous la bannière de la presse spécialisée). Or, cette appréciation ne tient pas compte du phénomène suivant : bon nombre de journalistes travaillant dans les médias nationaux et régionaux d'information générale sont affectés à des *rubriques spécialisées* (éducation, santé, sport...).

La spécialisation demeure un principe majeur que, pourtant, les structures professionnelles hésitent toujours à intégrer à leur système de formation. Attachées à une *représentation unifiée* par crainte de voir s'objectiver des sous-marchés professionnels[5], les organisations de journalistes ne tiennent pas à ce que la spécialisation apparaisse dans les critères d'agrément des écoles par la Commission paritaire chargée de l'emploi et des formations[6]. Cette position du paritarisme n'incite pas les écoles à créer des filières préparant aux spécialités de l'information, et les rares qui sont allées dans ce sens n'ont pas rencontré de réel succès[7].

Cette réalité en rencontre une autre, qui est la tendance des diplômés des écoles agréées à se diriger, durant les stages d'étude et dans la recherche d'emploi, vers les médias généralistes nationaux (de 55 à 60 %) et régionaux (de 25 à 30 %). Les médias spécialisés n'accueillent ainsi que 15 % des diplômés... alors qu'ils offrent 47 % des emplois. On constate aussi une surreprésentation de l'audiovisuel dans l'affectation des diplômés : 41,8 % des anciens étudiants des cinq formations publiques agréées[8] font carrière dans la télévision ou la radio, alors que ces médias n'emploient que 20,5 % de la population générale des journalistes. Cette attitude des diplômés s'explique par leur préférence pour des médias connus, bien identifiés, offrant des perspectives de carrière et de notoriété personnelle. La réalisation de cet objectif dépend aussi, bien entendu, de la notabilité de l'école fréquentée, une hiérarchie précise s'étant établie entre elles[9].

La non-prise en compte du segment spécialisé des marchés du journalisme permet d'apprécier plus positivement la performance des formations reconnues. Ce pas est franchi par Alain Chanel qui, faisant l'hypothèse « que 80 % des professionnels des écoles conventionnées sont dans les médias généralistes » et considérant que les écoles n'ont pas à former à certaines fonctions techniques du journalisme, estime que le système couvre « près de 30 % » des besoins[10] (et non 10 %, comme l'affirme la sociographie de 1990). C'est ainsi que tout un segment d'emploi des journalistes disparaît des objectifs des écoles et de ce fait participe à la construction de la rareté de l'offre de formation.

La défense des représentations acquises

La profession est-elle si motivée qu'il y paraît par la question de la formation de ses pairs ? Rien n'est moins sûr. Depuis un siècle, le groupe professionnel a été très partagé entre les tenants d'un cursus académique axé sur l'enseignement des Humanités avec une attention particulière accordée aux médias, et les partisans d'une formation aux techniques rédactionnelles. Les premiers ont créé des lieux de conférences et même de recherche comme l'Institut des Sciences de la Presse (ISP) en 1937. Les seconds ont mis en place le Centre de Formation des Journalistes (CFJ) à la Libération, avec l'intention de former notamment les cadres des médias. Cet atermoiement entre deux conceptions, l'une critique, l'autre pratique, a souvent été expliqué par les représentations individuelles et collectives d'un groupe dont le métier ne s'apprendrait pas autrement que « sur le tas », c'est-à-dire en le pratiquant de façon assidue dans les entreprises de presse et en imitant les pairs plus expérimentés soucieux de transmettre leurs « bonnes recettes » et leur « éthique professionnelle ».

Le scepticisme souvent partagé des journalistes à l'égard de tout encadrement de leur profession, autre que celui qui leur confère l'avantage d'un titre protégé et de ce fait raréfié, est une autre explication, proposée par Henri Deligny. Selon lui, de nombreux professionnels hésitent à reconnaître publiquement que le journalisme est soumis à des lois économiques, comme les autres métiers. Constatant que le refus de la formation va de pair, dans les discours des journalistes, avec l'incapacité à définir véritablement leur métier, il estime que cette « idéologie professionnelle s'interpose là pour masquer leur subordination dans la structure de l'entreprise de presse »[11]. Cette analyse rejoint celle que nous avions faite des ambiguïtés de la position des journalistes au cours de la première moitié du siècle, alors que se négociait le statut professionnel qui les protège aujourd'hui : recherchant le salariat, et donc la subordination, nombre de journalistes entendaient conserver leur indépendance par la reconnaissance de leur qualité d'écrivain que le « talent » distinguait des autres employés[12].

Jean-Marie Charon[13], quant à lui, recherche les origines identitaires de l'ambiguïté du rapport que les journalistes entretiennent avec leur qualification. Il remarque que la préférence donnée généralement par les journalistes à l'apprentissage par le terrain revient à relier leur expertise professionnelle aux aspects pratiques et techniques. Donc à se distinguer parmi d'autres métiers intellectuels, notamment ceux qui se remarquent par leur spécialisation disciplinaire (universitaires, ingénieurs, avocats, écrivains...) dans l'objectif de se construire une identité commune. Cette conviction que leur compétence tiendrait avant tout aux techniques de perception et de restitution de la réalité (l'enquête, l'interview, la rédaction, la mise en page) expliquerait que les journalistes émettent des réserves vis-à-vis de l'acquisition d'un savoir plus généraliste, tout en reconnaissant souvent leurs carences de ce point de vue.

Les professionnels sont aussi très réticents à l'égard de toute initiative qui attaquerait l'unicité de leur groupe. S'ils sont les premiers à reconnaître la diversité de leur profession et la nécessité de se former de façon différenciée, ils savent qu'une spécialisation des écoles impliquerait un travail d'objectivation des sous-champs professionnels, une mise à plat de différences fonctionnelles importantes (irréductibles ?) et peut-être la réactivation de propositions visant à créer une distinction entre deux niveaux de journalisme, l'un plus intellectuel et l'autre plus technique (idée que l'on trouvait récemment dans le rapport Sales[14]). Relancer un tel débat ne reviendrait-il pas à rouvrir une boîte de Pandore dans lesquels le groupe des journalistes ne tient pas à entrer ?

En définitive, la généralisation de la formation serait perçue comme un risque de remise en cause des représentations construites souvent difficilement, depuis un siècle, par le groupe des journalistes. Cependant, au-delà de cette question identitaire, il nous semble opportun d'avancer des motivations économiques à l'origine du déficit de formation.

La fluidité des procédures d'embauche

Chargé par la ministre de la Communication d'évaluer le système de formation des journalistes français, Claude Sales remarquait que les éditeurs manient un discours difficile à suivre à propos de la formation et des écoles. Volontiers critiques lorsque l'on s'en tient à des propos très généraux, les employeurs entretiennent, en fait, des rapports étroits avec une ou plusieurs écoles, dont ils se disent satisfaits. De même, les recruteurs dans les médias se montrent soucieux de voir les diplômés possédant une solide culture générale, mais leur problème principal est de disposer de jeunes immédiatement utilisables, sans temps d'adaptation, parfaitement *formatés* aux techniques et usages... afin notamment de remplacer les absents pour congés ou maladies.

Durant les années 1990, marquées par l'aggravation des difficultés d'emploi des journalistes, les employeurs ont perfectionné la pratique du « vivier ». Il s'agit d'un volant de débutants sur lesquels on compte pour remplacer les manquants ; ils sont payés à la tâche, parfois à la journée ; quand ils ont une carte professionnelle, leur statut est celui de « pigiste ». On leur signe aussi des contrats à durée déterminée (CDD), mais la plupart d'entre eux restent confinés dans un statut de stagiaires plus ou moins rémunérés, voire dans des statuts hors journalisme (correspondants de presse locale, auteurs indépendants). Certaines entreprises[15] ont institutionnalisé le recours à ces emplois précaires, parmi lesquels on trouve des diplômés des écoles de journalisme les plus notables aux côtés de jeunes sans aucune autre formation que « sur le tas ».

Ces « viviers » remplissent aussi une fonction de « sas » de décantation de la motivation, de la compétence et de l'adaptation des candidats à un emploi stable. Durant une période de plusieurs années, le jeune journaliste est soumis à des obligations de mobilité, de disponibilité, de réactivité qui mettent à l'épreuve son caractère tout en le formant « à la dure ». À la différence du « tas » d'autrefois, il n'est pas pris en charge par un aîné pour le conseiller, il demeure souvent seul. L'étude des cohortes de jeunes journalistes en possession de la carte professionnelle en 1990 et en 1998 a montré que cette pratique du « sas » s'est étendue en durée et en nombre de séquences durant la phase préprofessionnelle, donnant lieu à toute la gamme des emplois déguisés de journaliste (stages, correspondance locale, droits d'auteur, vacations) ou simplement précaires[16] (piges, CDD enchaînés).

Les écoles ont dû s'adapter à cette évolution du marché de l'emploi. Malgré leur rareté, les diplômés des écoles reconnues doivent, s'ils veulent intégrer un média notable, se plier à ces pratiques du « vivier » et du « sas ». Afin d'en minimiser la durée, les écoles ont généré, dès le début des cursus, une pédagogie fondée sur la pratique professionnelle (des journaux-ateliers) et les stages en cascade. Les étudiants intègrent ainsi dès les premiers mois de leur formation un ou plusieurs « viviers » et l'école devient une sorte de « sas » qui, pour être performant, doit se délester du principal de ses enseignements de culture générale ou professionnelle, au profit de la pratique à répétition. S'enclenche alors un cercle vicieux : la pédagogie par la pratique étant très coûteuse, en temps d'enseignant et en matériel (surtout en audiovisuel), elle conduit les responsables de formation à rechercher des compléments financiers auprès des entreprises sous forme de taxe d'apprentissage[17]. En contrepartie, les entreprises de presse attendent une adéquation technique précise à leurs usages de production (styles d'écriture et ton, notamment dans l'audiovisuel). Cette stratégie s'explique aussi par le fait que le diplômé d'école agréée se déprécie très vite, relativement aux autres parcours qui, après quelques mois ou années de « sas », se révèlent aussi performants aux yeux des employeurs.

Pour finir, il nous reste à tenter d'expliquer, plus en amont, le poids et la persistance de ce modèle professionnaliste et techniciste peu ouvert sur les enjeux de formation, notamment en culture générale.

Un « gap » épistémologique : la persistance d'un modèle protopositiviste[18] dans la conception du métier

Ayant développé plus longuement cette proposition critique dans d'autres textes[19], bornons-nous ici à en rappeler les principales articulations.

Nous avions tout d'abord montré que, lorsque le groupe des journalistes français a construit son identité professionnelle dans la deuxième moitié du XIXe siècle, il a subi une double influence[20]. D'une part, celle du paradigme empiriste anglo-saxon, se traduisant par l'importation en France du modèle de la presse commerciale, orientée par trois grands principes : objectivité, professionnalisme et intérêt public. Cette presse s'organise autour du « reporterisme » et des pratiques de rationalisation de l'information à son essentiel dans un contexte de libre marché. D'autre part, le journalisme français rencontre le positivisme par le biais d'influences autochtones, à travers notamment le succès des courants naturalistes et réalistes dans la littérature, et les sciences de l'époque. S'établit alors, dans les médias français, la certitude que le journalisme est dépositaire du droit et du devoir (donc de la compétence) d'informer objectivement de la réalité. Se construit aussi le sens commun qui prête au « fait » une vertu quasi divinatoire, et la conviction que la réalité allant de soi, il suffit de lui appliquer rigueur et engagement pour qu'elle soit dévoilée. Les professionnels vont donc privilégier des modèles de *manipulation* du réel fondés sur des opérations visant la *rationalisation* du monde (séparation, isolement, réduction, hiérarchisation, inclusion, déduction, analyse...) au détriment de sa meilleure *compréhension*.

Tout au long du XXe siècle, cette double imprégnation inaugurale va faire tache d'huile sous l'effet des principaux relais de propagation de l'identité professionnelle des journalistes : en premier, les syndicats et les organisations professionnelles, mais aussi les entreprises de presse et les établissements de formation. Ces derniers vont même devenir le creuset de l'apprentissage d'un « professionnalisme à la française »[21], structuré autour de grands mythes mobilisateurs[22] : objectivité, technicité, efficacité, rationalité, transparence, etc. Ceux-ci vont permettre un meilleur *cadrage des relations* aux sources, au public, à la loi, et surtout aux pairs : il s'agit toujours de se forger une identité commune. Que cela s'effectue à coup de réductionnismes en chaîne, cela importe moins que la nécessité de préserver ses frontières vis-à-vis des autres professions.

Encore aujourd'hui, les établissements de formation, et plus particulièrement les écoles agréées, apparaissent très marquées par ce « moule positiviste ». Nous avions repéré au moins trois marqueurs de cette prégnance : le poids exorbitant et la normativité des enseignements des techniques d'écriture ; le volume réduit des enseignements des Humanités dans des programmes pédagogiques construisant en opposition savoir généraliste et savoir-faire (ce qui va à l'encontre de l'idée essentielle d'une *culture technique unifiée*) ; enfin, le rôle capital (80 à 90 % des volumes horaires, même dans les structures universitaires) confié aux enseignants vacataires ou associés travaillant dans les entreprises de presse et propageant donc leur modèle professionnaliste au sein même des écoles.

Le succès non démenti de ce dernier auprès des étudiants apparaît d'autant plus problématique que le moule que nous avons décrit permet de plus en plus difficilement de saisir la complexification croissante des problèmes contemporains. Il s'inscrit en opposition avec la nécessité, de plus en plus soulignée par certains chercheurs, de faire du journaliste un *consultant en complexité*, maîtrisant bien sûr les techniques d'écritures, mais possédant aussi un solide bagage de type encyclopédique, à la fois généraliste et expert (d'où l'intérêt des formations supérieures spécialisées en journalisme scientifique ou économique, par exemple).

Au total, il existe ainsi des raisons culturelles, conjoncturelles et structurelles (voire conceptuelles) au faible développement de la formation au journalisme en France, qui ont un effet dissuasif sur les créateurs d'écoles. Autant les cursus en communication, documentation, librairie et bibliothèque, publicité, ont fait florès depuis une vingtaine d'années (une formation au moins dans chaque université), autant le journalisme demeure souvent un parent pauvre. Une absence difficile à combler… tant le climat que nous avons décrit décourage les volontaires.

NOTES

1. DEVILLARD, V, *et al.*, *Les Journalistes français en 1990. Radiographie d'une profession*, Paris, La Documentation française, 1991.

2. 3 810 diplômés sur 31 903 titulaires de la carte. Ce dénombrement est un peu imprécis car il ne retient pas les journalistes diplômés avant que l'école qui les a formés soit agréée, et non plus ceux qui ont suivi une formation non agréée ; il doit donc être augmenté de quelques points pour être plus juste. DEVILLARD, V., LAFOSSE, M.-F., LETEINTURIER, C., RIEFFEL, R., *Les Journalistes à l'aube de l'an 2000*, Éditions Panthéon-Assas, 2001.

3. MARCHETTI, D., RUELLAN, D., *Devenir journalistes. Sociologie de l'entrée sur le marché du travail*, Paris, La Documentation française, 2001.

4. MARCHETTI, D., « Les Spécialistes du journalisme. La comparaison entre les sous-champs spécialisés du journalisme. Bilan et perspectives de recherches », *Réseaux*, vol. 20, n° 111, 2002.

5. Ces sous-marchés existent, mais en dehors du statut professionnel : nous pensons par exemple aux correspondants de presse locale, dont la contribution représente jusqu'à 70 % de la copie de certains hebdomadaires, mais qui n'ouvre pas à la reconnaissance statutaire et donne lieu à des modalités de rémunération très défavorables.

6. Dont l'article 3 précise : « L'Établissement d'enseignement dispense une formation générale au métier de journaliste d'au minimum trois semestres (…) et incluant des parcours d'approfondissement à la pratique des différents médias » (annexe 1bis de la Convention collective nationale de travail des journalistes, 30 octobre 2001).

7. En fait, la mise en place de telles formations spécialisées (DU et DESS notamment) est de plus en plus le fait des filières en Sciences de l'information et de la communication des universités publiques. Dans le Sud-Est de la France, par exemple, cinq formations de ce type ont été créées…

8. Chiffres du Conseil des Écoles Publiques de Journalisme, novembre 1999.

9. La concentration des diplômés est ainsi constatée au *Monde*, à *Libération*, à *France-Télévisions* ou *RFI*. Voir MARCHETTI, D., *Contribution à une sociologie des transformations du champ journalistique dans les années 80 et 90*, thèse de doctorat de sociologie, EHESS, 1997.

10. CHANEL, A., « Essai d'évaluation quantitative de l'impact des établissements délivrant des formations "conventionnées" sur la population des journalistes », tapuscrit de 20 pages non publié, 1996.

11. DELIGNY, H., *Le Discours des journalistes sur leur formation professionnelle. L'idéologie du métier démasquée*, thèse de doctorat, université Paris IV-Sorbonne, 1986.

12. RUELLAN, D., *Les « Pro » du journalisme. De l'état au statut, la construction d'un espace professionnel*, Presses universitaires de Rennes, 1997.

13. CHARON, J.-M., « Les Journalistes et leur qualification », Observatoire des pratiques et métiers de la presse, CFPJ, mars 1997.

14. SALES, C., « La Formation des journalistes », rapport à Madame Catherine Trautmann, ministre de la Culture et de la Communication, 1998.

15. Les grandes rédactions audiovisuelles régionales, la presse quotidienne régionale et nationale, la presse spécialisée grand public.

16. Voir BALBASTRE, G., (dir.), *Les Journalistes précaires*, Bordeaux, Le Mascaret, 1998.

17. Cette taxe est de 0,5 % de la masse salariale. Elle peut être dirigée vers des organismes collecteurs ou distribuée directement par les entreprises vers des écoles de leur choix. Selon son directeur, la formation d'un étudiant du Centre Universitaire de Formation au Journalisme (CUFJ) coûte environ 120 000 francs par an, soit plus d'une fois et demie l'estimation par le ministère de l'Éducation du coût de formation d'un ingénieur.

18. Ce terme renvoie à une conception « canonique » du positivisme, qui remonte au milieu du XIXe siècle et tout particulièrement à Auguste Comte. Il reste cependant, que les doctrines positivistes ont largement évolué depuis cette période, prenant en compte les apports de nouvelles épistémologies et les problèmes de complexité du réel. Ces nouvelles épistémologies, liées au constructivisme ou au néo-positivisme, ont influencé depuis les conceptions pédagogiques de nombreuses formations supérieures françaises. Mais cela ne semble pas avoir été le cas des écoles agréées de journalisme, qui se rattachent par besoin de sécurité identitaire à un modèle « protopositiviste » en opposition avec la dimension « d'éclaireurs de la complexité du monde » que s'attribuent souvent les journalistes.

19. PÉLISSIER, N., et RUELLAN, D., « La Compétence encyclopédique : un défi épistémologique pour la formation des journalistes », *in* RIEFFEL, R. (dir.), *Journalisme et journalistes dans un environnement en mutation*, Paris, Presses de l'Université Paris II, 2002. On trouvera une autre version de ce texte dans l'ouvrage suivant : PÉLISSIER, N., (dir.), *La Communication de l'information scientifique*, Paris, L'Harmattan, 2002.

20. RUELLAN, D., *op. cit.*, 1997.

21. SIMÉANT, J., « Déontologie et crédibilité : le réglage des relations professionnelles au CFJ », *Politix*, n° 19, été 1992, p. 37-56.

22. LE BOHEC, J., *Les Mythes professionnels des journalistes français*, Paris, L'Harmattan, 2000.

Nicolas Pélissier
Université de Nice-Sophia Antipolis
CRIC/LAMIC

UN CYBERJOURNALISME QUI SE CHERCHE

En cette nouvelle période de crise identitaire des organisations médiatiques, caractérisée par l'essoufflement du paradigme du journalisme d'information, le réseau Internet nous est souvent présenté comme le moyen idéal de renouveler et de réassurer une profession mise en abîme par tant de siècles de critique sociopolitique et d'emprise économique. Cependant, la solution proposée n'est pas sans risques : le journaliste, pris dans une Toile qu'il aura contribué lui-même à tisser, deviendra-t-il un nœud parmi d'autres, catalysant et canalisant la transmission de données digitales, ou l'un des pionniers de l'art encore en friche de conquérir le cyberespace ? Sa résistance et sa recomposition professionnelles permettront-elles d'éviter que l'information ne devienne la première victime de la société qui en porte ironiquement le nom ?

Aujourd'hui, les incidences de l'Internet sur la profession journalistique sont repérables à un double niveau : celui des *procédures de travail* (nouveaux outils de recherche et de partage des informations dans les organisations) et celui des *supports de diffusion* (production en ligne sous la forme de sites Web). Mais si cette double incidence est effective dans notre paysage médiatique depuis la deuxième moitié des années 1990, s'agit-il pour autant de *modifications en profondeur* susceptibles de bouleverser l'identité et le savoir-faire de la profession ?

Pour répondre de façon pertinente à cette question, il semble primordial de définir ce que l'on pourrait attendre d'un journaliste ayant fait de l'Internet son instrument privilégié. Il s'agit donc d'esquisser, en s'appuyant sur des travaux récents, l'idéal-type du cyberjournalisme. Avant de confronter ce dernier à la réalité des pratiques observées.

Hypertexte, navigation, interaction : un triptyque de référence

Selon les théoriciens du cyberespace, ces trois principes constituent l'édifice conceptuel le mieux à même de garantir une utilisation optimale des réseaux numériques. Pour certains d'entre eux, comme Jean-Louis Weissberg[1], le journalisme gagnerait, dans ses conceptions comme dans son mode de fonctionnement, à s'en inspirer au mieux.

La première condition, *la maîtrise de l'écriture hypertextuelle*, renvoie à une double compétence. D'une part, celle de créer les artefacts technologiques qui, une fois activés par un clic de souris, permettent de cheminer d'un texte journalistique vers d'autres textes. D'autre part, cette interface technique se double d'une interface sémantique : liens « internes » permettant aux textes de certaines rubriques (politiques, économiques, culturelles, etc.) de renvoyer vers d'autres textes figurant dans d'autres rubriques ; liens « externes » proposant aux visiteurs de cheminer vers d'autres sites dans la perspective d'approfondissement d'une problématique (originaux des textes de loi, sources institutionnelles à l'origine d'une décision, etc.). Dans d'autres travaux[2], nous avons qualifié cette double compétence de *techno-encyclopédique* : il s'agit, pour le journaliste, de proposer un traitement contextuel, référentiel et récursif des informations reposant sur une « mise en boucle » rétroactive et généralisée de celles-ci. Cette faculté repose à la fois sur une habilité technique et sur une intelligence de la complexité des interactions avec l'environnement.

La deuxième condition, *la conception de circuits de navigation*, consiste à s'affranchir des limites posées par le modèle classique du texte littéraire, pour évoluer vers la réalisation de cartes sans territoires, ou « hypercartes[3] ». Concrètement, sa mise en œuvre oriente l'activité journalistique dans trois directions. La première est celle de la réalisation multimédia, ou plutôt hypermédia, qui implique la déclinaison des informations sur des supports à la fois différents, convergents et intégrés (textes, sons, images fixes et animées). La deuxième renvoie à la mise en place calculée et sélective de balises de navigation destinées à faciliter le parcours de l'internaute. Elle vise à programmer le cheminement de celui-ci, tout en lui donnant paradoxalement un sentiment d'autonomie renforcée. La dernière, enfin, vise l'émancipation du journaliste vis-à-vis de la territorialité liée aux médias de masse. Il s'agit de produire une information appropriée à un public diasporique, pouvant satisfaire les besoins fugaces et spéculaires de communautés virtuelles déconnectées de la matérialité d'un espace géographique déterminé.

La troisième condition, la *participation à des dispositifs d'interaction*, nous renvoie également à trois pistes différentes. Tout d'abord, celle de la personnalisation. Dans une perspective de *démassification* du public et de revalorisation des relations interpersonnelles (*one-to-one*) offertes par Internet, le journaliste fournira au lecteur une information à la carte (*on demand*). Ensuite, le journaliste s'efforcera de diffuser sa production en temps réel, en intégrant dans son travail les changements organisationnels induits par cette contrainte forte. Cela permettra au public d'être informé sur un événement pratiquement au moment où il se produit. Enfin, la véritable interaction[4], à la différence d'une interactivité qui se limiterait à un clic de souris (celle annoncée par les discours publicitaires...), suppose un apprentissage mutuel entre partenaires de l'échange. Elle conduira le lecteur à devenir coauteur des textes journalistiques. Cela signifie une meilleure et plus rapide prise en compte des remarques et suggestions du public, qui sera facilitée par un investissement du journaliste dans le domaine de la communautique (messageries et forums de discussion). Dans une dynamique d'espace public partiel, cela implique aussi la mise en place de dispositifs adaptés de coconstruction communautaire de l'information diffusée (voir ce que font actuellement certains *webzines* par le biais du logiciel SPIP[5]).

Si ces trois conditions normatives sont réunies, partiellement ou totalement, on pourra alors commencer à parler de cyberjournalisme. Et de changements qualitatifs dans la profession.

Une norme de qualité dans le cyberespace ?

Dans une société de l'information, le journaliste n'a plus le monopole du traitement de ce qui est devenu la denrée économique et stratégique de premier ordre. Bien que cette prophétie à vocation autoréalisatrice ne se soit pas encore accomplie, notons tout de même que « sur le Web, le journaliste n'est plus, à lui tout seul, l'information »[6]. Les entreprises de presse sont aujourd'hui concurrencées sur ce terrain par les acteurs les plus divers[7] : administrations centrales, collectivités locales, grands groupes des industries culturelles et énergétiques, opérateurs de télécommunications... sans oublier les créateurs militants de *webzines* et autres *start up* à vocation informationnelle (*city guides*, par exemple). Or, ces acteurs ont un point commun : à quelques exceptions près, ils n'emploient pas de journalistes formés aux canons du professionnalisme.

Une vision pessimiste de ces transformations pourrait nous amener à déplorer, sur le mode nostalgique, cette *dilution de la fonction référentielle* de la profession journalistique dans un espace-*continuum* de communication plus englobant marqué par le poids des stratégies *marketing* des organisations[8]. On peut aussi appréhender autrement ces bouleversements, en considérant, avec Peter Dalhgren[9], que le journaliste pourrait en tirer profit, à la condition toutefois de préserver son *identité et son savoir-faire professionnels*, hérités d'une histoire complexe qui lui a conféré une position sociale riche, originale et paradoxale. En conservant un certain sens de l'intérêt général, une distanciation systématique vis-à-vis de ses sources, la pratique du recoupement des informations, etc., le journalisme professionnel attribuera alors un *label qualité* à la production informationnelle en-ligne. Conscientes de ce fait, les organisations marchandes actives sur le réseau n'hésitent plus désormais à utiliser les textes journalistiques comme des produits d'appel destinés à générer du trafic en vue de ré-acheminer les internautes vers des produits à vocation plus ouvertement commerciale.

Pour éviter cette dérive, les organisations de presse gagneraient à s'impliquer davantage dans un processus de certification de la qualité des informations en-ligne. Sinon, d'autres le feront à leur place, avec leurs propres critères, qui ne sont pas nécessairement ceux de l'intérêt général. Cela revaloriserait, chez le journaliste, sa fonction sociale d'éclaireur de la réalité et de consultant en complexité, mais surtout de promoteur d'un nouvel espace public dans un cyberespace que l'on est en droit d'espérer plus ouvert et démocratique.

Une fois défini cet idéal-type du cyberjournalisme, il nous reste à le confronter à la réalité des pratiques observées dans les entreprises de presse et parfois en dehors d'elles. On s'appuiera, à cet effet, sur les résultats de trois années d'enquêtes menées par un réseau transnational de chercheurs spécialisés dont nous étions[10]. Pour simplifier leur présentation, nous distinguerons quatre niveaux d'interactions susceptibles d'avoir été modifiés par le développement d'Internet dans la profession de journaliste : les relations aux sources, au public, aux pairs et au produit.

Relations aux sources : une revalorisation partielle de la fonction documentaire

En tant qu'*assistant de recherche* du journaliste, Internet revalorise *a priori* cette fonction, liée à la collecte de l'information. Il facilite l'accès aux bases de données, aux archives, à la littérature spécialisée. Parmi les outils à sa disposition : des listes de diffusion, des sites spécialisés ou des serveurs de mise en relation avec des experts. Sans oublier les nouveaux systèmes de poussée *(push technologies)* permettant de faire « remonter » en temps réel l'information de la source vers le médiateur. Cependant, le temps passé sur le Web signifie-t-il nécessairement, sur un plan plus qualitatif, une diversification des sources et une meilleure distanciation vis-à-vis de ces dernières ? Les travaux réalisés sur l'information locale et régionale montrent le contraire. Ils concluent plutôt à un renforcement de la dépendance du journaliste vis-à-vis des sources institutionnelles, dominantes sur le cyberespace car produites et contrôlées par les administrations publiques et les grands groupes de l'industrie communicationnelle. Le journaliste local, par exemple, peut espérer, par le biais de relations interpersonnelles stables et fécondes avec ses sources, espérer obtenir de celles-ci des informations non filtrées. En revanche, ce qui lui est donné à voir sur Internet est bien souvent imprégné d'une langue de bois institutionnelle toujours plus calibrée à son intention. En outre, les journalistes interrogés reconnaissent utiliser Internet avant tout comme un *générateur d'accès facilité* aux sources « crédibles »[11] sur le plan international et national. C'est-à-dire aux agences de presse et aux grands médias, mais aussi aux sites des institutions publiques et des firmes. Cela traduit chez eux une certaine prudence (peur d'être confrontés, sur des sites plus « alternatifs », à un déficit de « crédibilité ») mais aussi, parfois, des lacunes en matière de recherche d'information. Dès lors, la diversité des sources en-ligne demeure souvent *virtuelle* : seule une petite minorité de journalistes, qui possède des capacités heuristiques plus développées, fait des efforts pour l'actualiser.

Relations au public : interactivité et effets d'annonce

Internet a-t-il vraiment transformé la position de médiateur du journaliste, dans une perspective de recomposition de l'espace public ? Rien n'est moins sûr. Les dispositifs proposés au public traduisent le plus souvent, comme l'a remarqué Daniel Thierry[12], une priorité donnée à l'interactivité de *débit* sur l'interactivité de *contenu*. Ces dispositifs, selon lui, « n'offrent pas beaucoup plus de fonctionnalités que la commande d'un magnétoscope ou d'un téléviseur[13] ». Le plus souvent, le lecteur est contraint par les interfaces multimédias à parcourir un circuit en fonction de balises bien calculées, lui donnant très rarement la possibilité de coconstruire l'information avec le journaliste. On objectera que la plupart des sites proposent aujourd'hui des systèmes parfois avancés de personnalisation de l'information. Mais, pour l'internaute, cela signifie en priorité le remplissage d'un questionnaire destiné aussi à analyser ses préférences en vue d'opérations *marketing* ultérieures ; et pour le citoyen, cela se traduit parfois par l'appauvrissement d'une information formatée à l'aune des seuls besoins consuméristes de l'individu. Quant aux forums de discussion, leur généralisation ne signifie pas nécessairement qu'ils aient changé en profondeur la relation journaliste-lecteur. Dans de nombreux cas étudiés, ils se présentent davantage comme des gadgets, des faire-valoir techno-politiques. Le contenu des échanges se distingue rarement par sa valeur ajoutée, les problèmes de modération et de renouvellement sont fréquents. En outre, on assiste depuis peu à un phénomène de baisse de fréquentation du public, alors que les journalistes eux-mêmes s'investissent beaucoup moins dans l'animation de ces espaces de discussion qui, un temps, avaient retenu toute leur attention. Se pose enfin la question de la diffusion en continu des informations. Si un certain nombre de sites observés ont effectivement fait le choix de diffuser leur production en temps réel, ces informations de type agence de presse coexistent avec des nouvelles rafraîchies en fonction d'une périodicité multiple, arythmique et aléatoire. Roselyne Ringoot évoque à ce sujet une *information permanente*, mélange de flux continu et de périodicités variables, et « qui immobilise le temps plus qu'il ne l'accélère[14] ».

Relations aux pairs : une réorganisation en cours des structures de production

En effet, on pouvait attendre d'Internet qu'il suscite un processus de *re-ingeneering* dans les organisations de presse, en favorisant en leur sein la mise en place d'un modèle *managérial* moins hiérarchique, plus flexible, ouvert et surtout participatif. Or, peu de changements effectifs ont bien eu lieu. Et lorsque cela a été le cas, la réorganisation en question n'a pas souvent été favorable aux journalistes professionnels : création de filiales multimédias déconnectées du reste de la rédaction et générant souvent une *dissonance cognitive* entre deux catégories de personnels ; interpénétration grandissante entre services rédactionnels et services publicitaires ; accentuation d'un mouvement actuel de *précarisation* de pigistes de plus en plus amenés à se délocaliser ; et surtout nouvelle division du travail (nous avons évoqué à ce sujet un processus de *néo-taylorisation* des tâches) qui tend à placer le journaliste « en bout de chaîne ». Devenu simple *fournisseur de contenus* (souvent réexploités par d'autres acteurs) ou à l'inverse *supersecrétaire de rédaction* mettant en forme une information dont la provenance lui échappe (son travail se limite alors à des opérations de copier-coller), ce nouveau « stakhanoviste de la production symbolique » voit ainsi son métier se sédentariser et se bureaucratiser[15]. Lui restent alors, pour diversifier son activité, des missions extérieures d'opérateur technico-commercial destinées à la rentabilisation de son activité. Ces évolutions, le plus souvent observées en Amérique du Nord mais déjà présentes en France, sont d'autant plus compréhensibles que l'introduction d'Internet dans les rédactions n'a pas vraiment été préparée, négociée, et que la généralisation de son usage reste souvent un non-pensé dans les relations sociales internes.

Relations au produit : une information faiblement renouvelée

A priori, Internet permet au journaliste de remettre en cause son statut d'auteur tout-puissant, lequel se concrétise notamment dans sa *fonction de magistère* : en vertu de celle-ci, il s'agit moins de décrire la réalité et de rapporter un événement que de dire au public ce qu'il faut en penser, en vertu d'une ligne éditoriale et d'un certain angle d'attaque des problèmes. Selon Marc Deuze[16], par exemple, Internet a donné ainsi la possibilité aux journalistes, de par ses performances métadiscursives, de fournir au public les moyens de construire sa propre opinion sur tel ou tel événement. Nous serions alors en présence d'un modèle plus objectiviste de l'information. De fait, nous retrouvons un tel modèle lorsque nous constatons que tel grand journal, à l'image de *Libération* ou du *Monde Diplomatique*, offre aux cyberlecteurs un ensemble de liens directs vers des sources parfois antagoniques (par exemples, sources serbes, albanaises et américaines pendant le conflit de Yougoslavie) ou des originaux de textes juridiques (exemple : traité de Rambouillet au moment de ce conflit). Mais de telles pratiques demeurent rares et disparates. Les travaux de Jean-Michel Utard montrent au contraire, dans les sites d'information en-ligne, une résistance du *modèle canonique textuel* de la presse écrite et du *dispositif énonciatif éditorial* qui fait du journaliste un auteur laissant transparaître sa subjectivité[17]. Il est vrai aussi que les possibilités hypertextuelles liées au réseau Internet ne sont pas forcément actualisées par les journalistes. Nous avons ainsi évoqué, dans d'autres études, la *pauvreté hypertextuelle* de nombre de textes journalistiques mis en-ligne : les liens internes sont très disparates, et concernent surtout les banques d'archives, le plus souvent payantes ; quant aux liens externes, ils apparaissent encore plus rares, et renvoient essentiellement aux entreprises et institutions liées au site par des accords de syndication, de *bartering* et de commerce électronique. Nous sommes loin, dans ces conditions, d'une conception désintéressée et encyclopédique de l'information.

Un changement de paradigme ?

Selon nous, Internet, en tant qu'accélérateur de paradoxes, pousse à ses limites la double contrainte suivante : soit les journalistes professionnels refusent de jouer le jeu des contraintes de l'édition en-ligne, au risque de se voir marginalisés par l'arrivée actuelle de nouvelles professions sur le marché ; soit ils décident de s'investir, d'accepter de nouvelles règles, avec la menace de voir leur spécificité disparaître, mais aussi de faire moins bien que d'autres catégories, mieux préparées, auxquelles ils serviront alors de *faire-valoir*.

Pour les premiers, Internet reste rarement considéré avec hostilité. Mais il demeure un outil parmi d'autres, essentiellement utilisé pour ses fonctions de courrier électronique et de navigation sur les sites les plus « notables ». Pour cette catégorie de journalistes, *a priori* dominante, Internet n'a pas du tout modifié en profondeur la profession. Ces choix révèlent la persistance, dans les représentations identitaires, du paradigme du journalisme d'information[18].

En revanche, pour la minorité active de professionnels qui ont fait le second choix, les changements sont plus significatifs. Ils se traduisent par une évolution de la profession de journaliste vers celle de *fournisseur d'accès* (version pauvre) ou celle *d'expert en traitement de l'information*. C'est d'ailleurs ainsi que se définissent certains journalistes en-ligne interrogés par nos soins, sachant que l'information devient, dans leur discours, une denrée réexploitable à l'infini. S'il y a changement de paradigme[19] dans la profession, c'est bien à ce niveau-là qu'il se situe. Davantage qu'un journalisme « de communication », nous avançons l'hypothèse que le réseau Internet favorise l'émergence d'un *journalisme d'expertise*, modèle qui renvoie à un traitement de type *techno-bureaucratico-commercial* de l'information. Mais peut-on encore, en ce cas-là, parler de journalisme ?

D'où l'opportunité de sortir des frontières du journalisme dit « professionnel » pour mieux mesurer les changements induits. Vu de l'extérieur de la profession par des acteurs qui revendiquent néanmoins une mission journalistique (c'est le cas des rédacteurs de certains *webzines*), ces changements apparaîtront peut-être plus clairement. Dans ces structures parfois innovantes, les pratiques semblent évoluer vers une forme de cyberjournalisme plus avancée : dispositifs de coécriture et de partage de l'information (interactivité de contenu), modèles *managériaux* moins hiérarchiques et plus participatifs, valorisation des hyperliens permettant un approfondissement de l'information, etc. Mais ces structures, qui reposent essentiellement sur l'engagement militant de leurs promoteurs, se pérenniseront-elles ? Cela ouvre alors le chemin de nouvelles enquêtes[20]. Et confirme la pertinence du principe d'*incomplétude*[21] en vertu duquel il est fréquemment indispensable de se détacher d'un système pour mieux comprendre son fonctionnement.

NOTES

1. WEISSBERG, J.-L., *Présences à distance*, Paris, L'Harmattan, 1998.

2. PÉLISSIER, N., RUELLAN, D., « La Compétence encyclopédique, Un défi épistémologique pour la formation au journalisme », *in* RIEFFEL, R., WATTINE, T. (dir.), *Les Mutations du journalisme en France et au Québec*, Paris, Éditions Panthéon-Assas, 2002, p. 57-81.

3. Cf. PAGÈS, D., PÉLISSIER, N. (dir.), *Territoires sous influences*, Paris, L'Harmattan, 2 vol., 2000 et 2001.

4. AGOSTINELLI, S. (dir.), *Du CD-Rom à l'Internet : comment penser la communication des connaissances ?*, Paris, L'Harmattan, 1999.

5. Système de Production d'Information Partagée. Sur la dynamique communautaire des webzines, voir REBILLARD, F., « Webzines, e-zines, quels nouveaux médias ? », *Médiamorphoses*, n° 4, mars 2002, p. 57-63.

6. PÉLISSIER, N., RUELLAN, D., « Le journaliste pris dans la toile, Les réseaux numériques, accélérateurs paradoxaux ? », Actes du 16e Congrès International de l'Association Française de Marketing, Montréal, Canada, 18-20 mai 2000, p. 645-655.

7. RUELLAN, D., « Le local sur Internet, Enjeux de la mise en-ligne de l'information », *in* THIERRY, D. (dir.), *Nouvelles technologies de communication : nouveaux usages nouveaux métiers*, Paris, L'Harmattan, 2000, p. 191-219.

8. CHARRON, J., DE BONVILLE, J., « Le paradigme du journaliste de communication. Essai de définition », *Communication*, vol. 17, n° 2, décembre 1996, p. 51-96.

9. DALHGREN, P., « Cyberespace et logique médiatique. Repositionner le journalisme et ses publics », *in* PROULX, S., VITALIS, A. (dir.), *Vers une citoyenneté simulée, Médias, réseaux et mondialisation*, Rennes, Apogée, 1999, p. 73-98.

10. Il s'agit du programme « PQR en-ligne et local sur Internet », piloté par l'IUT de Lannion (ONTICM/CRAP/CNRS), sous la direction de Denis Ruellan, et associant 15 chercheurs ayant étudié six pays différents (France, Brésil, États-Unis, Canada, Mexique, Roumanie). Pour les publications de ces travaux, voir B. DAMIAN, R. RINGOOT, D. THIERRY, D. RUELLAN (dir.), *{Inform@tion.local}*, Paris, L'Harmattan, 2002. Cf. aussi le dossier « La presse en-ligne », n° 4 de la revue *Médiamorphoses* (INA/PUF), mars 2002, coordonné par J.M. Utard. Cf. enfin N. PÉLISSIER *et al.*, « Cyberjournalisme : la révolution n'a pas eu lieu », *Quaderni*, n° 46, février 2002, p. 5-27.

11. Cf. PÉLISSIER, N., « De la compétence encyclopédique à la communauté herméneutique. Vers une résolution des contradictions identitaires du journaliste en-ligne », in B. Damian, *et al.*, *op. cit.*, 2002, p. 219-233.

12. THIERRY, D., « Le cyberjournal sera-t-il interactif ? », *Médiamorphoses*, n° 4, p. 88-93.

13. *Idem*, p. 89.

14. RINGOOT, R., « Périodicité et historicité de l'information locale en-ligne », *Médiamorphoses*, n° 4, p. 74.

15. Cf. PÉLISSIER, N. *et al.*, 2002, *op. cit.*

16. DEUZE, M., « Journalism and the Web. An Analysis of Skills and Standards in an Online Environment », *Gazette*, 61 (5), octobre 1999, p. 373-390.

17. Cf. le dossier « Presse en-ligne » de la revue *Médiamorphoses*, *op. cit.*, p. 83-88.

18. MATHIEN, M., « Le journalisme professionnel face aux mutations de l'information et de la communication. Déroute des valeurs ou réaction ? », *Quaderni*, n° 37, hiver 1999, p. 11-42.

19. Au sens que donnent à ce concept les chercheurs québécois, J. Charron et J. De Bonville.

20. Dans le cadre d'un nouveau programme de recherche sur « L'hybridation des genres médiatiques » lancé à Québec en avril 2002 par le Département d'Information et Communication de l'université Laval, nous avons initié à cet effet, avec la collaboration de Florence Le Cam et Valérie Jeanne-Perrier, une nouvelle étude portant sur les *webzines*, *e-zines*, et autres *weblogues*...

21. Que le professeur Alan Sokal nous pardonne d'avance cette importation probablement incongrue des mathématiques de monsieur Gödel...

Éric Lagneau
Agence France Presse (AFP)
IEP Paris

AGENCIER À L'AFP : L'ÉTHIQUE DU MÉTIER MENACÉE

En dépit du rôle très important que ces « grossistes » de l'information jouent dans le système médiatique, fournissant aux journaux, télévisions, radios et sites Internet une grande partie de leur « matière première », les journalistes des agences de presse demeurent des inconnus pour le grand public. Constatation plus surprenante, ils n'ont longtemps suscité, à de rares exceptions près (Paillet, 1974 ; Palmer, 1984 ; Huteau et Ullmann, 1990 ; Pigeat, 1997 ; Mathien et Conso, 1997), qu'un faible intérêt de la part des spécialistes des médias.

En France, l'Agence France-Presse, l'une des trois agences mondiales d'information avec la britannique Reuter et l'américaine Associated Press (AP), fait surtout parler d'elle au moment du vote de son budget ou de l'élection tous les trois ans de son PDG. Son statut *ad hoc*, défini par la loi du 10 janvier 1957 au terme d'un fort long débat, a fait de cet « organisme autonome doté de la personnalité civile » une entreprise unique en son genre, en s'efforçant de concilier l'indépendance indispensable à sa crédibilité et l'intervention de l'État pour lui assurer les ressources nécessaires à son fonctionnement. La gestion de cette « coopérative de journaux financés en partie par l'État » – selon l'expression de Jean Waline – impose donc de rechercher un équilibre toujours difficile à maintenir entre des intérêts souvent contradictoires, presque tous représentés au Conseil d'administration de cette entreprise[1] sans fonds propres. La tâche est rendue encore plus délicate par la volonté de désengagement manifestée par l'État et par les transformations en profondeur du système médiatique national et international.

Cet article propose de quitter le terrain juridico-économique le plus souvent retenu pour aborder l'AFP pour lui préférer une approche sociologique qui s'intéresse en priorité au travail quotidien des agenciers. Ce déplacement paraît d'autant plus justifié qu'au quotidien, ces journalistes disposent, à condition de respecter des procédures formelles relativement strictes, d'une relative autonomie individuelle et collective pour accomplir leur travail de sélection et de mise en forme de l'information. Nous faisons le pari que l'étude précise du style agencier[2] (la manière de faire du journalisme caractéristique des journalistes d'agence) et de ses évolutions offre un lieu d'observation privilégié pour analyser les modifications de certaines des contraintes pesant sur le travail des journalistes et par la même mieux comprendre les (micro) effets concrets de certaines (macro) transformations du champ journalistique.

Un journalisme de référence

L'AFP comptait, en 2000, 1 250 journalistes « permanents », relevant de statuts juridiques divers (831 en statut siège, le plus protecteur, le salarié relevant du droit social français, même quand il est en poste à l'étranger, les autres en statut régional ou local, dépendant de la législation sociale du pays dans lequel ils travaillent). Elle emploie en outre un nombre important de pigistes occasionnels (environ 2000), en grande partie des journalistes locaux travaillant pour d'autres médias qui lui apportent des contributions ponctuelles[3].

Les journalistes de l'AFP possédant le statut siège sont majoritairement des hommes (65 %, soit une proportion légèrement supérieure à celle de l'ensemble de la profession journalistique : 61 %)[4], en très grande majorité de nationalité française (83 %) et relativement âgée puisque la moitié des journalistes (51 %) a plus de 45 ans (36 % pour l'ensemble des journalistes). Cette moyenne d'âge élevée s'explique notamment par un faible *turn-over* puisqu'une majorité des journalistes qui entrent à l'AFP y font toute leur carrière.

Concernant le niveau d'études, il faut noter une proportion importante de journalistes diplômés des écoles reconnues par la profession (au moins 26 %[5], chiffre nettement supérieur à celui de l'ensemble de la profession : 12,2 %), correspondant à une politique de recrutement sélective. La spécificité du travail des agenciers rend difficile le recrutement sur le tas.

Le profil de cette population pourrait inciter à rapprocher les journalistes de l'AFP de l'élite de la profession. Cette affirmation doit immédiatement être nuancée par la prise en compte de leur déficit de visibilité sociale. Les agenciers sont d'humbles soutiers anonymes, parfaits inconnus pour le grand public qui ignore même leur rôle collectif dans les coulisses de l'information.

Au sein de la profession, leur image est toutefois différente. S'ils n'appartiennent pas à titre individuel à l'élite de la profession, les agenciers incarnent bel et bien collectivement un modèle d'excellence journalistique né avec les agences de presse il y a plus de 150 ans, celui du chasseur de nouvelles, aussi rapide que rigoureux et précis. Certains n'hésitent pas à parler d'une « aristocratie du métier ».

Les questions de fiabilité et d'objectivité sont pour eux véritablement primordiales car les agences de presse s'adressent en priorité à un public de professionnels de l'information exigeants mais aussi, par le biais des médias clients, à une audience considérable, potentiellement mondiale, et extrêmement variée dans sa composition sociale, politique ou religieuse.

L'objectivité est d'ailleurs une obligation légale pour l'AFP. La loi de 1957 sur le statut de l'AFP impose aux journalistes de l'agence de fournir une information « complète, objective, exacte, impartiale et digne de confiance ». L'article 3 du statut met même en place un Conseil supérieur spécialement chargé de veiller au respect de ces obligations. Elles trouvent leur traduction dans le mode d'organisation du travail (en ce sens, la réponse apportée par les agences de presse à cette question de « l'objectivité journalistique » peut être assimilée à un « *process* industriel » de contrôle de qualité visant à garantir l'exactitude et l'impartialité des nouvelles délivrées), avec le respect de procédures strictes (notamment à travers la mise en place de *desks* assurant une relecture systématique et jouant un rôle de garde-fou) et une écriture très encadrée, stéréotypée même (Paillet, 1974).

La mise en forme agencière repose en effet sur des formats relativement rigides qui la rendent facilement reconnaissable. La dépêche d'agence réclame la plus grande concision, le souci de dire l'essentiel dès le premier paragraphe. Cette importance de la hiérarchisation de l'information se lit dans la construction de la dépêche en pyramide inversée (par ordre d'intérêt décroissant des informations rapportées), mais aussi dans le découpage de la copie. Et l'écriture agencière pousse aussi loin que possible la distanciation énonciative, par la citation systématique des sources, le rejet de tout ce qui peut s'apparenter à un jugement de valeur du journaliste. En ce sens, cette mise en forme incarne plus que tout autre la *rhétorique de l'objectivité* (Padioleau, 1976).

Le modèle de référence journalistique que représentent les agenciers ne souffre pas que d'un déficit de visibilité sociale. Il doit aussi composer avec une forte dimension institutionnelle, liée à la mise en place par les agences de presse d'un réseau de collecte de l'information en prise directe avec les lieux de pouvoir et de décision, conforme à une conception de la valeur d'information (« newsworthiness ») de la nouvelle qui accorde la plus grande importance au caractère officiel de la source qui la livre (Gans, 1979). Cette logique institutionnelle (c'est-à-dire en fait le lien obligé et structurel avec les sources étiquetées officielles) peut faire assimiler une partie du travail d'agencier à un *journalisme d'enregistrement* (Padioleau, 1976) ambitionnant modestement de rapporter fidèlement les propos et points de vue des diverses institutions.

Cette figure de l'excellence journalistique devenue rapidement dominante dans le journalisme anglo-saxon, plus tardivement en France où elle a longtemps dû cohabiter avec des conceptions plus littéraires et plus politiques du métier, a été progressivement confrontée à la concurrence d'autres modèles (journalisme audiovisuel, presse régionale, presse professionnelle et spécialisée), suite à l'éclatement de la profession.

Le style agencier et l'idéal journalistique qu'il représente se trouvent aussi soumis à de nouvelles tensions internes. Car les deux dimensions constitutives de ce style agencier, le journalisme factuel et le journalisme d'enregistrement, font l'objet d'une remise en cause partielle sous les effets conjugués des transformations du paysage médiatique (renforcement de la concurrence) et des adaptations de l'AFP à ces changements par la recherche de nouveaux positionnements stratégiques entraînant l'apparition de nouveaux formats de production et de diffusion.

On retrouve les symptômes de cette double remise en cause dans les interrogations récurrentes sur le « métier de base » (entendu comme le cœur du travail d'agencier, visant à la fourniture d'un service général grand public, par opposition à toutes les nouvelles tâches accompagnant le développement de nouveaux produits) tant dans les rapports d'audits externes commandés ou imposés aux directions successives de l'agence que dans les réflexions internes, notamment celle menée par la Société Des Journalistes de l'AFP (SDJ).

Une double remise en cause du « métier de base » d'agencier

Plus encore que d'autres médias, l'AFP est affectée par les profondes transformations des systèmes médiatiques nationaux et internationaux. La chasse aux nouvelles a ainsi connu tout à la fois une accélération de son rythme avec notamment le développement des médias en continu (CNN, France Info, LCI...) et de l'information sur Internet, et une extension de son champ d'application avec une explosion médiatique qui a fortement accru et diversifié la demande.

Le travail des agenciers a évolué en raison des choix stratégiques opérés par l'agence pour répondre à ces transformations, mais aussi pour s'adapter à un désengagement progressif de l'État, considéré comme inéluctable. Les directions successives ont en effet cherché à réduire, également par souci d'indépendance, la part étatique dans le financement de l'agence (sous forme d'abonnements : 600 millions de francs en 2000, soit 38,8 % du budget de l'agence), mais elles se sont heurtées à la faiblesse structurelle du marché français. La solution a alors été de se mettre en quête de nouveaux clients médias (notamment anglophones) ou hors médias et de proposer de nouveaux produits (téléphoto international, *flash* audio, infographie, journaux Internet clé en main, information par SMS...). Mais là aussi, l'AFP rencontre certaines limites dans la recherche de nouveaux débouchés, notamment quand elle cherche à se positionner, avec le multimédia, dans la vente directe aux particuliers, au risque de s'éloigner de son rôle de grossiste et de se heurter aux intérêts de ses clients médias français qui disposent d'un pouvoir de blocage à travers leur présence au Conseil d'administration de l'agence.

Manque de repères pour la chasse aux nouvelles du XXIe siècle

Conséquence de ces transformations structurelles, la multiplication des tâches et des événements à couvrir rend la chasse aux nouvelles des agenciers de plus en plus problématique. Le flot de copies à traiter, en augmentation constante[6], menace la raison d'être même du métier d'agencier, à savoir son rôle de premier filtre de l'information en amont du système médiatique.

Les Agences d'information dans le monde

Les agences d'information comprennent aujourd'hui deux ensembles très distincts. D'un côté les agences spécialisées sont multiples, souvent légères et évolutives, s'adaptant à chaque conjoncture, employant souvent de jeunes journalistes enthousiastes et entreprenants malgré des statuts mal définis. Le nombre de ces agences a sensiblement progressé ces dernières années. De l'autre côté, les agences généralistes ne sont que quelques dizaines de par le monde, très liées à l'histoire politique et institutionnelle de chaque pays, traduisant souvent brutalement les inégalités de moyens et d'influence entre pays et régions du monde. Parmi les agences généralistes un sous-ensemble prestigieux se dégage : celui des agences internationales, qui avec l'AFP, Reuter et AP sont les héritières directes des inventeurs de ce journalisme conçu comme un grossiste en informations.

Les agences internationales sont celles dont le réseau de collecte d'information et la clientèle sont largement internationalisés, et même planétaires. Les agences nationales n'ont souvent qu'un réseau national ou limité à une région, une partie de continent. Leur clientèle est elle-même plutôt régionale. C'est ainsi qu'un pays de la taille et du poids de l'Inde dispose de l'agence PTI qui compte quelque 1 200 clients – dont un tiers de médias – alors que l'américaine AP, *leader* mondial, s'appuie sur 20 fois plus de clients. Entre les agences internationales les rapports de forces sont également très rudes. AP sert ainsi trois fois plus de clients que l'AFP. Reuter de son côté à un chiffre d'affaires représentant dix fois celui de la même AFP.

Les statuts des agences généralistes diffèrent, se classant en trois grands sous-ensembles. Un nombre important d'entre elles sont des entreprises privées. Reuter est ainsi cotée en bourse. Un second ensemble est constitué par des coopératives, de médias ou de journaux. C'est le cas pour la britannique PA, l'italienne ANSA ou la japonaise Kyodo. L'histoire de nombre de pays marquée par des régimes très étatisés a laissé comme héritage nombre d'agences directement liées à l'État, telle l'EFE en Espagne, Chine nouvelle, ou Tass. La France se distingue avec un statut hybride issu de la loi de 1957 par lequel le pouvoir se trouve partagé entre l'État et les médias.

Les dates de création des agences confirment à elles seules les histoires parfois mouvementées des pays concernés. Nombre des pays occidentaux démocratiques disposent d'agences nées au milieu du XIXe siècle (AFP, ex-Havas, en 1835, Reuter en 1851, AP en 1848). Les pays qui ont gagné leur indépendance dans le courant du XXe siècle ont souvent fait de la création de leur agence l'un des symboles de leur indépendance (1949 pour l'Inde par exemple). Pour d'autres encore ce fut la fin d'expériences dra matiques telles que celle du nazisme ou le débouché de ruptures révolutionnaires (ANSA en Italie voit le jour en 1945, DPA en Allemagne est créée en 1949, alors que Tass remonte elle à 1925).

La montée du média télévisuel et son besoin toujours plus grand d'images a incontestablement placé les agences devant un nouveau défi, que l'absorption par Reuter et AP d'agences d'images, n'a pas totalement réglé. Les événements récents, comme les attentats du 11 septembre puis la guerre en Afghanistan ont mis en évidence la place particulière de fournisseurs d'images pour les autres télévisions de réseaux tels que ceux de CNN ou Al Jazhira.

J.M.C.

Les agenciers se plaignent en effet d'une perte de repères qui obère leur travail de hiérarchisation de l'information. « L'impression de nombre de journalistes est celle d'un trou noir dans lequel ils déversent leur production, sans indication suffisamment précise quant au besoin auquel il répond, ou l'usage qu'il en est fait. », indique le rapport de la Société Des Journalistes de l'AFP d'août 2001.

À quoi tiennent ces difficultés nouvelles ? Plusieurs pistes peuvent d'être avancées. Il faut d'abord constater une certaine exaspération face à la demande toujours croissante de dépêches sur des sujets de plus en plus variés. Après avoir développé le sport et l'économie, l'AFP a cherché à se positionner également sur les créneaux jugés porteurs (science, santé, culture...). Mais ces commandes, qui ne concernent pas que les *rubricards* des services thématiques spécialisés à Paris mais aussi les journalistes des bureaux de province et de l'étranger, s'ajoutent les unes aux autres sans que des priorités claires soient toujours établies. De plus, les agenciers, qui sont pour la plupart des généralistes, n'ont pas toujours la compétence pour traiter dans l'urgence et sans superficialité des sujets parfois très pointus (OGM...).

La contrainte de rapidité qui guide en permanence le travail des agenciers, surtout dans un contexte de concurrence exacerbée où il ne faut pas simplement éviter d'être « grillé » par Reuter ou AP, mais aussi par France Info, TF1, *Les Échos* ou *L'Équipe*, renforce encore la nécessité de disposer de critères sûrs et efficaces pour faire le tri. D'autant que si les techniques de plus en plus sophistiquées permettent effectivement de transmettre de plus en plus vite, une partie du travail de journaliste, le recoupement de l'information notamment, reste relativement incompressible.

Certains ont alors la tentation de préconiser une spécialisation plus poussée, comme le proposait par exemple en décembre 2001 un rapport interne du « groupe de travail sur la valorisation de l'économie », au risque de provoquer un véritable tollé de la part d'autres services directement menacés (le service politique et le service d'information sociale) par un rééquilibrage des effectifs estimé plus rentable. La recherche de nouveaux marchés anglophones a par exemple suscité un accroissement du service en anglais (plus de 50 % d'augmentation des effectifs en 4 ans, 240 journalistes sur 1 200 en 2000). D'où des tensions sociales à répétition ces dernières années quand des services travaillant déjà à un rythme soutenu ont menacé de se mettre en grève (services d'information sociale, politique, multimédia) pour préserver leur effectif.

Il faut aussi noter qu'avec le développement de nouveaux produits, un nombre croissant de journalistes de l'agence sont des journalistes assis (environ la moitié des 800 agenciers à statut siège), des *processors* selon la terminologie du sociologue britannique Jeremy Tunstall, affectés à la mise en forme et en valeur de la matière informationnelle, au détriment des *gatherers*, ceux qui assurent le recueil « sur le terrain » des nouvelles.

Même des journalistes dans des postes de production à l'étranger ou en province (théoriquement des *gatherers*) ont de moins en moins de temps pour le reportage qui devient un « genre en voie de disparition » selon le rapport de la SDJ. « Il est souvent limité à sa plus simple expression : faire un papier en deux heures sur un sujet que l'on ne connaît pas pour respecter les *deadlines* européennes. Résultat, le reportage se limite à une recherche sur Internet et deux coups de téléphone. Plutôt frustrant. », raconte ainsi un journaliste de Washington.

La rédaction en chef se voit alors accusée par certains agenciers de ne pas remplir son rôle de guide et d'adopter une politique suiviste. « Je me demande si l'AFP est capable de faire ce travail de recherche, de réflexion de fond, sans lequel on ne peut pas sortir de bons factuels, de bons angles. On a l'impression que la hiérarchie fonctionne souvent à la remorque des journaux. », relève un journaliste d'un service de production.

« L'agence perd alors sa place naturelle, en amont dans la chaîne de l'information. », dénonce la SDJ, et alimente la « circulation circulaire de l'information » chère à Bourdieu. La reprise de plus en plus fréquente des informations des autres médias est ainsi critiquée, dès lors que les agenciers ne disposent pas du temps pour les vérifier et les enrichir. Un journaliste se demande si « l'AFP ne risque pas de se transformer en une espèce de super-Courrier international », oubliant au passage de rappeler que c'est précisément le rôle que jouait l'agence Havas, l'ancêtre de l'AFP, à sa création en 1835.

Cette critique du suivisme, formulée sur la base d'exigences professionnelles, peut aussi s'appuyer sur des arguments commerciaux. Car avec une copie davantage maîtrisée, permettant aux journalistes de se consacrer à un papier mieux pensé, l'AFP se retrouve aussi gagnante en terme de reprises des dépêches par les clients.

Morcelés par une politique de régionalisation (délocalisations de *desks* à Montevideo, Nicosie, Washington...) qui a dispersé leurs effectifs, les *desks*, traditionnels chefs d'aiguillage et garde-fous du travail agencier, se retrouvent eux aussi submergés par le flot de copies et sont guettés par la tentation du journalisme presse-bouton pour éviter engorgement et retard. Ils souffrent dès lors d'une perte de prestige qui les affaiblit dans leurs négociations quotidiennes avec les producteurs et risquent, comme le souligne la SDJ, de se voir reprocher de « ne servir à rien »[7] et d'être « remplacés par des supersecrétaires de rédaction ».

Un journalisme d'enregistrement contesté

La production d'informations est aussi rendue plus délicate depuis que les sources ont développé ressources et stratégies pour utiliser les médias dans leur plan de communication, en tentant de se placer en coproducteurs des nouvelles[8]. Prisonnière de son réseau de collecte de l'information et de son parti pris institutionnel, l'AFP est particulièrement vulnérable à cette emprise de la communication.

Les journalistes de l'AFP cherchent à reprendre le contrôle de leur production, et rien ne les énerve plus que d'entendre leurs interlocuteurs appeler par mégarde leurs dépêches des « communiqués ».

« On voit arriver sans cesse de la copie qui ressemble à du copié-collé de communiqué, sans aucun travail éditorial. Comment se fait-il qu'un producteur puisse être à ce point submergé par le flux du fax sans que sa hiérarchie l'aide à opérer le tri, à prendre le temps de réaliser que telle dépêche ne vaut en fait qu'un para à insérer dans une autre ? », s'interroge une *desk-woman*.

Les évolutions commerciales jouent ici un rôle positif en invitant l'AFP à prendre ses distances avec le journalisme trop institutionnel. Et là aussi, logique professionnelle et logique commerciale viennent en fait s'appuyer mutuellement pour contester certaines pratiques ou habitudes.

L'AFP s'est en effet adaptée depuis une quinzaine d'années à une modification de la demande des clients qui réclament des articles prêts à publier, notamment pour la presse quotidienne régionale ou plus récemment pour l'Internet, avec de véritables mises en perspective de l'actualité plutôt qu'une simple juxtaposition de faits bruts ou de citations. Pour que ces dépêches soient immédiatement utilisables, les clients demandent de faire plus vivant, moins institutionnel, « moins AFP » en somme.

Ceci a conduit au développement des papiers prévus (les *prev*, dans le jargon agencier) annoncés en début de journée aux clients. Ce sont très souvent des articles d'analyse, d'angle, de synthèse, pour lesquels les agenciers sont confrontés à la nécessité d'introduire davantage de mise en récit des événements, ce qui oblige à prendre du recul par rapport à la couverture factuelle et aux sources. Fait significatif, ces papiers sont la plupart du temps signés du nom du journaliste en toutes lettres (et non des seules initiales).

Dans le vocabulaire de Padioleau, on peut dire que, à côté d'une grande majorité des dépêches « factuelles » (pas plus de 200 mots en général), la production d'agence fait désormais, à travers ces papiers prévus, une place non négligeable à la *rhétorique de l'expertise critique*.

Mais pour exercer cette dimension de « création critique » (Paillet) que l'agencier revendique dans sa pratique professionnelle afin d'échapper aux stigmates de porte-parole des officiels, le journaliste doit être en mesure de se fabriquer une grille de lecture qui fait défaut ou manque de pertinence s'il n'a pas une formation solide ou assez de temps et de réflexion à consacrer au sujet ou au domaine traité.

En réalité, ce recours à la *rhétorique de l'expertise critique* ne fait que mettre en lumière un des « secrets » du travail de l'agencier mieux dissimulé dans la production plus « factuelle ». La mise en intrigue des événements dans des papiers d'analyse oblige en effet à rendre plus facilement identifiable la « grille culturelle » (Paillet) sur laquelle s'appuie le travail ordinaire de sélection et de hiérarchisation de l'information. Malgré leur prétention à adopter un regard « objectif », neutre sur les événements, les agenciers ont besoin de lunettes pour voir puis dire le monde.

« Dévoiler ce secret » n'enlève rien à l'importance de leur difficile mission : livrer dans l'urgence un premier déchiffrage du monde tel qu'il va. Le fait nouveau est plutôt qu'à cause de la dispersion (inévitable ?) des énergies pour répondre aux besoins nouveaux des clients, les agenciers se retrouvent souvent démunis pour interpréter les événements, au risque de recourir aux grilles de lecture toutes prêtes qui leur sont fournies par l'air du temps, par leurs collègues et bien souvent en fin de compte, sous des formes plus ou moins détournées, par les institutions couvertes elles-mêmes.

Leur demande de « lignes directrices claires » doit ainsi s'entendre comme un appel à un *aggiornamento* des règles de travail leur permettant de concilier la rigueur professionnelle qui a fait leur réputation et le développement de nouveaux formats de production et de diffusion imposé à l'AFP par réalisme économique.

NOTES

1. Le Conseil d'administration dirige l'agence et nomme le PDG. Il est composé de 15 membres : 8 pour la presse française, 5 pour les pouvoirs publics (en réalité 3+2 pour l'audiovisuel public), et 2 pour le personnel.
2. Pour une présentation plus détaillée du style agencier, avec ses variations en fonction des spécialités thématiques, Lagneau, 2002. Les informations qui nourrissent le présent article sont tirées de mon expérience professionnelle de journaliste à l'AFP (depuis 1995), mais aussi des entretiens et observations réalisés pour une thèse de doctorat de science politique, en préparation à l'IEP Paris sous la direction de Gérard Grunberg.
3. Concernant les trois agences mondiales d'information, on peut estimer à environ 5 000 le nombre de leurs journalistes « permanents » dans le monde (1 200 pour l'AFP, 1 800 pour Reuter, 2 100 pour AP). On prend ici les chiffres de l'année 1996 (Pigeat, 1997). Il faut noter que le groupe de communication Reuters employait en 1995, 14 182 salariés, mais seulement 1 778 journalistes pour son activité d'agence de presse.
4. Les données sur l'AFP sont tirées de son bilan social 2000.
5. Estimation obtenue après consultation des annuaires des anciens élèves de ces écoles.
6. À titre d'exemple, le fil (service) à destination des clients francophones d'Europe EUA diffusait en moyenne en 2000 175 000 mots par jour en moyenne, soit 43 % de plus qu'en 1996.
7. C'est d'ailleurs le raisonnement à peine voilé que tenait l'inspecteur général des finances, Jean-Luc Lépine, dans son rapport d'audit de juin 1998, en dénonçant « la dérive fonctionnelle des *desks* » et en invitant à développer la « validation directe », selon lui « retardée pour des raisons de sensibilité syndicale » (p. 4).
8. En ce sens, je suis bien conscient qu'en employant l'expression de « chasse aux nouvelles », j'importe par commodité de langage dans mon analyse une expression indigène plutôt flatteuse (puisque le chasseur apparaît clairement comme l'acteur de la capture) qui ne correspond que très partiellement à la réalité des processus de recueil et de fabrication de l'information, dans lesquels s'illustrent bon nombre de rabatteurs souvent intéressés (quand le gibier ne tombe pas tout cuit dans l'assiette !). Parler d'une coproduction des nouvelles par les journalistes et leurs sources paraît en toute rigueur plus précis.

RÉFÉRENCES BIBLIOGRAPHIQUES

FLEURY, L., « L'Agence France-Presse, bilans et défis », in *Communication et langages*, n° 110, 1997.

GANS, H., *Deciding what's News : a Study of CBS Evening News, NBC Nightly News, Newsweek and Time*, New York, Pantheon Books, 1979.

HUTEAU, J., ULLMANN, B., *AFP. Une histoire de l'Agence France Presse : 1944-1990*, Paris, Robert Laffont, 1991.

LAGNEAU, E., « Le Style agencier et ses déclinaisons thématiques. L'exemple des journalistes de l'AFP », *Réseaux*, n° 111, vol. 20, 2002.

MATHIEN, M., CONSO, C., *Les Agences de presse internationales*, Paris, PUF, 1997.

PADIOLEAU, J.-G., « Systèmes d'interaction et rhétoriques journalistiques », *Sociologie du travail*, vol. 76, n° 3, 1976.

PAILLET, M., *Le Journalisme. Fonction et langage du quatrième pouvoir*, Paris, Denoël, 1974.

PALMER, M., *Des Petits journaux aux agences de presse*, Paris, Aubier, 1984.

PIGEAT, H., *Les Agences de presse. Institutions du passé ou médias d'avenir*, Notes et études documentaires n° 5044, Paris, La Documentation française, 1997.

III. UN RAPPORT AU MONDE ET À LA POLITIQUE POUR LE MOINS PROBLÉMATIQUE

Michel Mathien

Albert du Roy

Jean-Marie Charon

Olivier Baisnée

Michel Mathien
Centre d'Études et de Recherches Interdisciplinaires sur les Médias en Europe (CERIME),
Groupe de Recherches Interdisciplinaires sur la Construction Européenne (GRICE),
Université Robert Schuman de Strasbourg
Commission française pour l'Unesco

LES JOURNALISTES ET LE PACTE RÉPUBLICAIN. LES FONDEMENTS HISTORIQUES DE LA PROFESSIONNALISATION

« Journaliste, qui t'a fait roi ? »
Bernard Béguin*

Le régime démocratique est issu d'un long combat dans lequel le journalisme a été partie prenante. En France, avec les libertés fondamentales acquises sous la IIIe République et leur mise en œuvre, la « profession » a construit son discours sur sa nécessaire fonction de médiation entre la société (les citoyens) et le pouvoir politique (les élus et les instances publiques qu'ils dirigent ou contrôlent). Cette fonction modélisée s'est concrétisée dans l'expression « quatrième pouvoir » au cours d'une période à rebondissements où il était chaque fois nécessaire de penser l'organisation d'un système social comme un « Tout ».

Depuis, la dérégulation ayant affecté le secteur des médias à partir des années 1980, la pratique de la médiation est mise en cause. Or, dans l'histoire du journalisme et de la presse française, celle-ci relève d'un contrat implicite avec la République dans le cadre d'un mouvement partagé qui s'est prolongé jusque dans la première alternance de gauche sous la Ve République. En rappeler les grandes lignes est la gageure de ce court propos.

Michel Mathien

République des citoyens et « République des camarades » ?

Du combat pour les libertés...

Après la période d'interdiction et de contrôle de l'expression publique de l'Ancien régime, puis des aléas politiques de la Révolution de 1789, du Premier et du Second Empire avec, entre les deux, la Restauration, la Monarchie de Juillet et la IIe République, les personnes qui écrivaient dans les journaux, politiques, littéraires ou simplement d'annonces légales, et que l'on appelait encore des publicistes, ont progressivement revendiqué une identité professionnelle. Et encore, cette revendication s'est-elle précisée au fur et à mesure que les rédacteurs des journaux changeaient eux-mêmes de situation et de statut social et, surtout, devenaient en majorité des employés salariés. Ce processus avait déjà été amorcé au XVIIe siècle au Royaume-Uni. Dès les années 1830, aux États-Unis comme en France, des journaux sont vendus à un prix accessible au plus grand nombre (la « *penny press* » ou la presse à 10 centimes d'Émile de Girardin). Les débuts de la pratique du reportage conduisent à limiter le « journalisme de combat » ou de « tribune » qui, en France, caractérisera longtemps encore le journalisme avec son individualisme ancré dans le principe de la liberté d'expression. Le processus conduisant les journalistes à se dégager des préoccupations purement politiques ou littéraires s'est développé plus tardivement dans la seconde partie du XIXe siècle avec l'industrialisation de la presse, l'appel croissant à des « employés de rédaction », « rédacteurs sédentaires » ou « petits *reporters* » sans omettre « occasionnels » et « amateurs » aux motivations diverses. Il prendra près d'un siècle pour aboutir à la loi du 29 mars 1935 reconnaissant un statut spécifique aux « journalistes professionnels ».

L'argumentation de ce texte de droit social, qui ne donne pas de définition satisfaisante du journalisme[1], constitue une anthologie de considérations philosophiques positives sur la profession scellant *de facto* un contrat ancien et tacite avec la République, appuyé aussi en cela par la Ligue des droits de l'Homme intervenue en sa faveur lors de son congrès de 1933. Dans le rapport préalable, on relève la nécessité de recourir au législateur en raison de l'impasse des négociations entre partenaires sociaux mais aussi en raison de la nécessaire protection que la République doit apporter à ceux qui sont en charge de l'information[2]. On y lit que « le Parlement doit intervenir :

– parce que la profession de journaliste, entre toutes les professions libérales ou intellectuelles, possède des caractères d'un ordre particulier ;

– parce que, sous tous les régimes, le Parlement a légiféré sur la presse et les gens de presse ;

– parce que, dans tous les pays, la presse est placée sous un statut spécial, qu'il soit de privilège ou de contrainte ;

– parce que, si nous ne sommes pas de ceux qui prétendent faire de la presse un service public, nous considérons du moins que son rôle est capital dans un ordre démocratique, qu'elle n'est à même de le remplir que dans la liberté, et que le Statut professionnel des journalistes est une des garanties de cette indispensable liberté ;

– parce que de nombreux précédents s'offrent à nous, aussi bien dans notre pays qu'à l'étranger ;

– enfin, parce que les Chambres françaises ayant eu à plus d'une reprise à prendre, en faveur de l'industrie des journaux, des mesures exceptionnelles, qui constituent de véritables privilèges, il est équitable qu'elles entendent l'appel que leur adressent les journalistes par la voie de leurs associations professionnelles unanimes. »

Fait exceptionnel, la loi sur « l'institutionnalisation de la profession » sera inscrite dans le Code du Travail. Le législateur marquera ainsi l'importance que les professionnels de l'information (à l'époque on ne parlait évidemment que de presse) jouent dans le fonctionnement de la démocratie et de la Société en général[3].

... à la connivence pratique via *un discours vertueux*

Une telle reconnaissance relève de la dynamique des libertés conquises au XIXe siècle. Républicains et libéraux avaient fait de la liberté de la presse une de leurs revendications majeures. La loi de 1881 a été élaborée sur arrière-fond de la philosophie politique du « *Contrat social* » de Rousseau ou de « *L'Esprit des lois* » de Montesquieu qui lui a attribué « la vertu pour principe », et des idéaux de la Révolution pour le moins malmenés sous la Ire République (1792-1804). Les liens de la presse et du journalisme avec « la » République sont particulièrement soulignés par l'historien Marc Martin pour qui, malgré leur évolution par rapport à des représentations idéalisées, ils ne sauraient être distendus.[4] La presse ayant pour finalité de « dire le bien » qui est la norme du droit de la République, comment pourrait-t-il en être autrement comme en témoigne encore la présence du mot « république » dans nombre de titres actuels ! Le courant « idéologique » professionnel, alimenté par l'évolution de la presse des États-Unis, soucieuse d'objectivité, ou plutôt de distanciation à l'égard de la subjectivité dans la relation des faits, s'est aussi nourri du positivisme scientifique en vogue ayant touché les sciences sociales, dont la « science de la presse » auquel le Syndicat national des journalistes apportera son concours avec la création de l'Institut de Science de la Presse (ISP) en 1937[5]. Il a accompagné à la fois une diversification des contenus (avec l'accroissement de la pagination ou la spécialisation de titres) et une presse populaire *a priori* non politique, à l'exemple du *Petit Journal* à l'origine d'une « dépolitisation » des journaux et magazines. Avec le temps, cette forme de régulation « fondatrice » s'est imposée par l'élaboration de processus de collecte, de traitement et de présentation ou de mise en forme de l'information de plus en plus fins ou précis[6].

La loi de 1881 n'aura cependant pas traité des rapports de la presse avec le pouvoir grandissant de l'argent qui, avant même sa promulgation, avait déjà investi les sociétés d'édition dont le statut ne dérogeait pas au droit commun. Pourtant, la lecture des retranscriptions des débats parlementaires montre que la dépendance des journalistes à l'égard des milieux économiques avec, bien entendu, des dérives auxquelles certains choix éditoriaux pouvaient conduire, était loin d'être ignorée même si son approche sociale n'était pas encore affirmée. Après 1881, l'histoire sera riche en scandales l'ayant, en diverses occasions, détournée de ses idéaux avoués. La professionnalisation, opposée à l'amateurisme en vogue, s'accentue avec la contestation des journaux et des journalistes par une partie du public lors, notamment, des « affaires » à la charnière du XIXe et XXe siècles que sont le scandale financier que représente la spéculation sur le capital de la Société du Canal de Panama, la condamnation du capitaine Dreyfus – et, surtout, la machination qui l'a permise et s'est prolongée pour empêcher sa réhabilitation – la publicité sur les emprunts russes, la censure et la propagande militaire imposées lors de la guerre de 1914-1918[7].

La création du Syndicat des journalistes, le 10 mars 1918, en plein conflit mondial certes, mais aussi en pleine crise avec l'État-major et le gouvernement sur les « missions » de la presse, découle de ce souci de moralisation, de reconnaissance et de nécessaire cohésion professionnelle. Voulant être un contrepoids aux éditeurs, les journalistes qui y adhéraient estimaient devoir chasser les « brebis galeuses » en se fondant sur le modèle d'un « ordre », celui des avocats, avec une déontologie d'où, cette même année, la rédaction de la *Charte des devoirs des journalistes français*[8]. Malgré ce souci de *vertu*, les « affaires » d'entente entre presse et milieux financiers, politiques et judiciaires ont suscité un regard critique sur un système social se présentant comme une « République des camarades » installée dans une connivence pratique au quotidien[9].

Réalisme, nouveaux espoirs et nouvelles déceptions

L'enracinement de la culture du journalisme

Les « affaires » n'ont pas diminué : elles ont leur place dans l'actualité jusqu'à la Seconde Guerre mondiale. L'expression de « presse pourrie » date de cette période. Même aux États-Unis, la sensibilité libérale a été touchée par la révélation des divers dangers liés à l'emprise que tel ou tel magnat de la presse pouvait exercer dans la société. *Citizen Kane*, réalisé par Orson Welles et sorti en salles en 1941, déchaîne contre lui les journaux qui ne pouvaient accepter d'être représentés dans cette symbolisation du « quatrième pouvoir » allant à l'encontre des valeurs d'un régime idéalisé. Pourtant, cette œuvre cinématographique – devenue un « film culte » – révélera que l'investisseur et propriétaire d'un groupe de presse peut s'engager dans un contrôle de l'information en fonction de ses propres desseins et ainsi modifier les fonctions politiques et sociales que l'on reconnaît explicitement ou implicitement à la presse. Ce film contribuera à renforcer le courant de responsabilisation sociale des médias. Notamment lors des travaux de la Commission sur la liberté de presse (dite « Commission Hutchins ») qui livra, en 1947, une série de recommandations aux dirigeants des médias afin qu'ils soient plus respectueux des droits du public en matière d'information, recommandations qui entraînèrent un déchaînement analogue de la presse[10].

À la Libération en France, suite aux compromissions d'une partie de la presse avec l'occupant et le régime de collaboration, des éditeurs et des journalistes, avec le concours du gouvernement provisoire, cherchent à lui donner de nouvelles assises dans le cadre général de la reconstruction d'un État ou la nécessaire « réorganisation du Tout » pour raisonner comme Marcel Gauchet sur un registre proche de la systémique[11]. L'ordonnance du 26 août 1944 devait contenir le « pouvoir de l'argent » sur les journaux en interdisant les « hommes de paille », la concentration des titres et encourager le pluralisme de l'information. Une proposition de « Déclaration des droits et des devoirs de la presse libre », élaborée par Albert Bayet, le président de la Fédération française de la presse (le regroupement des syndicats patronaux) est venue renforcer le modèle républicain de la presse en octobre 1945. Elle affirme que « la presse n'est pas un instrument de projet commercial, mais un instrument de culture ; sa mission est de donner des informations exactes, de défendre des idées, de servir la cause du progrès humain ». L'impéritie de la IVe République et l'incapacité des gouvernements successifs à tenir les engagements pris entraîneront bien des désillusions dans ce domaine comme dans d'autres. Il n'empêche, malgré ces désillusions, un système général fondé sur la préservation du pluralisme des titres s'est construit en garantissant des règles de distribution équitable sur l'ensemble du territoire national.

Dans cette logique et dans le contexte de l'époque, la République a organisé le service public de la radiodiffusion puis de la télévision en favorisant son accessibilité à chaque « citoyen ». Même sous l'ère du monopole d'État de la radiotélévision, dont le principe a pourtant quasi unanimement été réaffirmé au sortir de la guerre, puis de sa contestation ultérieure, l'arrière-fond demeurait la reconnaissance implicite de l'importance de la fonction des médias de masse dans l'idéal républicain malgré les ambiguïtés ou les paradoxes. Si le monopole est devenu discutable et discuté, il n'a pas représenté constamment et en toute circonstance une « liberté enchaînée »[12]. Le « service public » avait et a toujours une « culture de service public ». Les différentes émissions du magazine « culte » que fut *Cinq colonnes à la Une*, produites à partir de 1959, en sont un exemple, tant dans ses modes de présentation de l'actualité en quête d'objectivité, que dans les efforts de retenue et de pédagogie de ses présentateurs et *reporters*. La République de l'après-guerre, puis la Ve à partir de 1958, auront su ménager un régime économique spécifique à la presse en raison de ses fonctions dans un régime démocratique. Si on connaît la suite avec les échecs des idéaux de la Libération, on ne peut pas dire que le discours sur la médiation dite « citoyenne » ait disparu.

L'échec des SDR

Certains crurent alors en une autre formule d'équilibre entre rédactions et éditeurs. Au cours des années 1960-1970, à la suite de l'expérience du journal *Le Monde* en ce domaine, les « sociétés de rédacteurs », dont le principal artisan a été Jean Schwoebel (1912-1994), se développent sur la base d'une demande de participation des journalistes au capital des entreprises éditrices avec minorité de blocage[13]. La plupart des éditeurs et les syndicats de journalistes s'opposent à ce pouvoir nouveau fondé sur l'accès des journalistes aux orientations de leurs entreprises parce qu'ils ont des responsabilités sociales et éthiques. Un essai de reconnaissance aurait pu aboutir si le Rapport Lindon avait eu des suites positives en 1970.[14] On en retrouvera une manifestation lors des débats relatifs à la loi « éphémère » de 1984 visant « à limiter la concentration et à assurer la transparence financière et le pluralisme des entreprises de presse ». Elle reconnaîtra une responsabilité spécifique à « l'équipe rédactionnelle » (art. 14) en reprenant les principes de l'ordonnance du 26 août 1944 malmenée par l'expansion du « groupe Hersant ». Le discours « républicain » demeure présent, d'une façon *quasi* générale, dans les rapports parlementaires annuels où l'on traite du budget du « service public de l'information », notamment à propos des aides à la presse, des budgets de *l'Agence France-Presse*, de *France Télévision* ou encore du Conseil Supérieur de l'Audiovisuel (CSA). On le retrouve aussi dans la collaboration qu'entretient l'Éducation nationale avec la presse dans le cadre de la campagne annuelle – ritualisée et concrète pour bien des établissements scolaires – qu'est *La presse à l'école*[15]. Ou encore dans des jugements relatifs aux délits de presse. Il demeure justifié par les professionnels dans l'argumentation des syndicats – dans leurs prises de position ou dans leurs publications[16] – et des sociétés de journalistes là où elles existent, dans celle des formations dans les écoles de journalisme, et il a sa place dans l'opinion.

Décalages et paradoxes

De toute évidence et conséquence d'une impossible perfection, le décalage entre la réalité des pratiques et la conception « citoyenne » du journalisme et de l'information produite par la presse puis les médias en général gagnera en ampleur. Son présupposé est que dans un régime démocratique chacun puisse être informé au mieux par les médias de toute situation ou de tout sujet à propos duquel il est appelé à choisir ou à donner un avis ! Les déceptions de la génération des journalistes de la Libération ont été rejointes par le scepticisme de la suivante face à l'emprise croissante de l'économie. Si nous hésitons à la qualifier simplement de « génération de 1968 », nous avons personnellement constaté que celle-ci avait encore des finalités proches de celles de ses aînés au sein d'une société de consommation en plein essor qu'elle contestait en partie. L'échec des SDR autant que le contexte ont contribué à renforcer l'individualisme professionnel originel. Il est difficile d'apprécier ces « désillusions » dans leur ampleur et, surtout, dans leurs conséquences en termes de combativité, de culture professionnelle et de culture d'entreprise pour défendre les idéaux du journalisme. Ceux-ci se sont davantage inscrits dans l'évolution des jeux d'acteurs, des rapports sociaux et de la dynamique culturelle générale.

Relevons toutefois, que les idéaux républicains ayant fondé, entretenu et motivé la fonction de médiation du journaliste au sein des systèmes démocratiques, que ce soit dans les discours comme dans l'action au quotidien des professionnels de l'information ou des divers acteurs de ces mêmes systèmes, participent pleinement du « paradoxe » que Barel a relevé pour tout système humain[17]. Mais les « dérives » constatées depuis les origines de la presse moderne, malgré ce que l'on peut en dire sur les raisons profondes allant du conjoncturel au structurel, n'en sauraient pour autant en faire oublier le cap. En effet, sur le plan de l'information, du rôle de la presse et des médias, ou de la fonction journalistique, le système social, dans sa complexité comme dans sa vie représentée par le jeu de ses acteurs, n'a su rester pleinement fidèle à ses finalités. Il n'est pas « une machine logique expulsant hors d'elle-même ce qui la contredit, mais (...) une machine paradoxale, le paradoxe naissant de son vice logique inéliminable : la tâche d'imposer sa logique à son fondement, qui est hors de toute logique. (...) Un système social, tout le monde le sait, est un ordre social : il doit simplifier, orienter, déterminer le foisonnement de la vie sociale, et il n'y parvient jamais jusqu'au bout. Là est le cœur de son paradoxe : dans l'insécable combinaison qu'il représente d'ordre et de désordre »[18]. L'évolution des médias n'a rien simplifié en quittant la problématique du Tout au profit des Parties dans un processus que les alternances de gauche à partir de 1981, en France, ont quasiment validé par leurs concessions au libéralisme économique[19].

Fort déçu de l'évolution des médias reflétant les mutations de l'économie marchande, Jean Schwoebel défendra jusqu'à la fin de sa vie, l'intérêt général comme finalité de la profession. Dans un de ses derniers articles, il revendiquera la création, sous l'égide d'une Fondation, d'une « chaîne de l'information pour les journalistes » afin de contrebalancer l'emprise de la concurrence et de ses dérives en préservant un lieu *ad hoc*, à défaut d'en avoir vu la généralisation comme il l'avait souhaitée avec d'autres, en faveur de l'exercice d'un journalisme critique avec un statut renforcé équivalent à celui des magistrats[20]. L'intérêt public oblige...

Le journalisme a accompagné une évolution de la société qui n'a pas été en parfaite cohérence avec la logique de la culture professionnelle défendue sous l'idée de République. Le journaliste-citoyen, pas plus que le scientifique-citoyen pourrait-on ajouter, n'a pu intégrer et préserver l'épistémologie de sa culture fondatrice dans ses pratiques quotidiennes. Dans l'action d'informer, médiation et distanciation sont difficilement compatibles dans le contexte économique et culturel que les médias ont eux-mêmes créés et développés. Faute d'une culture professionnelle suffisamment affirmée ou d'une défense convaincante des valeurs de son héritage, le journalisme ne s'est-il pas retourné contre lui-même ?

NOTES

* Question posée par l'ancien rédacteur en chef du *Journal de Genève* dans son livre *Journaliste, qui t'a fait roi ? Les médias entre droit et liberté*, Lausanne, Éditions 24 heures, 1988.

1. Selon ce texte le journaliste est « celui qui a pour occupation principale, régulière et rétribuée, l'exercice de sa profession dans une publication quotidienne ou périodique éditée en France, ou dans une agence française d'informations, et qui en tire le principal de ses ressources nécessaires à son existence ».

2. Source : *Le Journaliste, Organe du Syndicat national des journalistes,* supplément au n° 234, 2e trimestre 1995, « Les 60 ans du rapport Brachard ».

3. Sur l'origine et le contexte politico-culturel du statut, lire l'article d'Arnaud Mercier, « L'institutionnalisation de la profession », in *Hermès* n° 13-14, 1994, p. 219-235, qui traduit fort bien l'approche *quasi* sacerdotale de la conception de l'intérêt public défendue par les initiateurs et défenseurs de la loi du 29 mars 1935.

4. Marc Martin, *Médias et journalistes de la République,* Paris, Odile Jacob, 1997. Pour une approche plus large, on se référera à l'ouvrage faisant date dirigé par Claude Bellanger, Jacques Godechot, Pierre Guiral, Fernand Terrou, *Histoire générale de la presse française*, Paris, PUF, 5 vol., 1969-1976. Cf. plus récemment, Christian Delporte, *Les journalistes en France (1880-1950). Naissance et construction d'une profession*, Paris, Seuil, 1999. Quant à la présence du substantif, qu'on pense aux titres : *L'Est Républicain, Le Républicain lorrain, La République, La République du Centre, La Nouvelle République du Centre-Ouest, L'Écho républicain ou au magazine Marianne* etc.

5. Intéressante est la corrélation entre approches scientifique et journalistique des « faits ». Ainsi, la démarche américaine a été centrée sur la présentation « objective » des « faits rapportés » évitant tout élément subjectif et distinguant le commentaire. Un des premiers « manuels » est marqué par cette démarche : *Le journalisme*, Hachette, Paris 1892. Eugène Dubief, son auteur, secrétaire de la Ligue française de l'enseignement fondée par Jean Macé en 1866, fut aussi secrétaire général de la direction de la presse au ministère de l'Intérieur. Dans les années 1930, les chercheurs américains qui, autour de Berelson, Lazarsfeld et autres, ont développé « l'analyse de contenu » ont été portés par le même esprit de distanciation dans l'approche des expressions du social. L'ISP (ancêtre de l'actuel Institut Français de Presse) avec ses *Cahiers de la Presse* (1938) se place dans cette démarche.

6. Ce que nous avons décrit dans *Le système médiatique* puis dans *Les journalistes et le système médiatique* à propos de « l'univers des contraintes » de la profession, Paris, Hachette, 1989, 1992.

7. Sur les « maladies du journalisme » et les débats de l'époque, cf. Ch. Delporte, *op. cit.*, chapitre IV, p. 126 ss.

8. Ce syndicat deviendra le Syndicat national des journalistes, unique jusqu'à la Libération. L'Ordre, en tant qu'organisation de discipline ou de « juridiction des pairs », sera une question qui s'estompera par la suite.

9. L'expression renvoie au titre de l'ouvrage de « sociologie pratique » que Robert de Jouvenel a publié avant la guerre sur les liens entre les « quatre » pouvoirs : *La République des camarades*, Paris, Grasset, 1914. « Entre les hommes chargés de contrôler à un titre quelconque les affaires publiques, une intimité s'établit. Ce n'est ni de la sympathie, ni de l'estime, ni de la confiance : c'est proprement de la camaraderie, quelque chose, en somme, d'intermédiaire entre l'esprit de corps et la complicité. (...) Il y avait jadis trois pouvoirs : l'exécutif, le législatif et le judiciaire. Aujourd'hui il y en a un quatrième, qui est la presse. En principe, les pouvoirs continuent à être séparés. Mais ils voisinent ». La « connivence » avec les trois pouvoirs est un sujet inépuisable malgré les progrès réalisés. Elle mériterait des études dépassant les révélations du documentaire de Pierre Carles, « Pas vu, pas pris », réalisé pour Canal Plus en 1995 et jamais diffusé par la chaîne, et les polémiques qui en ont découlé.

10. Dans *Judith Therpauve* (1978), film de Patrice Chéreau, l'héroïne prend, malgré elle, la direction d'un journal selon un scénario inspiré de l'histoire du rachat de *Paris-Normandie* par Robert Hersant en 1972.

11. Marcel Gauchet, *La démocratie contre elle-même*, Paris, Gallimard, 2002, page IX-X.

12. L'expression est de Ch. Delporte, *op. cit.*, p. 426. Des « anciens » nuanceraient cette appréciation au regard de l'évolution mercantile des chaînes privées, voire de chaînes publiques.

13. La SDR est née de la mobilisation des journalistes s'opposant à la démission de son fondateur, Hubert Beuve-Méry. Jean Schwoebel en a exposé les principes dans *La presse, le pouvoir et l'argent*, Le Seuil, Paris, 1968. Si ce mouvement a eu son succès dans les années 1970-1980, il a connu son « échec » dans les années 1990. Il reste une vingtaine de sociétés et une fédération nationale moribonde. « Échec » que Jean Schwoebel a admis au regard des espérances suscitées. Cf. sa contribution : « Les sociétés de rédacteurs », dans Claude-Jean Bertrand, *L'Arsenal de la démocratie : médias, déontologie et MARS*, Paris, Economica, 1999, p. 253-257. Celle du journal *Le Monde* fonctionne toujours selon les principes initiaux : une place dans le capital de la société et le pouvoir de nommer les directeurs de la publication et de la rédaction.

14. Attiré par ce mouvement, le président Pompidou avait demandé au conseiller d'État, Raymond Lindon, de lui faire des propositions pour envisager une formule à la française : *Rapport sur les problèmes posés par les sociétés de rédacteurs*, Paris, La Documentation française, 1970. Cf. aussi Marc Martin, « L'espoir perdu des sociétés de rédacteurs (1965-1981) », *Histoire et médias, Journalisme et Journalistes français (1950-1990)*, Paris, Albin Michel, 1991 (dir.), p. 233-245.

15. Organisée par le Centre de Liaison de l'Enseignement et des Moyens d'Informations (CLEMI) établi à Paris. Associé au Centre national de la documentation pédagogique, sa mission est de promouvoir l'utilisation pluraliste des médias dans l'enseignement dans une perspective d'éducation à la citoyenneté.

16. Ceci est patent lors de conflits avec les pouvoirs publics comme à la fin des années 1990 à propos de la volonté du gouvernement de supprimer l'abattement fiscal de 30 % des journalistes ou de la crise des agences photographiques et leur concentration. Le SNJ a demandé aux candidats à l'élection présidentielle de 2002 de respecter le statut juridique des entreprises de presse au motif que « la République risque de voir disparaître toute possibilité de contrôler à tout instant qu'aucune puissance étrangère ou organisation n'est à même de diriger l'information et l'opinion publique dans notre pays » (*Le Journaliste*, n° 265, 2ᵉ trimestre 2002).

17. Yves Barel, *Le paradoxe et le système. Essai sur le fantastique social*, Grenoble, Presses Universitaires, 1979.

18. *Op. cit.*, p. 19.

19. Cf. Marcel Gauchet, *op. cit.*, p. 395 et s. (« Feu le parti de la réforme »).

20. « Confier aux journalistes une chaîne de l'information », *Le Monde*, 13 novembre 1992 : il revendiquait alors le « cinquième canal » libéré par l'arrêt de La Cinq et avait fait une proposition en ce sens au CSA.

Albert du Roy
Journaliste

LES LIAISONS DANGEREUSES DU JOURNALISME ET DE LA POLITIQUE

La dernière élection présidentielle a révélé l'abîme qui sépare l'état d'esprit réel de l'opinion publique et la perception qu'en a la « classe politique ». La manière dont les médias rendent compte de la vie politique, comme si celle-ci se déroulait en vase clos, indépendamment de la réalité vécue par les citoyens, n'est pas étrangère à cette déconnexion. Plus globalement, elle est symptomatique des travers dont souffre en permanence la couverture journalistique de l'actualité politique, ou plutôt de ce que l'on a baptisé péjorativement « la politique politicienne », expression bizarre recouvrant les rapports byzantins internes à la classe politique. Une information correcte étant l'une des bases de la responsabilité citoyenne, donc de la démocratie, cette faille est préoccupante. Un fonctionnement normal du système d'information aurait dû empêcher, par exemple, que l'électorat, dans son ensemble, soit surpris, pris à contre-pied par le résultat du premier tour, l'empêchant d'effectuer le choix annoncé et attendu pour le second. La présence d'un candidat d'extrême droite à ce second tour pouvait être le choix conscient des citoyens. Mais c'est en connaissance de cause qu'il aurait dû être fait le 21 avril. Cela n'a pas été le cas. Le système d'information a, au mieux, mal informé les citoyens ; au pis, il les a désinformés. Cette désinformation n'a pas été volontaire, ce qui aurait été éminemment répréhensible mais aisément détectable. Plus pernicieusement, c'est le résultat d'un défaut de fonctionnement dont les médias sont en même temps coupables et victimes.

Présidentielle : les dysfonctionnements

Trois aspects, parmi d'autres, de la couverture de la campagne pour le premier tour illustrent ce dysfonctionnement :

– L'utilisation abusive et maladroite des sondages. Ceux-ci ont constitué, quasiment quotidiennement et pour la première fois jusqu'à l'avant-veille du scrutin, la base de la vie politique.

Ils ont été traités non comme un thermomètre mesurant l'effet des événements (programmes, débats, *interviews*,...) mais comme des événements en eux-mêmes. Ils ne rythmaient pas la campagne ; ils *étaient* la campagne. Ils n'éclairaient pas ; ils aveuglaient. Ce constat de sur-exploitation des sondages aurait d'ailleurs été aussi valable s'ils ne s'étaient pas trompés. Mais au moins, dans ce cas, n'auraient-ils pas faussé le jugement des citoyens. Phénomène aggravant, mais hélas ! récurrent : les sondages ne sont pas traités par les médias avec la prudence que devrait imposer leur marge d'erreur (surtout lorsqu'il y a seize candidats). Comme ils coûtent cher, leurs commanditaires veulent en avoir pour leur argent. Non seulement, il ne faut donc pas relativiser leur fiabilité, mais en plus chaque livraison, pour justifier son prix, doit créer l'événement. Les variations les plus marginales, incluses dans la marge d'erreur, sont donc volontiers présentées non seulement comme des certitudes mais aussi comme des évolutions significatives de l'opinion.

– La « markétisation » de la politique. Rarement les vrais enjeux, idéologiques ou programmatiques, ont été à ce point négligés, au bénéfice du spectacle, des attitudes, des « petites phrases », des gadgets électoraux, des simagrées, bref de la sacro-sainte communication. Ce que tu *es* parle si fort que je n'entends plus ce que tu *dis* ! L'apparition des conjoints de candidats montre que la loi du *people* s'applique désormais à la vie politique. Même les plus réticents ont dû cette fois s'y plier. La personnalisation de la vie politique est totale. Les journaux ont embrayé, les uns avec délectation, les autres avec mauvaise conscience, tous privilégiant le médium, négligeant le message. Pour justifier cette dérive commercialement efficace, les médias ont mis en avant le peu d'intérêt du débat. Le moins qu'on puisse dire est qu'ils n'ont pas tenté de le susciter ou de le réveiller. Mais était-ce leur rôle ?

– La règle de l'égalité, imposée aux radios et télévisions par le Conseil supérieur de l'audiovisuel, a eu, enfin, un effet pervers imprévu, sinon imprévisible : devant le casse-tête d'une comptabilité épicière des temps de parole de seize candidats, les médias audiovisuels ont choisi de faire le service minimum, contribuant ainsi à maintenir une atonie générale. L'amplifiant même puisqu'ils se devaient de la souligner constamment, pour justifier leur faible implication.

La surprise du premier tour, ramenant brutalement les électeurs comme les médias dans le droit chemin, a évidemment tout modifié : pour le second, les sondages se sont fait rares et précautionneux ; les grands enjeux ont été mis en avant ; la règle de l'égalité n'a plus été respectée qu'en apparence, ce qui montre bien qu'elle avait été définie pour un environnement politique classique, et ne tolère les déviances que marginales. Les valeurs de la République ayant été mises en cause, la vie politique a retrouvé d'un coup dans les médias des couleurs vives. Les malaises des Français ont été auscultés, les programmes ont été décortiqués, et celui de l'intrus du second tour déchiqueté. La gravité du danger justifiait sans doute ce branle-bas de combat. L'importance de l'enjeu présidentiel aurait tout autant mérité, auparavant, une analyse approfondie des programmes de tous les candidats. Paradoxalement, l'information s'est faite pointue, détaillée, inquisitoriale, au moment où le choix des électeurs devenait rudimentaire : pour ou contre les valeurs républicaines. Il est vrai qu'il est plus aisé de démonter un programme caricatural et détestable que des projets plus nuancés et responsables, ce qui exige plus de compétence, de réflexion et de travail. Avec cet épisode, les citoyens auront sans doute appris que le vote était une affaire sérieuse, bien trop sérieuse pour accorder leur confiance aux organes d'information... Ceux-ci ont donc d'impérieuses raisons de se remettre en cause.

La connivence politico-médiatique

Certaines particularités dommageables du journalisme français en matière politique sont connues de longue date. Elles ne sont d'ailleurs pas toutes propres au traitement de ce secteur d'actualité. La couverture de tout domaine d'activité implique la fréquentation assidue de ses acteurs. Des liens personnels se tissent ; des sympathies se forgent. Le manque de distanciation entraîne au mieux une forme de myopie ; au pis, une connivence ; parfois une complicité. Ce travers est plus accentué qu'ailleurs dans le champ politique. Par obligation, hommes et femmes politiques savent séduire. Les journalistes ne sont pas insensibles à cette séduction, d'autant que leur recrutement n'échappe pas à l'endogamie. Il y a une évidente consanguinité entre les politiques et ceux qui sont chargés de les observer. Ils sont fréquemment issus des mêmes milieux, et souvent des mêmes écoles. Ils partagent la même culture, les mêmes codes, les mêmes références. Par goût autant que par obligation, ils fréquentent les mêmes lieux. Souvent, hors des studios, ils se tutoient. Il peut même arriver que certains journalistes imaginent influencer le cours des événements et rêvent de jouer les éminences grises, passant alors de l'autre côté du miroir... Les effets pervers de cette grande proximité sont accrus par une tradition de déférence à l'égard de tous ceux qui occupent une fonction publique. Cette déférence a imprégné la société : l'expérience montre, à la télévision notamment, qu'un questionnement pointu, insistant, est considéré comme agressif, et se retourne contre « l'agresseur », blâmé non sur le fond mais sur la forme. La société républicaine est monarchique dans son comportement : le roi doit être respecté, les roitelets aussi.

Le respect dépasse largement les limites des convenances. La règle du *off* en est une bonne illustration. On sait qu'elle consiste à ne pas rapporter entre guillemets les propos, ou à ne pas citer le nom de l'auteur d'un jugement, d'une information, d'une anecdote racontée en confidence. Cette technique de plus en plus répandue alimente les rubriques d'indiscrétions très prisées des lecteurs auxquels elles donnent le sentiment de pénétrer dans les coulisses de la politique. Les politiques ont appris à maîtriser cette forme subtile et hypocrite de communication, pour dévoiler ce qu'ils n'osent dire en public, tester sans risque une idée, prendre leurs distances à l'égard d'une décision qu'ils sont contraints d'assumer ou, plus banalement, pour nuire à leurs concurrents. On dirige ses confidences *off* contre ses propres amis politiques bien plus souvent que contre ses adversaires car, de ceux-ci, on peut dire du mal au grand jour... Soumis à la fois à l'offre grandissante des politiques et à la demande des lecteurs (fortement relayée par la pression des rédactions en chef), les journalistes politiques produisent donc du *off* à jet continu, sans trop se préoccuper de savoir à quelle manipulation ils se prêtent. Cette matière informative est commode puisque, par définition, invérifiable. De plus, elle aide à entretenir les bonnes relations.

Sur le plan de la déférence, les dernières années ont cependant été marquées par une double évolution positive. D'une part, les liens de subordination des grands médias télévisuels par rapport au pouvoir politique se sont distendus, même dans le service public. La pression de l'audimat est infiniment plus forte – et plus pernicieuse – que ce qu'on appelait « les pressions » au temps de l'ORTF, quand la France télévisuelle s'apparentait aux républiques bananières. La télévision maîtrise son traitement de l'actualité politique. Si elle en rend désormais peu ou mal compte, la cause en est soit le dynamisme insuffisant de ses journalistes, soit la conviction, à tort ou à raison, que la politique n'attire plus l'audience. D'autre part, le développement dans la presse écrite de ce qu'on baptise le « journalisme d'investigation » a peu à peu gommé les effets néfastes de la connivence. Dans les rédactions, depuis une dizaine d'années, de véritables conflits ont éclaté entre les spécialistes de la politique et les « fouille poubelles », les enquêtes de ceux-ci sur les turpitudes de certains élus perturbant évidemment les relations cordiales de ceux-là. Peu à peu, les comportements des journalistes spécialisés changent, les solidarités affectives se distendent, les regards se font plus aigus. Cette saine modification du comportement journalistique n'évite pas l'excès, comme si les journaux avaient à faire oublier leur prudence passée par une combativité toute neuve. Pour certains, désormais, la vie politique se résume quasiment aux « affaires ». Cette évolution, positive au regard des exigences professionnelles, contribue donc à la détérioration de l'image de la politique. On peut néanmoins se demander si le surcroît de pugnacité des médias est le résultat d'une meilleure prise en compte des exigences éthiques par la profession ou, plus simplement, le reflet de la dépolitisation de la société. L'opinion ne jugeant plus la politique respectable, les journalistes suivraient le mouvement en ne la respectant plus autant qu'avant...

La déchéance du politique

Plus profondément, l'évolution du panorama politique français lui a fait perdre une partie de son attrait journalistique. La stabilité institutionnelle et gouvernementale de la Ve République a succédé aux jeux partisans, incessants et complexes, de la IVe. L'alternance de 1981, dotant la gauche d'une culture de gouvernement, gommant peu à peu les clivages les plus épineux, a relégué au rayon des farces et attrapes l'épouvantail du « choix de société ». L'écroulement de l'empire soviétique a sonné la fin des grands affrontements idéologiques. Le libéralisme dominant a progressivement transféré vers l'entreprise et le marché les ficelles du pouvoir. Il a fallu l'émergence de l'extrême droite pour raviver la passion. Demain, peut-être, la remise en cause des conséquences de la mondialisation relancera-t-elle l'âpreté des débats.

Les centres de formation agréés par la profession sont de bons baromètres des « secteurs porteurs » du journalisme. Jadis, le rêve de nombreux jeunes journalistes était de signer les critiques cinématographiques ou théâtrales des quotidiens élitistes ; naguère, la politique attira les étudiants, l'économie prenant le relais lorsqu'il s'avéra que le vrai pouvoir y résidait ; aujourd'hui, dans les écoles, on ne jure plus que par les « problèmes de société », les modes de vie. Le même constat peut être fait à propos des thèmes de couverture des *newsmagazines* : jadis, la politique, qui avait motivé la création de ces journaux, dominait sans partage ; aujourd'hui, elle a cédé la place au « sociétal » et à la gestion du patrimoine. La disparition des grandes émissions politiques des programmes des chaînes généralistes est un autre exemple de cette évolution. Là encore, la profession s'inscrit dans l'air du temps bien plus qu'elle ne le suscite. Mais, s'y adaptant, elle l'amplifie.

Après le foisonnement, sympathique mais désordonné et déraisonnable, de la période 1945-1960, les entreprises de presse ont découvert qu'elles étaient, aussi, des entreprises et, à ce titre, soumises aux lois de l'économie. Aux directeurs journalistes ont souvent succédé des gestionnaires, et parfois des comptables. Les cimetières de journaux se sont remplis, les fusions se sont multipliées, la rentabilité a pris le pas sur la performance professionnelle, le conformisme sur l'originalité. Les journaux sont devenus des produits commerciaux, formatés. Et l'information elle-même est traitée comme une marchandise : on en retient de plus en plus non ce qui semble important, mais ce qui est séduisant pour attirer les lecteurs-auditeurs-téléspectateurs. L'information est moins tournée vers l'événement, et davantage vers les goûts et les attentes du public. Le traitement journalistique de l'actualité politique subit, du coup, la défaveur de la politique, reléguée au second plan de l'actualité puisqu'elle « ne fait plus vendre ».

L'information, victime de la communication

Suiviste, et même victime, le journalisme politique l'est encore par rapport aux exigences modernes de la communication. Et singulièrement de la contagion publicitaire. Pour être efficace, le message publicitaire doit être simple ; pour être simple, il doit être bref. La « petite phrase » qui fait mouche, ciselée, lapidaire, parfois vacharde, est la forme politique du slogan publicitaire. Elle fournit le titre de l'article, la citation sonore de vingt secondes dans un sujet de trois minutes au *JT* de 20 h. Évidemment, sa brièveté exclut l'argumentation, et davantage encore la nuance. Réduisant les opinions à leur plus simple expression, elle radicalise le débat. Et infantilise le citoyen. Les médias raffolent et abusent de cette forme, à la fois rudimentaire et sophistiquée, de la communication car elle répond à leur souci d'efficacité et de rapidité. La percussion du slogan est, pour eux, pain bénit face à la langue de bois, creuse et pâteuse. Le débat démocratique semble plus vivace, mais n'y gagne pas vraiment en intelligence.

Média de masse, la télévision fait l'objet d'une attention particulière. Les candidats à toute élection savent bien qu'une apparition à l'écran leur permet de « toucher » plus d'électeurs que des centaines de *meetings*. Mais le traitement de l'actualité politique dans les journaux y est particulièrement délicat. La menace du *zapping* y impose plus qu'ailleurs la brièveté, donc le lapidaire. Les *interviews* doivent être hachées, les débats vifs et décousus, sous peine de lasser. De plus, la télévision, c'est de l'image, et la politique, contrairement aux faits divers, ne fournit que de l'image pauvre. Les « ballets de portières » des arrivées ministérielles dans la cour de l'Élysée, même agrémentées de quelques déclarations, ne permettent guère de retenir l'attention. Il ne faut jamais oublier qu'un grand événement sans image est un petit événement pour la télévision. Vecteur dominant, et parfois exclusif, de l'information des citoyens, elle ne peut répondre aux impératifs d'un débat démocratique de bon niveau.

Tout comme les entreprises, naguère peu performantes en matière de relations publiques, les organisations politiques, les officines ministérielles et les écuries présidentielles ont appris à utiliser les méthodes les plus performantes de la communication. Leur savoir-faire est sans commune mesure avec ce qu'il était il y a deux ou trois décennies, au temps de la « propagande » simplette. La publicité politique étant interdite, les médias constituent le seul débouché de cette communication. D'où une instrumentalisation croissante du système d'information, illustrée là encore par la dernière présidentielle. On y a vu les états-majors tenter, avec succès, de contrôler de bout en bout dans les moindres détails l'image qu'ils entendaient donner de leur poulain, sélectionnant les journalistes accrédités, choisissant les sujets, les lieux, les thèmes des reportages, imposant leur calendrier, leurs angles. Face à cette professionnalisation de la communication politique, l'évolution du système d'information ne s'est pas faite au diapason. Les exigences de la productivité et de la rentabilité, l'accélération des techniques de fabrication, ajoutées aux coûteuses lourdeurs de l'impression et de la diffusion propres aux entreprises de presse écrite, privent les rédactions du temps, des moyens et des compétences nécessaires pour traiter comme il devrait l'être le déploiement de la communication. La « mise en examen » de la communication politique, pour la compléter, la corriger, la démentir ou la confirmer, devrait être un réflexe élémentaire. Or, c'est un luxe que peu de rédactions peuvent s'offrir. Tout journal se fabrique dans la précipitation et, désormais, à l'économie. Les « communicants » le savent, et utilisent avec habileté ce talon d'Achille. La place prise par les sondages dans les journaux est l'un des symptômes de cette faiblesse ; ils remplacent ce qui, sans eux, devrait faire l'objet d'enquêtes approfondies et de reportages originaux.

L'évolution gestionnaire de la presse est irréversible. L'atténuation des enjeux et des clivages politiques l'est-elle aussi ? Leur revitalisation ne dépend pas, pour l'essentiel, des journalistes. Dans ce domaine, que peut-on attendre de la profession ? Qu'elle descende de son piédestal. Qu'elle ne se considère plus – et qu'on ne la considère plus comme le « quatrième pouvoir ». Ce concept, accentué par la fascination télévisuelle, lui a causé bien du tort, plaçant trop souvent les journalistes, éditorialistes prestigieux ou *stars* du petit écran, sur la scène de l'actualité, aux côtés des autres pouvoirs, leur faisant perdre leur statut d'observateurs et de médiateurs. L'information a *du* pouvoir ; elle n'est pas *un* pouvoir. Elle est – elle devrait être – par essence, par hygiène, contestataire du pouvoir. Elle est – elle devrait être – un contre-pouvoir, permanent, pas agressif mais exigeant. Ambitieux, mais modeste. Bref, à sa place, non pas *dans*, mais *face* à la politique.

Jean-Marie Charon
Centre d'Étude des Mouvements Sociaux (CEMS), EHESS, CNRS

LE JOURNALISME D'INVESTIGATION ET LA RECHERCHE D'UNE NOUVELLE LÉGITIMITÉ

L'histoire politique de la France au cours des deux dernières décennies aura été marquée par ce qu'il est convenu d'appeler les affaires « politico-financières » : crise du Rainbow Warrior, suicide de l'ancien Premier ministre, Pierre Bérégovoy, démissions de Dominique Strauss Kahn, ministre des Finances ou de Roland Dumas, président du Conseil constitutionnel[1], multiples affaires autour de la mairie de Paris, polémiques à propos de poursuites concernant l'actuel président de la République. L'attention qu'accordent traditionnellement les médias à l'égard de l'action de la justice s'est déportée irrémédiablement des crimes de sang ou affaires de grand banditisme, avec leurs procès souvent retentissants, vers le suivi des enquêtes et de la procédure d'instruction visant une criminalité en col blanc, concernant souvent des sommes d'argent considérables dans lesquelles se trouvent mises en cause de grandes entreprises, des partis politiques, des personnalités de premier plan[2], etc. Cette évolution n'aurait pu s'opérer sans que n'émerge une figure journalistique particulière, celle du journalisme d'investigation.

Il est intéressant de s'interroger sur ce qu'est cette forme de journalisme, ce que sont ses méthodes de travail et sa place dans les rédactions, ce que sont ses valeurs et représentations propres et sur ce qu'exprime son émergence au regard des questions que rencontre aujourd'hui le journalisme en France.

Tradition de l'enquête et « grands *reporters* »

Le journalisme d'enquête a émergé très lentement en France. Il a dû trouver sa place face à l'hégémonie du journalisme politique, pour lequel prévalent la liberté d'expression et l'engagement. Il a fallu attendre la fin du XIXe siècle et le résultat d'une double influence : anglo-saxonne, avec le modèle du reportage ; française, avec, à la suite de Émile Zola et du courant « naturaliste » en littérature, une forme de journalisme « scientifique » privilégiant l'enquête sociale[3] sur le terrain. De cette double filiation naîtra une veine de *reporters* et de grands *reporters*, dont le plus célèbre durant l'entre-deux-guerres sera Albert Londres[4], avec ses enquêtes sur le bagne de Cayenne, qui entraîneront la fermeture de celui-ci[5]. Les journalistes d'investigation contemporains insistent sur une filiation avec Albert Londres, et tout particulièrement Edwy Plenel, le directeur de la rédaction du *Monde*, qui place sa démarche sous les auspices de la phrase fameuse : « Notre métier n'est pas de faire plaisir, non plus de faire du tort, il est de porter la plume dans la plaie »[6].

L'évocation de Zola, rappelle également, que l'affaire Dreyfus dans laquelle il s'engagera avec force, sera l'occasion notamment pour Bernard Lazare de *L'Aurore* de déployer pour l'une des premières fois en France une forme de journalisme d'investigation, permettant de dénoncer les mensonges officiels, en donnant à connaître au public des faits et des documents, cachés, jusque-là, à sa connaissance. Mark Hunter, journaliste nord-américain, qui fit sa thèse sur cette forme de journalisme, qu'il pratique lui-même, identifie dans la méthode mise au point par Bernard Lazare, une préfiguration de ce qu'est encore aujourd'hui la démarche type de « l'investigation journalistique »[7].

Dans les années 1960 et 1970, quelques journalistes, plutôt solitaires, souvent politisés à l'origine, reprendront le flambeau de l'enquête qui va chercher ce que cache le paravent des discours officiels et de la scène politique instituée. Ce sont des figures telles que Jacques Derogy[8], qui retrouve l'ancien milicien Touvier[9] ou Gilles Perrault qui démonte l'enquête de police qui conduit un homme jeune à l'échafaud (*Le pull-over rouge*) ou qui dénoue l'écheveau des rapports complexes entre la France et le régime du roi Hassan II du Maroc. Il faut aussi ici évoquer le rôle particulier du *Canard Enchaîné*[10], puis progressivement des news magazines et notamment de *L'Express*, suivis du *Point*, puis de *L'Événement du jeudi*.

L'affirmation du journalisme d'investigation

Avec les années 1980, puis 1990, c'est une nouvelle période et une nouvelle forme de journalisme d'investigation qui va émerger, puis s'affirmer. Il est pratiqué par un ensemble de rédactions qui derrière *Le Monde*, avec Edwy Plenel, *L'Express*, *Le Point*, *L'Événement du jeudi*, puis *Libération* et toujours bien sûr *Le Canard Enchaîné*, vont s'attaquer à des dossiers qui mettent en cause :

– de grands partis politiques,

– des institutions de premier plan comme la présidence de la République, la gendarmerie, de très grandes entreprises (Péchiney, le Crédit Lyonnais, Elf, etc.),

– des carences dans le contrôle parlementaire ou l'indépendance de la justice,

– des procédures (financement des partis, attribution de marchés publics),

– des formes de délits et de criminalité jusque-là ignorés (délits d'initiés, emplois fictifs, corruption).

Les références de ces journalistes sont en partie nationales, puisqu'ils se perçoivent comme les continuateurs des défricheurs des années 1960 et 1970 et des grands anciens. Ils se disent aussi très marqués par l'épisode du Watergate qui atteste de la capacité des journalistes à faire œuvre de moralité publique, jusqu'à contraindre un président des États-Unis à démissionner.

Les années 2000 marquent une sorte de confirmation du phénomène, alors même que s'opère un renouvellement de génération parmi les journalistes d'investigation. Quelques « anciens » accèdent à des directions de rédaction (au *Monde* notamment), des rédactions en chef, des responsabilités de service. Le phénomène diffuse aussi horizontalement (à *Libération* et au *Monde* notamment), des journalistes d'investigations occupant des postes dans des services spécialisés en économie, en politique et même dans le sport, introduisant leurs méthodes et leurs démarches au sein de ces services spécialisés réputés très (trop) proches de leurs sources. En même temps la question de la légitimité de cette démarche se trouve plus que jamais discutée. Signe de l'affirmation de leur référence pour l'ensemble de la profession ou symptômes de difficultés à venir ?

Les hommes

Edwy Plenel constitue probablement la charnière entre les deux modèles du journalisme d'investigation. Comme les plus anciens, son parcours journalistique prend racines dans le militantisme et l'engagement politique. En revanche, comme ses plus jeunes confrères, il est fortement intégré à la rédaction du *Monde* et à la vie tumultueuse du journal au cours des années 1980 et 1990, ce qui se traduira par son accession à la direction de la rédaction. Comme eux aussi il se revendique d'une réflexion sur le professionnalisme et l'éthique de la profession, au regard de la crise de légitimité que traverse celle-ci. Il saura enfin construire, au sein de la rédaction du *Monde*, les structures adaptées à l'investigation, capables d'attirer d'excellents éléments et de les conforter dans leur démarche.

Ces plus jeunes journalistes, que l'on trouve désormais au *Monde*, à *Libération*, au *Parisien*, à *France soir* et même au *Figaro*, sans parler des hebdomadaires ou du *Canard* où ils commencent à s'installer, sont largement issus d'écoles de journalisme. Ils sont pour la plupart éloignés de l'engagement politique, qui leur paraît contradictoire avec leur idéal d'indépendance et de professionnalisme. La plupart sont venus au journalisme pour pratiquer l'investigation. Dans leur travail quotidien ils ont le sentiment de mettre en œuvre tous les gestes de base du journaliste : recherche des faits par des entretiens, l'étude de dossiers et l'obtention de documents, vérification, croisement de points de vue et de sources diverses, analyse, interprétations, mise en forme par le récit. Certains revendiquent une spécialisation acquise par une formation ou l'expérience de terrain, en matière de comptabilité et de droit des entreprises comme Armelle Thoraval par exemple, responsable de la cellule investigation de *Libération*, d'autres (la majorité) se veulent totalement généralistes.

Les structures

Dans une dizaine de rédactions, les journalistes d'investigation sont regroupés dans de petites « cellules d'investigation », souvent de deux à quatre, rarement plus, hormis le cas, bien sûr, du *Canard Enchaîné*. Ces cellules sont souvent rattachées au service des « info géné », plus ou moins proches des spécialistes de questions de police et justice, ainsi que des chroniqueurs judiciaires et les spécialistes de faits divers. Mais ces cellules jouissent d'une grande autonomie. L'ensemble de ce qu'on appelle la « médiatisation des affaires », repose donc sur le travail en amont d'une trentaine de journalistes seulement, pour une profession de 30 000 journalistes !

Ces cellules d'investigation sont toutes en presse écrite. Elle seule dispose des moyens rédactionnels suffisants. L'investigation est un peu la revanche de la presse écrite d'actualité, nationale, face à l'audiovisuel. C'est elle qui « sort » les affaires, gère leur médiatisation dans la durée, réduisant radios et télévisions au rang de porte-voix et d'amplificateur de leur retentissement. L'investigation conforte la légitimité de cette presse face à l'audiovisuel, et est aussi un argument de vente indiscutable, comme le montre la stratégie de Jean-Marie Colombani et Edwy Plenel, depuis qu'ils ont pris la direction du *Monde*. Robert Solé, médiateur du *Monde*, dans sa chronique du 14 novembre 1999, indiquait d'ailleurs une progression de la diffusion du *Monde* de 24 % le jour de la démission de Dominique Strauss-Kahn. Et dans celle du 1er octobre 2000, il signalait que la transcription de la « cassette Méry » avait valu au *Monde* une progression de 31 % et 39 %.

Leurs méthodes de travail

Les journalistes d'investigation présentent souvent leur activité comme ne comportant aucune spécificité vis-à-vis de ce que serait le journalisme. Journalisme d'investigation, ces deux termes constitueraient une sorte de pléonasme : par définition le journaliste enquête. Cette présentation des choses est tout à fait discutable. Outre que tout journaliste est loin d'enquêter aujourd'hui, vu la répartition des rôles au sein de la rédaction, le journaliste d'investigation, pour exister au sein d'une rédaction, a besoin de conditions très particulières et exceptionnelles.

En tout premier lieu, le journaliste d'investigation est le seul journaliste à pouvoir poursuivre une affaire dans la durée, tout du long du déroulement de celle-ci, au besoin durant des années, contrairement à ses collègues qui passent sans cesse d'un sujet à l'autre sans pouvoir en assurer un réel suivi. Illustration de cette singularité, les journalistes d'investigation peuvent changer de titre, ils ne changent pas pour autant de dossier. Éric Decouty par exemple quitte *Le Parisien* pour *Le Figaro*, il reste pourtant l'un des journalistes en pointe sur l'affaire de la MNEF[11]. De la même manière il est devenu fréquent que ces journalistes publient des ouvrages sur les affaires qu'ils suivent[12], ce qui n'est pas à confondre avec des journalistes plus anciens qui préfèrent exercer leur activité principalement par le livre tels Gilles Perrault ou Pierre Péan. Durant des jours, souvent des semaines, ils ne publient rien, attendant d'être sûrs de leur fait, vu les risques d'erreurs et de manipulations multiples, faute d'avoir suffisamment vérifié et croisé l'information. Là encore il s'agit d'une singularité où la production des journalistes est la plupart du temps journalière. Lorsqu'il publie son premier papier sur une affaire, c'est généralement sur un mode développé, exposant toutes les dimensions du dossier et ses possibles évolutions ou débouchés. Une telle publication implique une discussion avec le chef de service et plus généralement la direction de la rédaction, qui sait que cette publication l'engage face à des réactions inévitables des parties concernées, mais aussi qu'elle va devoir l'assumer dans la durée. D'autres « papiers » suivront donc à un rythme qui est souvent totalement imbriqué et constitutif de l'enquête.

Dans ses premiers articles ou à des moments clés de l'affaire, le journaliste attend des réactions qui nourriront son dossier. Certains lui feront parvenir des témoignages, des documents, etc. Ses collègues et concurrents apporteront éventuellement des éléments et des éclairages nouveaux et complémentaires. Contrairement aux autres journalistes qui refusent souvent de reconnaître les effets de leur publication, revendiquant une forme d'autonomie vis-à-vis des acteurs de l'information, le journaliste d'investigation sait que son travail a des effets sur le déroulement des affaires et le comportement de chaque personne concernée. Il l'assume et entend en jouer pour faire avancer son dossier. Edwy Plenel parle même d'une « alliance objective entre le journaliste et le juge d'instruction », par exemple.

Enfin plus que d'autres le journaliste d'investigation travaille « au contact » et dans la durée avec toutes les parties. Il doit gagner et préserver la confiance des enquêteurs. Il appelle régulièrement les avocats des différentes parties. Il suit dans la durée les victimes, les parties civiles, les personnes mises en cause. Il « planque » souvent aux abords des cabinets des juges d'instructions, près des locaux des services de police. Il essaie d'être présent lors d'actes d'instruction qui se tiennent à l'extérieur du tribunal (reconstitutions, perquisitions, audiences devant la Chambre d'instruction, lorsque celles-ci sont publiques). Il assiste bien sûr aux différentes communications publiques des avocats, du parquet, voire des tutelles hiérarchiques des enquêteurs. Ce travail de terrain l'expose particulièrement aux pressions et manipulations. Ces pressions peuvent, plus souvent qu'ailleurs, passer par des poursuites en justice pour diffamation ou « recel de viol du secret de l'instruction ».

L'enjeu de l'investigation pour la profession, face à la crise du journalisme politique

La place prise par le journalisme d'investigation ne saurait se comprendre par les seules qualités personnelles ou même par l'importance donnée par telle ou telle rédaction à ce type d'approche journalistique. Elle intervient dans un contexte intellectuel, politique, social et journalistique très particulier. Celui-ci s'exprime au sein du journalisme comme une crise de légitimité et une perte de crédibilité pour ce qui constituait jusqu'alors dans les médias français comme la référence, c'est-à-dire le journalisme politique. En France, le journalisme politique et d'opinion constituait le cœur de la légitimité de la profession[13]. Moins que la recherche des faits et l'idée de contre-pouvoir (comme dans la tradition anglo-saxonne), ce journalisme s'exprime dans ses capacités : à s'inscrire dans le débat d'idées ; à ouvrir des perspectives ; à fournir du sens à partir des événements qui se déroulent sur la scène politique. Il s'agit donc d'un journaliste très imbriqué et très interdépendant de la sphère politique elle-même, comme des élites intellectuelles. Il était donc logique qu'il pâtisse très directement de la crise du politique, du déclin des grandes idéologies et d'une difficulté des milieux intellectuels à penser de nouvelles perspectives.

Manquant de grands repères, ne pouvant plus s'abriter derrière de grands systèmes d'interprétation, le journalisme politique est nu. Il ne reste plus que cette image d'une connivence avec les élites politiques et intellectuelles. Chacun se trouve alors livré à une recherche fébrile de ce qui pourrait constituer le registre de légitimité de la profession : technicité et professionnalisme affirment les uns, tournant leur regard vers le journalisme anglo-saxon, scientisme nourri des sciences sociales et d'un recours immodéré aux sondages pour les autres. Contrôle des institutions et des pratiques des grands acteurs de la démocratie, *via* l'investigation suggèrent les journalistes d'investigation.

Le journalisme d'investigation n'est pas aujourd'hui porteur d'une problématique intellectuelle, politique et professionnelle, complexe et sophistiquée. Il s'appuie en fait sur une vision de la démocratie moderne qui serait basée sur trois grands principes que sont la transparence, la régulation et le contrôle. Ces principes sont ceux qui conviendraient à un corps social majeur, éduqué, entendant juger des perspectives d'avenir tracées par ses dirigeants, à partir d'approches raisonnées, tout comme il entend juger ses dirigeants en fonction de leurs actes, éclairé par la transparence. Plus que l'affirmation d'une autorité, il attendrait que les grandes questions soient traitées au travers de dispositifs de régulation formalisés et contrôlables. D'où le recours plus fréquent à l'arbitrage du juge, plutôt que les traditionnelles régulations politico-administratives. Dans cette représentation, il est évident que les journalistes retrouvent une place de choix : ils sont les mieux placés pour être les acteurs de la transparence. Il leur revient de rendre compte du travail des différentes instances de régulation. Le journalisme d'investigation est l'approche qui convient le mieux à l'exercice d'un contrôle. Un contrôle qu'ils n'exerceraient pas en leur nom, du haut d'une légitimité de corps, mais bien « au nom de la société ».

Conclusion : Défendre l'autonomie des journalistes au sein de l'entreprise de presse

Dans un face à face toujours plus dur avec des directions et des logiques d'entreprises de médias qui sont devenues des composantes, parmi d'autres, de géants de la communication mondialisés les journalistes peuvent penser retrouver dans cette fonction de contrôle au côté de la société, une légitimité qui desserre le lien juridique dit de « subordination »[14]. De la même manière, en réaction aux interpellations et mises en cause des grands acteurs sociaux, face aussi aux moyens qu'ils mettent en œuvre pour cadrer les journalistes au travers de leurs moyens de communication, les journalistes peuvent retrouver une marge d'autonomie, non pas en tant que corps ou corporation, mais en tant que contribution au jeu démocratique, par cette fonction de contrôle au nom de la société. Il s'agirait d'une légitimité dans un rôle beaucoup moins flamboyant que celui que revendiquait la profession lorsque dans sa charte de 1918, elle affirmait que le journaliste n'avait à rendre de compte que « devant ses pairs ». Il s'agit aussi d'une prétention et d'une posture beaucoup plus fragile. Elle ne règle pas l'éclatement et l'hétérogénéité d'une profession dont bien des membres dans la presse technique et professionnelle, dans les magazines grands publics ou l'audiovisuel auront du mal à s'identifier à celui qui se pense comme devant aller voir ce qu'il y a derrière le décor. Et la mise en cause monte désormais, notamment de la part des journalistes politiques, mais aussi d'une partie du corps social, imputant au journalisme d'investigation une part de responsabilité dans la décrédibilisation du politique et la montée du vote protestataire.

NOTES

1. Il fut très longtemps, ministre des Affaires étrangères, très proche de François Mitterrand.
2. On pourra se reporter à ce sujet à notre ouvrage : *Un Secret si bien violé, La loi, le juge, le journaliste*, Paris, Seuil, 2000.
3. Cf. Denis RUELLAN, *Le Professionnalisme du flou*, Grenoble, PUG, 1993, et notamment les sous-chapitres : « L'apport de la littérature et de la sociologie » et « La contribution des naturalistes », p. 115 à 129.
4. Qui lui-même hésitera un temps, comme d'autres grands *reporters* de la même période (tel Henri Beraud), ou qui lui succéderont, entre littérature et journalisme. On pense à Joseph Kessel, notamment. Voir la biographie Pierre ASSOULINE, *Albert Londres, Vie et mort d'un grand reporter 1884-1932*, Paris, Balland, 1989.
5. Dont la première publication remonte à 1923, sous le titre « Au bagne », rééditée en 1975, sous le titre : « L'Homme qui s'évada », Paris, 10/18, 1975. Sont également célèbres ses enquêtes sur les asiles (1925), rééditées sous le titre « Chez les fous », en 1997, sur l'exploitation des Noirs des colonies françaises, « Terre d'ébène », publiées au Serpent à plume en 1994, sur la persécution des juifs d'Europe, « Le Juif errant est arrivé », 10/18, sur le Tour de France (1924), « Tour de France, tour de souffrance », Serpent à plume, 1996, sur la prostitution, « Les Chemins de Buenos Aires », Serpent à plumes, 1995, etc.

6. Notamment dans « La Part d'ombre », Edwy PLENEL, Paris, Stock, 1992.

7. *Le Journalisme d'investigation*, « Plusieurs de ses techniques. Établissement d'une chronologie détaillée des faits, recherches et confrontations de témoignages, analyse pointue des documents générés par des administrations toujours plus nombreuses. Reste d'actualité », Paris, PUF, coll. « Que sais-je ? », 1997 (p. 62).

8. Voir Jacques DEROGY et Jean-Marie PONTAUT, *Investigation, passion*, Paris, Fayard, 1993.

9. Qui enquête aussi, durant les années 1960 et 1970, sur l'affaire Pouillon, sur l'enlèvement et l'assassinat de Ben Barka, sur les « Vedettes de Cherbourg », les « Plombiers du Canard », etc.

10. L'hebdomadaire satirique, traditionnellement ouvert aux « indiscrétions », va développer progressivement l'investigation, dans laquelle il occupe désormais une place de choix. Voir Laurent Martin, *Histoire du Canard enchaîné ou Les fortunes de la vertu : histoire d'un journal satirique, 1915-2000*, Paris, Flammarion, 2001.

11. Sur laquelle il a d'ailleurs également publié un ouvrage : *Les Scandales de la MNEF. La véritable enquête*, Paris, Michel Lafon, 2000.

12. Par exemple à propos de l'affaire Elf-Dumas : Karl LASKE (*Libération*), *Ils se croyaient intouchables*, Albin Michel ; Hervé GATTEGNO (*Le Monde*) *L'affaire Dumas*, Stock, ou Gilles GAETNER (*L'Express*) *Le roman d'un séducteur. Les secrets de Roland Dumas*, éd. J.-C. Lattès.

13. Ce que montre bien Christian DELPORTE dans *Les Journalistes en France 1880-1950*, Paris, Seuil, 1999, et qui transparaît dans les travaux sur « l'élite de la profession », à commencer par les ouvrages de R. RIEFFEL, *L'Élite des journalistes*, Paris, PUF, 1984 ; Y. ROUCAUTE, *Splendeurs et misères des journalistes*, Paris, Calmann-Lévy, 1991, ou encore dans notre enquête sur la profession, *Cartes de presse, Enquête sur les journalistes*, Paris, Stock, 1993.

14. La loi de 1881, fait du directeur de la publication le responsable de l'information sur le plan juridique, les journalistes se trouvant dans un lien dit de « subordination » à l'égard de celui-ci. Cette subordination est confirmée par la loi de 1935, sur le statut des journalistes. Ce statut est dérogatoire au regard des autres types de salariés, mais explicitement dominé par le lien de subordination, dont il atténue les effets par des clauses dites de cession ou de conscience.

RÉFÉRENCES BIBLIOGRAPHIQUES

CHARON, J.-M., *Cartes de presses, Enquête sur les journalistes*, Paris, Stock, 1993.

CHARON, J.-M., FURET, C., *Un Secret si bien violé, La loi, le juge et le journaliste*, Paris, Seuil, 2000.

DELPORTE, C., *Les Journalistes en France 1880-1950*, Paris, Seuil, 1999.

FERENCZI, T., *L'Invention du journalisme en France*, Paris, Plon, 1993.

HUNTER, M., *Le Journalisme d'investigation*, Paris, PUF, coll. « Que sais-je ? », 1997.

LACAN, J.-F., PALMER, M., RUELLAN, D., *Les Journalistes, Stars, scribes et scribouillards*, Paris, Syros, 1994.

NEVEU, E., *Sociologie du journalisme*, Paris, La Découverte, 2001.

PLENEL, E., *Un Temps de chien*, Paris, Stock, 1994.

Olivier Baisnée
CRAP/CNRS, IEP, université de Rennes I

UN IMPOSSIBLE JOURNALISME EUROPÉEN

Le corps de presse accrédité auprès de l'Union européenne offre une occasion exceptionnelle d'observer des journalistes de pays différents couvrant une actualité commune pour des audiences elles aussi différentes. Pour les pays membres de l'UE et en dehors de politiques publiques spécifiques (zone euro, espace Schengen) qui sont limitées à certains États, ce système politique et institutionnel est en effet commun aux publics de ces journalistes. Pour ces correspondants, le niveau communautaire constitue donc un entre-deux situé à l'intersection de l'international et du national[1]. Dans ces conditions, ce corps de presse permet de tester de manière exemplaire l'hypothèse[2] d'une uniformisation des pratiques sous l'effet de l'actualité suivie.

Autrement dit, peut-on, dans le cadre de l'étude de ce corps de presse, observer l'émergence d'une forme de journalisme européen, de pratiques et de manières de couvrir l'Union européenne communes à ces correspondants ? On verra qu'en tout état de cause, les forces centrifuges qui travaillent ce corps de presse l'emportent largement sur les forces centripètes et que ce qui différencie ces correspondants l'emporte sur ce qui les rapproche.

On souhaiterait pour cela envisager le corps de presse chargé de couvrir l'Union européenne comme un groupe social. Cela implique notamment de postuler que ce groupe, somme toute accidentel (la plupart de ces acteurs n'ayant *a priori* aucune raison de faire partie de la même communauté), présente une certaine homogénéité ou, à tout le moins, que tous ces journalistes, parce qu'ils appartiennent au corps de presse, partagent un certain nombre de caractéristiques.

La première d'entre elles et la plus évidente est qu'ils partagent tous la profession de journaliste. Cette propriété commune ne doit pas masquer pour autant les différences de statut et les contraintes très variables auxquelles ils sont soumis selon leur nationalité, le type de média pour lequel ils travaillent, leur positionnement au sein du corps de presse, etc. La seconde renvoie à leur fonction à l'intérieur de la profession dont ils font partie. Correspondants auprès des institutions européennes, ils disposent à la fois à l'égard de leurs employeurs et des institutions du statut de spécialistes de la chose communautaire. Cette spécialisation fonctionnelle se traduit notamment, du point de vue institutionnel, par la détention d'une accréditation qui leur assure une reconnaissance de la part des institutions et par un rattachement organisationnel au sein de leur média à un service spécifique (le plus souvent, que ce soit dans le cas britannique ou français, au service « étranger »). La troisième caractéristique, qui les distingue de la plupart de leurs collègues, est leur expatriation et leur éloignement (qui peut être relatif comme dans le cas français) de la rédaction centrale.

L'apparente identité de statut dissimule pourtant mal les frontières et les fractures qui traversent le groupe. Sous ce rapport, il faut sans doute envisager le corps de presse et les journalistes qui le composent de la même manière que Bernard Lehman étudie les musiciens : « L'orchestre, en deçà du masque d'unité qu'il produit lors des représentations, repose ainsi sur de multiples découpages opérationnels et fonctionnels qui demeurent peu visibles aux yeux des spectateurs »[3]. Comme les orchestres, le corps de presse dispose de hiérarchies, de principes de division et de classement qui lui sont propres. Ceux-ci ne recouvrent que partiellement ceux des champs journalistiques nationaux, ou plutôt ils se superposent à ceux-ci et les amplifient ou les atténuent : le correspondant d'un grand quotidien national peut n'avoir qu'un statut subalterne au sein du corps de presse et, au contraire, le représentant d'une publication inconnue ou de peu d'importance au niveau national peut se situer au sommet de la hiérarchie journalistique à Bruxelles.

Pour rendre compte des logiques de fonctionnement du corps de presse accrédité à Bruxelles il faut donc tenter de donner à voir ce qui relève de l'organisation propre à ce groupe professionnel et de ce qui au contraire renvoie à des logiques qui lui sont extérieures. Comme on le verra, la *suma divisio* du groupe renvoie à la nationalité. Loin d'être une communauté unifiée, le corps de presse se subdivise d'abord en plusieurs grands ensembles (pays membres, pays candidats, pays tiers) eux-mêmes hiérarchisés (« grands » et « petits » pays, pays proche de l'adhésion ou non, États-Unis ou Gabon...). Au sein de chacun de ces ensembles enfin, chaque groupe national de journalistes dispose de ses logiques propres qui guident fortement la pratique de ces correspondants.

Pays tiers, pays membres et pays candidats : la nationalité comme principe de classement

Des lignes de fracture traversent le corps de presse. Malgré leur même statut d'accrédité, les correspondants ne sont pas égaux devant les institutions. La première frontière qui traverse le groupe des accrédités distingue les journalistes originaires des pays membres de ceux qui viennent du reste du monde. Au sein de ce second groupe même, les disparités sont énormes entre les bataillons de journalistes américains, japonais et suisses et l'unique correspondant pour le Gabon, la Tunisie ou l'Ukraine. La frontière, invisible mais effective, qui sépare les journalistes de l'Union européenne des autres tient d'après les témoignages et nos observations à la nécessité pratique qui s'est imposée au sein des services de presse de hiérarchiser leurs relations avec les journalistes. Si la tradition d'ouverture des institutions et, sans doute, un décalage entre les légitimités respectives de ces institutions n'engendrent pas les mêmes phénomènes qu'à Washington par exemple, où les correspondants des pays tiers ne peuvent guère espérer d'être seulement reçus par les services gouvernementaux, il n'en reste pas moins que l'immensité du corps de presse rend le travail plus difficile aux correspondants hors UE[4].

57 nationalités sont représentées au sein du corps de presse et il convient d'opérer des distinctions parmi les journalistes originaires de pays tiers. La première tient aux importances relatives des différents contingents de journalistes. Les trois nationalités les mieux représentées sont à cet égard les Américains avec 39 journalistes, les Japonais avec 24 journalistes et les Suisses avec 23[5]. L'importance de l'acteur communautaire en matière de politique commerciale, la situation géographique de la Suisse et ses relations privilégiées avec l'Union européenne et enfin les presses nationales très développées du Japon et des États-Unis expliquent cet intérêt massif pour l'actualité de l'Union européenne.

Les pays candidats à l'adhésion à l'Union européenne représentent quant à eux 61 journalistes parmi lesquels on trouve, pour les pays les mieux représentés, 15 journalistes turcs, 9 polonais et 9 hongrois. Ce groupe tient une place à part dans ses relations avec les institutions. Il occupe une position intermédiaire entre les pays membres et ceux qui ne figurent pas parmi les candidats à l'adhésion. L'importance depuis les années 1990 des négociations concernant l'élargissement et ses conséquences institutionnelles en ont fait de grands demandeurs d'information mais également des interlocuteurs légitimes. Ce phénomène est renforcé en interne par la ressource que ces journalistes constituent pour leurs collègues. Les journalistes des pays candidats sont souvent les seuls à pouvoir recueillir des réactions et des informations sur l'avancement des négociations. Ils rencontrent notamment, et dans leur langue maternelle, les représentants de leurs gouvernements à l'issue des réunions et sont dans ces conditions, d'une grande aide pour les autres journalistes.

Le cas norvégien est à cet égard très éclairant. Tore Slaatta[6] indique ainsi qu'à la suite du second référendum négatif en Norvège, les relations des correspondants norvégiens avec leurs sources institutionnelles changèrent : « la Commission a été perçue autrement, comme plus difficile d'accès, depuis que les différentes DG n'ont plus informé les Norvégiens sur une base générale. Ainsi, ils devaient faire des appels téléphoniques continus aux divers bureaux pour suivre leurs histoires ». Passant d'un statut de journaliste originaire d'un pays candidat à l'adhésion à celui de correspondant d'un État dont on n'attend plus à brève échéance qu'il intègre l'UE, les sources devinrent moins faciles d'accès pour ces derniers.

Quinze microcosmes...

Au-delà des seuls chiffres, la question des nationalités n'est pas sans effet sur le fonctionnement du corps de presse. Loin de proposer une forme unifiée de pratique journalistique, le corps de presse de l'Union européenne donne au contraire l'image de journalistes largement organisés sur un mode national. S'il offre un cadre commun et impose un certain nombre de contraintes, les journalistes restent avant tout des ressortissants de leur pays, inscrits dans des traditions historiques, culturelles, politiques mais aussi professionnelles nationales. Cette influence du national est si prégnante, qu'un journaliste français travaillant pour un média britannique a pu nous affirmer s'identifier avant tout au groupe de journalistes de son pays d'origine plutôt qu'à celui de son média. D'ailleurs dans l'observation des pratiques de travail, ce correspondant comme les journalistes travaillant pour les différents services étrangers de l'*Agence France Presse* par exemple côtoient et collaborent avant tout avec leurs pairs de même origine géographique.

La matérialisation de cette organisation géographique du corps de presse est fournie par son image projetée à l'intérieur de la salle de presse de la Commission européenne lors de la rencontre quotidienne du « rendez-vous de midi ». La « géopolitique »[7] de cette salle de presse, c'est-à-dire l'inscription territoriale des journalistes dans l'hémicycle qui les accueille tous les jours est en effet remarquable. Les journalistes s'y groupent assez largement en fonction des nationalités et il est possible de repérer des « régions » au sein de cet hémicycle qui sont d'une remarquable inertie[8].

Voici les notes de ce que nous observions le 16 décembre 1999 dans la Salle de presse de la Commission européenne, au *briefing* de midi. Un journaliste indien s'installe au milieu des français. Lorsqu'il s'aperçoit qu'il se trouve au milieu de la colonie et que tout le monde se connaît, il se propose de partir. Le journaliste à sa gauche lui dit de ne rien en faire et évoque les « *apparatchiks* » qui autrefois s'en seraient offusqués mais que ce temps-là est dépassé. Après lui avoir tout de même dit que d'habitude il se met là où le journaliste indien voulait s'asseoir… il continue « je n'oserais comparer ce modeste rendez-vous à la prière… Je trouve que les prêtres ne sont pas souvent à la hauteur ».

Avant et après le *briefing* d'ailleurs les groupes nationaux se reforment cette fois dans le bar du centre de presse. Comme l'explique ce journaliste britannique, en Salle de presse comme dans les lieux de sociabilité journalistique, on trouve non pas un, mais « quinze petits microcosmes différents ». Chacun ayant ses habitudes et ses modes d'organisation à chaque fois spécifiques.

« Mais c'est vrai que dans le *briefing* c'est presque les… on est dans les cadres nationaux : c'est les Anglais là, les Français là, les Italiens sont là-bas. C'est subliminal, c'est pas… Mais c'est la même chose dans le foyer, dans le bar. Si vous voyez… y a moi avec mes amis britanniques. Évidemment il y a un aspect professionnel là-dedans parce qu'on discute de ce qu'on va faire. Y a ça. Mais en même temps quand c'est une rencontre tout à fait sociale, c'est la même chose. Y a les petites tables rondes là, dans le bar, y a les Anglais à une table avec les cappuccinos, y a les Français avec les petits quelque chose, les Italiens sont tout au fond près de la télévision, ça c'est une zone tout à fait italienne… pas tout à fait italienne mais… Mais à 14 h, maintenant, je suis sûr qu'il n'y a que les Italiens au fond du bar. On a l'impression qu'ils habitent là. Je sais pas pourquoi mais c'est quelque chose de culturel. » (Entretien avec un journaliste britannique, agence de presse).

Il n'y a finalement rien d'étonnant à ce que des personnes travaillant ensemble à longueur d'années, se rendant quotidiennement aux mêmes endroits aient finalement pris des habitudes qui relèvent de la convivialité. Cependant, ce point mérite d'être souligné car il évite de considérer ces journalistes comme un groupe homogénéisé, qui partagerait une même culture et dont les pratiques ne seraient dictées que par l'émergence d'une forme transnationale de journalisme. Conséquence très immédiate de ce fonctionnement nationalisé du corps de presse : les rapports de force ou plus simplement les interactions les plus significatives s'établissent au sein de groupes très limités numériquement. Quelques journalistes constituent les pôles structurants de chaque groupe et c'est autour de ces quelques personnalités que s'organisent les oppositions et les concurrences entre les styles ou les traditions journalistiques. Alors que la consultation des chiffres globaux peut donner une impression de gigantisme, les groupes de références, ceux qui sont pertinents dans les rapports entre confrères, se limitent à une poignée d'individus.

Comme l'a remarqué Anne-Catherine Wagner à propos de l'élite transnationale, « À l'encontre de ce que pourraient laisser penser certains discours sur la mondialisation des *managers*, les références nationales sont loin d'avoir disparu. Tout au contraire le propre d'un groupe international pourrait justement être de constituer les nationalités en attributs distinctifs des identités, de les situer les unes par rapport aux autres. »[9] Le recours aux stéréotypes nationaux et à des analyses d'inspiration culturaliste est d'ailleurs extrêmement fréquent lorsque les correspondants évoquent leurs collègues d'autres pays. La nationalité reste donc une variable décisive dans les opérations de classement que réalisent les journalistes et dans la hiérarchie qui s'instaure entre correspondants. Elle n'est, bien entendu, pas la seule et le prestige interne et la notoriété du titre pour lequel travaille le journaliste restent fondamentaux dans l'établissement des hiérarchies. Cependant, et c'est une des particularités d'un groupe journalistique pluri-national, la nationalité influe fortement sur ces éléments de classement.

Logiques différentes de traitement

En juillet 2000, le nombre de correspondants originaires des 15 pays membres était de 545[10] et de 572 à la fin de l'année[11]. Sans surprise donc, les pays membres fournissent la majeure partie des correspondants du corps de presse (plus de 71 %). Cependant, ce chiffre important recouvre de très fortes disparités. Entre les 6 correspondants du Luxembourg et les 7 d'Irlande ou les 112 journalistes allemands, le fossé est énorme. La plupart des pays (Allemagne, Grande-Bretagne et Belgique mises à part) ont un nombre de correspondants équivalent à celui des États-Unis (39 journalistes).

Mais ces journalistes issus pourtant de pays membres se différencient par leurs manières divergentes d'appréhender l'actualité[12]. Les journalistes britanniques offrent de ce point de vue un contrepoint intéressant à la situation française. Beaucoup plus que dans le cas de cette dernière, on assiste en effet à une retraduction des enjeux dans les termes du débat politique intérieur. La politisation de la presse britannique, notamment sur les questions européennes, mais également l'extrême importance de ces questions dans la structuration du champ politique national ont produit une forme spécifique de traitement de l'actualité communautaire. Comme l'explique ce journaliste, qui collabore à un titre très eurosceptique, il doit à la fois tenir compte de la position de son journal à l'égard des questions européennes et de la nécessité de passer ses informations au tamis du champ politique interne :

« Il n'y aurait aucune possibilité d'écrire [un article] d'une manière qui ne collerait pas avec les vues du journal, il n'y entrerait pas comme reportage, ou vous irriteriez juste les rédacteurs. Ainsi dans ma position, généralement, je fournis des informations factuelles et sans détours pour le X [nom de son journal], parce que le style du papier et l'interprétation sont faits à Londres, pour tous les reportages, vraiment ! Pas simplement dans ce cas. Et ils l'arrangeront ou le commenteront pour suivre leur ligne [...] tout est ramené à une histoire politique domestique britannique, et Bruxelles, l'Europe fait partie de cela. C'est le conflit entre les Tories et le Labour, l'opposition traditionnelle à la ligne du gouvernement, c'est un élément injecté dans des différences et des failles perçues à l'intérieur du gouvernement lui-même. Par exemple entre Robin Cook et Tony Blair, qui sont considérés comme étant pro-euro, et Gordon Brown, qui est dépeint dans la presse, que ce soit vrai ou pas, comme eurosceptique et prudent [...] l'Europe importe pour autant qu'elle influence ce débat. » (Journaliste britannique, presse quotidienne nationale).

Cette situation n'a rien à voir avec le cas français où l'Union européenne a cessé de diviser le champ politique depuis la ratification du traité de Maastricht. Dès lors, une retraduction de cette actualité dans des catégories du débat politique intérieur n'a plus guère d'objet ni même de signification. Pour le dire rapidement, les publics français et britanniques ne lisent pas, n'écoutent pas et ne regardent pas la même Union européenne.

On a donc tenté de montrer brièvement qu'au contraire de ce que laisserait supposer la situation particulière du corps de presse accrédité auprès de l'Union européenne, il n'existe guère d'indices de l'émergence d'une manière unifiée de couvrir l'actualité communautaire. Pourtant des formes de collaboration existent entre journalistes de plusieurs nationalités. Ce fut notamment le cas lors des scandales ayant conduit à la démission de la Commission Santer où un groupe de journalistes de plusieurs pays se sont regroupés en un « *pool* » au sein duquel ils mutualisaient leurs informations. Cependant, même dans ce cas explicite de travail en commun, les raisons de l'entrée dans le « *pool* », les méthodes employées et les productions de ces journalistes divergeaient grandement[13]. Dans ces conditions, on peut s'interroger sur la pertinence d'un questionnement en termes d'espace public européen. Les logiques de traitement de cette actualité pourtant commune aux différents pays divergent de telle manière que les Européens ne partagent les termes d'un débat qui ne peut avoir lieu.

NOTES

1. Sur la nature de ce poste et ses liens et différences avec les correspondances à l'étranger traditionnelles, on peut se reporter à notre article « Les Journalistes accrédités auprès de l'Union européenne : correspondants à l'étranger ou généralistes spécialisés ? », *Réseaux*, n° 111, 2002, p. 101-162.
2. Hypothèse notamment avancée par David H. WEAVER (ed.), *The Global Journalist*, Hampton Press, 1998, p. 456 : « the major assumption is that journalists' background and ideas have some relationship to what is reported (and how it is covered) in the various news media around the world, in spite of various constraints, and that this news coverage matters in terms of world public opinion and profiles ».
3. Bernard LEHMAN, *L'Orchestre dans tous ses éclats*, Paris, La Découverte, 2002, p. 32.
4. Il est ainsi récurrent de voir des journalistes de pays tiers se plaindre auprès des porte-parole ou de leurs collègues des difficultés qu'ils rencontrent pour accéder à des sources de première main.
5. La Chine est elle aussi très présente avec 13 journalistes.
6. Tore SLAATTA, « Transnational Politics and News Production », *in* Stig Hjarvard (ed.), *News in a Globalized Society*, Nordicom, 2001, 236 p., p. 143 et suivantes.
7. On emprunte cette expression à Federico FUBINI, correspondant italien d'*Il Giornale* : Federico Fubini, « Babel à Bruxelles : géopolitique des conférences de presse », *Limes*, n° 4, 1997, p. 113-125.
8. Sur cette question et l'importance du « rendez-vous de midi » dans le travail des correspondants, voir notre article : « Les Journalistes, seul public de l'Union européenne ? », *Critique internationale*, n° 9, octobre 2000, p. 30-35.
9. Anne-Catherine WAGNER, *Les Nouvelles élites de la mondialisation*, Paris, Presses Universitaires de France, 1998, p. 18.
10. Comptage effectué à partir de l'annuaire des journalistes accrédités.
11. Chiffres fournis par le service du porte-parole lors d'un déplacement en novembre 2000.
12. On reprend ici quelques analyses développées dans « Can political journalism exist at the EU level ? », *in* R. KUHN et E. NEVEU (dir.), *Political Journalism*, Routledge, 2002, p. 108-128.
13. Olivier BAISNÉE, « Faire scandale à l'échelle européenne : pratiques coopératives et défense d'un modèle professionnel au sein du corps de presse de l'Union européenne », *in* Jean-Baptiste LEGAVRE (dir.), *La Presse écrite : un objet délaissé ?*, Paris, L'Harmattan, 2002 (à paraître).

IV. UNE CRISE DU JOURNALISME OCCIDENTAL ET DES PROFESSIONS INTELLECTUELLES

Meryl Aldridge

François Demers

Benoît Grevisse

Jean Michel

Marie-Françoise Fave-Bonnet

Lucien Karpik

Meryl Aldridge
Université de Nottingham, Royaume-Uni

JOURNALISTES AU ROYAUME-UNI : « L'EXCEPTIONALISME » BRITANNIQUE

Traduit de l'anglais par Arnaud Mercier

Nul ne sait combien de journalistes exercent au Royaume-uni. Une évaluation informée, faite à la fin de 2001 par une organisation de formation commanditée par le gouvernement, a fourni un chiffre de 50 000 à 60 000, dont 8 000 travaillent pour la *British Broadcasting Corporation* et environ 8 500 pour les journaux régionaux et locaux. La distribution du reste, entre les journaux nationaux, la radio et la télévision commerciales et les périodiques n'est pas claire. Une combinaison de facteurs a produit ce manque de données fiables : le métier est trop petit pour apparaître séparément dans les enquêtes gouvernementales sur les forces de travail ; la plupart des organisations médiatiques sont extrêmement réticentes à parler de leurs personnels ; seule une minorité de journalistes est aujourd'hui dans l'Union nationale des journalistes ; et il existe une longue tradition à être indépendant ou « *freelance* » dans le journalisme britannique. Même là où les organisations médiatiques publient des données sur le nombre de leurs employés – comme par exemple, celles publiées par la *Independent Television Commission* [www.itc.org.uk] pour la télévision commerciale terrestre britannique – les journalistes ne sont pas identifiés dans une catégorie séparée.

Les ventes de journaux au Royaume-Uni diminuent depuis plusieurs années. Ceci a produit ce que Tunstall (1996) a appelé une « super-competition » entre les journaux nationaux[1]. En dépit de la pagination accrue, les titres les moins en réussite ont réduit leur personnel. Les journaux régionaux et locaux[2] vendent également moins d'exemplaires mais restent profitables en raison des revenus issus de la publicité centrée sur le local. Mais ils ont aussi réduit leur personnel afin de maintenir les bénéfices. Des suppressions d'emplois ont été également rapportées par des sociétés produisant des informations commerciales pour la télévision et la radio. Cependant, la multiplication courante des canaux de diffusion, analogiques comme numériques, peut partiellement compenser cette tendance. En revanche, les périodiques forment un secteur croissant d'emploi pour les journalistes au Royaume-Uni. Les magazines de consommateurs continuent à proliférer (bien qu'il y ait également beaucoup de fermetures, particulièrement suite au déclin de la publicité depuis l'automne 2001). Moins visible pour le public, un très vaste marché des magazines s'adressant aux groupes commerciaux et professionnels, par exemple le *British Baker* et *The Engineer*. Aujourd'hui beaucoup de jeunes entrent dans le journalisme par cette voie. Autrefois considérés comme très inférieurs au travail dans un journal d'information, ces magazines commerciaux sont maintenant reconnus comme fournissant une expérience légitime de récolte d'informations. Il n'existe aucun *newsmagazines* comme *Le Nouvel Observateur* ou *Time* au Royaume-Uni.

Les importantes restructurations du marché de l'emploi

L'emploi des journalistes de minorités ethniques varie considérablement selon le secteur professionnel et le secteur géographique, même parmi les médias audiovisuels obligés d'aborder cette question (Publishing NTO ; www.itc.co.uk). Dans une étude récente, Ainley (1998) blâme les pratiques de recrutement. La concurrence est féroce et les postes sont pourvus par des méthodes informelles : contact personnel et influence. Il est également courant d'être intégré à l'équipe rédactionnelle (et donc faire pleinement partie du personnel) après avoir fait une bonne impression en « *shifting* » (c'est-à-dire, en travaillant à temps partiel comme journaliste ou *sous-éditeur* alors qu'on est inscrit sur la liste des salariés d'un autre journal). Les opportunités antérieures sont donc cruciales. Dans le passé, cette tradition du patronage par « un réseau de vieux garçons » (les contacts établis dans des écoles et des universités masculines) a limité l'accès des femmes à la carrière du journalisme. Ceci a beaucoup changé ces dernières années. Dans des médias audiovisuels comme écrits, tant locaux que nationaux, publics ou privés, beaucoup de journalistes de premier plan sont maintenant des femmes. De plus en plus, elles occupent également les rôles de gestion de moyen niveau, par exemple éditeurs dans des journaux régionaux, éditeur dans un magazine national, ou « *senior correspondent* » aux informations télévisées. À l'exception de la BBC, où des femmes ont récemment été nommées à certains hauts postes clés, les femmes ne sont pas promues dans les hautes positions. À l'automne 2000, il y avait seulement sept femmes *éditeurs*[3] de quotidiens régionaux payants sur un total de 99 (Reeves, 2000). Aucune femme n'a été nommée éditeur d'un journal national à succès paraissant en semaine, un lieu principal d'influence politique perçue au Royaume-Uni, même si plusieurs éditeurs parlementaires sont des femmes. Les femmes sont bien mieux représentées dans la haute direction des magazines, mais même dans ce secteur il y en a peu dans les Conseils d'administration, où la politique globale et les paramètres financiers sont déterminés.

Beaucoup de femmes (et quelques hommes aussi) quittent le journalisme d'information à la trentaine parce que les conditions du travail sont inconciliables avec la responsabilité des enfants.

Les médias qui traitent des « *breaking news* » ont habituellement de longs horaires de travail, imprévisibles et décalés (des débuts très matinaux, des nuits ou des *week-ends* jusque tard). Même là où les informations imprévues sont faibles (comme c'est de plus en plus vrai des quotidiens régionaux) les réductions de personnel et les demandes de travail « flexible » ont produit le même effet (Aldridge, 2001). Comme le groupe de pression *Women in Journalism* l'a affirmé (WiJ, 2001), bien des éléments du travail journalistique pourraient être rendus plus familiaux et amicaux, en offrant par exemple des postes à temps partiel. Jusqu'ici très peu d'entreprises ont concédé cela, écartant ce, vraisemblablement inutile, surcoût de main-d'œuvre. Car, comme me l'ont dit en *interview* des femmes journalistes de la presse régionale, la résistance est intensifiée par la culture masculine et la prédominance des hommes aux postes de direction. En outre, la construction discursive du journalisme comme vocation renforce l'idée que pour être un journaliste vous devez consacrer votre vie entière à ce métier.

En dépit des barrières auxquelles beaucoup de femmes journalistes font face actuellement à mi-carrière, les femmes dépassent maintenant les hommes en nombre lors de la pré-entrée en formation au journalisme (Delano et Henningham, 1995 ; WiJ, 1998). Cette tendance est plus marquée pour les programmes d'enseignement à l'audiovisuel. À l'automne 2000, il semblait que la promotion du prestigieux programme de la City University de Londres pouvait être entièrement féminine, provoquant une vaste critique dans la profession. Même lorsqu'on écarte l'affirmation des traditionalistes que « trop » de femmes est un problème en soi (Richardson, 2000), les facteurs qui ont conduit à la situation de la City mettent en lumière de sérieux problèmes dans la formation et l'emploi au Royaume-Uni. Certains secteurs du journalisme britannique, notamment la presse locale et régionale, font face à des problèmes majeurs de recrutement.

Jusqu'au milieu des années 1980, le journalisme britannique était fortement syndiqué. Presque tous les journalistes étaient membres de la National Union of Journalists (NUJ) ; la plupart des employeurs négociaient les salaires sur une base collective, selon des échelles de salaire nationales. Ces accords couvraient également les conditions d'emploi, y compris les normes et modèles nationaux de formation organisée par le Conseil national pour la formation des journalistes (NCTJ). Même pour ceux dont l'ambition finale était de travailler dans l'audiovisuel ou la presse nationale, la route conventionnelle vers le journalisme d'information pouvait être ouverte par des qualifications, tout en travaillant pour des journaux locaux ou régionaux.

En 1986, le gouvernement conservateur de Margaret Thatcher vota une loi permettant aux employeurs de se retirer des accords avec les syndicats pour les négociations collectives. En très peu de temps, presque tous les journalistes ont été transférés sur des contrats individuellement négociés. Dans une industrie fortement concurrentielle avec (à ce moment-là) aucune pénurie de demandeurs les résultats étaient prévisibles : une détérioration générale des niveaux de salaire (excepté pour une poignée de « grands noms ») ; un noyau qui se réduit de personnel permanent ; et une périphérie considérablement accrue de journalistes travaillant non volontairement en *freelance* ou avec des contrats très courts, (les contrats d'emploi précaires sont très répandus, y compris dans les groupes qu'on pourrait croire épargnés comme des journalistes « senior » et bien connus de la BBC). Même dans ces secteurs où les salaires sont demeurés compétitifs avec d'autres secteurs d'activité, les conditions de travail se sont détériorées. Des concepts comme le « paiement d'heures supplémentaires » paraissent des demandes irréalistes.

Plusieurs autres conséquences de cette restructuration radicale de l'emploi sont maintenant reconnues comme de sérieux problèmes. D'abord, les salaires très faibles, typiques du journalisme local et régional, affectent le nombre et la qualité des postulants. L'alarme est tirée face à l'impact probable – et imminent – sur la norme du contenu éditorial, et face à l'effondrement des journaux locaux et régionaux comme « pépinières » pour les médias nationaux (sur cette discussion voir *Press Gazette* du 9 février, 2 mars et 16 mars 2001). En revanche, dans les médias plus attrayants en raison de leur charme et respectabilité apparents, il y a une abondance de journalistes potentiels. La plupart des employeurs exigent des preuves de leur aptitude et de leur engagement en ayant déjà travaillé dans le journalisme. De plus en plus, la seule manière d'acquérir l'expérience est par le « *work placement* », c'est-à-dire en travaillant sans salaire. Ce cadeau fait aux employeurs n'est, naturellement, réaliste que pour les jeunes sans personnes à charge et avec des sources de revenu alternatives.

Une troisième, et potentiellement bien plus préjudiciable conséquence de ce changement industriel, est l'état actuel de l'éducation au journalisme. La coïncidence d'une phase d'indifférence des employeurs et de changements du régime financier gouvernemental dans l'éducation britannique a produit un quasi-chaos. Comme dans d'autres industries, beaucoup d'employeurs médiatiques ont répondu à la récession de la fin des années 1980, début 1990, en réduisant leurs dépenses de formation. Ils se sont retirés à la fois des programmes « internes » et du soutien au personnel stagiaire en formation à mi-temps dans les écoles – l'itinéraire de postentrée dans le journalisme. Dans un tel état d'affaiblissement le NUJ n'a pas pu bloquer cette tendance. Pendant les années 1990, la position a été rendue encore plus confuse par manque d'accord dans les entreprises médiatiques au sujet de la façon de rattacher les qualifications existantes au nouveau cadre conçu par le gouvernement pour rationaliser des qualifications professionnelles.

Aujourd'hui la qualification de base reste le National Certificate Examination mais une proportion croissante de jeunes choisissent de rejoindre la qualification par « pré-entrée ». Certains de ces cours sont organisés par les écoles de la Further Education (FE), qui se spécialisent dans la formation professionnelle et qui interviennent à un niveau intermédiaire entre l'école secondaire et l'université. Ils accepteront à la fois les élèves avec l'équivalent du bac et ceux avec un diplôme d'université. D'autres cours sont donnés par des écoles FE et des universités pour les diplômés seulement. Les deux itinéraires imposent des coûts élevés aux étudiants, car presque tous doivent assumer leurs dépenses courantes et payer leurs droits d'inscription. Dans le cas de cours d'universités a réputation élevée – comme ceux de la City University – les seuls droits d'inscription représentent plusieurs milliers de Livres par an. Une proportion croissante des journalistes débutants sont des diplômés (Delano et Henningham, 1995), la plupart auront des dettes significatives en raison des changements du système de financement des études universitaires. Ces facteurs, couplés aux faibles rémunérations de départ, expliquent à la fois les craintes que le journalisme devienne de plus en plus un métier pour les jeunes de la bourgeoisie et le manque de demandeurs dans la presse locale et régionale.

Paradoxalement, au moment où il est devenu cher pour les jeunes d'entrer dans les formations au journalisme, les écoles FE ont été forcées d'augmenter le nombre de leurs étudiants parce que le financement public est devenu proportionné au nombre d'étudiants recrutés et – c'est crucial – qui suivent vraiment les cours. Ceci a occasionné un débat virulent au sujet de la qualité des stagiaires entre les journalistes « seniors » et ceux qui donnaient les cours. Chacun blâme l'autre du faible taux absolu de réussite au NCE, à l'automne 2000 : 35 %.

Puisque les étudiants communautaires préparant leur premier degré au Royaume-Uni ont la plupart de leurs frais d'inscription payés et sont éligibles aux prêts à taux aidés pour couvrir leurs frais courants ; la logique de la situation pour plus de formation serait de l'étendre au premier degré des universités. C'est ce qui commence à se produire, à côté du rétablissement et de l'expansion des schémas internes gérés par les employeurs. Et tandis que le concept de diplôme de journalisme est banal dans la plupart des pays, au Royaume-Uni la réaction sceptique du public, du monde académique et des journalistes eux-mêmes est un indicateur puissant du statut ambigu de journalisme comme profession.

Une « profession » éclatée

Dans la culture anglo-américaine le concept de « profession » a une signification plus spécifique et plus étroite qu'ailleurs en Europe (Evetts, 2001). En son cœur se trouve le concept de « fermeture » où les membres de la profession eux-mêmes, plutôt que les employeurs ou l'État, ont un niveau significatif de « contrôle des tâches » (Abbott, 1988). C'est-à-dire, qu'ils sont en mesure de défendre la façon dont leur sphère de responsabilité est définie et de déterminer comment ce travail est mené à bien. Et, élément crucial, des membres de la profession seront également, par leurs associations professionnelles, fortement représentés dans les corps au sein desquels on accorde (et on peut retirer) une licence pour pratiquer. De tels corps, par exemple l'*Architects' Registration Council of the United Kingdom*, ont des pouvoirs légaux mais ne sont pas des agences d'État. La semi-autonomie du métier sera encore renforcée par les liens étroits entre les associations professionnelles et le contenu et la validation des cours de formation – et même le nombre d'étudiants admis en formation.

Le verdict de Tunstall selon lequel le journalisme britannique s'éloigne toujours plus du statut professionnel conventionnel, reste pertinent. Plutôt que d'être surveillé par les journalistes en activité, le modèle de formation est guidé par les soucis financiers des employeurs et par les fluctuations de la politique éducative du gouvernement. Dans le schéma courant de validation des cours, les praticiens sont représentés par des éditeurs. Mais, comme Tunstall l'a également observé, la combinaison d'un environnement commercial intensément concurrentiel et le fait d'avoir (dans presque tous les cas) à fonctionner avec des cibles financières imposées par les actionnaires signifie que les rédacteurs doivent être autant des entrepreneurs que des professionnels créatifs. Quant au contrôle au jour le jour des tâches, une grande partie des écrits des quinze dernières années sur : être un journaliste au Royaume-Uni, sont une lamentation au sujet de la domination par les contraintes de gestion du volume et du contenu du travail (Bevins, 1990 ; Cohen, 1998 ; Toynbee, 1996), ce qui laisse très peu d'espace pour l'illusion de l'autonomie et du jugement individuels.

Dans le discours ordinaire une « profession » est souvent pensée comme étant un métier avec un code d'éthique (bien que les sociologues argueraient du fait que ce sont également des dispositifs de clôture du marché). Ici, aussi, pour beaucoup de journalistes, des normes d'accomplissement sont imposées par des non-praticiens : les régulateurs statutaires comme la *Independent Television Commission* ou les « *Governors* » de la BBC. Même la Commission de plaintes (*Press Complaints Commission*/[www.pcc.org.uk]) est seulement *apparemment* une forme d'autorégulation professionnelle : elle est financée par l'industrie et ses membres praticiens sont des rédacteurs, sujets aux demandes contradictoires discutées ci-dessus.

On doit dire, cependant, que les journalistes eux-mêmes ont montré peu de désir de devenir une « profession ». Ils se perçoivent certainement comme des « professionnels » (Delano et Henningham, 1995) mais dans la culture britannique ceci a plusieurs connotations autres qu'être un membre d'un groupe professionnel reconnu. Par exemple, cela peut simplement signifier bien faire son travail (« *The decorator made a really professional job of painting my house* »). Lié à cela, cela peut signifier démontrer les qualités personnelles nécessaires, en particulier en traitant un conflit ou des situations angoissantes (« *The officer responded very professionally at the scene of the fire* »). Comme je l'ai déjà écrit (Aldridge, 1998), être « professionnel » dans le journalisme britannique peut impliquer de travailler contre ses valeurs personnelles, par exemple, avoir la capacité de produire un article d'un haut niveau technique bien qu'on désapprouve le sujet ou les méthodes employées pour acquérir l'information. Cette signification du « professionnalisme » peut aller (ce que les mémoires de journalistes illustrent régulièrement) jusqu'à se glorifier d'avoir travaillé efficacement pour un journal dont on trouve la politique ou le propriétaire répugnants.

Même lorsqu'ils sont entièrement bourgeois par leur origine et leur expérience, et qu'ils s'adressent à un public instruit et riche, les journalistes britanniques se décrivent moins comme des professionnels et plus comme des compagnons d'un métier qualifié. Ils sont des esprits libres qui portent leur propre boîte à outils, ne doivent allégeance à personne, et dont le destin est entre leurs mains. L'individualisme est au cœur des valeurs professionnelles, en dépit de la réalité quotidienne faite de postes de travail hiérarchisés, du contrôle *managérial* fort et arbitraire, et d'exigences toujours croissantes. Peut-être en raison de la difficulté à accorder mythe et réalité, y a-t-il une tendance professionnelle à vénérer les caractères « plus grands que la vie » et les comportements excessifs ou déshonorants : boire beaucoup, longues heures de travail, spectaculaires manifestations de colère (Aldridge, 1998).

Dans bien d'autres sphères professionnelles on en fait beaucoup sur l'importance centrale du cliché de « l'école de la vie » mais la plupart acceptent que les attributs personnels appropriés et l'expérience pratique soient intégrés aux qualifications et aux connaissances fondées sur des études menées à l'écart du lieu de travail. Dans le journalisme ceci est seulement concédé à contrecœur. La qualification principale est encore définie comme un « sens inné de l'info » qui peut être amélioré mais non inculqué (voir par exemple, Cole, 1998). Un autre indicateur de l'hésitation à être « intellectuel » est le manque de forums pour une discussion sérieuse intraprofessionnelle. Les publications comme la *Press Gazette* et la *British Journalism Review* sont faites de nouvelles, de polémiques et de réminiscence. Toutes les publications académiques, soumettant les articles à l'examen par des pairs, sont abritées par des universités.

Peut-être le journalisme britannique désespère-t-il collectivement de devenir une profession parce qu'on croit (ce qui est inexact du point de vue sociologique) que la transition exige un large appui public ? Les attitudes envers le journalisme – et les médias en général – sont fondamentalement contradictoires. La BBC continue à occuper une place centrale et à part dans la vie nationale mais d'autres médias audiovisuels sont également respectés. Selon la *Newspaper Society* [newspapersoc.org.uk] les journaux locaux et régionaux sont la source d'information dans laquelle les Britanniques ont le plus confiance, avec des indices plus élevés que pour l'audiovisuel. Aussi, pourquoi le public place-t-il le journalisme si bas dans l'échelle de l'estime professionnelle (Delano, 2000) ? Et pourquoi les journalistes eux-mêmes perçoivent-ils un manque profond de respect de la part du public ? Selon Greenslade (1999) l'éditeur d'un *tabloïd* « a admis que le public avait maintenant tant de mépris pour les journalistes que les jurys sont amenés à avoir des préventions contre toute preuve donnée ou obtenue par des journalistes ».

Une explication peut être le profil élevé du *Sun*, du *Mirror* et du *Daily Star* dans la vie et la conscience nationales. En novembre 2002, ces *« red top tabloïds »* revendiquaient une vente cumulée de 6 425 442 exemplaires par jour. En supposant que chaque exemplaire est lu par au moins deux personnes, la diffusion dans une population de 59 millions d'habitants est considérable. Le *Sun* et le *Mirror*, en particulier, ont été plongés pendant plus de vingt ans dans le combat sans armes mais mortel d'un marché en rétrécissement. Jusqu'à la décision par le *Mirror*, après les événements du 11 septembre, de revenir à un modèle plus sérieux de reportage, ils étaient connus pour leur tonalité populiste à sensation, dans le choix des sujets et le mode de couverture. Étant donné la nature introspective et réflexive des médias, et l'influence qu'ils sont censés avoir sur une frange essentielle de l'électorat, ce que ces *tabloïds* écrivent est fréquemment repris par les médias plus « respectables ». Les journalistes locaux, qui manifestent souvent un fort sens de la responsabilité à l'égard de leurs lecteurs, parlent amèrement[4] de la façon dont le public se défie maintenant de tous les journalistes en raison d'un stéréotype – bâti à partir des *tabloïds* grand public – de journalistes complètement cruels et sans égard vis-à-vis des individus pris dans la spirale de l'information.

Conclusion

Parler du journalisme au Royaume-Uni revient donc à parler de l'exceptionalisme britannique. Les médias audiovisuels comme la presse nationale ont une présence significative dans la vie nationale, pourtant les journalistes revendiquent rarement le titre de « quatrième pouvoir ». Ce n'est pas seulement parce que, contrairement à leurs collègues nord-américains, les journalistes britanniques ne bénéficient d'aucune protection constitutionnelle. L'engagement passionné dans le journalisme est exigé et accepté comme normal, pourtant les journalistes croient que leur travail n'est pas respecté. En dépit de cela, ils rejettent tout l'appareil des professions intellectuelles du modèle anglo-américain ou européen. Des tentatives de journalistes de premier plan de regagner de l'influence sur leur système de formation ou de développer des défenses morales contre le contrôle *managérial* sont dramatiquement absentes. Au cœur de cette confusion personnelle et de cette contradiction structurelle, profondément enracinée, une suspicion culturelle britannique (plus nettement, anglaise) à l'encontre du travail intellectuel. Il n'existe aucune *intelligentsia* britannique sur laquelle les journalistes pourraient s'aligner – même s'ils le voulaient. Mais comment un métier qui continue de chérir la notion d'apprenti, devenant un habile ouvrier de métier, peut-il s'ajuster sur un monde dominé par des « industries de la connaissance » ?

NOTES

1. *Press Gazette* édite des chiffres de ventes chaque mois.
2. Des détails complets sur les titres et les ventes sont édités par leur organisation commerciale : *The Newspaper Society* [www.newspapersoc.org.uk].
3. Traditionnellement dans la presse britannique, il n'existe pas un secrétaire de rédaction à la française, mais plusieurs *« editors »* qui sont responsables de la gestion des espaces et de la finalisation d'une ou plusieurs pages. Toutefois l'anglais britannique admet de plus en plus la valeur « rédacteur en chef » du terme américain *« editor »*.
4. D'après mes entretiens avec des femmes journalistes dans les journaux locaux/régionaux.

RÉFÉRENCES BIBLIOGRAPHIQUES

ABBOTT, A., *The System of Professions*, Chicago, The University of Chicago Press, 1988.

AINLEY, B., *Black Journalists, White Media*, Trentham, Staffs, Trentham Books, 1998.

ALDRIDGE, M., « The tentative hell-raisers : identity and mythology in contemporary UK press journalism », *Media, Culture and Society*, 1998, 20, p. 109-127.

ALDRIDGE, M., « The paradigm contingent career ? Women in regional newspaper journalism », *Sociological Research Online*, 2001, 6, 3, [http://www.socresonline.org.uk/6/3/aldridge.html].

BEVINS, A., « The crippling of the scribes », *British Journalism Review*, 1990, 1, 2, p. 13-17.

COHEN, N., « The death of news », *New Statesman*, 22 mai, 1998.

COLE, P., « Instinct, savvy and ratlike cunning : training local journalists » *in* B. FRANKLIN et D. MURPHY (dir.), *Making the Local News*, Londres, Routledge, 1998.

DELANO, A., « No sign of a better job : 100 years of British journalism », *Journalism Studies*, 2000, 1, 2, p. 261-272.

DELANO, A., HENNINGHAM, J., *The News Breed : British Journalists in the 1990s*, Londres, London College of Printing, 1995.

EVETTS, J., « Professions in European and UK Markets : the European Professional Federation », *International Journal of Sociology and Social Policy*, 2001, 21, p. 1-30.

GREENSLADE, R., « Shut your trap », *The Guardian*, 27 septembre, 1999.

Publishing National Training Organization, *Skills Foresight : an Analysis of the Publishing Sector*, 2001, [www.publishingnto.co.uk].

REEVES, I., « Few are chosen », *Press Gazette*, 7 juillet, 2000.

RICHARDSON, I., « Women's hour », *Press Gazette*, 13 octobre, 2000.

TOYNBEE, P., « Why not be a journalist », *The Big Issue*, 197, septembre 1996, p. 44.

TUNSTALL, J., *Newspaper Power ; The New National Press in Britain*, Oxford, Clarendon Press, 1996.

Women in Journalism, *The Cheaper Sex : How Women Lose out in Journalism*, Londres, Women in Journalism Secretariat, 1998.

Women in Journalism, « Supplement on working mothers », *Press Gazette*, 1er juin, 2001.

François Demers
Université Laval, Québec

JOURNALISTES AU CANADA ET AU QUÉBEC : RECONFIGURATION GÉNÉRALE

Ce texte peut être considéré comme une synthèse de la connaissance savante sur les journalistes québécois et canadiens. Mais l'acquis scientifique est largement lacunaire, c'est pourquoi plusieurs passages relèvent davantage du témoignage. Celui-ci est éclairé par une quinzaine d'années de pratique de ce métier dans les années 1960 et 1970, puis par une vingtaine d'années d'enseignement universitaire du journalisme et de recherches et d'écrits sur cette matière. Il s'enracine dans des observations participantes, des lectures nombreuses et malheureusement non exhaustives, des conversations et des observations constantes auprès du milieu, y compris anglophone. Mais cela reste un témoignage, parce que les données sociodémographiques fines et systématiques sur ce qui s'est passé chez les journalistes québécois et canadiens au cours des dernières années n'existent pas encore.

Entre l'œuvre magistrale de Jean de Bonville qui décrit le passage de la presse d'opinion à la presse d'information au tournant du XXe siècle (de Bonville, 1988) et le sondage pancanadien mené par David Pritchard et Florian Sauvageau en 1996 (Pritchard et Sauvageau, 1999), il manque plein de recherches. Il y a bien eu trois « enquêtes » menées par des Commissions mises sur pied par le gouvernement fédéral (Davey en 1970, Kent en 1981 et Caplan-Sauvageau en 1986) mais leurs mandats visaient les médias comme entreprises, n'incluaient les journalistes qu'indirectement et n'ont pas mené à des recherches descriptives à leur sujet.

Par ailleurs, au Canada et au Québec, il n'y a pas de carte de presse émise par un organisme créé par l'État, il n'y a pas de registre. Pour savoir qui est journaliste, il faut s'adresser aux médias qui les embauchent, aux organisations professionnelles qui en regroupent une partie, aux organisations syndicales – là où elles existent – qui les défendent entreprise par entreprise, aux clubs régionaux de presse, aux contenus des médias quand les produits sont signés, etc. Ainsi, le sondage mené par

Pritchard et Sauvageau a été effectué par téléphone, à la dure, et les a conduits à conclure qu'il y avait environ 12 000 journalistes à plein temps dans les médias en 1996, pour une population canadienne globale de plus de 30 millions d'habitants (Pritchard et Sauvageau, 1999, p. 16). Selon toute vraisemblance, ce chiffre sous-estime le groupe en n'incluant pas les occasionnels et notamment ceux qui alimentent pour une bonne part l'univers grouillant des publications spécialisées. À titre d'illustration, la Fédération Professionnelle des Journalistes Québécois (FPJQ) qui compte un peu plus de 1 500 membres estime son bassin potentiel de recrutement à 3 500 journalistes à plein temps, alors que l'hypothèse Pritchard-Sauvageau est de 2 400.

Le profil du journaliste « canadien » serait le suivant : un mâle d'un peu moins de 40 ans, de race blanche et gagnant autour de 50 000 dollars canadiens par année, un salaire qui correspond à celui de la classe moyenne, diplômée d'université. Si on compare ce portrait à « l'intuition », on peut faire l'hypothèse qu'il sous-estime certains phénomènes parce qu'il prend peu en compte les jeunes entrants, manifestement davantage multiethniques et précaires[1].

Une trajectoire occidentale

Tout comme l'étude de de Bonville (1988), l'analyse de Pritchard et Sauvageau confirme dans l'ensemble cette hypothèse générale selon laquelle l'histoire des journalismes canadien et québécois est similaire, même si pas tout à fait synchrone, à celle des autres pays développés. Il y a des différences. Par exemple, le journalisme canadien est double depuis ses débuts : l'un en langue française et l'autre en anglais. L'un et l'autre baignent cependant dans un contexte continental dominé par les États-Unis. Coupé de la France pendant longtemps, le Canada-français (dont le cœur est le Québec) a adopté dès le départ en matière de journalisme les manières de faire de ses dirigeants, les Britanniques. Mais il a très tôt été influencé par le commercialisme *états-unien*. Plus tard, dans le cadre du rapport Kent (1981) notamment, des auteurs parleront d'une manière plus « latine » de faire l'information chez les francophones : plus de polémique, plus de truculence, plus de vivacité dans l'art de raconter. Mais avec le recul, cette version semble très liée à la volonté de leur attribuer un supposé biais en faveur du nationalisme québécois !

Au Canada-anglais, pendant ce temps, le journalisme était plus complètement encore intégré à l'Empire anglais. Les sujets britanniques de sa Majesté pouvaient choisir d'aller pratiquer aux colonies : en Australie, aux Barbades, aux Indes, au Canada, etc. Cette mobilité est encore visible du côté des vieux journalistes canadiens. Quant aux propriétaires de journaux canadiens, plusieurs se sont installés en Angleterre et y ont fait des affaires florissantes : l'actuel copropriétaire du *Globe and Mail* est un descendant de Lord Thomson of Fleet ; récemment, le magnat de la presse Conrad Black a été anobli à Londres après avoir abandonné sa citoyenneté canadienne d'origine, etc. Et surtout, le système audiovisuel mis sur pied par le gouvernement fédéral canadien dans les années

1920 a été calqué sur la BBC londonienne ; dans les années 1950, au moment du déploiement de la télévision, bilingue avant de se séparer en deux réseaux, le traitement journalistique de l'information était typiquement britannique, en français comme en anglais.

On peut donc considérer les journalismes canadien et québécois comme les héritiers de ces deux traditions : la britannique et *l'états-unienne*. Or l'une et l'autre ont fortement insisté sur la liberté de presse face à l'État et l'ont fortement associée à la liberté de commerce ; en conséquence, ni l'une, ni l'autre n'ont souhaité un encadrement étatique fort. C'est pourquoi le professionnalisme des journalistes canadiens et québécois est encore plus loin que ne le sont les journalistes français de l'idéal-type, avec corporation et permis d'exercer, du groupe professionnel modélisé par les fonctionnalistes.

Quant au prestige collectif, il est inexistant – sauf cas individuels – comme en témoignent les sondages qui les rangent régulièrement au bas de l'échelle, avec les politiciens. Ce qui n'exclut pas des notoriétés enviables et enviées.

L'autre grande hypothèse serait que l'ascension sociale des journalistes canadiens et québécois est concomitante à celle des fonctionnaires et bureaucrates artisans de la mise en place de l'État-Providence aux deux niveaux de gouvernement : le fédéral et le provincial, dans l'après-guerre. C'est d'ailleurs probablement cette interrelation qui explique le caractère davantage spectaculaire de la professionnalisation des journalistes québécois à la fin des années 1960, qui a accompagné l'affirmation de l'État provincial québécois connue sous l'étiquette de « Révolution tranquille ». En effet, après une période dite de « grande noirceur » produite par l'alliance du clergé catholique et de l'élite conservatrice, la province de Québec a connu une prise en charge par l'État, et la laïcisation de l'Éducation et de la Santé qui sont devenus des services publics après avoir été des charités entre les mains du clergé. D'autre part, l'État s'est lancé dans un interventionnisme audacieux en matière économique. Vers la fin des années 1960, le relais vers l'affirmation de l'État provincial va être pris par le nationalisme québécois, incarné par le célèbre journaliste de télévision René Lévesque qui deviendra Premier ministre en 1976.

La Révolution tranquille, puis le nationalisme, vont servir d'électrochocs et provoquer l'autostructuration du groupe des journalistes québécois au tournant de la décennie 1970 :

– fondation en mars 1969 de la Fédération Professionnelle des Journalistes Québécois (FPJQ) qui regroupe aujourd'hui sur une base volontaire plus de 1 500 journalistes (cadres, syndiqués, pigistes, etc.) ;

– mise sur pied en 1972 de la Fédération Nationale des Communications (FNC) qui rassemble la plupart des syndicats locaux de journalistes, lesquels forment environ le tiers de ses 7 000 membres ; la FNC est elle-même affiliée à la centrale syndicale considérée comme la plus combative, la Centrale des Syndicats Nationaux (CSN) mise sur pied par le clergé dans les années 1920 et laïcisée dans les années 1960 ;

– création en 1973 du Conseil de presse, sur le modèle britannique : un organisme de 18 membres formé pour un tiers de membres nommés par la FPJQ, pour un autre tiers par les associations patronales de médias et pour le dernier tiers de représentants du public cooptés par les autres membres ; le Conseil se donne pour mandat d'étudier les plaintes formulées contre les journalistes et les médias ;

– lancement en parallèle, en 1968-1969, des deux premiers programmes d'enseignement du journalisme : l'un plus technique au Collège (pré-universitaire) de Jonquière, l'autre à l'Université Laval à Québec. Aujourd'hui, presque chaque université offre un programme de journalisme mais le diplôme obtenu ne lie aucunement les employeurs et est rarement pris en compte lors de l'embauche qui se fait généralement sur concours.

Par comparaison, au Canada-anglais, il faudra attendre 1978 pour que naisse une association professionnelle, dans la foulée de l'engouement *états-unien* pour le journalisme d'enquête : le Centre de promotion du journalisme d'enquête (CEJ) qui se transformera en 1990 en Association des journalistes canadiens (CAJ), une organisation qui compte aujourd'hui un peu plus de 1 500 membres, comme la FPJQ québécoise.

Mais, même au Québec, et malgré la vigueur de la bouffée d'affirmation professionnelle à la fin des années 1960, il n'y aura pas de demandes fortes pour une reconnaissance étatique de la profession[2]. Au Canada-anglais, compte tenu de la tradition politico-judidique du *common law*, le débat relatif à une professionnalisation institutionnalisée n'a tout simplement pas eu lieu. Ce qui ne veut pas dire que la structuration du milieu est inexistante. Par exemple, Pritchard et Sauvageau parlent d'une syndicalisation à plus de 80 %. Par ailleurs, des écoles de journalisme existent depuis l'immédiat après-guerre, notamment Carleton et London en Ontario. Elles jouent aujourd'hui un rôle analogue aux écoles françaises, en fournissant un contingent de nouveaux entrants dans la pratique, appuyé par les anciens diplômés qui forment un réseau de protection et d'entraide. Il reste cependant qu'au Canada comme au Québec, le journalisme est une activité où entre celui ou celle qui réussit à se faire embaucher, peu importe son passé professionnel et quelle que soit sa formation académique – selon Pritchard et Sauvageau, 56 % des journalistes possédaient en 1995 un diplôme universitaire, toutes disciplines confondues.

Fièvre de concentration de la propriété

Au cours des deux dernières années, le groupe professionnel des journalistes canadiens et québécois a été fortement déstabilisé par une vague sans précédent de concentration de la propriété des médias[3]. Le brassage a enfoncé toutes les pudeurs ; sont maintenant regroupés en quelques grands conglomérats : médias écrits, télévisions, serveurs sur l'Internet, avec d'autres entreprises industrielles, commerciales (Demers, 2000).

Paradoxalement, cette concentration de la propriété s'est produite dans une offre médiatique qui, du point de vue du consommateur, n'a jamais été aussi abondante et diversifiée. En effet, les années 1980 ont lancé un fort mouvement de multiplication du nombre des médias. Les États-Unis ont alors adopté une stratégie dite « économie de l'offre » qui a stimulé la créativité et l'initiative en affaires. La frénésie entrepreneuriale a mené à l'explosion du nombre des médias : magazines, puis chaînes de télé, éventuellement essor des sites Internet. Les médias de masse qui dominaient la scène en ont été précarisés : les tirages des grands quotidiens dégringolent depuis et, du seul côté de la télévision francophone, les chaînes spécialisées ont franchi la barre des 25 % de l'audience en 2001, pendant que les chaînes généralistes reculent constamment.

Cette stratégie a été accompagnée d'un tournant politique néo-libéral et libre-échangiste qui a de plus en plus dominé le débat public à partir des années 1980. C'est cette mouvance qui a conduit à la signature d'un traité de libre-échange, l'Aléna, entre le Canada, les États-Unis et le Mexique[4]. Les deux niveaux de gouvernement (le fédéral à Ottawa et le provincial à Québec) se sont mis à considérer la culture en tant que moteur économique (les industries culturelles). Ils se sont alors tournés vers les subventions aux entreprises privées et se sont mis à flirter avec l'idée de démanteler les réseaux de télévision publique (Radio-Canada/CBC d'un côté, Télé-Québec, la chaîne culturelle du gouvernement du Québec, de l'autre). La tendance à la libéralisation des ondes s'est alors couplée aux changements techniques (câblodistribution par fibre optique, numérisation généralisée, satellites, Internet) pour provoquer l'explosion de l'offre, jusqu'à un sommet de 238 canaux de télévision disponibles. Dans ce contexte, la radio-télévision de l'État canadien : Radio-Canada du côté francophone et Canadian Broadcasting Corporation (CBC) côté anglophone sont en constante baisse d'audience : en télévision, moins de 10 % pour la CBC alors que Radio-Canada est passée récemment sous la barre des 20 % (Giroux et Sauvageau, 2001). La Société d'État continue pourtant à employer presque 20 % des journalistes du pays.

Dans le nouveau contexte, chaque entreprise, ancienne ou nouvelle a été soumise à une concurrence féroce et a dû se mettre plus qu'avant à courtiser ses publics potentiels. On a doté les directions des salles de rédaction de compétences en *management* et *marketing* : dans de rares cas, cela s'est traduit par la nomination de cadres de l'information sans expérience journalistique ; le plus souvent, on a plutôt sélectionné des journalistes « recyclés » en *managers* par des études appropriées ou par un changement de mentalité. L'orientation *marketing*, c'est-à-dire le souci de plaire au public, est devenue si apparente et omniprésente que certains chercheurs ont commencé à parler d'un changement du paradigme de l'information vers celui de la communication, c'est-à-dire du souci premier de raconter le monde réel (l'information) à la poursuite obsessive de l'établissement et de la consolidation d'un lien avec le public : la fonction phatique de la communication prend le dessus sur la fonction référentielle (Charron et de Bonville, 1996).

Rupture générationnelle

Tout cela s'accompagne d'une montée en puissance chez les journalistes de l'échelle des valeurs fondée sur la notoriété que procure le travail à la télévision ou le passage fréquent au petit écran. La valorisation traditionnelle des éditorialistes parvient à se maintenir mais dans une position de repli et plus facilement quand elle est soutenue par un passage fréquent à la télévision. De plus, l'opinion journalistique se fait en général plus légère : il y a les émissions de lignes ouvertes et les « *vox populi* » qui rangent tous les points de vue sur le même plan. Mais il y a aussi la multiplication des papiers dits d'humeur, qui valorisent l'expression d'opinions courtes, le bavardage et le potinage. Quant au journalisme d'enquête qui incarne l'échelle fondée sur la capacité de recherche, à l'aide des techniques des sciences humaines et à propos d'objets socialement significatifs, il est aujourd'hui largement corrompu par son extension à toutes les formes de voyeurisme et d'indiscrétions, jusqu'au journalisme de *guet-apens*.

L'enquête de Pritchard et Sauvageau semble indiquer une rupture générationnelle des valeurs, qui soutient ou reflète cette évolution. Ainsi, les jeunes et les femmes – il y a une proportion plus grande de femmes chez les jeunes que dans l'ensemble de la profession – seraient porteurs de deux changements qui pourraient être interprétés comme une harmonisation avec le contexte du temps présent. Pour leur part, les journalistes femmes, qui n'étaient à ce moment-là que 28,3 % de la population mais dont le nombre est en croissance constante, participent davantage d'une sensibilité démocratique centrée sur l'expression individuelle égalitaire plutôt que d'une conception du magistère professionnel orientée sur la réponse aux besoins politiques des citoyens engagés. Les femmes journalistes se montrent en effet plus préoccupées de « donner aux gens ordinaires la chance d'exprimer leurs points de vue ». Elles sont davantage « à l'écoute des auditoires » dont elles ont une « perception plus égalitaire ». Elles « s'adressent plus particulièrement à monsieur et madame Tout-le-monde » et « elles sont plus respectueuses à son égard que ne le sont les hommes » (Pritchard et Sauvageau, 1999, p. 52). La seconde différence de culture professionnelle se trouve chez les jeunes journalistes, anglophones en particulier, qui trouvent « moins d'intérêt non seulement à rapporter avec exactitude les propos des personnalités rencontrées, mais aussi à enquêter sur les activités des gouvernements et des organisations publiques, à discuter des politiques gouvernementales quand elles sont en voie d'élaboration et à rester sceptiques face aux gestes des personnages publics » (Pritchard et Sauvageau, 1999, p. 57-59).

L'identité professionnelle, une nuisance ?

Au total, il serait sans doute possible d'établir que l'identité professionnelle, enracinée dans l'action collective, est aujourd'hui généralement considérée comme une nuisance en ce qu'elle impose aux employés des entreprises un référent normatif extérieur par rapport aux exigences de leur participation enthousiaste au succès de l'œuvre collective que constitue l'entreprise. Ainsi, dans les médias de masse, le souci de la survie de l'entreprise a substitué à l'idéal du service public la norme de la mobilisation émotionnelle et intellectuelle du « bon employé » envers « son » entreprise (Demers, 1989, 1997). D'autre part, parce qu'elle met de l'avant une promotion collective, la profession s'interpose moralement entre l'individu et son appétit de reconnaissance financière pour le talent et l'effort personnels, un appétit pourtant présenté comme le moteur légitime du progrès depuis les années 1980.

Dans l'ensemble, le passage culturel à l'insécurité valorisée a lancé tout le monde à la poursuite des innovations et expérimentations susceptibles d'assurer le succès : nouvelles formes de publi-reportages (Demers, 1991), présence accrue du public et du monde ordinaire dans l'information, relais des rumeurs avant les concurrents, mises en scène et provocations de l'événement, indiscrétions de plus en plus osées au nom du devoir de communiquer... fait aux autres, réhabilitation de l'émotion comme contenu et du reportage « humain » (dont le vecteur, aux yeux du sens commun, serait largement l'augmentation du nombre de femmes journalistes), interventions spectaculaires dans les problèmes collectifs par des opérations de journalisme public, etc.

Cela n'empêche cependant pas les « institutions » du journalisme professionnel, héritées des années 1970, de s'attaquer, quand même, aux nombreux défis concrets et pressants posés par la nouvelle configuration dans laquelle s'exerce le journalisme. Ainsi, le Conseil de Presse du Québec (CPQ) a annoncé au début de janvier 2002 qu'il allait maintenant recevoir les plaintes relatives au cyberjournalisme, pratiqué autant dans les sites d'information qui ont été exclusivement créés pour Internet et qui n'existent pas en dehors de lui que dans les sites dérivés des grands médias « traditionnels ».

Deuxième exemple : le 15 novembre 2001, la vingtaine d'employés de *Cyberpresse. ca* ont été intégrés à la convention collective des journalistes de *La Presse* de Montréal. Ce quotidien est le navire amiral du réseau des 7 quotidiens francophones québécois (sur 10 au total dans la province) qui appartient à la firme Power Corporation, partenaire depuis peu de Bertelsmann. Ce site Internet intègre les contenus des 7 quotidiens de la chaîne depuis le début de 2001. L'entente annonce une possible extension de la protection syndicale acquise dans les salles de rédaction des principaux médias « traditionnels » vers les artisans du cyberjournalisme.

Troisième exemple : *Le Devoir*, le seul quotidien de propriété indépendante au Québec a ouvert une brèche dans le conflit qui oppose les grands médias et les journalistes-pigistes regroupés au sein d'un organisme syndical : l'Association des Journalistes Indépendants du Québec (AJIQ), à propos des droits d'auteur. *Le Devoir* a accepté le principe du paiement de redevances aux pigistes dont les textes sont versés sur le site Internet.

NOTES

1. L'affaire Hetchman, le cas de ce pigiste auprès de l'hebdomadaire *Mirror* de Montréal, qui a été capturé puis libéré par les Talibans à la fin de l'automne 2001, a mis à l'avant-scène les nouveaux problèmes posés par le recours croissant à cette catégorie de personnel. *Le Devoir* titrait par exemple le 3 décembre à la Une : « Couvrir la guerre et y laisser des plumes Le Cas Hechtman illustre la situation précaire des journalistes indépendants. » (*Le Devoir*, 3 décembre 2001).

2. *Le Devoir*, 10 décembre 2001. « Être journaliste n'est pas un titre protégé comme celui de médecin et d'ingénieur. Il n'y a pas de corporation professionnelle des journalistes, pas de formation unique ni d'examens d'entrée unifiés parce que la profession elle-même n'en a pas voulu. », par Paul Cauchon. *Lundi*, p. B 7.

3. Ainsi, en décembre 2001, les journalistes de *The Gazette*, quotidien anglophone de Montréal, ont engagé un bras de fer avec leur nouveau propriétaire CanWest Global, dont le siège social est situé dans l'Ouest du Canada. La maison-mère a en effet imposé un même éditorial national à tous ses quotidiens dans les principales villes. L'un des instruments de la protestation des journalistes de *The Gazette* a été la création d'un site interne. Peu après, le site a été fermé par les cadres de la rédaction avec menaces de mise à pied des journalistes. Le site a été recueilli par la FPJQ, qui s'est rangée publiquement du côté des protestataires, et peut être consulté à l'adresse [www.fpjq.org/canwest].

4. Le Canada a d'abord conclu un traité de libre-échange avec les États-Unis en 1988. Puis il est entré dans un Accord de libre-échange de l'Amérique du Nord, l'Aléna, incluant le Mexique, qui a été solennellement signé le 17 décembre 1992. Son entrée en vigueur avait été fixée au 1er janvier 1994. Il prévoit la suppression d'ici 2004 de quelque 20 000 barrières tarifaires.

RÉFÉRENCES BIBLIOGRAPHIQUES

DE BONVILLE, J., *La Presse québécoise de 1884 à 1914. Genèse d'un média de masse*, Québec, Presses de l'Université Laval, 1988, 416 p.

CHARRON, J., DE BONVILLE, J., « Le Paradigme du journalisme de communication : essai de définition », Montréal, *Communication*, vol. 17, n° 2, 1996, p. 50-97.

DEMERS, F., « Concentration des entreprises de presse : vers une reconfiguration du paysage médiatique au Québec et au Canada », *Les Cahiers du Journalisme*, n° 8, décembre 2000, p. 192-203.

DEMERS, F., « Journalisme : à propos d'une "demande éthique" d'une ampleur anormale », *Ethica*, vol. 9, n° 2, septembre 1997, p. 297-322.

DEMERS, F., « Du côté des journalistes et de "leurs" messages : le cas de l'information et de la publicité dans les années 1980 » *in* BEAUCHAMP, Michel (dir.), *Communication publique et société*, Boucherville, Gaëtan Morin, 1991, p. 216-242.

DEMERS, F., « Journalism ethics : the rise of the "good employee's model" : a threat for professionalism ? » *Canadian Journal of communication*, vol. 14, n° 2, 1989, p. 15-27.

GIROUX, D., SAUVAGEAU, F., *Portrait de la télévision publique dans 10 pays, dont le Canada*, Centre d'études sur les médias (CEM) [www.cem.ulaval.ca], coll. « Cahiers médias », n° 13, 2001, 152 p., cf. aussi *Le Devoir*, 4 février 2002, *Le Blues de la télé publique*, par Paul Cauchon.

PRITCHARD, D., SAUVAGEAU, F., *Les Journalistes canadiens, un portrait de fin de siècle*, Québec, Presses de l'Université Laval, 1999, 145 p.

Rapport Davey, Les Mass médias. Rapport du Comité spécial du Sénat sur les moyens de communication de masse, Ottawa, Imprimeur de la Reine, 3 volumes, 1970.

Rapport Kent, *Commission royale sur les quotidiens*, Ottawa, ministère des Approvisionnements et Services Canada, 1981, 323 p.

Rapport Caplan-Sauvageau, Rapport du Groupe de travail sur la politique de la radiodiffusion, Ottawa, ministère des Approvisionnements et Services Canada, 1986, 789 p.

Benoît Grevisse
Observatoire du Récit Médiatique à l'université catholique de Louvain

JOURNALISTES BELGES : LE CUMUL DES FRAGILITÉS

En Belgique comme partout ailleurs, les mutations de la profession journalistique se sont bousculées[1]. L'informatisation a entraîné une transformation profonde des métiers de l'information, particulièrement en presse écrite, plus coutumière de périodes de stabilité longues.

Paradoxalement, la disparition d'une série de métiers a contribué à rendre à la profession journalistique une plus grande maîtrise de la production. Si l'industrialisation avait morcelé ce processus en cantonnant le journaliste aux tâches intellectuelles, en l'isolant de la fabrication concrète du journal, les nouvelles technologies semblent aller en sens inverse. À « la décomposition des métiers »[2] succéderait une nouvelle intégration. Ceci se traduit dans les chiffres par une légère augmentation du nombre de journalistes et une très nette diminution du nombre des ouvriers et des employés occupés au sein des entreprises de presse. Cette évolution se marque aussi par une diminution de l'ensemble du personnel employé ; même s'il convient de relativiser cette interprétation par le mouvement de concentration de la presse belge et des économies d'échelle qu'il entraîne.

Personnel occupé par les journaux

Catégories	1987	1988	1989	1990	1991	1992	1993	1994	1995	1996	1997	1998	1999	2000
Ouvriers	2 484	2 394	2 313	2 249	2 031	1 859	1 795	1 749	1 687	1 473	1 473	1 306	1 265	1 220
Employés*	2 143	2 240	2 312	2 379	2 257	2 293	2 310	2 292	2 360	2 218	2 228	2 054	2 175	2 225
Journalistes	1 073	1 094	1 131	1 227	1 190	1 218	1 221	1 215	1 220	1 225	1 225	1 327	1 328	1 377
Total	5 700	5 728	5 756	5 855	5 478	5 370	5 326	5 256	5 267	4 916	4 926	4 687	4 768	4 822

Source : ABEJ.
* Employés administratifs, techniques et commerciaux.

Ce retour historique de certaines tâches de fabrication dans le giron journalistique ne va pas sans inquiéter l'AGJPB (Association Générale des Journalistes Professionnels de Belgique) : « l'augmentation de la charge de travail est constante, en raison de l'insuffisance chronique des effectifs rédactionnels, du volume croissant des informations à traiter et du nombre de tâches techniques désormais assumées par les journalistes. Que l'on ne s'y trompe pas : ces constats ne forment pas seulement la base de l'action syndicale de l'AGJPB ; ils conditionnent également la qualité du travail journalistique et l'indépendance des journalistes. Prendre le temps de la vérification, de l'analyse, ou d'un nécessaire recul est devenu un luxe dans la plupart des rédactions »[3].

On le voit, la simple transposition de ces techniques dans la sphère journalistique, lorsqu'elle ne s'accompagne pas d'une augmentation significative des effectifs rédactionnels, fait craindre le développement d'un « journalisme assis » qui attendrait du professionnel une rentabilisation maximale du traitement d'une multitude d'informations disponibles sur ordinateur.

Cette tendance est très sensible en Belgique francophone. La crise de la presse écrite n'a cessé d'y précariser les forces rédactionnelles. Les effectifs de la plupart des rédactions ne soutiennent pas la comparaison avec ce qui se fait à l'étranger. Un titre de référence peut ainsi ne compter qu'une cinquantaine de journalistes…

Un métier de plus en plus féminin

Autre trait d'évolution important de la profession journalistique, la féminisation se marque de plus en plus. En Belgique, un peu moins d'un journaliste sur cinq est une femme. On a vu ainsi d'anciens bastions machistes ouvrir progressivement leurs portes aux femmes. Il n'est plus exceptionnel aujourd'hui de trouver des femmes journalistes au sein de rédactions sportives, tous médias confondus. Il faut pourtant relativiser cette évolution. En parcourant les données chiffrées, on notera tout d'abord qu'on est encore loin d'une égalité de sexes au sein des rédactions. De plus, on observera que la proportion de femmes est un peu plus importante en Communauté française qu'en Communauté flamande. Enfin, on trouve proportionnellement plus de femmes chez les journalistes stagiaires des deux Communautés qu'au sein des journalistes professionnels.

Associations professionnelles

L'Association Générale des Journalistes Professionnels de Belgique est une union professionnelle reconnue. Elle est issue de la fusion, opérée en 1978, de l'Association générale de la presse belge (fondée en 1889, composée aussi bien de journalistes que d'éditeurs) et de l'Union professionnelle de la presse belge (syndicat fondé en 1914). Le 28 février 1998, l'assemblée générale de l'AGJPB a approuvé la fédéralisation de l'association qui chapeaute à présent deux unions professionnelles autonomes : l'AJP (Association des Journalistes Professionnels, francophone) et la VVJ (Vlaamse Vereniging beroeps Journalisten, néerlandophone). L'affiliation à l'une de ces associations emporte automatiquement l'affiliation à l'AGJPB.

Dans le contexte qui vient d'être décrit, les journalistes professionnels jouissent à la fois de traits identitaires affirmés mais aussi de nombreuses fragilités. Si l'on s'en tient aux membres de l'AGJPB, on dénombre quelque 4 300 journalistes professionnels agréés en Belgique, tous médias confondus (2 240 francophones, dont un quart dans la catégorie presse étrangère, pour 2 063 néerlandophones, dont une bonne vingtaine de la presse étrangère) ainsi que quelque 690 stagiaires (2001). Les journalistes de presse écrite quotidienne représentent à peu près un tiers de cette union professionnelle. Mais il est difficile d'extrapoler ces données dans la mesure où certains journalistes ne s'affilient pas chaque année à l'AGJPB ; de même que tous les journalistes professionnels ne font pas nécessairement partie de cette association. Trois journalistes sur quatre seraient actuellement membre de l'AGJPB. De plus, bien que le titre de journaliste professionnel soit reconnu et protégé par la loi du 30 décembre 1963, ceci n'empêche nullement un certain nombre de personnes d'exercer des activités similaires ou approchantes tout en se disant « journalistes ». En cela, l'existence de cartes de presse délivrées par des associations de presse périodique et la diversité de statuts des journalistes exerçant à titre d'indépendants ne contribuent pas à clarifier la situation.

Par ailleurs, les SDR (Société Des Rédacteurs) ont pu parfois apparaître comme des lieux de représentation professionnelle développant une certaine autonomie par rapport à l'AGJPB. Les SDR belges sont dépourvues de capital financier. Elles sont dépositaires de la copropriété du « capital intellectuel » de leur journal. La première de ces SDR fut créée le 5 décembre 1972 au sein de *La Libre Belgique*. Elle s'inspirait de la SDR du *Monde*. Depuis, de nombreuses autres rédactions se sont dotées de SDR, parfois appelées « société des journalistes professionnels » pour y inclure explicitement les photographes et les graphistes. Les SDR ne bénéficient d'aucune reconnaissance politique effective. Par ailleurs, l'AGJPB a fait de l'octroi d'un statut de rédaction son cheval de bataille de la démocratie rédactionnelle.

L'AGJPB constitue un élément clef de la reconnaissance professionnelle. Ce sont ses mandataires qui siègent, aux côtés de ceux des éditeurs, au sein de la Commission d'Agréation qui comprend une section francophone et une section néerlandophone. Cette commission est la seule habilitée à statuer sur l'octroi du titre de journaliste professionnel. L'AGJPB joue le rôle d'intermédiaire entre les journalistes, la Commission d'Agréation et le ministère de l'Intérieur pour l'obtention des documents de presse. C'est elle qui délivre ces documents.

L'AGJPB accomplit également d'autres missions. Elle négocie, le cas échéant, les conventions collectives de travail avec les éditeurs de quotidiens (ABEJ)[4] et de magazines (FEBELMA).

Autorégulation

L'Association entend également jouer un rôle de régulation déontologique de la profession. Elle offre pourtant un bel exemple de certaines limites de l'autorégulation. Le Conseil de déontologie de l'AGJPB et son instance d'appel, qu'est le Collège de déontologie, souffrent d'un déficit de force contraignante. Ces instances, composées de professionnels bénévoles, proposent au public de traiter gratuitement les plaintes. Elles ne sont cependant pas armées pour répondre à la croissance des requêtes. Au chapitre des faiblesses, on notera encore que des conceptions déontologiques différentes semblent de plus en plus s'affirmer selon les communautés linguistiques.

En avril 1995, l'AGJPB annonçait la création de nouvelles instances déontologiques. La Commission de déontologie existante, bien que peu connue du grand public, était confrontée à un nombre grandissant de demandes. Dans un contexte de mise en cause de plus en plus pressante des méthodes de travail des journalistes par le public, mais aussi par les pouvoirs judiciaires et politiques, l'AGJPB entendait ne pas perdre l'initiative. C'est ainsi que le Conseil et le Collège de déontologie ont vu le jour.

Tout citoyen peut aujourd'hui demander un avis ou introduire une plainte. C'est le bureau de l'AGJPB qui instruit son dossier et le transmet, le cas échéant, au Conseil de déontologie. En cas de plainte, il prend une décision et adresse éventuellement un blâme au journaliste fautif. En cas de manquement grave, le Conseil peut même aller jusqu'à rendre publique cette décision et radier un journaliste de l'AGJPB ; ce qui, il faut le dire, ne représente pas une sanction irrémédiable.

Les avis sont rassemblés dans un rapport annuel publié par la revue *Journalistes*. C'est dire que cette publicité est, de fait, limitée aux seuls membres de la corporation affiliés à l'AGJPB. Les rédactions donnent d'ailleurs fort peu d'écho au travail de ces instances, y compris lors de la publication de ce rapport. En revanche, on a noté un progrès en matière de publicité, puisque les noms des rédactions incriminées sont désormais rendus publics dans les avis que rendent Conseil et Collège.

On peut cependant s'interroger sur la capacité d'une association de type corporatiste, quelles que soient la compétence et la bonne volonté des personnes qui l'animent, à réguler les comportements des membres qui la constituent et la font vivre. La taille géographique et économique réduite du marché de l'information belge et communautaire ne plaide pas en faveur de l'indépendance et de la partialité du jugement par les pairs. Non sans raisons, certains professionnels font également remarquer qu'ils refuseraient d'être mis en cause devant des collègues, voire des concurrents... Aussi constate-t-on que certains journalistes se montrent aujourd'hui favorables à une ouverture de ces instances à des non-journalistes. On s'interroge sur l'éventualité d'une présence de magistrats, de représentants des éditeurs mais aussi d'experts au sein des instances de déontologie. Un projet de Conseil de presse a ainsi été étudié au ministère de la Justice. Il a fait l'objet de concertations entre journalistes et éditeurs. Il a aussi rencontré un réel intérêt auprès de parlementaires. Malgré cette agitation, le Conseil n'a pas vu le jour dans la partie francophone du pays. Il a surtout suscité de vives résistances auprès des rédacteurs en chef.

Le 2 décembre 2002, un Conseil de journalisme (*Raad voor de journalistiek*) voyait le jour en Flandre. Portés conjointement par les journalistes, les éditeurs de presse écrite et les patrons de l'audiovisuel, ce Conseil de journalisme est également composé de représentants de la société civile. Il s'agit de juristes ou de professeurs d'université. Le Raad entend mettre l'accent sur un règlement à l'amiable des conflits.

L'AGJPB offre encore des services de diverses natures à ses membres. Elle assure une aide juridique en matière de droit social et de droit de la presse. Elle joue également un rôle assez proche de l'assurance mutuelle puisqu'elle fournit une assistance judiciaire gratuite lorsque la défense des intérêts du journaliste nécessite l'intervention d'un avocat.

En matière de droits d'auteur aussi, l'AGJPB a vu son rôle accentué en raison notamment de l'apparition des nouvelles technologies. Elle a créé la Société des droits d'Auteur des Journalistes (SAJ) avec l'Association des Journalistes de la Presse Périodique. Cette activité de perception et de redistribution des droits d'auteur des journalistes est proposée aux journalistes salariés et indépendants. De même, l'AGJPB est membre fondateur de Reprobel, société de gestion collective des droits liés à la reprographie.

Qui est journaliste et qui ne l'est pas ?

C'est donc une loi qui définit et protège le titre de journaliste professionnel. Aujourd'hui, journalistes, éditeurs et pouvoir politique semblent s'accorder sur la nécessité d'une révision de ce texte vieux de près de quarante ans.

On retiendra qu'actuellement, pour être journaliste professionnel, il faut participer à titre de profession principale, et moyennant rémunération, à la rédaction de journaux quotidiens ou périodiques, d'émissions d'information radiodiffusées ou télévisées, d'actualités filmées ou d'agences de presse consacrées à l'information générale. Ceci exclut les activités commerciales, techniques, d'administration, de correction, de téléscription, de publicité et d'atelier, sauf lorsqu'elles rentrent dans les attributions personnelles du directeur du journal, des émissions d'information, des actualités filmées ou de l'agence de presse.

En outre, cette activité doit avoir été exercée, comme profession habituelle, pendant deux années au moins. On ne peut non plus l'avoir abandonnée depuis plus de deux ans. Enfin, le journaliste professionnel ne peut exercer aucune espèce de commerce et notamment aucune activité ayant pour objet la publicité, si ce n'est en qualité de directeur de journal, d'émissions d'information, d'actualités filmées ou d'agences de presse. D'autres éléments, comme l'âge (21 ans minimum) ou la déchéance de droits, sont précisés.

Les indépendants

On dénombre un millier de journalistes professionnels indépendants. Au sein de l'AGJPB, ils représentent une importante proportion (un quart de l'ensemble des membres) en pleine progression. Ils sont d'ailleurs représentés au Conseil de direction de l'association professionnelle.

Journalistes professionnels, stagiaires, indépendants

AGJPB	Total Fr.	Indép. Fr.	Sal. Fr.	% Indép. Fr.	Total Nl.	Indép Nl.	Sal. Nl.	% Indép. Nl.
Professionnels	2 240	389	1 851	17,4	2 063	467	1 596	22,6
Stagiaires	262	105	157	40	430	144	286	33,5
Total	2 502	494	2 008	19,7	2 493	611	1 882	24,5

AGJPB	Total national	Indép./Belgique	% Indép./Belgique
Professionnels	4 303	856	19,9
Stagiaires	692	249	36
Total	4 995	1 105	22,1

Source : AGJPB, 2001.

On l'aura remarqué, on constate une part plus importante d'indépendants chez les journalistes professionnels flamands. Par contre, chez les stagiaires, le nombre d'indépendants est plus élevé chez les francophones. On relèvera aussi la part importante de stagiaires salariés.

On peut être indépendant par choix ou par nécessité. Du côté de ceux qui tiennent à cette forme d'indépendance, on rencontre tous ceux qui peuvent inscrire leur carrière dans le mouvement d'accroissement considérable du champ couvert par l'information depuis quelques décennies. Peu de rédactions belges ont en effet les moyens de se payer les services d'un journaliste spécialisé en sidérurgie, en fiscalité, en voile... Dans un simple rapport d'offre et de demande, ceux qui auront su se faire apprécier pour leurs compétences particulières préféreront rester indépendants. Sans se lier à une seule entreprise de presse, ils pourront cultiver leur avance dans leur domaine de prédilection et négocier des tarifs honorables. On rencontre aussi des journalistes ayant négocié ce statut auprès d'une seule et même rédaction, ce sont des oiseaux rares.

Dans le groupe, quantitativement important, des indépendants contraints, on retrouve actuellement de nombreux jeunes candidats au métier de journaliste. Si les formations au journalisme se sont généralisées et – pour certaines – améliorées au cours des décennies, on a pu dans le même temps constater que disparaissait l'écolage par les pairs au sein des rédactions. En Belgique, ce sont les universités (BAC plus quatre, cycles complémentaire ou spécialisé), ainsi que quelques écoles supérieures qui sont les principaux formateurs de journalistes. Alors que les conditions d'exercice des métiers d'information se précarisaient, on a pourtant vu se multiplier des filières de formation, de cycle court, et de qualité très variables. Enfin, la profession dispose également d'un Institut de formation animé par des professionnels, ouvert à des candidats ne disposant pas nécessairement de niveau de formation préalable. On peut penser que cette prolifération peu maîtrisée ne contribue pas au renforcement de la profession.

Déplacement des tâches de direction de rédaction vers la gestion, augmentation des tâches de production assumée par les journalistes, accélération et augmentation du traitement d'informations, recours au système de la prépension... Au-delà des motivations économiques, il n'est plus d'usage aujourd'hui, à l'engagement d'un jeune journaliste, de consacrer beaucoup de temps à sa formation. Ceci contribue sans doute à légitimer le passage du jeune journaliste par ce statut d'indépendant qui servira à la fois d'écolage et de test d'évaluation. Vu sous cet angle, le procédé n'a pas que des défauts. De nombreux journalistes professionnels salariés ont ainsi « fait leur trou » dans les rédactions belges. Mais si, voici quelques années encore, le jeune journaliste indépendant pouvait espérer un engagement au terme d'une année, voire deux ou trois ans dans le pire des cas, il n'est pas rare aujourd'hui de rencontrer des journalistes subissant un statut d'indépendant depuis cinq ou sept ans...

Parallèlement à ce recours aux indépendants au sein des rédactions, on constate que le secteur de la sous-traitance rédactionnelle constitue aussi un point d'affaiblissement du statut professionnel. En effet, la constitution de sociétés proposant des collaborations occasionnelles ou régulières aux rédactions correspond à une tendance du marché de l'information. Ici aussi, il n'y a pas *a priori* de raisons de penser que les journalistes qui travaillent pour de telles sociétés ne pourraient exercer leur métier avec autant de déontologie et de souci éthique que leurs confrères travaillant en rédaction. Force est cependant de constater que, dans ce secteur, il est parfois bien difficile de tracer une ligne claire entre les activités développées pour le compte de rédactions et celles qui le sont pour des clients commerciaux...

Le prix de l'indépendance

Pour la plupart des journalistes, la condition d'indépendant n'est pas la voie de la facilité. Selon les rédactions, selon les rubriques et selon les accords conclus individuellement, les journalistes indépendants voient leur travail rémunéré différemment. Néanmoins, il existe un barème minimum convenu entre l'AGJPB et l'ABEJ. Encore faut-il préciser que les prix pratiqués dans la presse spécialisée, comme dans la presse d'entreprise, sont généralement plus élevés que ceux que proposent les éditeurs de journaux.

En mai 1996, l'AGJPB et toutes les centrales syndicales actives dans le secteur de l'information publiaient une « Plate-forme pour les médias »[5] attirant l'attention sur le problème des faux-indépendants. Ce problème a singulièrement compliqué la gestion des rédactions de presse écrite, sans redorer leur blason. C'est pourtant au sein de tous les médias qu'on relevait la présence de faux-indépendants. La crise qu'a subie la presse écrite dans les années 1980 et 1990 s'est pourtant plus fortement marquée que dans les autres médias. En partie pour répondre à cette crise, mais aussi parce que cette tendance s'est imposée plus généralement, les entreprises de presse, alors qu'elles procédaient à un regroupement, recouraient dans le même temps à la filialisation et à la sous-traitance. Malgré un accord entre l'AGJPB et les éditeurs, le recours aux faux-indépendants en rédaction était devenu de plus en plus fréquent, notamment dans les éditions régionales de quotidiens. En effet, la logique ne vaut que si elle est appliquée à une échelle importante. Ce qui est contesté n'est évidemment pas le recours à des pigistes ou aux services de *free-lance*, mais l'usage de travailleurs ayant droit à un contrat de travail, alors que l'entreprise les considère « de fait » comme des indépendants et les paie par le biais de factures. De la souplesse de gestion, on passe à une dérégulation et à un contournement de la législation sociale.

Depuis 1993, on constate pourtant une amélioration. Des enquêtes judiciaires ont eu lieu. Certaines entreprises ont procédé à des engagements. L'AGJPB souligne régulièrement que ces embauches ont été faites dans la catégorie salariale la plus basse. Les situations d'emploi précaire demeurent pourtant. Il semble d'autant plus difficile de les résoudre que, pour bon nombre des personnes concernées, il s'agit des seules possibilités actuelles d'entrer dans la carrière journalistique…

Des fragilités cumulées

Victime de la petite taille de ses marchés linguistiques, la Belgique cumule les facteurs de fragilisation de la profession journalistique. Elle connaît, au même titre que d'autres pays, les conséquences de mutations technologiques et des mouvements de concentration. Présentant peu de possibilités de mobilité d'une rédaction à une autre, elle ne permet que difficilement l'épanouissement d'un statut professionnel fort. Les faiblesses économiques du secteur expliquent les nombreux départs d'excellents professionnels vers la communication d'entreprise, les cabinets ministériels (phénomène très sensible ces dernières années) ou d'autres horizons plus rémunérateurs.

On peut sans doute poser un même constat pessimiste d'un point de vue intellectuel. Les rédacteurs en chef, de plus en plus absorbés par la gestion d'entreprise, ne peuvent plus s'investir prioritairement dans la gestion rédactionnelle. Cette évolution, motivée par des raisons économiques, trouve évidemment un écho dans la désaffection du public pour la presse d'opinion. Il n'existe pas, en Belgique « d'élite journalistique » au même sens qu'en France. Certains éditorialistes, en Flandre singulièrement, peuvent peser lourdement sur la politique. Leur notoriété reste pourtant limitée au microcosme coutumier de ces arcannes. Les « grands » journalistes de presse écrite ou de radio doivent se contenter de succès d'estime. Quant aux présentateurs de télévision, leur notoriété n'est en rien – ni salaire, ni vedettariat – comparable à ce qui s'est développé dans d'autres pays européens. Il est aussi significatif de relever que la presse belge est assez peu investigatrice. Manques de moyens et consensus typique d'une petite communauté, qui a fait du compromis un mode de gouvernance, se cumulent en ce sens. On notera de même que le pôle culturel de référence, pour la Belgique francophone, demeure parisien ; alors que le Nord du pays évolue dans un rapport plus ambigu vis-à-vis des Pays-Bas. En cette matière, comme en beaucoup d'autres, on ne peut passer sous silence la disparité de contextes entre Flandre et partie francophone du pays. Bien qu'également touchée par la crise, notamment en matière de presse écrite, la communauté néerlandophone jouit d'un contexte économique plus florissant qui se répercute aussi sur le secteur journalistique. Enfin, on l'a vu, la représentation de la profession, tant sur le plan de l'associatif professionnel que sur celui de son autorégulation, souffre de nombreuses limites.

Les médias belges sont aujourd'hui en pleine mutation. On observe, ici et là, des prises de conscience de la nécessité du facteur de la qualité journalistique, souvent négligé ces dernières décennies. On répète aussi, avec un certain fatalisme, que le marché est étroit et que l'avenir est sans doute à l'ouverture vers des partenaires étrangers. Force est pourtant de constater que la Belgique apparaît comme un exemple de dépréciation de son corps journalistique. Le même constat pourrait y être posé pour bon nombre de professions intellectuelles...

NOTES

1. Il est à noter que la situation belge n'est pas aisée à décrire dans un cadre comparatif. En effet, il n'existe pas en Belgique de statistiques développées officiellement. Les éléments proposés dans cet article relèvent d'une observation de la profession, menée depuis de nombreuses années en collaboration avec des acteurs professionnels.

2. Karl Marx, *Le Capital. Critique de l'économie politique, Livre premier, Le développement de la production capitaliste*, Paris, Éditions Sociales, 1977 (édition originale, 1867), p. 252 et s.

3. AGJPB, *Mémorandum aux gouvernements et aux assemblées*, Bruxelles, juin 1995, p. 9.

4. Depuis 1964, l'Association des Éditeurs de Journaux regroupe la totalité des quotidiens belges. En 1998, le CA de l'ABEJ décidait la scission de l'association en deux ailes linguistiques, la JFB (Journaux Francophones Bel-

ges) et la CV VDP (Cooperatieve Vennootschap van de Vlaamse Dagblad Pers). L'ABEJ devenait un organe de représentation, de concertation et de coordination d'initiatives communes.

5. L'emploi dans le secteur des médias soumis à forte pression. De la prolifération des faux-indépendants. Plateforme pour les médias.

Jean Michel
École nationale des Ponts et Chaussées

LES DOCUMENTALISTES : L'URGENCE D'UNE RECONNAISSANCE SOCIALE

Au cours des dix dernières années, le milieu professionnel de la documentation a connu de substantielles et irréversibles mutations, plus ou moins bien perçues et vécues par les acteurs de terrain eux-mêmes comme par ceux qui les emploient ou bénéficient de leurs services. Il n'est pas exagéré de parler de rupture de pente dans l'évolution d'une profession qui affirme aujourd'hui plus nettement son positionnement, sa valeur ajoutée, ses compétences et qualifications et sa contribution aux débats inhérents au développement de la société de l'information et de la connaissance[1]. Pour autant, cette profession est moins que jamais identifiable à un modèle unique et des tendances contradictoires d'identification et d'évolution coexistent, contribuant à brouiller l'image d'un milieu professionnel déjà fortement chahuté.

On se propose de caractériser les évolutions les plus marquantes de cette profession depuis une dizaine d'années, de dégager certains questionnements essentiels que cette profession se pose aujourd'hui et d'esquisser quelques perspectives pour un nouveau positionnement et une nouvelle identité des documentalistes dans le contexte d'une société qui vit de et par l'information et dans laquelle tout acteur exerce désormais, de fait, des fonctions et activités de nature info-documentaire.

Les métiers et pratiques de la documentation transformés par la technologie numérique

La technologie numérique, facteur de transformation radicale de la documentation

L'arrivée d'Internet dans le milieu de la documentation au début des années 1990 et la généralisation progressive de ses usages et applications en documentation ont certainement contribué à accélérer la mutation des pratiques professionnelles[2]. Toute la nouvelle technologie dite numérique « *booste* » la documentation avec la multiplication de nouveaux supports de stockage de l'information (Cédéroms, DVD...), avec le développement des réseaux et des plates-formes de diffusion (*groupware*, Intranet...), avec la puissance combinatoire de l'hypertexte et par conséquent la prolifération des sources accessibles (Web notamment) et les progrès prodigieux des moteurs de recherche et autres outils de l'ingénierie linguistique et cognitive.

Qu'on le déplore ou non, cette nouvelle donne est bien une révolution et on commence à en observer très concrètement les effets dans les pratiques et qualifications professionnelles comme dans les modalités d'exercice des métiers de la documentation.

C'est d'abord l'accessibilité généralisée, infinie, infernale, à des millions de sources et ressources disponibles en ligne (ou sur supports digitaux variés). Traditionnellement orientée vers la collecte, la conservation et la mise à disposition de documents plutôt rares ou difficiles à obtenir, la documentation doit se focaliser aujourd'hui plus nettement sur sa capacité à trouver et préconiser des cheminements sûrs et efficaces dans la nouvelle jungle info-documentaire. Elle doit passer d'une logique de gestion de rareté à une approche de digestion de la surabondance. Accumuler pour accumuler (ce qui était la finalité de nombre de structures documentaires dans les années 1970-1990) perd brutalement de son intérêt et la priorité est désormais mise sur le qualitatif, sur la sélectivité, sur l'intelligence et la valorisation des contenus informationnels.

La technologie numérique ne connaît ni ne reconnaît de frontières, qu'elles soient géographiques, disciplinaires ou professionnelles. Tout un chacun peut « surfer » sur Internet, développer son site Web, entrer des données sur l'Intranet de l'entreprise. Les services d'informatique, de communication, de documentation, de veille, de formation, etc. sont tous amenés à s'impliquer d'une façon ou d'une autre dans le *management* de l'information. Dans ce contexte, les structures documentaires sont mises en situation de double concurrence : elles doivent faire face à une autonomie accrue de leurs clients ou usagers qui peuvent se débrouiller sans eux (en première approche) pour accéder aux sources et ressources d'Internet et gérer leur propre information et elles doivent aussi défendre leurs « positions » face à d'autres services (informatique, communication...) qui considèrent à juste titre qu'ils sont aussi en mesure de gérer de l'information.

Une des conséquences importantes de la technologie numérique est la chute drastique des coûts de manipulation, extraction et transfert de l'information. Pour les services de documentation, ce changement de référentiel économique les condamnent à revoir sérieusement leurs chaînes traditionnelles de travail (traitement documentaire, catalogage et indexation, conception et diffusion de produits...) et à s'orienter vers de nouvelles pistes telles que l'exploitation du texte intégral ou l'utilisation systématique des outils Web et Intranet comme de la messagerie électronique.

Dans le même ordre d'idées, on se rend compte qu'une partie importante de l'information utile est celle que produit l'entreprise ou l'organisation elle-même. Grâce à la technologie numérique (gestion électronique de documents, archivage électronique, gestion des flux), le patrimoine info-documentaire interne devient plus facilement exploitable, valorisable. Traditionnellement fondée sur la nécessité d'accéder à des sources info-documentaires externes, la documentation doit désormais s'impliquer plus nettement dans cette démarche de capitalisation des informations et des savoirs propres à l'institution, ce que l'on baptise désormais du terme de « *knowledge management* » (alors que cette finalité a toujours existé, sous des formes les plus variées).

La fin d'un modèle, celui des années 1970-1995 et le passage à la gestion de la connaissance

Les éléments de transformation mentionnés ci-dessus ont pour conséquence la mise en cause d'un modèle dominant d'organisation de la documentation largement développé dans les années 1970-1995 dans le prolongement de la première informatisation des pratiques documentaires[3]. Ce modèle privilégiait le concept de « centralisation », seule approche possible pour donner accès à des ressources coûteuses et assez difficiles à obtenir et pour gérer des outils informatiques lourds de traitement de la documentation. Le « centre de documentation » était à la fois service, lieu et instrument concentrant les pratiques documentaires, les gestes professionnels.

Le modèle documentaire des années 1970-1995 privilégiait aussi un concept qui a fait longtemps fureur, à savoir « la chaîne documentaire ». Celle-ci codifiait les pratiques professionnelles selon un schéma qui permettait d'assurer une transition linéaire rationnelle de la production des documents à leur distribution aux « utilisateurs consommateurs ». En gros, la documentation se pensait comme maillon d'une chaîne de transfert et se positionnait comme point de passage obligé. Nombre de structures documentaires d'une certaine importance se sont progressivement transformées en producteurs de bases de données (acquérir des documents, les traiter, les mettre à disposition selon un format standard), privilégiant alors une logique manufacturière de production d'ersatz documentaires « marchandisables » oubliant sans doute la vraie finalité de l'intervention professionnelle du documentaliste, à savoir répondre efficacement et intelligemment à des questions que lui posent ses clients. En d'autres termes, l'outil hypermagnifié (la base de données) devient une fin en soi et peut faire obstacle à l'écoute des vrais besoins et des évolutions.

L'arrivée d'Internet a brutalement remis en cause ce modèle canonique de la documentation. Les sources d'information explosent, la circulation des données prend une nouvelle dimension, tout le monde produit du document électronique et tout le monde en consomme, ce qui, au fond, est une bonne chose pour une société qui se développe désormais sur la base des interactions entre ses membres. La nécessité de la médiation professionnelle n'apparaît plus évidente ; les « agents intelligents » de recherche sont de plus en plus performants et donnent globalement le sentiment qu'on peut maintenant se passer de documentalistes pour accéder à l'information utile.

Les centres de documentation, structures centralisant les ressources et pratiques traditionnelles, laissent progressivement place à d'autres modalités de *management* de la documentation, avec des approches de plus en plus variées : recherche de nouvelles proximités avec les services clients, fusion avec d'autres entités traitant des informations et des documents (services informatiques, archives, communication...), repositionnement sur les finalités... Dans les entreprises, le rôle des secrétaires et autres assistants est également repensé à l'heure des technologies du numérique. C'est donc tout un vaste ensemble de compétences articulées qu'il faut désormais prendre en compte quand on parle de *management* des dispositifs et ressources info-documentaires, conduisant alors à privilégier une approche systémique et urbanistique pour gérer la nouvelle Infopolis[4].

La « chaîne documentaire » perd rapidement de son intérêt face à la disponibilité accrue et planétaire de sources surabondantes et face à la puissance des outils informatiques (texte intégral, ingénierie linguistique et sémantique, traduction automatique...) et donne l'impression de n'être plus qu'un frein à une dynamisation des nouveaux processus info-documentaires. Les documents hypermédias se mettent en relation et produisent des effets intéressants en termes de navigation (« *surfing* »), de fluidification de la pensée, d'interactivité entre des acteurs de plus en plus autonomes et interdépendants.

Cette nouvelle accessibilité généralisée aux ressources info-documentaires soulève de nombreuses questions : comment « saisir matériellement » (préhension) ce caché essentiel que constitue la connaissance des individus et des groupes ? Comment donner du sens aux milliards et milliards de bits qui circulent ? Comment valoriser et exploiter ce sens pour en faire autre chose qu'une immense agitation brownienne stérile ? Ces interrogations ont le mérite de replacer l'homme et sa connaissance au cœur de la réflexion sur l'information, alors que le modèle productiviste des années 1970-1995 avait, à l'opposé, fondé son ambition sur une approche purement « chosifiante » de la documentation.

Le « *knowledge management* » ou gestion de la connaissance est désormais la nouvelle coqueluche des entreprises. Si le vocable est maladroit et inapproprié (la connaissance ne se gérant pas mais se construisant en permanence contrairement aux boulons documentaires que l'on peut gérer, additivement), il n'en reste pas moins que c'est bien l'interrogation clé du moment. Les professionnels de la documentation sont partie prenante de cette nouvelle démarche collective qui suppose confrontation de points de vue multiples (experts, informaticiens, documentalistes...), recherche de cohérence mais aussi nécessaire respect de la diversité des perspectives. Face à cette situation nouvelle, comment le milieu professionnel se comporte-t-il ?

Des professionnels de l'information et de la documentation en quête d'un périmètre et d'une identité

Une forte hétérogénéité, une profession très éclatée mais en renouvellement

Les chiffres qui circulent pour apprécier le périmètre du milieu professionnel de la documentation sont difficiles à obtenir et à vérifier. Si l'Association des professionnels de l'information et de la documentation, – ADBS – compte environ 6 000 membres, ce chiffre pourrait être multiplié par trois ou quatre pour avoir une idée plus précise du nombre des personnes qui interviennent à un certain niveau de professionnalisme en documentation. Il faudrait aussi regarder aux marges de ce premier groupe et prendre en compte des professionnels voisins (bibliothécaires spécialisés, archivistes d'entreprises, *records managers*, *webmasters*, veilleurs… sans parler d'informaticiens qui opèrent de fait comme des gestionnaires de contenus info-documentaires). Globalement, un chiffre de 30 000 professionnels pour la France (150 000 en Europe) ne paraît pas déraisonnable. Le chiffre n'est pas excessif et montre bien que la documentation agit surtout de façon catalytique : pas besoin de gros bataillons de professionnels, il faut surtout disposer de gens bien formés et bien placés pour mettre un peu de lubrifiant dans les rouages des dispositifs documentaires.

Les importants flux de formation (en France, une quinzaine d'IUT, une quinzaine de formations de niveau maîtrise ou DESS, de nouvelles formations liées aux nouvelles technologies de l'information et de la documentation) donnent à penser que la profession se régénère bien, avec une élévation notable des niveaux de qualification.

Globalement, cette profession reste malgré tout très hétérogène, très diversifiée et éclatée. En regardant de plus près le « stock », on peut noter la coexistence des groupes suivants :

– des professionnels, avec des niveaux de qualification variés, recrutés dans les années 1960-1980 qui ont souvent pratiqué leur métier dans les mêmes structures documentaires. Ce groupe qui a vécu le traumatisme de la première informatisation de la documentation est aujourd'hui à l'heure de son renouvellement et semble avoir du mal à passer à de nouveaux schémas de *management* de la documentation ;

– des personnes placées en documentation (toujours dans les années 1960-1980) sans réelles qualifications professionnelles et qui ont développé progressivement leurs compétences. Cette population n'a pas à l'évidence de vision claire sur les évolutions de la profession et pose souvent de sérieux problèmes d'adaptation aux responsables des unités documentaires ;

– des professionnels plus jeunes, sortis massivement des formations qui se sont multipliées depuis quinze à vingt ans, et qui constituent désormais le noyau actif (et le gros des troupes) de la profession sans pour autant avoir toutes les armes pour imposer de nouveaux modèles à leur hiérarchie ou leur environnement ; ce groupe sera déterminant dans l'avenir pour le basculement massif de la profession du modèle traditionnel vers de nouveaux schémas de développement ;

– de nouveaux professionnels qui sortent depuis cinq à dix ans de formations plus nettement orientées sur les TIC et les nouveaux schémas de *management* de l'information (veille, KM, etc.) et qui exercent désormais en dehors des structures traditionnelles de la documentation (dans les services clients, dans les unités de terrain, en indépendants, etc.) ; c'est l'avant-garde qui piaffe et qui ne se reconnaît pas toujours dans l'image de la ou du documentaliste ;

– enfin des quantités non négligeables de débutants ou stagiaires, recrutés pour certains avec des Contrats emploi jeune ou intervenant ponctuellement (pour 3 ou 6 mois) sur des chantiers documentaires proposés par les entreprises. Cette forme de précarité dans l'exercice de le profession est dénoncée violemment par certains qui y voient une dévalorisation de la profession et un encouragement à l'exploitation à bon compte de jeunes en recherche d'emploi. D'autres considèrent au contraire qu'il y a une chance importante à saisir par ces jeunes dans la mesure où la profession connaît une mutation profonde et qu'elle peut offrir désormais des opportunités de carrière intéressantes.

Si l'hétérogénéité est patente en ce qui concerne les groupes en termes de « générations », elle l'est aussi en termes de positionnements en niveaux de qualification et en type de métier exercé. Dans le cadre de ses réflexions et son action sur le devenir de la profession, l'ADBS a clarifié le référentiel des métiers et qualifications[5], devenu récemment un Euro-référentiel partagé par 9 associations professionnelles d'Europe[6]. Couplé avec le dispositif de certification des compétences individuelles mis en place en 1994[7], ce référentiel met clairement en avant différents niveaux de compétences des professionnels de l'information et documentation :

– assistant ;

– technicien-gestionnaire ;

– ingénieur-manager ;

– expert.

S'il n'est bien sûr pas possible de déterminer en théorie, de façon absolument objective, les délimitations précises de ces niveaux de compétence, les travaux de l'ADBS ont permis malgré tout de cerner des critères de différenciation pertinents et qui recoupent assez largement ce que l'on peut observer sur le terrain. Si le gros des troupes de documentalistes professionnels se répartit à égalité entre les niveaux technicien-gestionnaire et ingénieur-manager (75 % environ), une proportion non négligeable de personnes (15 à 20 % en première approximation) travaillent en documentation avec un niveau d'assistant. Et un des problèmes critiques pour les documentalistes réside dans la difficulté à penser en termes d'évolution de carrière. Nombre de professionnels de la documentation travaillent surtout dans de petites structures de 3 à 10 ou 15 personnes alors que beaucoup exercent en solo (ou à un et demi ou deux).

Il est intéressant de souligner encore un point qui caractérise la profession, à savoir son taux exceptionnel de féminisation. Estimé à 80-85 %, ce taux élevé de féminisation conditionne fortement la façon dont sont développées les pratiques professionnelles dans les centres de documentation (nécessité d'une plus grande disponibilité dans le temps personnel notamment). Par contre, il n'est pas aussi important dans les effectifs de jeunes professionnels et parmi les étudiants des filières de documentation. Il n'est désormais pas rare d'avoir 25 à 40 % de garçons dans ces filières, la raison majeure en étant le caractère attractif d'un domaine professionnel qui recourt de plus en plus à des solutions technologiques avancées. À noter aussi l'arrivée dans la profession de jeunes professionnels ayant suivi des formations initiales en écoles d'ingénieurs ou de gestion ou des formations scientifiques à l'université (traditionnellement, la documentation recrutait surtout dans la filière littéraire).

La reconnaissance et l'identité d'une profession en évolution

La question de l'identité et de la reconnaissance de la profession de documentaliste se pose régulièrement, souvent après chaque grande révolution technologique (les nouvelles solutions donnant parfois à penser que l'on pourra se passer désormais des documentalistes). Au sein du milieu professionnel, les débats sont parfois vifs sur cette question et il est difficile d'aboutir à des résolutions collectives tant la diversité et l'hétérogénéité de la profession sont fortes.

Culturellement, le milieu ne se positionne pas traditionnellement comme profession dominante, *leader*, attractive, mais plutôt comme un rouage dans une « chaîne » de transmission de l'information et du savoir avec souvent de fortes valeurs de « service public », profession de nécessité collective en quelque sorte. Ce positionnement est aujourd'hui remis en cause par les plus jeunes et les plus diplômés des professionnels (15 à 20 % des personnes en place) qui raisonnent plus en termes d'opportunités nouvelles de *business* et de carrière et qui font évoluer considérablement les pratiques professionnelles. Par ailleurs, nombre de professionnels avertis sont aujourd'hui conscients des menaces qui pèsent sur la profession si elle n'évolue pas au rythme des mutations technologiques et cherchent à accélérer la prise de virage. Malheureusement cette évolution n'est pas facile à assurer du fait de l'importance des bataillons de professionnels de terrain et de l'inertie des structures en place (il est symptomatique que le changement même du nom de l'association professionnelle se soit avéré récemment impossible en dépit d'un accord unanime sur la nécessité d'un tel changement pour clarifier l'identité de la profession).

L'explosion des usages d'Internet, le développement des outils de type Intranet ou *groupware*, l'évolution vers la gestion des connaissances ouvrent aussi le débat de la détermination de la valeur ajoutée spécifique du professionnel de l'information-documentation. En effet, les nouvelles approches de la gestion de l'information et de la connaissance donnent plus d'autonomie aux acteurs de terrain, brouillent les cartes, impliquent de nouvelles compétences et mobilisent des professionnels de champs voisins. Dans ce contexte et plus que jamais se pose la question de savoir à quoi sert la ou le documentaliste et quel est son apport spécifique (qu'il n'est pas possible d'avoir par d'autres moyens). Des réponses sont apportées ici ou là, sur le terrain comme au niveau des structures professionnelles, qui mettent l'accent sur de nouvelles nécessités telles que la cartographie des sources info-documentaires, l'orientation vers les meilleures sources, la capitalisation des cheminements individuels et collectifs, l'extraction du sens caché, la digestion du trop-plein, etc.

Le problème de l'identité n'est pas facile à résoudre car à l'extérieur même de la profession l'image globale de celle-ci n'est pas excellente. Nombre de cadres dirigeants d'entreprises ou d'organisations n'ont qu'une vision étroite de la profession de documentaliste. N'ont-ils pas eu tendance à utiliser les structures documentaires comme de bons dispositifs de placement des « cas difficiles » de l'entreprise ? Les autres acteurs de l'entreprise travaillant sur des terrains proches (directions informatiques et services de communication) ont la chance d'avoir des périmètres sans doute mieux délimités et bénéficient d'avantages que n'ont pas toujours les services documentaires : budgets plus consistants (avec souvent autonomie de décision sur ces budgets), point de passage technique obligé (informaticiens), proximité du décideur et image plus brillante (communication). La documentation est souvent perçue (et se perçoit) comme la « Cosette » de l'entreprise.

Où va, où peut aller la documentation ?

La profession est fortement préoccupée par son avenir. L'ADBS est certainement l'instance professionnelle qui a fait le plus pour aider à une prise de conscience collective des nécessités d'une évolution inéluctable. Les débats internes, les publications, les formations continues, les outils de diffusion contribuent à une clarification de l'identité et du positionnement de la profession même si les choses ne vont pas toujours aussi vite que les plus avant-gardistes le souhaiteraient. Dans les entreprises et les organisations, la mutation est perceptible avec son lot d'espoirs, de prises de risques et parfois aussi d'aigreurs et désillusions. Du côté des établissements de formation, le changement est très visible au niveau des contenus des programmes, mais on reste encore prisonnier de recrutements qui ne sont pas les plus appropriés pour investir les nouveaux territoires professionnels.

Les axes critiques ou déterminants de développement pour le succès de l'évolution de la profession de documentalistes sont assez évidents :

– investir de façon volontariste dans la maîtrise des technologies du numérique sous toutes leurs formes en cherchant surtout à les employer judicieusement, efficacement pour satisfaire les nouveaux besoins en information, documentation et connaissance (attention, les documentalistes n'ont pas à se transformer pour autant en informaticiens) ;

– privilégier une vraie culture de l'information, c'est-à-dire s'attacher autant sinon plus au sens de ce qui est véhiculé documentairement qu'au seul dispositif de gestion des boulons documentaires ; cela passe par une élévation constante des niveaux de formation, par un recours fort à la double compétence (croisements disciplinaires) pour les professionnels des niveaux les plus élevés, par une meilleure connaissance des besoins et une meilleure intégration des professionnels dans l'entreprise ;

– élargir fortement le champ des préoccupations professionnelles, passer de la documentation à l'information et surtout à la connaissance, ne plus se cantonner à la seule gestion de la chaîne documentaire (l'abattage quotidien des couches de documentation) et privilégier une approche plus systémique du *management* de l'information (aller vers l'Infopolis) ;

– travailler désormais de façon étroite avec tous les autres acteurs de l'entreprise, sortir la documentation de son isolement, coopérer sur des projets collectifs avec les directions informatiques, avec la communication, avec des journalistes, avec des formateurs (bibliothèques et universités virtuelles), avec les méthodes, les qualiticiens et autres spécialistes du transversal dans l'entreprise ;

– faire preuve d'audace et d'esprit d'innovation, ne pas hésiter à repenser les structures et solutions documentaires, investir en créativité, stimuler la conception de nouveaux produits et services, gagner en flexibilité et en réactivité, être aussi intelligemment opportuniste et résolument prospectif.

NOTES

1. MICHEL, J., « L'information et documentation. Un domaine d'activité professionnelle en mutation », *Les Cahiers du Numérique*, volume 1, n° 3, 2000, p. 47-64.
2. MICHEL, J., « Information et documentation : des métiers à redéfinir », *Problèmes économiques*, n° 2690, 29 novembre 2000, p. 11-15.
3. MICHEL, J., « Structures documentaires, options multiples », *Archimag*, mai 2000, n° 134.
4. MICHEL, J., « Le "knowledge management", entre effet de mode et (ré)invention de la roue... » *Documentaliste – Sciences de l'information*, vol. 38, n° 3-4, 2001, p. 176-186.
5. ADBS, *Référentiel des métiers-types et compétences des professionnels de l'information et documentation,* Paris, ADBS Éditions, réédition 1998, 133 p.
6. ADBS, *Euroréférentiel I & D : Référentiel des compétences des professionnels européens de l'information et documentation*, European Council of Information Associations, Paris, ADBS Éditions, 1999, 41 p.
7. MEYRIAT, J., MICHEL, J., « La certification des professionnels de l'information et documentation en France et dans l'Union européenne », *in* « Documentation et bibliothèques », revue de l'ASTED (Canada), janvier-mars 2002, p. 19-26.

Marie-Françoise Fave-Bonnet
Université Paris X-Nanterre

LES UNIVERSITAIRES : UNE IDENTITÉ PROFESSIONNELLE INCERTAINE

Universitaires et journalistes partagent la même définition de la profession : « un certain prestige par son caractère intellectuel ou artistique, par la position sociale de ceux qui l'exercent, par exemple, la profession d'avocat, de médecin, de critique, de professeur, de journaliste » (Dubar, 1991).

Un point essentiel les sépare : les universitaires, une fois recrutés, sont des fonctionnaires, et bénéficient à la fois d'une stabilité de l'emploi et d'une grande liberté, ce qui n'est pas sans conséquence, comme nous allons le voir, sur leurs investissements.

Mais de nombreux points sont comparables dans l'évolution récente de ces deux professions : une définition de plus en plus floue des différents « métiers » qui composent cette profession, des activités de plus en plus disparates, une perte de prestige…

Une identité incertaine

Quand un étudiant parle de son « prof de fac », tout le monde comprend, mais il s'agit d'une représentation très éloignée de la réalité actuelle : il y a de fortes chances pour que son enseignant n'ait pas le statut de professeur, et les « facultés » ont officiellement disparu depuis la loi Edgar Faure de 1968… Depuis cette date, le terme officiel est « enseignant-chercheur » pour désigner professeurs, maîtres de conférences et assistants. Mais dans la pratique, c'est le terme « universitaire » qui est le plus utilisé.

Ces différents termes révèlent une des dimensions fortes de ce double métier d'enseignant et de chercheur, le morcellement entre des priorités diverses : dans une enquête réalisée auprès de plus d'un millier d'enseignants-chercheurs, 69 % disent qu'ils sont « tiraillés entre l'enseignement et la recherche », mais 93 % d'entre eux affirment : « à l'université, il faut être à la fois enseignants et chercheurs » (Fave-Bonnet, 1992).

Il faut noter que la spécificité française d'organisation de l'enseignement supérieur et de la recherche renforce cette double identité : il existe hors de l'université un nombre important de chercheurs à temps plein (38 000 en 1998) dans des organismes de recherche (CNRS, INSERM, CEA, etc.), et des Grandes écoles où exercent d'autres enseignants du supérieur.

Une multiplicité de statuts

Jusque dans les années 1960, l'université se structurait autour de professeurs, titulaires d'une chaire, et de leurs assistants (Bourdieu, 1984). Les deux vagues d'augmentation du nombre d'étudiants, dans les années 1960 et 1990 ont entraîné des recrutements massifs d'enseignants : on est passé de 10 000 enseignants en 1960, à 40 000 en 1980 et à plus de 80 000 aujourd'hui. Cette période a vu l'émergence d'un autre statut de titulaires, les maîtres de conférences, ce qui a probablement entamé le pouvoir des professeurs. Mais le corps enseignant continue à être morcelé en de multiples statuts souvent précaires. En 2000, sur les 81 000 enseignants dans le supérieur, les professeurs ne représentent que 23 % de l'ensemble, les maîtres de conférences 40 %, et les assistants 2 % (ils ne sont plus recrutés depuis 1984). Il faut en effet compter 5 % de chefs de clinique et autres praticiens hospitalo-universitaires, 13 % d'attachés et moniteurs, et surtout 17 % d'autres statuts (enseignants du second degré détachés, lecteurs, etc.). Donc seuls 6 enseignants sur 10 ont un véritable statut universitaire, ce qui ne contribue pas à constituer une identité commune.

Sur les dix dernières années, le corps enseignant a doublé, ce qui a accentué la féminisation parmi les universitaires, mais dans des statuts inférieurs ou précaires, et dans les disciplines les moins valorisées : le pourcentage de femmes professeurs n'est passé, dans la même période, que de 10 à 14 %…

Une identité morcelée

En dehors des statuts, la profession est structurée en disciplines, en différents « métiers » : historien, physicien, philosophe… Il s'agit du fondement historique de l'université et de ses facultés.

La socialisation professionnelle au métier passe exclusivement par une initiation à la recherche, pendant l'élaboration de la thèse, dans une discipline donnée, et même dans une « spécialité » de cette discipline. Or, cette formation à la recherche s'est renforcée au cours des dernières décennies, en particulier par l'instauration du DEA puis des écoles doctorales. Cette formation à la recherche met en place, comme dans toute initiation professionnelle, un certain nombre de valeurs propres à chaque discipline : rapport au travail, au temps, relations à l'enseignement, à la recherche, aux tâches collectives, au pouvoir politique, à l'argent personnel, etc. La place de la mission d'enseignement est souvent occultée dans cette socialisation disciplinaire, même si, dans les faits, ce mode de transmission du « métier » touche à la fois la recherche, mais également l'enseignement, par la reproduction des pratiques observées et par tradition orale.

Le fait que les disciplines gèrent essentiellement, en France, les recrutements, ne met pas les universitaires devant le même marché (Musselin, 1996). Dans certaines disciplines, il y a pénurie de candidats, et un poste d'enseignant-chercheur à l'université est un second choix par rapport à une carrière en entreprise. Dans d'autres, il peut y avoir augmentation des recrutements à cause de l'augmentation du nombre d'étudiants, des départs en retraite, ou pour augmenter le potentiel des universités nouvelles. Dans les trois niveaux de décision de recrutement qui caractérise la France (Commission Nationale par discipline – CNU –, commission disciplinaire locale, établissement), c'est la discipline qui domine, ce qui n'est pas le cas d'autres pays européens où l'établissement a une place prépondérante (Fave-Bonnet et coll., 1999). L'accès à la profession est donc soumis, en France, à la position et aux critères de la discipline.

Pendant toute la carrière, les pratiques de recherche des disciplines vont aussi différencier fortement les activités : « les archives, les fouilles, le terrain, la paillasse, la Bibliothèque nationale, la manip, les relevés cliniques » (Berthelot, Ponthieux, 1992). Elles entraînent aussi des pratiques sociales diverses : travail d'équipe au sein d'un laboratoire pour les sciences, recherches plus solitaires chez les juristes et les historiens, etc.

La possibilité d'exercer une profession libérale (avocats, médecins, consultants, etc.) contribue à obscurcir la situation, et à opérer un déplacement dans l'ancrage professionnel, au point que l'activité libérale devient parfois le pôle professionnel principal, et le poste à l'université une activité secondaire.

Christophe Charle (1994, p. 469) constate ainsi l'existence, depuis des décennies, de modèles de référence antinomiques dans les groupes de disciplines : « celui du champ intellectuel en général dans les matières littéraires, celui d'une pratique professionnelle *quasi* privée chez les juristes et les médecins, celui d'une communauté tribale de laboratoire chez les scientifiques ».

Notons enfin que la place de la recherche, par rapport à l'enseignement, a considérablement augmenté depuis les années 1970 : non seulement elle détermine le recrutement et les promotions, mais elle s'inscrit aujourd'hui dans un système élargi, voire mondial, qui n'a plus rien à voir avec la notoriété locale d'antan. Pour certains universitaires, la participation à des réseaux, à des colloques, à des revues au niveau international a entraîné des recompositions professionnelles et identitaires importantes.

Des fonctions professionnelles peu définies, sources d'engagement et de distanciation

L'extrême diversité des carrières que nous venons d'apercevoir s'explique par un cadre juridique exceptionnel. Il faut partir du cadre formel de la loi de 1984 pour comprendre la position professionnelle très spécifique des enseignants-chercheurs au sein de la fonction publique. Trois obligations fondamentales seulement règlent la profession : l'obligation de résidence (susceptible de dérogation), la soumission, dans les obligations de service, aux règles générales de la fonction publique, et un service en présence d'étudiants de 192 heures « d'équivalent TD » d'enseignement par an[1].

Si l'on examine, dans un premier temps, les conséquences de ce cadre fonctionnel peu contraignant, on constate, en l'absence de données sur la réalité des dérogations à l'obligation de résidence, un nombre important de « turbo-profs » qui n'habitent pas dans leur Académie et ne viennent dans leurs universités que deux ou trois jours par semaine pour enseigner. On mesure la différence de pratiques professionnelles qu'entraîne l'absence de définition d'un temps de présence à l'université quand on sait que les universitaires norvégiens, par exemple, doivent être présents 37 heures trente par semaine pour faire de l'enseignement et de la recherche (Evalue, 1998).

Les universitaires sont peut-être, de toute la fonction publique en France, ceux qui gèrent le plus librement leurs temps : en dehors de cette obligation de service, il n'existe aucune autre réglementation concernant la présence, l'emploi du temps, le mode et le contenu d'enseignement, les obligations de recherche, etc. Il s'agit d'un exercice *quasi* libéral des activités.

Pourtant, comme le montrent Berthelot et Ponthieux (1992, p. 136 à 140), cette situation aboutit à un paradoxe, celui d'un temps à la fois non contraint et surchargé. En effet, on assiste à une accumulation incontrôlable de tâches diverses. La conséquence est l'allongement de l'année universitaire qui réduit le temps consacré à la recherche, et déporte de ce fait celle-ci dans les périodes de vacances : « la recherche, pour beaucoup, devient une conquête permanente, gagnée de haute lutte contre soi-même et ses proches ». Ceci aboutit à un mélange, en particulier pour certaines disciplines, des sphères professionnelles et privées.

Cette tension entre les différentes activités se décline différemment selon les disciplines qui se distinguent par leurs charges d'enseignement et leurs contraintes de recherche. « À de très rares exceptions près, et quel que soit le modèle dominant, l'activité est régie par un principe commun : la nécessaire et libre articulation, dans une même plage temporelle, d'activités de formes, de nature, voire de temporalités différentes. Cours, suivis de mémoires ou de thèses, construction de dossiers administratifs ou de recherche, préparation d'une communication à un colloque, réunions diverses constituant autant d'activités pouvant se combiner ou se succéder dans un espace temporel restreint, et impliquant à chaque fois de passer d'un registre à l'autre, d'un langage à l'autre, d'un système de références à l'autre, d'un déploiement temporel à l'autre… »

Une autre conséquence de la quasi-absence de réglementation concerne les lieux d'exercice : les différentes activités peuvent s'exercer au même endroit, lorsqu'il y a coïncidence entre lieu de recherche et lieu d'enseignement, mais cette situation est rare. Une des spécificités françaises est en effet le recrutement dans un département d'enseignement, sur des critères de recherche, mais sans obligation de recherche liée au poste. De plus, les activités sont le plus souvent dispersées à cause des contraintes de recherche : « terrain », bibliothèques, milieux professionnels, archives, bureau personnel chez soi...

La profession n'est donc pas définie par un cadre formel, mais par de multiples missions, détaillées à l'article 3 du décret de 1984. Il y a la participation aux différentes instances du département, de l'UFR et de l'université, la formation continue, les relations avec le milieu professionnel, la représentation de la discipline ou de son université dans des instances locales, régionales ou nationales, la vulgarisation de la recherche, etc.

Il est clair que chacun s'investit de façon très inégale selon son tempérament, sa discipline, son statut, son sexe, son âge...

On trouve ici l'un des mécanismes essentiels de la différenciation sexuée des carrières : beaucoup de femmes renoncent à devenir professeur ou à postuler pour des postes à responsabilité (Fave-Bonnet, 1996).

On constate aussi, face à cette multiplicité de missions, un déclin certain des adhérents et des militants syndicaux. Cette désaffection touche même les élections dans les instances universitaires (conseils de l'université) ou nationales (Conseil National des Universités, par exemple) au point de mettre en question la représentativité des élus.

Deux tendances, opposées, peuvent être dégagées : la fuite en avant et le retrait.

Consciente ou non, légère ou massive, la fuite en avant vers des activités valorisantes, autres que les activités de recherche et d'enseignement, est une des solutions pour mener une autre carrière. Elle peut prendre des formes diverses : création et coordination de filières, direction d'UFR ou de services, présidence ou vice-présidence d'université, orientation des activités hors de l'université (syndicat, missions, expertises, détachement). Notons que cette fuite vers l'extérieur se produit souvent lorsque, localement, il devient difficile être reconnu, ou que la poursuite de la carrière incite à passer au niveau national ou international.

Ces responsabilités étant subtilement hiérarchisées, les maîtres de conférences qui le désirent peuvent exercer des responsabilités variées, reconnues localement, car nécessaires à la bonne marche de l'université.

Le retrait, à l'inverse, est aussi un moyen de s'extraire de la logique du système. Les cas de figures sont extrêmement divers.

Certains estiment « qu'ils ont assez donné », et ne supportent plus de s'investir dans une université au fonctionnement bureaucratique. Il est difficile de mesurer si cette tendance devient plus importante aujourd'hui. Le nombre de professeurs qui demandent l'éméritat se raréfierait, et le nombre de ceux qui partent en retraite dès qu'ils le peuvent serait en augmentation. Ce que l'on constate, c'est que l'âge moyen des professeurs augmente : 49 ans en 1981, 53 ans en 1999. Le corps est vieillissant... De plus, le recrutement « en accordéon » des enseignants-chercheurs a plusieurs conséquences : d'une part, sur la relation pédagogique avec les étudiants, car l'écart d'âge se creuse entre les enseignants et les étudiants qui, eux, font toujours partie de la même génération ; d'autre part, dans les équipes souvent composées d'une majorité ayant dépassé la cinquantaine et de quelques jeunes collègues nouvellement nommés. Cette situation provoque aussi un blocage des promotions en fin de carrière qui a certainement un effet sur l'investissement professionnel. Or, cela ne fait que commencer. Les différents groupes de disciplines ne seront pas touchés ni au même rythme, ni avec la même force, mais les chiffres des départs à la retraite sont inéluctables : « en lettres, c'est à partir de 1995 et jusqu'en 2012. (...) ; en sciences, c'est à partir de l'an 2000 que commencera une véritable saignée qui, en l'espace de quinze ans verra le départ d'environ 70 % des effectifs ; en droit, les départs à la retraite deviendront préoccupants à partir de 2007, et en dix ans, 52 % des effectifs actuels devront être remplacés » (Comité National d'Évaluation, 1989).

Les désinvestissements se traduisent par le refus de prendre des responsabilités administratives, par l'abandon des travaux de recherche, par des stratégies pour venir le moins possible à l'université. C'est probablement dans le domaine de l'enseignement que s'exerce le plus massivement le retrait : cela consiste à effectuer le moins de cours possibles, ou à répéter toujours le même enseignement, ou à choisir des groupes à effectif faible, ou, pour les professeurs, à se réfugier en 3ᵉ cycle. La défection des titulaires en 1er cycle fait partie de ces stratégies de retrait. Les rares enquêtes locales montrent l'importance du phénomène et l'extrême diversité des situations selon les disciplines et les universités (Fave-Bonnet, 1998).

Une profession en perte de prestige ?

La perte de prestige des professions intellectuelles au détriment de celles qui sont liées à la sphère économique a certainement entamé le regard porté sur les universitaires.

Le sentiment de méconnaissance sociale est très net dans l'enquête de Berthelot et Ponthieux (1992) : les universitaires ne sont plus qu'une minorité à croire encore au prestige social de la profession, et une poignée d'entre eux seulement parlent d'avantages matériels. Dans une autre enquête, 55 % disent qu'ils sont insatisfaits de l'image de la profession dans la société (Fave-Bonnet, 1992). Ce sentiment de dégradation se cristallise autour des salaires et des conditions matérielles, et pour certains professeurs, sur l'augmentation du temps de service d'enseignement (de 75 à 128 heures de cours par an) ce qui a aligné leur service d'enseignement sur celui des maîtres de conférences.

Une identité professionnelle se construit par comparaison. Les universitaires vivent souvent leur situation comme une position de second choix : ils « savent » qu'il existe des chercheurs qui se consacrent uniquement à la recherche (au CNRS, à l'INSERM, etc.), et des institutions où l'on enseigne à de petits groupes d'étudiants triés sur le volet (les Grandes écoles)...

Ils constatent, dans certaines disciplines (économie, informatique...), que leurs anciens étudiants, au bout de quelques années, ont un salaire supérieur aux leurs...

Et quand ils rencontrent des collègues en Europe, ils s'aperçoivent que les salaires de fin de carrière sont moins élevés en France, parce qu'ailleurs, ils sont négociables...

Le titre d'un article récent illustre bien ce sentiment de dégradation : « Les trois misères de l'universitaire ordinaire ». En l'occurrence, les trois misères sont la misère matérielle, la misère intellectuelle et la misère morale (Spitz, 2000).

Les universitaires ont toujours eu le sens de la formule !

Ce n'est peut-être pas la « misère », mais c'est sûrement un malaise...

NOTE

1. Le temps de service d'enseignement peut se présenter sous la forme de 128 heures de cours dit « magistral », soit de 192 heures de travaux dirigés, soit de 288 heures de travaux pratiques, soit d'une combinaison des trois.

RÉFÉRENCES BIBLIOGRAPHIQUES

BERTHELOT, J.-M., PONTHIEUX, S, « Les enseignants-chercheurs de l'enseignement supérieur : revenus professionnels et conditions d'activités », *Documents du CERC (Centre d'études des revenus et des coûts)*, Paris, La Documentation française, n° 105, 1992.

BOURDIEU, P., *Homo Academicus*, Paris, Minuit, 1984.

CHARLE, C., *La République des universitaires : 1870-1940*, Paris, Seuil, 1994.

COMITÉ NATIONAL D'ÉVALUATION, *Priorités pour l'Université*, rapport au président de la République (1985-1989) sous la présidence de Laurent Schwartz, Paris, La Documentation française, 1989, 254 p.

DUBAR, C., *La Socialisation : construction des identités sociales et professionnelles*, Paris, Colin, 1991, 276 p.

EVALUE *(Évaluation et auto-évaluation des universités en Europe)*, collectif sous la direction de Pierre Dubois (1998), *Rapport final*, Commission européenne (DG XII, TSER, Axe II, Contrat SOE2-CT 95-2004), juillet 1998, 233 p. (version en français).

FAVE-BONNET, M.-F., ESTRELA, M.-T., VEIGA-SIMAO, A.-M., MOSCATI, R., « Evaluation of Academic staff in Europe », *European Journal of Education*, n° 3, 1999, p. 313-323.

FAVE-BONNET, M.-F., « L'opinion des enseignants-chercheurs sur leur profession », *Savoir, éducation, formation*, n° 2, avril-juin, Éditions Sirey, 1992, p. 161 à 170.

FAVE-BONNET, M.-F., « Women in educational management in France », *European Journal of Education*, volume 31, n° 4, décembre 1996, Institut européen d'éducation et de politique sociale, 1996, p. 389-401.

FAVE-BONNET, M.-F., (1998), « Enseignant-chercheur : une profession morcelée », *in* BOURDONCLE, R., DEMAILLY, L. (1998), *Les Professions de l'éducation et de la formation*, Actes du colloque international « Les professions de l'éducation », AISLF, Lille, 25-27 septembre 1995, Villeneuve d'Ascq, Presses Universitaires du Septentrion, p. 429 à 438.

MUSSELIN, C., « Les Marchés du travail universitaire comme économie de la qualité », *Revue Française de Sociologie*, vol. 37, n° 2, 1996, p. 189-207.

SPITZ, J.-F., « Les Trois misères de l'universitaire ordinaire », *Le Débat*, n° 108, Paris, Gallimard, 2000, p. 4-17.

Lucien Karpik
École des Mines de Paris, Centre de Sociologie de l'Innovation (CSI)

LES AVOCATS : ENTRE LE RENOUVEAU ET LE DÉCLIN

La profession vit dans le malaise. Cet état collectif doit être rapporté à la tension entre l'incertitude de l'avenir et la fragilité d'une profession qui, dans les trois dernières décennies, a plus changé que pendant les deux siècles précédents. Pour brève qu'elle soit, au regard de la longue histoire de la profession, cette période a été dominée par le développement du barreau d'affaires et une croissance démographique accélérée. Là se situe l'originalité. Comment expliquer que ce véritable renouveau puisse s'accompagner depuis quelques années, d'un sentiment de crise globale ?

Jusque dans les années 1950-1960, les pratiques des avocats participent largement de la « *profession classique* », qui est apparue au XVIIIe, s'est fortifiée au XIXe siècle, a atteint son apogée sous la IIIe République pour décliner par la suite. Elle se distingue par une histoire marquée par la primauté du politique, l'engagement dans les luttes libérales, le refus explicite du marché des affaires, la transformation, sous la IIIe République, d'une partie de l'élite professionnelle en élite dirigeante du pays et le déclin politico-économique après la Seconde Guerre mondiale. Ce modèle d'organisation était à la fois cohérent et doté d'une forte valeur symbolique. Les pratiques des avocats étaient relativement homogènes – tout tournait autour du tribunal – l'inégalité des revenus était modérée, la sociabilité interne intense, le pouvoir professionnel, ancien et démocratique, recueillait un large consentement et l'identité collective s'enracinait dans le politique et se fortifiait d'un passé glorieux. La *profession classique* formait un monde qui va se désagréger.

On pourrait rapprocher cette évolution de celle qu'ont connu d'autres professions puisqu'elles ont partagé le double mouvement de croissance des services et de renforcement des qualifications, mais en même temps, les particularités existent : le poids de l'histoire, l'accroissement numérique rapide et parfaitement inattendu, l'étonnante stabilité de l'autogouvernement de la profession etc. On pourrait mettre à l'épreuve une interprétation plus générale qui expliquerait la formation, en une génération, d'une configuration nouvelle de la profession, par la dynamique du marché qui produirait inévitablement, ici comme ailleurs, ses effets directs et indirects.

Avant de prendre la mesure de ces interprétations, il faut examiner au plus près, les transformations de la relation au marché et les changements de l'organisation sociale.

Le nouveau rapport au marché

Le marché est devenu la réalité omniprésente de la profession. Par là, on désigne le plus souvent le seul marché des affaires, mais il faut traiter aussi bien du marché des particuliers que du marché des entreprises, deux désignations d'ailleurs parfaitement ambiguës. En effet, la distribution des types de clientèle permet d'identifier trois catégories d'avocats : aux deux pôles opposés, les avocats d'affaires et les avocats des particuliers et, dans l'intermédiaire, les avocats qui se définissent par la composition variable des deux types de clientèle et dont on sait que sur la plupart des dimensions, ils se situent entre les deux extrêmes. *Malheureusement, il n'existe aucune donnée fiable pour fixer les proportions respectives ;* il faut donc se contenter *d'estimations.* Et encore, celles-ci ne permettent pas de séparer le groupe intermédiaire des autres avocats.

– Le barreau d'affaires rassemble 20 %, 25 % des effectifs des avocats français. Les 130 premiers cabinets français, qui sont tous des cabinets d'affaires, représentent à peu de chose près ce pourcentage**. Dans les années 1980, l'importance relative du barreau d'affaires était similaire, mais entre temps les nombres absolus ont été multipliés par quatre***.

– Le barreau d'affaires concentre en 2000, les 3/4 du chiffre d'affaires global de la profession**.

– Le barreau d'affaires est parisien : il concentre plus de 90 % du chiffre d'affaires du barreau d'affaires français.

– Les 10 premiers cabinets d'affaires sont composés, en 2000, de 3 cabinets franco-français, des 5 *Big Five* et de 2 cabinets anglo-saxons ; ils concentrent environ la moitié du chiffre d'affaires du barreau d'affaires **.

– Le barreau des particuliers regroupe environ 75 % des effectifs de la profession en France et reçoit 25 % du chiffre d'affaires global*.

* *Statistiques 2001*, Observatoire du Barreau de Paris.

** Barszcz, C, *La Radiographie 2000 des cabinets d'avocats d'affaires*, Juristes Associés, 2000.

*** Karpik, L., *Les Avocats. Entre l'État, le public et le marché.* XIIIe-XXe *siècle*, Paris, Gallimard, 1995.

À partir du milieu des années 1970, la France, comme l'ensemble des pays occidentaux, est marquée par le « boom » des services juridiques aux entreprises et par le renforcement de la concurrence étrangère : les avocats découvrent simultanément l'extension des opportunités et l'intensification de la lutte pour se les approprier. D'un côté, l'internationalisation des échanges et la dérégulation au sein de l'Hexagone favorisent, bien plus, imposent, le recours généralisé au contrat, et à des contrats de plus en plus complexes et de plus en plus « sur mesure » puisque dans des situations de grande incertitude, la multiplication des clauses devient un moyen de réduire les risques de l'échange, tandis que la soumission aux règles du droit communautaire représente désormais, pour les entreprises, une contrainte inévitable de l'action économique et que, de plus, les opérations de Bourse, les fusions et acquisitions, les nationalisations et dénationalisations font appel, de façon répétée, à des compétences juridico-financières très spécialisées. Tout favorise la demande de services juridico-judiciaires pour les entreprises, plus souvent juridiques que judiciaires, et en tout cas fortement individualisées.

Devenu une industrie de la croissance, le droit des affaires, qui est associé à des honoraires élevés, suscite dès lors la convoitise et le redoublement de la lutte concurrentielle qui met aux prises les avocats, les experts-comptables, les grands cabinets américains qui se sont installés à Paris dès les années 1970, les grandes multinationales de l'audit – les *Big Eight* devenus aujourd'hui les *Big Four* – et les grands cabinets anglais. Deux ou trois décennies plus tard, quel est l'état du barreau d'affaires ? Avec prudence, il est possible d'indiquer que le barreau d'affaires rassemble entre 20 et 25 % des avocats en France et autour de 45 % des avocats parisiens

Alors que le barreau américain a connu deux vagues de concentration, la première qui a donné naissance aux « Wall Street Firms »[1] et la seconde, dans les années 1980-1990, aux méga-firmes juridiques[2], alors que le barreau anglais, par une histoire différente, connaît depuis longtemps une forte concentration[3], alors enfin, que les multinationales de l'audit concentrent des ressources humaines, financières et relationnelles imposantes, les taux de concentration atteints par une profession qui était encore, dans la France des années 1950-1960, très largement artisanale, sont restés modestes. D'une part, si l'on prend comme mesure de la concentration, le nombre d'associés rapporté à l'ensemble des avocats, on constate que le taux moyen qui était faible dans les années 1980 – autour de 3 – a diminué passant aujourd'hui à 2[4], mais cette évolution indique seulement que le nombre d'associés a augmenté moins rapidement que le nombre total des avocats. D'autre part, les classements des cabinets d'avocats montrent que la taille absolue des grands cabinets a augmenté ainsi que la concentration relative si bien que les 10 premiers dont les effectifs de « productifs » (associés, collaborateurs, administrateurs) varient entre 100 et plus de 1000, concentrent désormais plus de la moitié du chiffre d'affaires du barreau d'affaires.

La présence de quelques très grands cabinets d'avocats, la multiplication de cabinets moyens signalent que la profession a partiellement basculé sur le marché des affaires. Mais ce processus dans les pays anglo-saxons a commencé depuis plus d'un siècle si bien que le marché du droit des affaires parisien est dominé par une *lutte concurrentielle intense* alors que les *Big Four* et les cabinets anglo-saxons concentrent déjà plus de la moitié des effectifs et du chiffre d'affaires du barreau des affaires.

Le marché des particuliers a connu, lui aussi, une profonde transformation. Celle du nombre d'abord, sous la double influence de la pénétration du droit dans la vie économique et sociale et, depuis 1991, de l'accroissement de l'aide juridictionnelle. Là encore, on ne peut s'appuyer que sur des éléments indirects : en deux décennies, l'évolution officielle du nombre de procédures introduites au fond devant les juridictions civiles et commerciales, et tout particulièrement devant les

Tribunaux de Grande Instance (TGI) et les Cours d'appel devant lesquels la représentation par avocat est obligatoire, a été multipliée par trois[5]. Ce marché a été aussi marqué par une certaine différenciation, avec le développement d'anciens et nouveaux domaines du droit : divorce, contrats, consommation, environnement. Enfin, avec la crise économique dans le pays, la paupérisation d'une partie des familles de condition modeste a suscité le recours croissant à une aide juridictionnelle qui ne propose aux avocats que des rémunérations particulièrement faibles. Dans le même temps, les jeunes entrants, de plus en plus nombreux, tendent à se concentrer, au moins provisoirement, sur un petit nombre de domaines de particuliers comme les affaires familiales ou le petit pénal, et suscitent, là aussi, une intensification de la concurrence.

Une unité menacée ?

Dans quelle mesure, la dynamique économique a-t-elle transformé la profession relativement homogène des années 1950-1960, fondamentalement artisanale, orientée vers le judiciaire, socialement et culturellement intégrée ? L'évolution des formes et des degrés de la différenciation professionnelle ne peut être séparée du renouveau démographique et du processus de féminisation.

– Entre 1970 et 2001, le nombre d'avocats parisiens s'est élevé de 3 430 à 14 900* et entre 1970 et 1999 le nombre d'avocats français est passé de 7 482 à 35 300***.

– Le % de femmes à Paris, en 2000, et en France en 1999, s'élève à 46 % des avocats et à 64 % pour les avocats des 25-30 ans*.

– Dans les 130 premiers cabinets d'affaires, le pourcentage des femmes associés s'élève à 22 %**.

– En 2000, le pourcentage des diplômés du troisième cycle et de doctorats s'élève à 95 % des candidats à la profession*.

– Les collaborateurs, avocats individuels et avocats associés regroupent respectivement 24 %, 39 %, 37 % des effectifs à Paris* et 23 %, 43 %, 34 % des effectifs en France.

– Le revenu médian des avocats en France est passé entre 1979 et 1998 de 200 000 F à 226 900 F (en francs constants)****.

– À Paris, en 2000, le bénéfice médian des collaborateurs, des avocats individuels et des avocats associés s'élève respectivement à 174 138, 253 195 et 702 780 F*.

– À Paris, en 1998, 25 % des avocats ont un revenu inférieur à 135 000 F et reçoivent 4 % du revenu global de la profession tandis que 25 % ont un revenu supérieur à 463 628 et concentrent 46 % du revenu****.

* *Statistiques 2001*, Observatoire du Barreau de Paris.

** Barszcz, C., *La radiographie 2000 des cabinets d'avocats d'affaires*, Juristes Associés, 2000.

*** *Annuaire statistique de la Justice*, 2000, Documentation française, 2000.

**** CNBF (Caisse Nationale des Barreaux Français).

Dans les années 1960, la profession était une collectivité dont les effectifs étaient stables depuis longtemps, composée très majoritairement d'hommes dont l'âge moyen était relativement élevé : sans grandes perspectives de développement, la profession n'attirait plus guère les jeunes. En trois décennies, cette situation a complètement changé. Pour se limiter au barreau parisien (mais l'évolution est la même pour l'ensemble de la France), elle peut être résumée par trois constatations : les effectifs d'avocats qui n'avaient pratiquement pas bougé depuis la fin du XIXe siècle, ont été multipliés par 4, la profession ne cesse de rajeunir dans la mesure où le nombre d'entrants continue de rester élevé (entre 700 et 1 000 chaque année à Paris) et le taux de féminisation est passé de 30 % en 1970 à 46 % en 2000, étant entendu que ce taux est d'autant plus élevé que les catégories d'avocats sont plus jeunes et se définissent plus fortement par la clientèle de particuliers. Bien que nombre d'avocats s'en plaignent, ce « boom » démographique qui, il est vrai, suscite à court terme de nombreuses difficultés, représente la source centrale du dynamisme de la profession et cela d'autant plus que les nouvelles générations ont reçu, en moyenne, une formation juridique nettement supérieure à celle de leurs aînés.

Pendant la même période, la profession a reconduit, avec quelques changements, la hiérarchie *statutaire*. Elle était autrefois organisée autour de la relation du « patron » et des collaborateurs, elle contient, en plus, désormais, la position d'associé. Les effets de cette structure sur les écarts de revenu sont, pour les bénéfices moyens, 1,45 fois plus élevé pour les patrons par rapport aux collaborateurs, 2,8 plus élevé pour les associés par rapport aux patrons et 4 fois plus élevées pour les associés par rapport aux collaborateurs.

La profession s'est surtout réorganisée autour d'une nouvelle hiérarchie, celle des *spécialité*s qui est devenue, pour tous, la plus significative. Fondée sur les appartenances aux domaines du droit, elle exprime directement la diversité des *types de clientèle*. Dans les années 1990, sur la base de 14 spécialisations, elle se caractérisait par une forte corrélation de la hiérarchie de la compétence (évaluée par les avocats eux-mêmes), de la hiérarchie du prestige et de la hiérarchie du revenu avec, au sommet, les avocats de la Fiscalité, du Pénal financier, de l'International ou de la Propriété intel lectuelle et, à la base, les avocats du droit des Personnes, du Travail, des Accidents et du Pénal[6].

L'évolution globale de l'inégalité pendant les deux dernières décennies, qui mêle l'influence des deux formes de hiérarchie, conduit à constater que les 25 % des avocats qui reçoivent les revenus les plus faibles se partagent 4 % du revenu global de la profession et les 25 % qui reçoivent les revenus les plus élevés se partagent 46 % du revenu global étant entendu que les associés des cabinets d'affaires sont au sommet et les collaborateurs des cabinets de particuliers, parfois aussi certains jeunes artisans, sont à la base

L'inégalité économique n'est pas seulement un fait : elle distingue aussi les pratiques professionnelles. Une comparaison ideal-typique permet de confronter les deux pôles opposés. D'un côté, l'artisan s'inscrit fondamentalement dans le judiciaire, pratique le procès, revendique la plaidoirie, ne cesse de se déplacer (entre son bureau, les expertises, les tribunaux, les prisons etc), s'inscrit dans des réseaux denses de confrères, participe volontiers aux associations du Palais, se considère souvent comme le porteur de la tradition et fait le lien entre sa fonction et le public. De l'autre côté, l'avocat d'affaires de la grande firme ignore bien souvent le Palais, le tribunal et la plaidoirie, pratique des constructions juridiques complexes et se déplace entre son bureau et les réunions de négociation qui le mêlent aux industriels, banquiers, financiers, experts ; il revendique volontiers la logique du marché. Entre les deux, on discerne de multiples configurations professionnelles. L'inégalité que creusent de plus en plus les écarts économiques, sépare les pratiques, favorise la diversification des visées et des intérêts, et ordonne l'ordre symbolique qui la consacre. Dès lors tout semble conspirer, au moins dans les faits, à la mise en cause de l'unité de la collectivité.

Pourquoi la profession échapperait-elle au dualisme[7] ? Cette issue semble d'autant plus inévitable que le mécanisme le plus efficace de la protection de l'unité de la profession est en voie d'affaiblissement. Dans la « profession classique », la *sociabilité*, l'inscription dans des réseaux de relations interpersonnelles entre les avocats, façonnait une structure sociale invisible et résistante qui assurait la circulation de l'information, favorisait l'orthodoxie, renforçait et protégeait la conscience d'appartenance à la collectivité. Cette structure sociale rendait vivantes toutes les formes d'incarnation du collectif. Avec la participation nettement plus faible des avocats d'affaires à la vie judiciaire et la dispersion des tribunaux devenus trop nombreux pour se concentrer au Palais de Justice, la sociabilité recule pour ne subsister, sous cette forme, que parmi les avocats des particuliers. Désormais, de plus en plus, le nombre aidant, la relation impersonnelle tend à remplacer la relation personnelle.

Une cause permet d'expliquer le maintien de l'unité de la collectivité : la présence d'un barreau intermédiaire. Situé entre le barreau d'affaires et le barreau des particuliers, il se définit par une clientèle mixte, par des pratiques judiciaires *et* juridiques, par la combinaison de la logique du public et de la logique du marché. Il exerce, de fait, une fonction cruciale de stabilisation et de compromis, entre les deux fractions extrêmes. Et, en même temps, il représente un espace de mobilité individuelle qui autorise de nombreuses réussites professionnelles. Malheureusement, depuis les années 1980, à part quelques données fort partielles, on ne connaît plus son évolution numérique alors que l'enjeu pour la profession est central.

La différenciation fait son œuvre : elle provoque l'hétérogénéité croissante des connaissances, des pratiques, des intérêts, des idéologies et des visées. Est-ce que la séparation ne serait pas nécessairement inscrite dans cette évolution ? Il faut remarquer qu'une évolution similaire de la société globale ne semblerait pas devoir produire mécaniquement cette conséquence.

Conclusion

En trois décennies, la profession a connu un véritable renouveau mais aujourd'hui, tout semble conspirer à la désorganisation de la collectivité : le barreau d'affaires après un brillant développement est désormais soumis à une concurrence internationale qui met en cause le maintien aux premières positions des cabinets franco-français sur le marché du droit des affaires, la différenciation des spécialités associée aux types de clientèle provoque un renforcement spectaculaire de l'inégalité économique et symbolique, la multiplication du nombre de jeunes entrants concentrée sur une courte période rend difficile le démarrage du métier, les intérêts collectifs sont de plus en plus contradictoires, l'efficacité des mécanismes d'intégration est désormais limitée tandis que s'efface progressivement l'ancienne identité collective dominée par le politique. Tout semble favoriser, comme aux États-Unis, la séparation du barreau d'affaires et du barreau des particuliers. L'explication avancée par les acteurs pour rendre compte de ce mouvement apparemment irrésistible, tient à la dynamique du marché. C'est elle qui, dans le même mouvement, approfondirait les écarts économiques, sociaux et symboliques et ferait disparaître les mécanismes d'intégration qui préservaient l'unité de la collectivité. Pour vraisemblable qu'il puisse paraître l'argument ne semble pas décisif.

Un autre point de vue sur cette évolution met en avant les traits nouveaux partagés avec d'autres professions : impersonnalité croissante des relations entre les avocats qui varie cependant selon les barreaux, féminisation, augmentation du niveau de formation des candidats à la profession, accroissement de la distance économique, sociale et politique, difficultés matérielles de la « base ». Une telle évolution devrait être rattaché au double mouvement d'accroissement rapide et massif des services[8] et aux exigences de qualification de plus en plus sévères. Là encore, mais sous une forme plus générale, le principal principe de transformation serait le marché. Cependant, quelques traits de l'évolution des avocats semblent s'écarter de ces deux perspectives : le renouveau économique de la profession se confond largement avec le développement du barreau d'affaires, le sommet de la profession est occupé par deux élites, l'une s'enracine dans les grands cabinets d'affaires et l'autre, « politique », se définit par l'exercice du pouvoir professionnel, les jeunes entrants pourvu qu'ils disposent des diplômes adéquats peuvent aussi faire des carrières brillantes et rapides, les avocats ont certes perdu une identité véritablement commune, mais chacun des deux barreaux a reconstitué une identité particulariste.

Quelles que soient les configurations de traits nouveaux sur lesquels on insiste, le rattachement au marché est indispensable mais cette constatation ne vaut pas interprétation. Avant de formuler celle-là, il faut prendre la mesure d'une spécificité des avocats (qu'ils partagent avec quelques autres professions) : par délégation de l'État, la profession dispose d'une capacité d'autogouvernement. Accepter la thèse de la toute puissance du marché c'est accepter qu'aucune action collective ne puisse la canaliser et qu'en somme le pouvoir professionnel serait condamné à l'impuissance. Là se situe l'origine du malaise des avocats : dans la conscience d'un écart apparemment insurmontable entre les nouveaux défis et les ressources collectives disponibles. Est-ce que ce sentiment collectif est justifié ?

La profession se trouve confrontée à un ensemble d'interrogations cruciales : comment affronter la concurrence internationale de plus en plus intense alors que les cabinets d'affaires français

– à quelques rares exceptions près – ne disposent pas, apparemment, de ressources comparables à celles de leurs concurrents étrangers ? Comment « construire » de nouveaux marchés en utilisant éventuellement des techniques comme le *marketing* et la publicité ? Comment favoriser une meilleure répartition géographique des avocats ? Comment éviter la répétition des scissions qui entravent le développement des cabinets français ? Comment favoriser la création de nouvelles formes d'organisation et de production de services juridico-judiciaires pour les particuliers qui permettraient d'obtenir une rentabilité tout en élargissant l'accès au droit ? Comment rendre visibles les différences de qualité entre les services des avocats ? Comment refonder une confraternité sans laquelle la vie professionnelle quotidienne devient intenable ? Comment instaurer des débats internes qui permettent aux avocats de retrouver une (ou des) perspectives générales sur leur profession, sur la justice, sur les changements de relation entre le droit et la société ? Comment renouer un lien significatif avec la société ?

Les difficultés que rencontre la profession sont nombreuses ; elles le sont d'autant plus que le gouvernement de l'Ordre refuse avec obstination de s'engager dans une fonction stratégique ou « politique ». Cantonné dans l'exercice de la fonction gestionnaire, il refuse, de façon parfaitement cohérente, de mobiliser les ressources et les alliances qui le conduiraient à redéfinir la forme d'utilité du pouvoir professionnel. Sous cette condition, les évolutions, les difficultés et les crises, le marché lui-même d'ailleurs, prennent une forme quasi-naturelle et s'imposent donc de façon irrésistible. Mais *la dynamique du marché ne tire sa toute-puissance que de l'absence du politique.*

Cette constatation ne met nullement en cause la bonne volonté de ceux qui se sont succédés au pouvoir : elle tire les conséquences d'une structure politique. Pour le dire en une phrase : un gouvernement collégial ordonné autour du moindre pouvoir est impuissant face aux problèmes et enjeux actuels. En somme, la figure classique du gouvernement de l'Ordre est devenue l'obstacle central au développement de la profession. Et du coup, la profession d'avocat a largement partagé le sort d'autres professions qui ne disposaient pas de cet atout fondamental. *Elle a donné la préférence à l'impuissance sur la réforme.*

L'action du pouvoir se cantonne dès lors aux tâches de gestion et le rapport au politique, qui fondait la relation globale à la société, se trouve désormais remplacé par le discours sur la valeur de la déontologie, qui a une longue histoire dans la profession et qui présente deux avantages éminents : d'une part, il est partagé par tous depuis peu de temps, il fonde un discours unitaire et il représente un mécanisme d'intégration générale, d'autre part, par rapport aux concurrents, il représenterait un trait différentiel qui devrait pouvoir être converti en atout concurrentiel sur le marché[9].

Dans les situations de grande incertitude, devant des problèmes d'une grande complexité, qui ont au surplus changé d'échelle, le gouvernement de l'Ordre ne dispose tout simplement pas, et ne peut disposer, de la volonté, du pouvoir et des ressources nécessaires pour imaginer et conduire, autant que faire se peut, le changement. La profession d'avocat manifeste donc la tension croissante entre l'efficacité et l'hyper-démocratie. Le refus de concevoir à temps une nouvelle figure du pouvoir pourrait bien lui faire perdre l'une et l'autre.

NOTES

1. SMIGEL, E. O., « *The Wall Street Lawyer : Professional Organization Man ?* », Bloomington, Indiana University Press, 1964.
2. GALANTER M., « Mega-Law and Mega-Lawyering » *in* the Contemporary United States *in* Dingwall, R., Lewis, P., ed., *The Sociology of the Professions : Lawyers, Doctors and Others*, Macmillan, 1983, p. 152-76 ; GALANTER, M., PALAY, T., « The Transformation of the Large Law Firm » *in* Nelson, R. L., Trubek, D. M., Solomon, R. L., ed., *Lawyers'Ideals and lawyers' Practices : Transformation in the American Legal Profession*, Cornell University Press, 1992, p. 52-116 ; NELSON, R. L., *Partners with Power. Social Transformation of the large law firm*, Berkeley, University of California Press, 1988.
3. THOMAS, P., ed., *Tomorrow's Lawyers*, Basil Blackwell, 1992.
4. Le chiffre est calculé pour Paris, mais le phénomène est général.
5. COULON, J.-M., *Réflexions et propositions sur la procédure civile*, Rapport à Monsieur le Garde des Sceaux, ministre de la Justice, 1996.
6. KARPIK, L., *ibid.*, p. 290-292.
7. HEINZ, J. P., LAUMANN, E. O., *Chicago Lawyers*, Basic Books, New York, 1983. Cette étude montre que dès les années 1980, les avocats de Chicago, se rassemblaient dans deux « hémisphères » distincts et séparés, composés, d'une part, des avocats des grandes sociétés et, de l'autre, des avocats des particuliers et des petites entreprises.
8. GADREY, J., « La Modernisation des services professionnels », *Revue Française de Sociologie*, 2, 1994, p. 163-95.
9. Ce qui n'était, au mieux, qu'une prédiction auto-créatrice devient plus réaliste depuis la disparition, au milieu d'un scandale mondial, du cabinet d'audit multinational Arthur Andersen qui disposait, en France, d'un important département d'avocats, « Andersen Legal », qui occupait les 4e ou 5e rangs, selon les critères employés, dans le classement des cabinets français. Il est encore trop tôt pour déterminer les effets de cet effondrement et en particulier les conséquences de la méfiance qui pèse désormais sur les autres cabinets d'audit : elles risquent cependant d'être importantes et plutôt favorables aux cabinets spécifiques d'avocats.

V. QUELLES RÉPONSES…

Olivier Da Lage

Benoît Grevisse

Thierry Watine

Olivier Da Lage
Radio France Internationale (RFI)
Syndicat National des Journalistes (SNJ)
Commission de la carte d'identité des journalistes professionnels

LES COMBATS SYNDICAUX

Les syndicats de journalistes, dont les membres rassemblent environ 15 % des journalistes français, sont des structures très légères et aux ressources financières modestes, surtout lorsqu'on les compare à leurs homologues européens. Pourtant, leur influence sur les dossiers qu'ils traitent est bien supérieure à ce que l'état des forces pourrait faire croire. De ce point de vue, le succès du combat pour la défense de l'abattement fiscal (les « 30 % ») entre 1995 et 1998 a constitué un point fort et fédérateur pour les journalistes. En dépit de l'indifférence de la société française et de l'hostilité presque unanime de la classe politique, les journalistes, appuyant leurs syndicats, ont réussi à inverser une tendance extrêmement défavorable et à préserver un statut fiscal remontant à 1934. Un autre combat, engagé par les syndicats de journalistes en 1998, a connu le succès : celui pour la reconnaissance des droits d'auteur des journalistes. La composante éthique de ce combat, souvent présenté comme une affaire de gros sous, est largement méconnue. C'en est pourtant une composante essentielle à travers la défense du droit moral. La plupart des accords droits d'auteur conclus comprennent un volet déontologique et des clauses de mise en œuvre du droit moral. Par ailleurs, dans les procès remportés par les journalistes contre leurs employeurs sur le terrain du droit d'auteur, l'un d'eux portait exclusivement sur la violation de son droit moral.

Bien que ces combats s'apparentent au « syndicalisme de bifteck », ils ont été très fédérateurs dans la profession et ont rendu aux syndicats une confiance qu'ils avaient parfois en partie perdue sur leur capacité à influer sur le cours des choses.

En effet, la lutte contre la concentration de la presse est une succession d'échecs : les ordonnances de 1944 étaient lettre morte avant d'être abrogées par les nouvelles lois des années 1980, pas davantage appliquées. Ainsi, lorsqu'en 1993, SNJ et CFDT ont contesté en justice l'acquisition des DNA par le groupe Hersant au motif que le seuil de diffusion de 30 % imposé par la loi à la demande du Conseil constitutionnel était dépassé, une succession d'expertises a fini par nier l'évidence au bout de quatre ans, tandis qu'entre temps, la réalité financière n'avait cessé d'évoluer au sein du groupe Hersant et de ses alliés. Le coût de ces expertises supporté par des syndicats impécunieux ne peut qu'avoir valeur dissuasive pour l'avenir. De même, la limitation de la prise de participation étrangère au-delà de 20 % du capital de journaux français par des groupes européens se heurte au droit de la concurrence de l'Union européenne : les capitaux européens ne sont en effet plus considérés comme capitaux étrangers.

La question déontologique

Mais les syndicats ne laissent pas de côté pour autant la question déontologique. Depuis plus d'une décennie, la société française tout entière s'est emparée du débat sur le traitement de l'information par les médias, naguère restreint à un cercle d'universitaires et de journalistes. À jet continu, d'innombrables initiatives, tribunes, colloques se sont succédé, télescopés, copiés, renforcés mutuellement, témoignant d'un désir collectif de ne plus laisser le sujet retomber une fois la crise passée. Si les journalistes ont perdu le quasi-monopole qu'ils détenaient sur ce débat, la contribution qu'ils y apportent n'en est pas devenue inintéressante pour autant. Le plus souvent, leur voix s'exprime par le biais d'associations comme les différentes sociétés de rédacteurs (ou de journalistes), Reporters Sans Frontières (RSF), ou à travers les interventions de quelques journalistes connus. Dans ce bouillonnement roboratif, les syndicats de journalistes semblent manquer à l'appel. « Semblent » seulement, car la réflexion sur la déontologie journalistique y est en réalité intense et passionnée et a fourni au fil des ans le thème central de plus d'un congrès syndical. Mais cette intensité et cette passion ne paraissent pas pouvoir franchir les limites du cercle de leurs adhérents.

Dans une profession faiblement syndicalisée – quoique, avec un taux de syndicalisation de l'ordre de 15 %, les journalistes se situent au-dessus de la moyenne nationale – la faute en revient probablement en grande partie aux syndicalistes eux-mêmes, qui peinent à faire entendre leur voix. Mais pas seulement. Dans leur ensemble, les journalistes semblent éprouver un malaise à rendre compte de l'activité de leurs propres syndicats. Alors que les journaux « couvrent » les initiatives et les congrès de la plupart des organisations professionnelles en dehors du secteur de la presse, on est frappé par la discrétion, pour ne pas dire l'autocensure, dont font preuve les titulaires des rubriques « médias » dès lors qu'il s'agit de rendre compte de l'activité des syndicats de journalistes, dont les congrès sont presque systématiquement passés sous silence. Cette omission est d'autant plus marquante que ces mêmes rubriques ont à cœur de publier la liste complète des membres du bureau d'associations de journalistes spécialisés qui comptent généralement tout au plus une cinquantaine de membres.

Alors que, pour traiter des problèmes déontologiques des policiers, gardiens de prison, magistrats, médecins, infirmières, pilotes de ligne, etc., les médias ne manquent pas d'interroger les dirigeants syndicaux des professions concernées, cela ne se produit *jamais* lorsqu'il s'agit des journalistes. En revanche, journaux, radios et télévisions, font systématiquement – le mot n'est pas trop fort, tant la démarche tient désormais du réflexe – appel au secrétaire général de RSF, ou, pour des sujets plus « localisés », aux Sociétés des journalistes du titre concerné. Éventuellement, les directeurs de journaux ou présidents de chaînes sont également considérés comme des interlocuteurs valables. À l'évidence, tous ces acteurs de la vie des médias sont légitimes dans l'expression d'une opinion sur la déontologie journalistique. Mais d'où vient que, sur le même sujet, les syndicats de journalistes ne le seraient pas ?

Tout se passe comme si, par consensus, il était admis que la tâche des syndicats de journalistes consistait à négocier au mieux les salaires, les indemnités de licenciement ou les frais kilométriques, à l'exclusion de toute préoccupation d'ordre éthique qui relèverait, en ce cas, d'une malsaine tentative de récupération à des fins électoralistes en vue des élections professionnelles à venir. L'attitude de nombreux journalistes à l'égard du syndicalisme est elle-même ambiguë : s'occupe-t-il de déontologie, on le ramène prestement à « la défense du bifteck » ; mais qu'il défende l'abattement fiscal des journalistes et on lui brandit la charte ! De ce point de vue, la division des syndicats français de journalistes n'arrange rien, au point qu'il arrive souvent que cette rivalité parfois vivace occulte complètement un accord total sur le fond des problèmes de la profession.

Il se trouve que, de par la loi, les syndicats professionnels ont pour mission de défendre les « intérêts matériels et *moraux* » de leurs mandants (article L. 411-1 du Code du Travail). Pour nulle autre profession, peut-être, le second terme de la mission ne pèse aussi lourd, à la fois par nature et de par l'histoire même du syndicalisme journalistique.

Dès sa création, en mars 1918, le Syndicat des journalistes (qui deviendra plus tard le Syndicat National des Journalistes) se donne pour double mission de doter la profession d'un statut et de la moraliser. C'est ainsi qu'en juillet 1918, le syndicat publie une « charte des devoirs et des droits professionnels » qui, légèrement révisée en 1938, demeure à ce jour la principale référence déontologique de la profession, bien au-delà de la sphère d'influence du SNJ. On notera que, déjà, le terme de « devoirs » précède celui de « droits ». Il en ira de même, en 1971, de la charte adoptée à Munich par l'ensemble des syndicats européens de journalistes. Le premier numéro de la publication du Syndicat des journalistes, édité en décembre 1918, porte un sous-titre éloquent qu'il conservera de nombreuses années : « Association de défense et de discipline professionnelles ».

L'idée des fondateurs du syndicat (comme, plus tard, celle qui dominera parmi les résistants désireux de rénover la presse à la Libération) est en effet que les structures légales idoines ainsi que la volonté de la majorité des journalistes se conjugueront pour moraliser la profession et en tenir à l'écart les éléments douteux. C'est l'espoir que les promoteurs de la loi du 29 mars 1935, dotant les journalistes français d'un statut professionnel protecteur, placent en la Commission de la carte, chargée de délivrer un document d'identité attestant de la qualité de journaliste professionnel de son détenteur. Pour le député Émile Brachard[1], rapporteur du projet de loi, qui lit solennellement la Charte de 1918 à la tribune de la Chambre des Députés, il ne fait aucun doute que la Commission de la carte aura à cœur de trier le bon grain de l'ivraie : « Chez les délégués professionnels qui y siégeront, on ne rencontrera point de complaisance. Ils auront trop à cœur de défendre leur profession contre les amateurs et l'on peut être sûr que nulle carte d'identité ne sera accordée qu'à bon escient ». Dès le vote de la loi, le SNJ exulte : « L'ordre des journalistes est réalisé »[2].

Les limites du droit

C'est bien ainsi que l'entendent les premiers membres de la Commission de la carte. La charte de 1918 proclamait qu'un journaliste professionnel digne de ce nom « ne reconnaît que la juridiction de ses pairs, souveraine en matière d'honneur professionnel ». Il ne fait guère de doute, à leurs yeux, que c'est à la toute nouvelle Commission de la carte de remplir ce rôle[3]. C'est du reste ce qui se passera à la Libération lorsque, par l'ordonnance du 30 septembre 1944, la Commission se voit officiellement confier une mission d'épuration afin d'écarter tous les journalistes qui se sont compromis dans la collaboration. Cette mission subsistera jusqu'en 1946[4]. Mais, *a contrario*, l'exception qu'a représenté la période de l'épuration, appuyée sur le texte de l'ordonnance, met en évidence que la Commission de la carte n'a juridiquement aucune compétence en matière déontologique. Il en va de même de la « charte des journalistes », dont les syndicats demandent en vain depuis des décennies qu'elle soit annexée à la convention collective. Les fédérations d'employeurs s'y sont constamment opposées. À la vérité, il existe deux exceptions : l'audiovisuel public, dont l'avenant à la convention collective des journalistes entré en vigueur en 1983 précise en son article 5.1 que « les journalistes exerçant leur profession dans l'une des entreprises signataires tiennent pour règle de leur activité professionnelle la Charte des devoirs du journaliste publiée par le Syndicat National des Journalistes en juillet 1918 et complétée le 15 janvier 1938 et figurant en annexe » ; l'accord d'entreprise de TF1, conclu après sa privatisation, reprend cette disposition. Avec le recul de l'expérience, force est cependant de constater que le fait d'avoir donné un fondement juridique à la charte ne lui a pas, en pratique, donné une vigueur supérieure que dans le reste de la profession ou sa valeur est avant tout morale. Il en va de même d'une disposition de l'alinéa suivant de l'article 5.1 de l'avenant audiovisuel, qui stipule que le journaliste « ne peut être contraint à accepter un acte contraire à son intime conviction professionnelle ». Cette clause, exorbitante du droit commun, a une portée théorique considérable et est opposable juridiquement à l'employeur. En pratique, elle n'a jamais été invoquée depuis son entrée en vigueur.

S'agissant de la Commission de la carte, on a vu que rien, dans les textes la régissant, ne lui permettait de refuser ou de retirer une carte de presse au motif que le demandeur aurait commis une infraction à la déontologie. Il n'en demeure pas moins que dans l'inconscient collectif, tant chez les journalistes qu'à l'extérieur de la profession, il existe bien une corrélation entre la détention de la « carte » et le respect de certaines normes professionnelles. C'est pourquoi, le 4 février 1992, la Commission de la carte, prenant acte du vigoureux débat public qui s'était instauré dans l'opinion sur les « dérapages » commis par certains médias dans la couverture de la guerre du Koweït, a adopté à l'unanimité le communiqué suivant :

> « Face au discrédit dont les médias font l'objet dans l'opinion publique, si l'on en croit les sondages, et compte tenu des conditions de plus en plus scabreuses qui président à la collecte de l'information – âpreté de la concurrence, hantise de l'Audimat, recherche du *scoop* à tout prix, poids de la publicité, vitesse accélérée de la transmission des nouvelles, réduction du temps nécessaire à leur vérification, etc. – la Commission de la carte d'identité des journalistes professionnels, organisme paritaire de droit public créé par la loi du 29 mars 1935 portant statut du journaliste, appelle ses quelque 27 000 ayants droit à la plus grande vigilance.
>
> La Commission rappelle que, contrairement à une idée répandue, elle n'a pas de prérogative déontologique comme il en est d'un ordre (médecins, avocats...). Mais elle reconnaît un professionnalisme fondé, en principe, sur la connaissance des textes régissant le droit de la communication et l'observance d'une éthique.
>
> Devant la cascade de « dérapages » qui sapent la crédibilité des journalistes et des médias, la Commission de la carte estime de son devoir d'appeler solennellement les éditeurs et les journalistes, chacun selon ses responsabilités, à conjuguer leurs efforts pour donner un coup d'arrêt à cette dangereuse dérive »[5].

Ce texte, très mesuré, élargissait volontairement le spectre des causes qui engendraient ces dérapages. Sur proposition de Claude Durieux (SNJ), président en exercice, il avait été adopté de façon consensuelle au sein de la Commission, composée paritairement de syndicalistes élus par les journalistes et de représentants désignés par les éditeurs. Mais le président de la Fédération nationale de la presse française, Jean Miot, réagit violemment à cette prise de position, la qualifiant dans un communiqué de « saugrenue ». Pour lui, « c'est au journaliste, et à lui seul, qu'il revient de déterminer les limites de sa liberté d'expression. C'est là qu'intervient l'arbitrage de l'éthique. Celle-ci relève de chaque journaliste, de chaque rédaction ». Cette réaction a eu un résultat visible : dans les années qui ont suivi, le collège patronal au sein de la Commission a fait preuve d'une grande frilosité chaque fois qu'étaient abordées des questions touchant à la déontologie. Mais il reflétait aussi une conviction profonde ancrée chez nombre d'éditeurs : la déontologie n'est pas, ne doit pas être l'affaire des syndicats de journalistes. À leurs yeux, elle ne regarde que le journaliste et son employeur.

La spécificité de la démarche déontologique des syndicats

C'est là qu'apparaît la spécificité syndicale dans l'approche de la déontologie des journalistes qui n'est pas perçue comme un débat philosophique éthéré mais s'enracine dans une pratique concrète de tous les jours. Les nombreux articles de chercheurs, hommes politiques, intellectuels extérieurs à la profession pèchent, aux yeux de nombreux journalistes de terrain, par une conception quelque peu désincarnée de l'exercice de la profession. On y envisage l'accélération du temps médiatique sans mise en contexte, la notion de concurrence est présentée de façon abstraite, etc. Il en va souvent de même des textes émanant d'ONG ou d'associations non syndicales. Si toutes ces approches ont leur validité, elles ont en commun d'omettre, souvent par méconnaissance mais, parfois, délibérément, les conditions matérielles et morales de l'exercice du métier de journaliste. Or, ce dernier est un salarié, rattaché à son employeur par un lien de subordination.

Certes, il ne s'agit pas ici de dire que, lorsque dérapage il y a, le journaliste est exonéré de toute responsabilité et que la faute en incombe nécessairement à l'employeur et à lui seul. Mais il ne saurait être non plus question d'évacuer sans débat la responsabilité de ce dernier dans la chaîne de causalités ayant conduit à une dérive déontologique. Concentration des entreprises de presse détenues par quelques grands groupes, souvent dominants dans une industrie (armement, luxe, distribution, BTP, etc.) ; manque de moyens de reportage ; sédentarisation croissante de journalistes qui ne peuvent plus, ou fort difficilement, vérifier toutes les informations avant parution ; précarisation croissante et recours massif à des pigistes sous-payés déguisés en « correspondants locaux de presse » pour ne pas avoir à payer de charges sociales mais qui interviennent directement, sans relecture préalable, contrairement à la loi, sur l'ordinateur central qui gère la publication du journal ; téléguidage en direct d'un envoyé spécial sur une zone de conflit par un rédacteur en chef qui, pour toutes sortes de raisons, a choisi de marginaliser les spécialistes de la zone que compte la rédaction, etc. Au fil des années, les syndicats de journalistes ont dénoncé ces travers au moyen de la publication de nombreux « livres blancs »[6]. Autant de réalités que vivent au quotidien des milliers de journalistes et, même le sujet est fugitivement abordé, dont il n'est que rarement question dans les nombreux commentaires des « observateurs de la déontologie ». La parole syndicale est d'ailleurs d'autant plus nécessaire sur le sujet qu'à l'intérieur même de l'entreprise, le sujet est généralement tabou pour les journalistes concernés, car il met directement en cause leur hiérarchie. Que dire alors des conditions d'exercice du métier par des pigistes dont les collaborations futures dépendent directement de leurs bonnes relations avec la hiérarchie rédactionnelle ! On comprend alors mieux pourquoi l'activité syndicale se consacre au premier chef à la précarisation. Si les pigistes représentent 17,15 % des détenteurs de la carte[7], il convient bien sûr d'y rajouter les titulaires de CDD qui ne sont pas toujours comptabilisés comme pigistes par la Commission. Les syndicats ont le plus grand mal à faire appliquer la loi Cressard (1974), qui fait du journaliste pigiste un salarié, d'abord par les employeurs, ensuite par des organismes publics ou parapublics comme le fisc, l'Urssaf ou l'Unedic. Cette dernière refuse l'indemnisation du chômage des pigistes, en contravention avec la législation. En revanche, les syndicats ont remporté des succès judiciaires en faisant condamner la succession de « CDD d'usage » se substituant au CDI qui doit rester la norme. La paupérisation de nombreux journalistes en situation précaire les conduit souvent à accepter des collaborations non-journalistiques, dans la presse d'entreprise, les collectivités territoriales ou des agences de conseil en communication. Dès lors que ces collaborations deviennent majoritaires, l'intéressé perd son statut de journaliste. Si la plupart sont conscients de ce glissement, beaucoup, en revanche, se vivent toujours comme journalistes alors même que leur activité relève essentiellement de la communication, voire de la publicité.

On conçoit que ce genre de thème puisse être délicat à aborder lorsque des colloques sur la déontologie journalistique sont organisés sur financement d'entreprises de presse ou de leurs fédérations patronales. On comprend mieux aussi pourquoi, lorsque de telles manifestations sont montées, aucun intervenant représentant un syndicat de journalistes n'est convié à y participer. La décennie 1990-2000 a été riche de tels colloques et publications. Rapports officiels, semi-officiels, parlementaires, universitaires, administratifs ou ministériels, articles en tout genre ont proliféré. Somme tout, le bilan est largement positif pour l'ensemble des acteurs car il est permis de penser que dans ce foisonnement de réflexions dont beaucoup se sont inspirées d'exemples étrangers, l'ensemble des cas de figure a été imaginé. Désormais, la question apparaît dans toute sa complexité, ce qui n'était pas nécessairement le cas au début des années 1990, lorsque d'un côté, un certain nombre de *leaders* d'opinions envisageaient la création d'un Haut conseil de la déontologie, chargé de sanctionner les manquements (certains envisageaient de confier cette tâche au CSA) et que de l'autre, beaucoup de jeunes journalistes, effarés par l'image détestable que leur renvoyait la société du métier qu'ils avaient choisi, étaient, contrairement à leurs aînés, tentés par une telle solution afin de se laver, individuellement et collectivement, de tout soupçon de complaisance corporatiste. Les éditeurs de presse, sans surprise, se sont opposés à cette solution, réitérant sans cesse le point de vue évoqué plus haut, à savoir que la déontologie est l'affaire des seuls directeurs de publication et de la conscience individuelle des journalistes. Afin qu'il ne soit pas dit qu'ils sous-estimaient le problème, plusieurs d'entre eux ont adopté des chartes d'entreprises, d'ailleurs davantage « octroyées » que négociées avec leurs rédactions. Pour leur part, les syndicats de journalistes ont continué à batailler en vain pour la reconnaissance de l'équipe rédactionnelle et l'incorporation de la charte des journalistes dans la convention collective. Ponctuellement, ils ont réussi dans quelques rares journaux, à instituer un « conseil de rédaction » doté de compétences déontologiques, mais le bilan, qui reste à tirer, n'est pour l'heure pas généralisable. Et les syndicats disposent d'une autre source d'influence : le contrôle paritaire des écoles de journalisme reconnues par la profession. À ce titre, ils ont, avec d'autres, demandé aux écoles de journalisme de renforcer l'enseignement de la déontologie. Mais la crise très sévère traversée par plusieurs écoles et l'évolution commerciale qui s'en est suivie a été vécue douloureusement par les syndicats de journalistes, impuissants à freiner cette dérive alors que les fédérations patronales y voyaient l'occasion de sortir du paritarisme ou de le réduire à une fonction symbolique. Dans le même temps, l'inflation des droits de scolarité renforce l'élitisme d'écoles dont les étudiants sont, pour le moins, très éloignés du profil de la société française dans son ensemble.

Conclusion : une ouverture vers l'extérieur

Les journalistes eux-mêmes ont parcouru un chemin considérable dans leur approche du problème. Certes, dans leur écrasante majorité, ils demeurent farouchement hostiles à l'institution d'un organisme chargé de réprimer les « fautes » contre l'éthique journalistique, mais contrairement à l'approche dominante quelques années auparavant, il n'y a désormais pratiquement plus de réticence de leur part – et de la part de leurs organisations syndicales – à ce que des acteurs extérieurs à la profession participent avec eux, et non concurremment, à la réflexion sur les moyens d'améliorer la situation, le sentiment étant désormais qu'il ne s'agit pas d'une mise en accusation collective systématique, mais d'une démarche dans laquelle chacun a quelque chose à gagner. En octobre 2001, l'organisateur du congrès annuel du SNJ ouvrait les travaux en affirmant : « laisser le débat sur l'information aux seuls journalistes, ce serait comme laisser le débat sur la guerre aux seuls militaires ! » Il semble désormais admis que dans le domaine de la déontologie journalistique, il faille aussi faire coexister les différentes pistes envisagées, au lieu de chercher une solution unique à une question si complexe. C'est en ce sens que plusieurs syndicats de journalistes (SNJ et CFDT, notamment) ont participé à la mise en œuvre des Entretiens de l'information dont la première édition s'est tenue en août 2001 dans le cadre de l'université de la Communication d'Hourtin.

NOTES

1. Rapport BRACHARD, *Le Journaliste*, supplément au n° 234, 2e trimestre 1995. Cf. aussi le site de la Commission de la carte [www.ccijp.org], rubrique « historique ».
2. *Le Journaliste*, juin 1935. Lire aussi Olivier DA LAGE, « Le Premier statut des journalistes », *Le Monde*, 2-3 avril 1995.
3. Au cours de la même période, pour ce qui le concerne, le SNJ fait trancher par sa propre commission de discipline des différends d'ordre déontologique (cf. *Le Journaliste*, 1935-1937).
4. Christian Delporte, L'épuration professionnelle des journalistes (1944-1948) *in* « L'Identité professionnelle des journalistes », *actes du colloque de Strasbourg*, 25 et 26 novembre 1994, Alphacom, CUEJ.
5. *In* « Livre blanc de la déontologie des journalistes ou De la pratique du métier au quotidien », SNJ, automne 1993.
6. Cf. en particulier le « Livre blanc de la déontologie des journalistes… », *op. cit.*
7. Au 1er janvier 2002, source CCIJP.

Benoît Grevisse
Observatoire du Récit Médiatique à l'université catholique de Louvain

LÉGITIMITÉ, ÉTHIQUE ET DÉONTOLOGIE

L'engouement pour l'éthique et la déontologie est sans doute moins, aujourd'hui, le signe d'un regain de légitimité des journalistes qu'un signe de plus des faiblesses inhérentes à cette profession. Il est à la fois le témoin d'une recherche identitaire parfois menée sur le terrain mythologique, voire idéologique, et la réponse sincère ou dilatoire aux critiques publiques. L'éthique journalistique est sans aucun doute en partie instrumentalisée. En tant que questionnement, elle n'en demeure pas moins un mode pertinent de réponse aux défis analysés dans ce numéro d'*Hermès*.

En matière journalistique, comme en d'autres champs, on distingue habituellement le droit, corps de normes contraignantes appliquées de l'extérieur de la profession et sans son accord nécessaire, de la déontologie, corps de normes codifiées par la profession elle-même, et que le raisonnement éthique légitimerait et compléterait. L'éthique, selon l'acception la plus classique, désigne la zone de réflexion personnelle de recherche du bien professionnel, là où l'énoncé de la règle déontologique ne suffit pas à apporter une réponse satisfaisante.

A priori, toute profession peut distinguer ses droits et ses devoirs. La déontologie caractérise cependant un certain type de professions, élaborées, le plus souvent libérales. « Ces professions appelées libérales sont liées par une discipline commune qui crée un esprit de fraternité, de haute compétence scientifique et de service public », estimait Léon Duwaerts[1]. « Cette discipline commune s'est étendue à de nombreuses professions, notamment à celles des pharmaciens et des architectes, dont la raison d'être primordiale est de servir l'intérêt général et dont le but lucratif n'est que – et doit rester – secondaire. Cette définition s'applique entièrement à l'état des journalistes, sous toutes ses formes. Les règles professionnelles prescrivent des devoirs envers la science, la vérité, le public, les collègues et la société en général. Elles concernent également les journalistes de la presse, du son et de l'image ».

Cette conception libérale classique semble donc renforcer l'identité et l'unité de la profession journalistique. Elle inscrit le journalisme au cœur du contrat social. Au régime du secret des pouvoirs se substitue celui de l'opinion et de son expression. Le droit d'être informé s'instaure sous des reconnaissances constitutionnelles diverses. « Toute personne a le droit à la liberté d'expression. Ce droit comprend la liberté d'opinion et la liberté de recevoir ou de communiquer des informations ou des idées sans qu'il puisse y avoir ingérence d'autorité publique et sans considération de frontière », affirme la Convention européenne des droits de l'homme en son alinéa premier de l'article 10.

L'usage courant a fréquemment dénaturé ce principe, en mettant en exergue un « droit de savoir ». Il y a là la trace d'une confusion des cadres fondateurs qui fait qu'aujourd'hui, l'éthique et la déontologie, qui devraient renforcer la légitimité journalistique, éprouvent de nombreuses difficultés à le faire. De nombreux juristes ont noté la distorsion établie par ce « droit de savoir ». « L'usage courant du terme *droit* est ambigu », note ainsi François Jongen, « nombre de textes paraissent garantir un droit de recevoir (*freedom to*) alors qu'ils n'ouvrent en fait qu'une liberté de réception (*freedom from*) »[2]. Dans ce régime, la presse est invitée à exercer un contrôle démocratique, par délégation du public. On inscrit donc la presse dans un renversement de cadre : « Au commencement – c'est-à-dire avant la révolution et avant la reconnaissance de la liberté de presse – la presse était unie à l'État pour dominer le citoyen. Ensuite (...) la presse et le citoyen furent naturellement unis comme contre-pouvoir de l'État »[3].

Une réflexion imposée

La déontologie des journalistes, tout comme la régulation des médias, s'inscrit dans une évolution longue des rapports tumultueux qu'entretiennent pouvoirs judiciaires, politiques et médiatiques. Le retour à l'avant-plan du souci déontologique est sans aucun doute motivé par la généralisation de la critique de l'information telle qu'on a pu l'observer depuis Timisoara et la Guerre du Golfe. Au nombre des principes déontologiques mis en cause, on notera que les plus fréquemment relevés par les journalistes eux-mêmes sont les devoirs classiques du respect de la vérité, de la publication des seules informations dont l'origine est connue et du respect de la vie privée. Ces éléments, clairement identifiés par la déontologie codifiée, constituent la représentation minimale classique qu'on peut observer chez les journalistes. Malgré leur aspect à la fois minimaliste, à l'aune de l'ensemble des normes, et capital, quant à leur portée, ces principes – et leurs défauts d'application dans un certain nombre de cas – montrent combien l'autorégulation de la pratique journalistique est soumise à une première limite, celle qu'on peut définir comme un manque d'homogénéité, marqué à deux niveaux : celui du partage des normes par cette profession et celui de l'efficience d'une force contraignante.

En effet, comme le précisent nombre de textes déontologiques, les journalistes entendent être les seuls juges de leur déontologie. Il faut néanmoins considérer le fait que cette affirmation se heurte souvent, dans les faits, à un déficit de reconnaissance du système déontologique par certains types de journalistes. Faut-il ainsi rappeler que la Grande-Bretagne, citée à titre d'exemple en matière de Conseil de presse, possède néanmoins la presse populaire la plus remarquable par ses violations de principes tels que celui du respect de la vie privée ? De même, en de nombreux pays, on observe l'existence de personnes pratiquant des tâches relevant de l'information, sans posséder de carte de presse, ni reconnaître la légitimité des instances déontologiques.

Ce tableau appelle un certain nombre de nuances sans lesquelles il semble difficile de saisir les enjeux actuels de l'autorégulation. Il est vrai qu'on peut dénombrer de foisonnantes limites à l'autorégulation. Mais il est tout aussi exact que l'on constate aujourd'hui de nombreuses initiatives de régulation à divers niveaux. Cette tendance se traduit notamment, au sein des rédactions, par l'adoption de chartes propres aux rédactions, mais aussi par la désignation de médiateurs chargés d'entendre et d'apporter des réponses aux questions ou plaintes du public. On voit de même fleurir les émissions, les rubriques ou les revues de critique des médias... Pour tenter de comprendre en quoi ces démarches sont, ou non, une réponse aux défis qui interpellent aujourd'hui le journalisme, il convient de repréciser le cadre de la responsabilité à laquelle elles sont supposées répondre.

Une confusion de cadres de référence

On peut, en effet, penser que cette profession vit aujourd'hui dans un cadre de références éthiques fait de superpositions de conceptions historiques. Cette stratification n'est ni clarifiée, ni assumée. Selon les opportunités, et peut-être de bonne foi, les journalistes recourent aux unes ou aux autres, s'enfermant ainsi dans un discours soutenant des pratiques dont ils sont en définitive les victimes.

Classiquement, la référence historique à la conquête de la liberté d'expression des opinions et son corollaire, la liberté de la presse, viennent nourrir une représentation mythologique. Le journaliste est alors le combattant, l'opposant au pouvoir autoritaire. L'autorisation préalable et la censure caractérisent ce régime. Bien que dépassé dans les régimes démocratiques où la censure a pris d'autres formes, ce cadre est évidemment encore très présent dans bon nombre de pays. Il interfère pourtant encore avec les représentations du journaliste en régime démocratique. Il est notamment entretenu, à juste titre, par l'action des associations de défense des droits de l'homme ou de la liberté de la presse. Il advient aussi que l'on confonde l'atteinte autoritaire à la liberté de la presse et les régimes totalitaires. Dans ce dernier cas, le journaliste n'est pas seulement soumis aux contraintes décrites. Il est purement instrumentalisé au service exclusif du pouvoir en place. Cette dernière posture journalistique, contraire à la construction de la mythologie journalistique, peut prendre des formes diverses de soumission au pouvoir.

Le relevé de cette confusion n'a pas d'intérêt que typologique. Il permet de saisir que l'image d'Épinal de la défense de la liberté de la presse, en régime totalitaire, peut contribuer à voiler la réalité de la soumission du journalisme démocratique à d'autres contraintes que celles du pouvoir politique. L'autorisation préalable et la censure *a posteriori* ne trouvent-elles pas davantage à s'appliquer aujourd'hui à l'emprise économique ?

Concomitamment à ces cadres, la référence au modèle libéral explique ce brouillage. La libre circulation des idées, prônée par John Milton, place les faits et les opinions sur le marché des idées. La liberté d'expression est assimilée à la liberté de la presse et à la liberté d'entreprendre. Les moyens de production sont un outil d'expression vers le plus grand nombre et le marché est supposé assurer la pluralité des idées. Le journaliste est le chien de garde de la démocratie. Il contrôle les pouvoirs institués. Le contenu médiatique induit par ce cadre est prioritairement orienté vers l'information sociale et politique. Le citoyen est amené par les médias à participer à la vie publique.

Les théories libertariennes de John C. Merrill incarnent la conception classique de ce modèle. La liberté d'entreprendre est la condition même d'exercice de la liberté d'expression. L'État est toujours désigné comme l'entité vis-à-vis de laquelle la liberté de la presse doit assurer son indépendance économique et morale. Merrill s'oppose aux interventions étatiques, y compris en matière de régulation légale et professionnelle. Boris Libois fait remarquer que, pour Merrill « la contrainte peut provenir de l'État mais aussi des journalistes institués collectivement en organisations professionnelles et cherchant à imposer à leurs confrères des codes éthiques et des organes d'autorégulation »[4]. Il s'agit d'un renvoi pur et simple à une éthique radicale. La conscience individuelle du journaliste constitue la limite de la liberté de la presse. Les seules sanctions des abus éventuels sont celles du marché et de la libre concurrence. Toute forme d'autorité étant liberticide, même l'élaboration d'un statut pour les journalistes devrait, comme le note Daniel Cornu[5], conduire à une « homogénéisation des pratiques et à un conformisme des opinions ».

On ne peut s'empêcher de noter que ce cadre de pensée ressurgit fréquemment dans les discours d'autolégitimation professionnelle. C'est dans une conception libertaire, quelque peu dévoyée, que vont notamment puiser les journalistes à qui l'on adresse les reproches d'atteinte à la vie privée, de violations du secret de l'instruction, d'usage de méthodes déloyales, etc. Contrairement aux cadres précédents, il ne s'agit pas ici de nier le poids du commerce dans le jeu démocratique. Au contraire, ce sont la liberté d'entreprendre et la sanction d'achat par le public qui vont s'opposer à une prétendue chape de plomb, imposée par un pouvoir dominant cherchant à cacher la vérité. Le public est alors renvoyé à ce fameux droit de savoir évoqué au début de cet article. La déontologie journalistique, qui interdit de telles pratiques, apparaît alors comme un frein à ce « droit », une sorte de suppôt idéologique, totalement intégré au système du pouvoir. Le droit de savoir collectif prend le pas sur la protection d'intérêts particuliers. Ce modèle convient parfaitement à la rhétorique de défense de la presse à sensation et aux divers excès médiatiques. Il omet, évidemment, la mise en exergue du profit, moteur de ces choix, légitimé par la sanction d'achat du public.

La radicalité des théories libertariennes a trouvé à s'accommoder des conceptions libérales modernes. L'intervention de l'État n'est plus rejetée, dès lors qu'il s'agit d'assurer un pluralisme d'opinions par un mécanisme régulateur du marché. Dans cette mesure, les dotations et les aides sont acceptables. Les interventions portent alors sur la réglementation de la concentration des groupes de presse, le versement de subsides, les aides indirectes ou encore la réglementation de la publicité. Par contre, on s'oppose toujours à l'intervention de l'État dans ce qui touche à la liberté de la presse. La responsabilité de la presse pèse alors sur la seule conscience individuelle des journalistes.

Cette théorie libérale confond liberté d'expression et liberté de la presse. Elle ramène cette dernière à un droit naturel affranchi de toute règle. La liberté de la presse serait une sorte de somme de responsabilités individuelles des journalistes. Cette conception ignore totalement l'organisation hiérarchique des entreprises de presse, au sein desquelles l'autonomie journalistique est évidemment limitée. Ce discours, repris par nombre de propos journalistiques, a surtout pour effet de piéger les journalistes.

L'affirmation de l'autonomie journalistique est séduisante dans le cadre d'un combat pour la défense de la liberté de la presse. Il trouve un écho dans le concept de la délégation : c'est au nom du public que le journaliste exerce la liberté d'expression, effectuée dans l'exercice de la liberté de la presse. Cette vue ne peut se comprendre que si l'on se place dans une perspective d'espace public que l'on cherche à construire socialement et politiquement, dans un sens classique. L'information sociale et politique est pourtant loin de constituer l'essentiel de la production journalistique contemporaine. *A fortiori*, le flux médiatique, au sein duquel il est de plus en plus malaisé de définir les frontières entre information, *entertainment* et communication, noie complètement ce journaliste autonome. Il ne lui reste plus que quelques rares îlots de pratique de ce journalisme idéal et affranchi, dont le rôle idéologique n'est d'ailleurs pas à négliger. Telle émission de reportage, tel journal d'investigation frondeuse, si souvent mis sur le pavois, ne sont-ils pas le masque et la caution d'une réalité bien moins autonome ? Non seulement, en niant l'effectivité des contraintes hiérarchiques, ce discours journalistique exonère les responsables de médias, pourtant supposés en tirer un profit supérieur. Mais il coupe également le journaliste du lien qui l'unissait au public. En affirmant la seule régulation par les pairs, cette vulgate journalistique de l'indépendance oblige les professionnels à porter seuls toute la charge de la responsabilité médiatique. Cette rhétorique ne tient pas compte de l'évolution historique. Elle ignore l'industrialisation de la presse, le poids de plus en plus prégnant de la finance et le recul de l'opinion comme de l'information, au profit de la communication. Elle fait comme si le journaliste était encore à la fois le propriétaire de son média et un citoyen, presque comme les autres, qui exerce la liberté d'expression de ses opinions. Cette rhétorique, souvent dénoncée, est pourtant encore massivement présente dans le discours de nombreux professionnels.

Une responsabilité socialement partagée

C'est au lendemain de la Seconde Guerre mondiale que le modèle de la responsabilité sociale des médias fit son apparition aux États-Unis. La Commission Hutchins formula une série de recommandations[6] pour tenter de dépasser ce paradoxe : un compte rendu quotidien véridique et contextuel ; une image fidèle des objectifs et des valeurs de la société ; la constitution d'un forum d'échanges avec le public ; la représentation objective des différentes composantes de la société et un libre accès à l'information.

On s'affranchit alors du cadre purement étatique ou strictement corporatiste. La population, grand absent des cadres précédents, est réintroduite dans le modèle. La presse a pour mission de servir de support d'échange entre gouvernants et gouvernés. Il ne s'agit pas pour autant de fragiliser la presse et sa liberté. Au contraire, on dévoile l'aspect humain et faillible de l'activité journalistique. En cela, elle peut sortir du piège idéologique dans lequel l'enfermait la vision libérale. On admet aussi l'intervention de l'État pour faire respecter par les médias, et donc – avant tout – par leurs dirigeants et propriétaires, les droits du public. On désenclave le journaliste en faisant une distinction entre la responsabilité de la presse et celle des journalistes.

Cette perspective présente l'énorme avantage de clarifier les enjeux. Elle peine pourtant à s'appliquer concrètement. On constate encore fréquemment les confusions rhétoriques que nous avons évoquées. De même, on s'est beaucoup appliqué ces dernières années, sous les coups de boutoir de la critique publique, à identifier les moyens pragmatiques d'assurer la responsabilité sociale des médias : les codes de déontologie, le Conseil de presse, l'*ombudsman*, les revues critiques… Les techniques sont multiples. Elles ont notamment été détaillées à plusieurs reprises par Claude-Jean Bertrand[7]. Elles relèvent tantôt de la pure autorégulation interne des rédactions, tantôt elles intègrent le public dans un mouvement régulateur.

On peut, par exemple, noter qu'au Japon, des expériences de « déontologie préventive » ont été tentées au sein de rédactions qui transposent le modèle de la « qualité totale » à la production de l'information. Cette démarche a fait des émules. Enfin, il est parfois suggéré de recourir à des « jurys de lecteurs », sorte de justice populaire ou de panel *marketing* – chacun appréciera la formule selon son point de vue critique –, qui seraient censés rendre des avis fondés par la nécessité de satisfaction du lecteur-acheteur.

De telles tendances s'inscrivent naturellement dans un contexte de recherche d'amélioration d'image des rédactions et de leurs produits, en référence au modèle de « la presse de qualité ». Cette évolution appelle également plusieurs remarques. Tout d'abord, elle contribue à un éclatement des normes proposées à la profession journalistique. Cette adaptation à l'échelle des rédactions offre l'avantage de clarifier les règles partagées par une même communauté journalistique et de ramener la responsabilité, et sa sanction, à un niveau directement observable et sujet à sanction par le consommateur d'information. Par contre, ceci ne peut qu'accentuer la disparité du corps des normes déontologiques, dans la mesure où les options stratégiques et idéologiques des rédactions ne pourront qu'interférer avec les principes élaborés pour l'ensemble de la profession. Dans une telle optique, la presse « à sensation » ne verra jamais aucune raison de s'affranchir d'une déontologie prétexte. Si la seule presse « de qualité » trouve un intérêt à construire un processus éthique, il va de soi que cela pose une question démocratique fondamentale. Enfin, ces tentatives de création de régulation interne posent la question fondamentale des moyens dont disposent les rédactions pour mener cette opération au-delà des instances de bonne volonté ou de façade.

Les moyens nécessaires sont de deux ordres. Ils sont tout d'abord financiers. Pour avancer dans cette voie, une rédaction doit pouvoir dégager des moyens humains. Par ailleurs, il existe une réelle limite structurelle au fonctionnement de telles instances, celle que l'on peut résumer par la constante course contre le temps qui caractérise la pratique journalistique. En effet, le temps de la régulation s'oppose fondamentalement par sa nature de retour sur lui-même, au temps linéaire de la couverture de l'information. À ceci, il faut ajouter la tendance lourde de dissolution de l'autorité exercée par le rédacteur en chef. Ce personnage central de la rédaction s'est vu confier de plus en plus de tâches de gestion ; l'image mythique du rédacteur en chef relisant toutes les copies avant impression est aujourd'hui bien loin de la réalité. Il est donc assez logique qu'il ne puisse exercer cette fonction informelle de référence normative unifiante qu'il jouait par le passé d'un point de vue rédactionnel et déontologique.

Ces éléments semblent donc plutôt plaider en faveur d'une autorégulation journalistique prise en charge par une instance représentative de l'ensemble de la profession. Dans de nombreux cas, l'immobilisme corporatiste apparaît pourtant souvent encore très présent. Comme le note Claude-Jean Bertrand : « Au cas où les citoyens sont mécontents du service qui leur est fourni, les médias doivent réagir. Il est préférable qu'ils s'amendent eux-mêmes. Si ce n'est pas le cas, il serait nécessaire et légitime que le Parlement intervienne. C'est d'ailleurs souvent pour éviter une telle intervention que les médias se soucient de déontologie »[8]. La multiplication des excès médiatiques et la passivité déontologique laissent en effet prévoir une régulation sur les terrains législatif et judiciaire.

La seule éthique ne suffit donc évidemment pas à constituer, à elle seule, une réponse aux enjeux journalistiques contemporains. Elle peut cependant offrir un cadre pertinent à cette réflexion, pour autant qu'elle soit perçue dans une dynamique sociale complète tenant compte des conditions réelles de production. La mise en place d'une telle régulation devrait aller de pair avec la valorisation des pratiques respectueuses de la déontologie. Plusieurs pistes sont évoquées en ce sens. La reconnaissance et la protection du titre de journaliste professionnel pourraient être renforcées. L'attribution et le maintien de la carte professionnelle – bien diverses selon les pays – sembleraient devoir être plus fermement conditionnés au respect des règles déontologiques. Tenant compte de la situation que nous avons décrite, il va de soi que la détention de la carte professionnelle devrait, dans ce cas, être liée à des avantages autres que symboliques. Dans le même ordre d'idées, on avance parfois la possibilité d'un réaménagement du mécanisme de l'aide à la presse intéressant les éditeurs au respect de la déontologie par leurs rédactions, par exemple par la reconnaissance d'un Conseil de presse…

Au-delà de ces pistes, plus ou moins réalistes selon les contextes nationaux, il semble qu'on pourrait néanmoins dessiner un cadre concret de progrès de cette problématique. Le parcours des textes déontologiques internationaux montre que certaines normes relèvent de la stricte méthode journalistique (recherche de la vérité, recoupement, méthodes déloyales...), alors que d'autres mettent en lumière des enjeux plus larges (respect des personnes, indépendance, conflit d'intérêt...) ou d'exercice *a posteriori* de la responsabilité (rectification). Des pistes éthiques peuvent se dessiner pour ces deux derniers registres. Elles nécessitent une dynamique d'implication du public. Le modèle du Conseil de presse, celui de l'*ombudsman* sont des exemples de ce qu'il est possible de faire en la matière. Une déontologie forte, faisant une place effective au public dans l'évaluation de ces responsabilités, pourrait ainsi ne plus laisser à l'intervention judiciaire qu'une portée subsidiaire. Les pouvoirs publics, par ailleurs, devraient aussi s'impliquer davantage dans le renforcement de l'indépendance journalistique vis-à-vis des contraintes économiques. En ce qui concerne le registre de la méthode journalistique, il semble qu'elle pourrait, particulièrement en culture francophone, s'affermir tant au sein des rédactions ou de la corporation qu'en matière d'enseignement. La simple vérification de l'information ou la distinction du fait et du commentaire sont encore loin de constituer une morale professionnelle intangible. Là aussi, le journalisme est probablement encore fortement marqué par une conception quelque peu révolue de l'espace public.

NOTES

1. Léon Duwaerts, *L'Organisation de la profession : ses usages et sa déontologie*, Bruxelles, Institut pour journalistes de Belgique, 1972, p. 37.

2. François Jongen, « Y a-t-il un droit de savoir ? », in *Juger*, numéro spécial, *Justice et médias, les mirages de la justice virtuelle*, Bruxelles, Bruylant, 8-9-10, 1995, p. 17.

3. François Jongen, « L'Évolution du droit depuis les Lumières : la liberté par l'État et contre la presse ? », *in* Guy Haarscher, Boris Libois (éd.), *Les Médias entre droit et pouvoir. Redéfinir la liberté de la presse*, coll. « Philosophie politique et juridique », Bruxelles, Éditions de l'Université de Bruxelles, 1995, p. 67.

4. Boris Libois, *Éthique de l'information. Essai sur la déontologie journalistique*, Bruxelles, Éditions de l'ULB, 1994, p. 27.

5. Daniel Cornu, *Éthique de l'information*, Paris, Presses Universitaires de France, coll. « Que sais-je ? », 1997, p. 76-77.

6. « The Social responsability theory of the press », in *Commission on Freedom of the Press. À free and responsible Press*, Chicago, The University of Chicago Press, 1947.

7. Notamment Claude-Jean Bertrand, « 15 moyens d'améliorer les médias », in *Médias Pouvoirs*, n° 21, 1er trimestre 1991.

8. Claude-Jean Bertrand, *La Déontologie des médias*, Paris, Presses Universitaires de France, coll. « Que sais-je ? », 1997, p. 14.

Thierry Watine
Université Laval, Québec
Les Cahiers du journalisme

LE MODÈLE DU « JOURNALISME PUBLIC »

Apparu à la fin des années 1980 aux États-Unis[1], le concept de « journalisme public » (*public journalism*) n'a cessé de prendre de l'ampleur au cours de la dernière décennie. Cette nouvelle approche du métier – qui vise à accroître l'utilité sociale des professionnels de l'information au sein de leur environnement immédiat afin de garantir un meilleur fonctionnement de la vie démocratique – fait désormais école dans un grand nombre d'entreprises de presse nord-américaines[2]. Ainsi, une enquête sans précédent réalisée en juillet 2001 par l'organisme de recherche Pew Center for Civic Journalism (PCCJ)[3] auprès des responsables de 360 quotidiens américains tirant à plus de 20 000 exemplaires révèle que 66 % des éditeurs se déclarent acquis à la philosophie générale du « journalisme public » tandis que 45 % d'entre eux affirment que les journalistes de leurs rédactions utilisent désormais au quotidien les outils et les techniques qui participent de cette nouvelle orthodoxie professionnelle.

En dépit du scepticisme initial d'une partie de la profession, parfois des critiques virulentes qu'il a suscitées (tant sur le fond que sur la forme), le « journalisme public » s'est imposé dans un laps de temps relativement court comme une alternative – certes parmi d'autres – à une conception plus traditionnelle du métier d'informer. Le 17 octobre 1996, le très sérieux *Wall Street Journal* prenait acte de l'influence déjà considérable des travaux et initiatives du Pew Center for Civic Journalism pour transformer le journalisme aux États-Unis, n'hésitant pas à qualifier l'organisme de « l'une des institutions les plus influentes dans le journalisme américain, laquelle fait régulièrement parvenir aux journaux des recommandations pour les inciter à modifier la façon dont ils couvrent les activités du gouvernement et la politique. Le but visé est clair : il s'agit de diffuser une nouvelle approche du métier qualifiée de *journalisme civique* »[4]. Plus récemment, à l'occasion des élections présidentielles américaines en 2000, la prestigieuse *Columbia Journalism Review* notait même une évolution considérable parmi ceux des journalistes jusqu'ici réfractaires au nouveau concept. Selon la *CJR*, la plupart d'entre eux – d'un océan à l'autre – se sont très largement inspirés des principes et des techniques du journalisme public dans la façon d'aborder la campagne électorale : « Les journalistes et rédacteurs en chef de tout le pays, dont beaucoup récusent encore l'étiquette même du journalisme public, sont aujourd'hui nombreux à expérimenter certaines méthodes préconisées par le journalisme civique en cherchant notamment à donner davantage de sens à leur manière de couvrir les campagnes électorales. »

D'une façon générale, explique la directrice exécutive du PCCJ, Jan Schaffer, les débats sur le journalisme mettent aujourd'hui trop souvent l'accent sur les seules questions liées à l'économie des médias, l'emprise du marché, les effets de la concurrence, la concentration de la presse, etc. Or l'enquête récente du Pew Center indique qu'il est beaucoup plus urgent pour la profession de se réinterroger sur les attentes du public en général et des individus en particulier. En clair, les journaux ne pourraient plus se contenter de diffuser des nouvelles dans une logique d'arrosage indifférencié et à grande échelle, mais assumer plutôt une nouvelle responsabilité sociale qui replace le citoyen au cœur des finalités journalistiques. Dans cet esprit de reconquête du terrain – et, partant, des acteurs sociaux qui l'animent – 87 % des répondants de l'enquête du PCCJ estiment que les entreprises de presse n'ont d'autre choix que de jouer un rôle beaucoup plus actif au sein de leur milieu (*a broader community role*).

Les fondements du journalisme public

Principal initiateur du mouvement avec Arthur Charity et David Merritt[5], Jay Rosen, professeur chercheur au département de journalisme de l'université de New York[6], définit le journalisme public à la fois comme une série de « principes », une « réalité professionnelle » et un « mouvement ».

Selon Rosen, quatre *principes clés* doivent animer ceux qui se réclament du journalisme public :

• les lecteurs des journaux sont *a priori* des citoyens actifs (c'est-à-dire prêts à s'engager, si on les sollicite, dans la vie publique), et non pas de simples spectateurs passifs – voire des victimes – de l'actualité quotidienne ;

• la presse peut aider les citoyens à régler concrètement certains problèmes plutôt que de les inciter – consciemment ou non – à la passivité ou au désengagement ;

• contrairement à leur inclination naturelle à mettre de l'huile sur le feu, les médias doivent davantage contribuer à une amélioration de la qualité et de l'utilité des débats publics ;

• les entreprises de presse ont, d'une façon générale, un rôle déterminant à jouer dans la vie publique.

Si ces principes généraux sont respectés, estime Rosen, les journalistes pourront regagner la confiance du public, rétablir des liens constructifs avec les citoyens et, pour certains d'entre eux, retrouver la flamme pour le métier. Mieux encore, ils pourront contribuer à un meilleur « rendement » de la démocratie : « Si les journalistes sont prêts à suivre ces recommandations, ils pourront contribuer (...) à la vitalité de la démocratie américaine, ce qui est d'ailleurs la raison pour laquelle on leur accorde autant de privilèges et qu'ils bénéficient de certaines garanties. »

Au-delà de ces grands principes (auxquels adhèrent désormais deux éditeurs sur trois aux États-Unis), le journalisme public est devenu en l'espace d'une décennie une *réalité professionnelle* très concrète puisque plus de 300 entreprises de presse américaines, assure Rosen, ont aujourd'hui recours à ses principales techniques dans « l'approche terrain ». Cela étant, les expériences – et les priorités – sont très diverses selon les entreprises de presse. Certaines d'entre elles se contentent de mettre l'accent sur une couverture journalistique qui cadre davantage avec les préoccupations quotidiennes des citoyens ; d'autres vont plus loin en cherchant à trouver des réponses ou des solutions – *via* des initiatives multiples qui élargissent le mandat habituel de la presse – à certains dysfonctionnements sociaux ; d'autres encore ont plutôt choisi de mettre en place des campagnes visant à inciter les citoyens à se réengager dans la vie publique et à réinvestir les principaux lieux de débat et de décision au plan local ; d'autres enfin ont opté pour une réorientation de l'attention médiatique – souvent braquée sur les traditionnels porte-voix institutionnels – vers les véritables acteurs de la vie locale. Point commun toutefois entre ces différentes approches : la nécessité de repenser les canons traditionnels de la couverture journalistique (*the routines of standard news reporting*).

Le sentiment de partager avec d'autres journalistes certaines valeurs nouvelles, elles-mêmes à l'origine de pratiques inédites depuis une douzaine d'années, a progressivement conduit bon nombre de professionnels de l'information et de chercheurs en communication à se regrouper en réseaux, avec le soutien financier de plusieurs fondations et centres de recherche[7]. Le journalisme public, explique Rosen, se doit donc d'être également appréhendé comme un *mouvement* en plein essor (annonciateur d'un nouveau paradigme ?) dont les principaux déclencheurs ont été clairement identifiés : les faiblesses, voire les errements, de la presse en matière de traitement de la politique (notamment au moment des campagnes électorales) ; les dérapages éthiques à répétition ; le double phénomène du tassement et la segmentation du lectorat ; la crise de confiance du public (attestée par des sondages à répétition depuis une quinzaine d'années) ; le cynisme et le désengagement grandissant des citoyens vis-à-vis de la chose publique (avec, en période électorale, des taux de participation régulièrement en dessous du seuil des 50 %) ; les états d'âme – et dans certains cas, le découragement – de plus en plus fréquents au sein des rédactions (de nombreux journalistes se questionnant sur l'utilité sociale de leur métier)[8]. Face à l'ensemble de ces constantes préoccupantes pour l'avenir de la profession, l'objectif du journalisme public, résume Rosen, est sans équivoque : « contribuer à la montée d'un esprit de réforme ». Il ne s'agit plus simplement de s'ajuster à une conjoncture défavorable, mais bien de revoir en profondeur certains fondements de la pratique du journalisme.

Rétablir les liens avec le public

D'une façon générale, l'enquête du PCCJ permet de constater au sein des entreprises de presse américaines une volonté de renouer un dialogue beaucoup plus étroit avec les lecteurs, remettant au goût du jour le débat sur la nécessaire interactivité entre producteurs et consommateurs de nouvelles. Selon cette enquête, 90 % des éditeurs de journaux américains sont convaincus que la survie même de la presse écrite (*future health of the newspaper industry*) passe par un renforcement des liens avec les lecteurs, lequel impose une meilleure réponse à leurs attentes en termes de choix de sujets et de traitement journalistique. Même si l'idée n'est pas nouvelle, c'est donc bien la verticalité de la relation médias-publics (les premiers imposant leur agenda aux seconds) qui est une fois de plus remise en question. D'où le mot d'ordre des journalistes publics : « mettre en place un journalisme qui ne prenne pas la forme d'un canal à sens unique, mais plutôt celle d'une conversation bi-direcionnelle ». S'opposant à l'orthodoxie professionnelle où le journaliste se contente – dans le cadre de son « magistère » – d'annoncer les bonnes et les mauvaises nouvelles, l'approche désormais suggérée est d'associer étroitement le lecteur au travail journalistique sous la forme d'un nouveau partenariat : « Les citoyens nous demandent, entre autres, de les associer davantage à ce forum social que nous contrôlons, ce qui serait plus utile que jamais. »[9]

Sur un plan pratique, les nouvelles technologies jouent un rôle de premier plan dans le renforcement de l'interaction journaux-lecteurs. Au cœur même des stratégies du journalisme public, elles constituent aujourd'hui le principal relais de la rétroaction des citoyens en direction de leurs médias. De plus en plus de titres de presse publient ainsi l'adresse courriel des journalistes en marge de leur signature (parfois même leur numéro de téléphone personnel) ; les lecteurs peuvent aussi, dans la plupart des cas, laisser des messages à la rédaction par le biais d'une boîte postale électronique installée sur le site Web du journal. Grâce à ces adaptations, la traditionnelle – et parfois laborieuse – rubrique du courrier des lecteurs semble, dans la plupart des cas, retrouver des couleurs. Dans une chronique au titre évocateur de « 10 792 fois merci ! », Pierre-Paul Gagné, responsable du courrier des lecteurs et des pages *Forum* du quotidien montréalais *La Presse*, révèle qu'en 2001, 10 792 lecteurs ont fait parvenir une lettre d'opinion au journal, soit une augmentation de près de 30 % par rapport à 2000 (7 618 lettres). Raisons invoquées : la richesse de l'actualité internationale (attentats du 11 septembre en tête), mais aussi la popularité exponentielle du courriel (près de 80 % du total des messages reçus par le journal !). *La Presse* publie 20 % de tous les messages dans ses pages *Forum*, et compte accentuer la tendance : « Il y a là sans conteste une voie à suivre, qui correspond au désir profond de nos lecteurs. » (*La Presse*, 30 décembre 2001).

Faciliter la communication des lecteurs avec leur journal ne suffit toutefois pas. Renouer des liens efficaces avec le public passe aussi par une reconquête progressive du terrain. Le développement d'un « journalisme assis » – résultat d'une rationalisation des tâches et d'une gestion de plus en plus serrée des emplois du temps au sein des entreprises de presse – n'est sans doute pas tout à fait étranger aux difficultés éprouvées par les journaux en termes de fidélisation du lectorat. Conscients de ce risque de déconnection avec le « pays réel », 80 % des répondants de l'enquête du PCCJ expliquent que la rédaction de leur journal prévoit désormais à l'horaire des journées de « vacance » (*roaming days*) ou de « recherche ciblée » (*beat development days*) permettant à certains *reporters* d'être ponctuellement dégagés de toute obligation de publication afin d'avoir le temps de mieux s'informer sur les réalités quotidiennes des citoyens et, partant, sur leurs attentes en tant que lecteurs.

Mises au point pour la plupart à l'occasion de campagnes électorales (périodes durant lesquelles, traditionnellement, nombre d'électeurs assistent souvent impuissants aux rituelles – et souvent stériles – joutes entre les candidats, médiatisées à grands frais), les principales techniques utilisées par les journalistes publics visent essentiellement à une plus grande consultation des citoyens à partir de moyens désormais bien rodés :

- recours intensif à des sondages locaux, des focus-groupes et des entretiens individuels en profondeur afin de mieux cibler les attentes des individus (*citizens' agenda*) ;
- organisation régulière de forums et d'assemblées de citoyens (*town meetings*) pour déterminer les priorités « communautaires » du moment ;
- tenue de réunions publiques élargies – associant citoyens, responsables associatifs, décideurs et institutionnels locaux – pour tenter de définir des consensus sur les actions à mener au sein du milieu (*possibles solutions*) ;
- coordination de groupes de discussion mixtes (journalistes-citoyens) chargés de faire des suggestions sur les moyens à mettre en place pour améliorer la couverture journalistique des entreprises de presse (*how to make the coverage even more effective*).

Redéfinir les priorités éditoriales

L'enquête du PCCJ indique que la plupart des éditeurs interrogés ont non seulement incité leurs rédactions à modifier la façon de couvrir les événements, mais aussi à repenser le choix même des sujets habituellement abordés. Les agendas ont été réexaminés à la lumière du nouveau *feedback* des lecteurs et de nouvelles priorités ont été établies en termes de couverture. Concrètement, tous les événements de l'actualité quotidienne ayant trait à l'éducation, la santé, l'environnement, les habitudes de consommation, la famille, la vie de quartier, les nouvelles technologies, etc. font l'objet d'un soin tout particulier de la part des journalistes publics. En revanche, les sujets strictement politiques (c'est-à-dire sans répercussions directes sur le quotidien des gens), les affaires judiciaires ou les faits divers – en somme, les principaux ingrédients d'une information plus spectaculaire que citoyenne – ont de plus en plus tendance à être écartés... ou à tout le moins minorés dans le traitement des nouvelles.

Selon les responsables du PCCJ, il s'agit là d'un changement majeur (*sea change*) pour la nouvelle génération des journalistes qui ont rejoint la profession après le Watergate (1974), époque où l'accent était davantage porté sur les enquêtes en profondeur et les révélations fracassantes. En d'autres mots, les médias auraient pris peu à peu conscience qu'une presse obnubilée par les conflits, les controverses et la compétition, au détriment d'un journalisme d'abord au service des citoyens, constituerait l'une des causes centrales de la désaffection massive du lectorat depuis 30 ans.

Un répondant sur deux de l'enquête du PCCJ indique ainsi que des consignes précises ont été données aux rédactions concernées pour que les articles publiés ne mettent pas systématiquement l'accent sur « ce qui ne va pas » dans la société, les trains qui déraillent (ou n'arrivent jamais à l'heure), les usines qui ferment ou les « manifestants-qui-manifestent ». L'idée est de renverser au moins partiellement la tendance : en clair, privilégier les solutions au seul exposé des problèmes. Dans cette vision des choses, un journaliste « publiquement responsable » ne peut plus se cantonner au rôle de greffier passif des dysfonctionnements sociaux, mais il est tenu de s'intéresser aussi aux réponses, aux remèdes, aux solutions éventuelles. Bref, avoir une approche plus constructive de l'information : 81 % des sondés de l'étude du PCCJ soutiennent qu'ils publient régulièrement des reportages et dossiers qui offrent des perspectives (*stories with solutions*).

Un concept qui ne fait pas encore consensus…

Depuis ses débuts, le journalisme public n'a cessé de susciter des réactions souvent épidermiques au sein de la profession. Les arguments des détracteurs de la nouvelle approche touchent à des dimensions fondamentales du métier :

- en s'investissant dans l'action (notamment politique), les médias risquent de perdre progressivement leur indépendance vis-à-vis des différents pouvoirs ;
- en collant aux seules attentes des citoyens, ils risquent à terme de se faire ni plus ni moins « dicter » leur agenda : les journalistes publics n'informent plus, ils répondent à des commandes (c'est la dérive *marketing*) ;
- en devenant acteurs – et non plus simplement observateurs de la vie publique –, les journalistes vont fatalement devoir prendre parti, avec le danger de renoncer – consciemment ou non – à leur traditionnel devoir d'objectivité, voire de manipuler l'information. Un journaliste peut-il accepter, sans risque de remettre en question à la fois son statut, sa mission et surtout son indépendance, d'être aussi un travailleur social ? un *go-between* attitré entre les citoyens et les pouvoirs ? un nouvel agent au service de la « communication civique » et de ses stratégies *marketing* ?

Au fil des années et compte tenu de la récurrence des critiques, la riposte des journalistes publics s'est articulée autour de positions solidement établies :

- inciter les citoyens à se réengager dans la vie publique n'a rien à voir avec une attitude partisane ni même la défense d'une cause : les médias ont toujours été un des piliers de la démocratie et, dans cette optique, sont tout à fait fondés à chercher à améliorer le fonctionnement de ses principaux rouages ;
- suggérer aux citoyens d'être plus actifs au sein de leur milieu ne signifie pas qu'on les accompagne, partie prenante, jusqu'au terme de leur engagement : les journalistes publics sont conscients des limites à ne pas dépasser et n'ont en aucun cas renoncé au sacro-saint principe de leur indépendance ;
- il est hypocrite, ou naïf, de diaboliser une participation plus active des médias dans leur environnement alors qu'ils constituent déjà, depuis longtemps, un quatrième pouvoir qui a une influence déterminante (mais rarement avouée) à la fois sur le milieu politique et la société en général.

Par ailleurs, pour Jan Schaffer, directrice du Pew Center, les rituelles objections et résistances au journalisme public n'ont, au final, qu'un poids très relatif car elles n'émanent jamais, selon elle, des seuls interlocuteurs significatifs pour les journalistes, c'est-à-dire les citoyens : « Nous avons tous entendu dire que le journalisme public serait militant, qu'il aurait tendance à amplifier certains phénomènes ou à relever d'une approche *marketing*. Au Pew Center, nous nous demandons qui peut bien alimenter pareilles polémiques. Chose certaine, ces critiques n'émanent pas des communautés où cette approche du journalisme est en vigueur. »

Conclusion

Qu'il soit qualifié de citoyen, civique ou public, ce type de journalisme que pratiquent aujourd'hui des milliers de professionnels de l'information à travers le monde (parfois en inventant de nouvelles manières de faire le métier, dans certains cas en se contentant d'amplifier ce qui se faisait déjà par le passé en matière de journalisme de proximité), constitue une bonne illustration des transformations aujourd'hui à l'œuvre dans l'univers journalistique. Selon ses promoteurs, le journalisme public est à la fois le symptôme et le remède d'une crise qui, au-delà du casse-tête posé aux dirigeants de la presse écrite par la baisse généralisée des tirages, a surtout montré depuis plusieurs décennies la grande difficulté des journaux à répondre – avec l'approche traditionnelle – aux attentes réelles des citoyens.

Même s'il semble avoir aujourd'hui le vent en poupe (les expériences se multiplient sous des formes les plus diverses, aidé en cela par le succès phénoménal d'Internet), le journalisme public n'en reste pas moins confronté à un immense défi : inverser (pour les plus optimistes) ou ralentir (pour les autres) une tendance lourde – conséquence de la baisse régulière des tirages – qui a conduit la plupart des entreprises de presse écrite à multiplier les stratégies de séduction. Lesquelles relèvent parfois du *marketing* le plus élémentaire : cadeaux multiples, concours tous azimuts, réductions tarifaires diverses en cas d'abonnement, etc. Parfois, c'est la politique éditoriale même du journal qui, de façon manifeste ou plus subtile, est mise au service des intérêts commerciaux de l'entreprise : prime à l'information spectacle et au divertissement, *« peoplelisation »* des contenus, éditorialisation des textes, hybridation des registres de l'information et de la communication, inflation des artifices de mise en page, progression des espaces dédiés aux éléments visuels, etc. En termes de citoyenneté, les territoires à reconquérir ne manquent pas !

Mais quelles sont aujourd'hui les nouvelles terres de conquête ? Plus personne ne s'y trompe… et les chiffres le démontrent : la lecture des journaux-papier, sous leur facture actuelle, ne va plus cesser de décroître. Même si un Américain sur deux déclare encore lire un quotidien, cela ne se produit au mieux… qu'une fois par semaine ! Pire encore, entre 18 et 30 ans, plus personne ne lit régulièrement un journal aux États-Unis[10]. En revanche, les Américains consacrent aujourd'hui déjà près de 5 fois plus de temps à naviguer sur Internet (une dizaine d'heures par semaine) qu'à lire des journaux. Une tendance qui, si elle se maintient, légitimera les efforts actuels des promoteurs du journalisme public à investir désormais massivement sur le réseau des réseaux…

NOTES

1. On pourra notamment se reporter au premier article-synthèse publié en français sur la question : BEAUCHAMP, M., WATINE, T. , « Le journalisme public aux États-Unis : émergence d'un nouveau concept », *Les Cahiers du journalisme*, n° 1, juin 1996, p. 142-159.

2. Nous avons par exemple effectué une étude de cas pour le moins concluante d'une campagne organisée dans la région de Québec par le quotidien régional *Le Soleil* : BEAUCHAMP, M., WATINE, T., « Journalisme public et gestion des enjeux sociaux : étude de la campagne *spécial emploi* du journal *Le Soleil* de Québec », *Communication*, vol. 19, n° 2, hiver 1999/2000, p. 91-121. Notons par ailleurs que de nombreuses expériences de journalisme « civique » ou « citoyen » ont également été tentées en Europe au cours des années 1990. On pourra à cet égard consulter le numéro spécial des *Cahiers du journalisme*, n° 2, décembre 1996, 200 p., intitulé : « Le journaliste acteur de société ».

3. Pour plus d'informations sur le Pew Center for Civic Journalism et les résultats détaillés de l'enquête en question, consulter le site Web de l'organisme à l'adresse [http//www.cpn.org/sections/affiliates/pew.html].

4. Traduction effectuée par les coordonnateurs du numéro.

5. Tous deux sont auteurs d'ouvrages considérés comme « fondateurs » : CHARITY, Arthur, *Doing Public Journalism*, New York, Guilford Press Inc., 1995, 188 p. ; MERRITT, David, *Public Journalism and Public Life : Why Telling the News is not enough*, Hillsdale (N.J.), Laurence Erlbaum Associates, 1995, 129 p.

6. Professeur depuis 1986 à l'université de New York, les principaux travaux de Jay ROSEN portent sur le rôle des médias dans la vie démocratique. Depuis la fin des années 1980, il est considéré comme « le père » du journalisme public aux États-Unis. Auteur de très nombreuses publications sur la question, son dernier ouvrage-clé sur le sujet date de 1999 et s'intitule : *What are journalists for ?*, Yale University Press. Pour plus d'informations sur Jay Rosen, on peut consulter ses pages Web à l'adresse [http://www.nyu.edu/gsas/dept/journal/Faculty/bios/rosen/biography.htm] ou entrer directement en contact avec lui à l'adresse courriel [jr3@is2.nyu.edu].

7. Outre le très spécifique Pew Center for Civic Journalism (cf. adresse Internet en note 3), mentionnons aussi le Pointer Institute for Media Studies et la Kettering Foundation.

8. Sur ce point précis, on pourra se reporter à la section intitulée « Le blues des journalistes » dans notre article avec Michel BEAUCHAMP, « La nouvelle responsabilité sociale des médias et des journalistes », *Les Cahiers du journalisme*, n° 2, décembre 1996, p. 108-127.

9. *Source : Civic Catalyst Newsletter*, été 2000.

10. *Source :* Juan Antonio GINER, membre de la société américaine Innovation Media Consulting Group présente à la conférence annuelle de l'Association mondiale des journaux à Lisbonne en novembre 2001 (thème de la rencontre : « Le lectorat : nouveaux défis et stratégies gagnantes »).

BRÉSIL 1989-2002 : L'ALTERNANCE

Anne-Marie Laulan

Juremir Machado da Silva

Clóvis de Barros Filho

Bernardo Issler

Léa Freitas Perez

Sérgio Capparelli

Suzy dos Santos

Renato Janine Ribeiro

Anne-Marie Laulan
Université de Bordeaux 3

PRÉSENTATION

L'équilibre politique d'antagonismes culturels est-il possible ?

L'année 2002 marque pour le Brésil deux événements majeurs : l'élection à la présidence de la république de Luiz Inacio Lula da Silva, *leader* du Parti des Travailleurs, et, quelques mois plus tôt, la victoire au *Mundial*. Pourquoi rapprocher des victoires (politique/sportive) aussi dissemblables dans l'échelle des rubriques communicationnelles ? Parce que, au Brésil plus que partout ailleurs, la communication médiatique s'enlace, s'intrique avec le champ politique. Oserions-nous suggérer que la victoire sportive aida, d'un échelon, l'ouvrier métallurgiste à monter vers la magistrature suprême, après plusieurs échecs ? En quête d'un avenir meilleur, les Brésiliens se sont senti portés par une première grande vague d'euphorie.

Pour comprendre le Brésil politique, il faut se pencher, certes, sur les médias, mais plus essentiellement sur la culture d'un pays tellement métissé qu'il en perd son identité, qu'il ne connaît plus son visage ; les États fédérés au sein d'un sous-continent qui va de régions tempérées jusqu'au-delà des tropiques, abritent des populations toujours à la recherche d'un avenir radieux mais avec des cultures irréductibles ; « le Brésil demeure le pays de l'équilibre des antagonismes » constate Machado da Silva.

Si tous les textes proposés n'ont pu être reproduits, l'agencement repose sur cette conviction : la politique ne se comprend qu'éclairée par les formes de cultures qui en fondent le substrat, qui « dérèglent » le fonctionnement à l'occidentale du système médiatique. *Hermès,* dans ce numéro, assume pleinement son sous-titre de « communication et politique », d'abord en présentant deux fonctionnements journalistiques si différents, mais plus encore en permettant au lecteur de s'aventurer dans le dédale des ambiguïtés de positions politiques au sein d'une même publication, d'une même chaîne télévisuelle. La campagne présidentielle se joue aussi (surtout ?) dans les œuvres de fiction, s'alimente copieusement dans l'imaginaire social. Le dernier texte : « après les élections brésiliennes » note bien la contradiction entre démocratie et volonté républicaine : lorsque le parti de Cardoso (PSDP) traite les grands mouvements sociaux d'agitation corporatiste, il démobilise et décourage les concitoyens. Mais par ailleurs, aucun État important n'a été conquis par la gauche ; la ville, symbole de la lutte contre la mondialisation, Porto Alegre n'a pas empêché le PT de perdre l'État de Rio Grande do Sul. D'une manière générale, nous dit-on, le parti (PSDP) qui réunit les principales oligarchies régionales, c'est-à-dire certains États beaucoup plus puissants économiquement et politiquement que d'autres, s'il demeure en force au Congrès, n'en a pas moins perdu sa base sociale.

Ambiguïté encore dans le jeu des émissions de fiction de la télévision brésilienne à qui on accorde tous les droits sauf celui d'expliquer le monde, rôle dévolu à l'information. À en croire l'auteur étudiant les rapports entre fiction et politique, les intellectuels de gauche continuent de voir dans les feuilletons (*telenovelas*) l'avènement d'une nouvelle ère d'irrationalité, persistent à voir en la télévision une source permanente d'aliénation et de manipulations, responsable de la crise économique politique et culturelle dont pâtit le Brésil tout entier. J. Machado da Silva ironise à l'encontre de ces disciples attardés d'Adorno et d'Horkheimer, montre à l'aide de faits actuels les capacités de révolte et de stratégies de survie, quoique illicites, des plus pauvres, loin de toute passivité, en rupture avec le conformisme supposé des masses. Samba, carnaval et football n'empêchent pas les marginaux de saccager les plages résidentielles de Rio, par des actions concertées, parfaitement conscientes. Les analyses de réception télévisuelle abondent en bien des pays (*Hermès*, n° 13-14, « Espaces publics en images »), apportant des interprétations différentes de mêmes « textes fictionnels » et donc des capacités critiques des téléspectateurs. Citant longuement Dominique Wolton, cet article livre, hélas, une image archaïque des spécialistes de la critique des médias brésiliens… ; mais la bibliographie s'arrête à 1990 et ne permet pas de conclure sur l'éventuelle carence des chercheurs, même si l'auteur affirme que droite et gauche continuent de s'affronter sur un fond polémique croissant, par médias interposés, convaincues de la toute puissance des émissions.

Dans la même lignée théorique critique et vigilante, une autre contribution largement étayée de faits et chiffres met en garde contre une forme insidieuse mais bien réelle de censure, alors que la dictature militaire s'est achevée en 1985. Outre le maintien des dispositifs mis en place par ce régime, une censure « intériorisée s'instaure du fait des patrons de concession. Ces derniers, à l'échelon régional, ont leurs intérêts électoraux spécifiques qui aboutissent à une forme de clientélisme lié au marché (contre la censure militaire précédente). On serait tenté d'évoquer la reproduction chère à P. Bourdieu, au point que les deux universitaires « regrettent » l'absence d'un collapsus du pouvoir militaire, empêchant tout processus de retour à un fonctionnement démocratique : 25 % des stations de radiodiffusion et de télévision appartiennent à des politiciens, généralement conservateurs.

Le lecteur sera peut-être troublé par le texte de deux autres universitaires, intitulé « entre adhésion et autonomie ». On retrouve l'interrogation théorique précédente, cette fois à propos de la presse écrite. L'enjeu communicationnel est antagoniste ; pour certains chercheurs, la production journalistique pendant les deux mandats du Président Cardoso se lit comme une permanente et homogène stratégie de légitimation du pouvoir en place. Selon une autre hypothèse, l'existence d'un champ spécifiquement journalistique, avec des enjeux de monopole, de maintien du capital, considérations économiques « indépendantes » du contenu politique ne peut être ignorée. C'est par ce dualisme que s'expliqueraient des représentations *hétérogènes du Président, observables surtout en période de crise*. La critique du gouvernement est d'autant plus fréquente que son auteur n'appartient pas à l'espace institutionnel du journal considéré. Les deux chercheurs ne sont pas éloignés de soutenir une position « systémique » plutôt qu'idéologique, en soulignant par exemple la temporalité propre à l'espace journalistique, offrant une relative indépendance par rapport à l'agenda politique, induisant une autonomie relative de la presse écrite. Ils invitent à approfondir l'étude des modalités de ces jeux, parfois tendus, parfois relâchés avec des phases variables d'adhésion/autonomie. Sans aucun doute, cet élément du dossier brésilien appelle à comparaison avec l'interrogation – *Les Journalistes ont-ils encore du pouvoir ? (Hermès* n° 35).

Sur la question précise du fonctionnement démocratique des médias au Brésil, les contributions apportent des éclairages différents, appuyés sur un appareil conceptuel varié ; il rappelle (qu'on me permette cette remarque) les approches françaises des années 1970. Replaçons-nous, ici et maintenant, dans une posture contextuelle : crise économique majeure, famines durables... Le texte placé en ouverture de ce dossier rappelle le mouvement incessant de la société brésilienne, son incompatibilité avec les solutions définitives, sa composition moelleuse, ondulante, sa structure métisse et pour cause carnavalesque... Il faut, comme pour une œuvre musicale, pénétrer dans ce dossier avec cette invitation au métissage, se perdre dans des annotations liquides, fugaces, éphémères.

Oui, la communication politique cherche (désespérément ?) à trouver l'équilibre entre des courants antagonistes. Ces cassures dans l'enchaînement des déterminismes n'engendrent-elles pas une prodigieuse inventivité ?

Juremir Machado da Silva
Université pontificale catholique de Porto Alegre

INTRODUCTION

Le déterminisme électoral cassé

Le 27 octobre 2002, c'est déjà un jour dans l'histoire du Brésil : le jour où le pays a décidé de changer. Luiz Inácio da Silva, connu tout simplement comme Lula, 57 ans, fêtés justement ce 27 octobre, a été élu président de la République, avec 61,3 % des votes, c'est-à-dire presque 53 millions des suffrages. Il s'agit d'un fait extraordinaire étant donné que Lula, comme il sera toujours appelé pour les Brésiliens, y compris par les médias, est un ancien ouvrier métallurgiste qui, enfant, a fui la sécheresse et la faim, abandonnant sa petite ville de Garanhuns, au nord-est du Brésil, pour chercher, avec sa famille, la survie à São Paulo. Ils ont voyagé pendant 13 jours à l'arrière d'un camion rempli de monde avant d'arriver au nouveau destin.

Drôle de pays, le Brésil : après cinq siècles de construction d'une nation métissée, pour la première fois un homme du peuple va diriger le pays. Luiz Inácio Lula da Silva a été élu au deuxième tour, écrasant l'ancien ministre de la Santé, José Serra, candidat du président sortant Fernando Henrique Cardoso. Il s'agit aussi d'un fait historique sans précédent parce que Lula, pour y arriver, a été le candidat du Parti des Travailleurs (PT) quatre fois de suite (1989, 1994, 1998 et 2002). La quatrième fois était la bonne. Mais pour y arriver, il a aussi bien changé, acceptant une alliance avec le Parti Libéral (PL) et comme vice-président un richissime homme d'affaires, José de Alencar (PL). Lula est devenu social-démocrate, allégeant son discours de gauche traditionnelle, pour se faire élire président de tous les Brésiliens.

La vie de Lula est un feuilleton, précisément comme les feuilletons de télévision que les Brésiliens adorent. Enfant pauvre arrivé à l'état de São Paulo, sa mère est morte illettrée. Son père a toujours été un ouvrier, qui a abandonné sa famille, a pris une autre femme, est mort alcoolique et a été enterré comme indigent. Lula a trois enfants avec son épouse Marisa, une autre fille d'une relation hors mariage et il a donné son nom au fils du premier mariage de sa femme. C'est un homme de famille. Il n'a aucun diplôme universitaire et cela dérange beaucoup de monde, ceux qui le jugent incapable de gérer un pays tellement grand. Il n'a même pas fait le lycée. Mais Lula est une sorte de docteur *honoris causa* en problèmes brésiliens. Il a tout vu, il a parlé avec tous les grands de la vie nationale, il a les intellectuels les plus sophistiqués de son côté et il a tellement voyagé qu'il connaît le Brésil comme sa poche. C'est vraiment un homme de terrain. Pendant cette campagne électorale, il a fait 61 127 kilomètres de parcours pour exposer son projet.

De son temps d'ouvrier métallurgiste, il garde, en plus de son apprentissage politique, un triste souvenir : le manque du petit doigt de la main gauche, arraché par une machine. Lula, l'enfant pauvre, était né pour l'échec. Lula, le président élu du Brésil, représente une victoire personnelle sur son milieu, sa culture, sa vie. Il a éliminé tous les obstacles sur son chemin. Euclides da Cunha, l'auteur de *Os Sertões*, l'un des livres les plus importants de la littérature et de l'histoire sociale du Brésil, avait dit que « le nordestin [celui qui est né au nord-est brésilien] est avant tout un dur ». Lula est là pour le prouver. Pour la petite histoire, il faut rappeler que Euclides da Cunha était un déterministe qui croyait à l'influence du milieu sur la culture. D'une certaine façon Lula est là pour lui donner raison et aussi pour le faire mentir. Il a la force du milieu qu'il a surpassé.

Lula a vraiment découvert la politique à l'âge de 25 ans, influencé par son frère, qui était communiste. Il est devenu militant syndicaliste à São Bernardo, ville industrielle de la banlieue de São Paulo, dominée par l'industrie automobile. Vite il est devenu une référence. Il a conduit les grèves ouvrières qui ont sonné le glas de la dictature militaire à la fin des années 1970. Il a été emprisonné, pendant 31 jours, en 1980 pour soutenir une grève considérée comme illégale par les militaires. Il est sorti connu et décidé à aller jusqu'au bout.

Puis il a fondé, le 10 février 1980, avec l'appui des secteurs les plus à gauche de l'église Catholique et des quelques intellectuels, le Parti des Travailleurs. En 22 ans d'existence le PT a construit un véritable patrimoine politique et symbolique, prenant par le vote la mairie de São Paulo, celle de Porto Alegre, où le PT obtient son quatrième mandant consécutif, et même quelques-uns des 27 états de la fédération brésilienne, parmi lesquels le Rio Grande du Sud, l'état le plus méridional du pays et l'un des plus riches. Avec le PT, Porto Alegre, la capitale du Rio Grande du Sud, est connue mondialement comme la ville du Forum Social Mondial. Mais Lula a toujours la même obsession : la lutte contre la faim. Il a déjà annoncé la création d'un Secrétariat Spécial de Combat de la Faim. Il sait de quoi il parle. Il reste attaché à son peuple.

Le programme de Lula, en 2002, est bien loin de celui de 1989, quand il a été battu par Fernando Collor de Mello, qui a été écarté de pouvoir en 1992, accusé de corruption. En 1989, Lula prônait un moratoire de la dette extérieure brésilienne, le socialisme, la lutte de classes et la fin de tout dialogue avec le FMI. Peu à peu, à chaque élection et à chaque défaite, ces positions se sont modifiées. Aujourd'hui Lula ne parle plus d'annulation du paiement de la dette extérieure, prône le dialogue en toutes situations et se présente lui-même comme « Lula, paix et amour ». Les temps ont bien changé. Le rêve fait des miracles.

Il est vrai que les résultats de l'élection du 27 octobre ont établi un tableau très contradictoire. Si José Serra (PSDB), le candidat du président Cardoso, a été battu sans appel, dans une claire et nette manifestation de refus aux huit ans d'administration du Parti de la Social-Démocratie Brésilienne (PSDB), il est vrai aussi que ce même PSDB a fait sept gouverneurs sur 27, y compris ceux de São Paulo et Minas Gerais, deux des locomotives économiques du Brésil, c'est-à-dire que c'est le parti avec le plus grand nombre des gouverneurs. Le PT, de Lula, grand vainqueur de la présidentielle, a fait juste trois gouverneurs, dans trois états sans aucune importance politique ou économique : Piauí (Nord-Est), Acre (Nord) et Mato Grosso du Sud (Centre-Ouest). En plus, le PT a perdu son plus important bastion, le Rio Grande du Sud, récupéré par une alliance de centre-droite conduite par le Parti du Mouvement Démocratique Brésilien (PMDB), allié du PSDB du président Cardoso et ouvertement anti-PT.

Fernando Henrique Cardoso, le président sociologue, homme cultivé et polyglotte, dont la plus grande réussite a été le fait de contrôler l'inflation qui rongeait depuis des décennies le Brésil, a vu petit à petit son gouvernement s'engouffrer dans l'apathie. Pour arriver au pouvoir il avait passé des alliances avec les secteurs les plus conservateurs des anciennes oligarchies brésiliennes. Le prix à payer a été lourd : une gestion de plus en plus au service de la spéculation financière et coupée du social. José Serra, ami et candidat à la succession de Cardoso, prétendait justement reprendre le social en main.

Trop tard. La crise économique actuelle, aggravée par les problèmes de l'Argentine et aussi par la récession aux États-Unis d'Amérique, a relancé la montée du dollar, qui a sauté, en trois mois, de 2,3 réels à 4 réels. Pour empêcher la débâcle, le gouvernement a augmenté le taux d'intérêt de 18 % à 21 %, quelque chose d'inimaginable dans un pays d'économie équilibrée. Cela représente un lourd poids pour l'industrie nationale. Ce qui explique aussi le fait qu'une bonne partie des industriels brésiliens ont finalement accepté et même adhéré à la candidature de Lula. En fin de course, Lula a obtenu des appuis impensables quelques années auparavant, comme celui de l'ancien président José Sarney, le très conservateur « roi » du Maranhão, l'un des états les plus pauvres de la nation, où sa famille domine toute la vie politique et économique, à coup de scandales de corruption et de népotisme.

Pour gouverner, dans le présidentialisme brésilien, où tous les projets d'un président doivent être votés par le Congrès National, formé par un Sénat (81 sénateurs, représentants des états ; trois sénateurs par état, sans aucune considération pour la taille de la population de chaque unité de la fédération) et une chambre des députés (513 députés, partagés selon le nombre d'électeurs de chaque état), il faut composer avec d'autres partis. Pour faire approuver des projets ordinaires, il faut la majorité simple des élus (la moitié plus un). Pour réformer la Constitution il faut avoir 3/5 des sénateurs et des députés. Or le PT, avec 14 sénateurs et 91 députés, n'aura pas cette majorité. Donc, pour avancer, le Parti des Travailleurs sera obligé de négocier, négocier et négocier, même et principalement avec son adversaire du 27 octobre, le PSDB, parti de centre-gauche, ainsi qu'avec le PMDB, qui pourront lui donner le soutien nécessaire pour faire passer quelques-unes des réformes les plus attendues pour la population brésilienne. Il faut aller vite.

Dans son premier discours en tant que président élu Lula a tout fait pour tranquilliser les « marchés », annonçant que son gouvernement va respecter les contrats en vigueur. Lula ne peut pas se mettre le FMI sur son dos. Il aura besoin des nouveaux crédits. On attend de lui un salaire minimum national décent (qui est aujourd'hui de 200 réels, c'est-à-dire 50 dollars). Mais le PT a déjà averti qu'il faudra être prudent, donc il ne faut pas s'attendre à des miracles. On projette de doubler le salaire minimum au long des prochains quatre ans. Pour 2003 l'augmentation ne devra pas dépasser 30 réels (autour de sept dollars).

Pour faire passer son projet Lula a accepté d'avoir son image transformée par Duda Mendonça, un spécialiste du *marketing* politique. Il est devenu plus élégant, portant des costumes Armani, plus souriant, avec des cheveux bien coupés. Il a perdu son air agressif et a pris une allure d'homme d'état. Il a été même critiqué pour avoir fêté la victoire d'un débat avec une bouteille de Romanée-Conti offerte par son publicitaire. Tout cela fait grincer les dents des secteurs les plus à gauche du PT, ceux qu'on appelle au Brésil les « xiites » ou les « radicaux du PT ». Ceux-ci rêvent encore du socialisme pur et dur et trouvent que Lula a donné les doigts avec les anneaux pour gagner son pari. L'opposition donc ne viendra pas seulement de la droite. Gouverner ne sera pas du tout facile.

Pour comprendre le Brésil il faut penser toute notre culture, nos rapports avec les médias, notre façon de faire du cinéma, nos rapports avec la religion, etc. On continue à se poser les mêmes questions : qui sommes-nous ? Où va-t-on ? Quelle est notre identité ? Qu'est-ce qui fait du Brésil le Brésil ? – selon la formule heureuse de l'anthropologue Roberto Da Matta. En 2002, le pays est passé à nouveau aux urnes pour se donner un président de la République. Cela devait être banal, mais c'est toujours une nouveauté. Fernando Henrique Cardoso, le président sortant, est le premier élu, en plus de 40 ans, à avoir fini son mandat et même à en avoir accompli un deuxième.

Pour comprendre le Brésil politique il faut se pencher sur le Brésil culturel – pays du métissage –, social, économique, religieux et médiatique. Tel est le propos de ce dossier : une cartographie du Brésil en quête d'un avenir meilleur.

Des spécialistes de domaines divers présentent des rapports de recherches sur le vrai visage brésilien. Du métissage racial, qui a mélangé Indiens, Africains, Portugais, puis Italiens, Allemands, Polonais, Russes, Japonais, etc., au métissage culturel, passant par l'influence des médias – avec les feuilletons de la télévision – dans la formation de l'imaginaire national, tout y est. Si le Brésil a décidé de changer politiquement, le 27 octobre 2002, il l'a fait avec toute sa culture, un mélange d'horizons qui a finalement osé affronter ses propres préjugés pour élire l'un des siens à une place réservée aux élites. Le peuple va au « paradis », on dirait.

À la lecture de ce dossier, on découvre un Brésil qui va du prémoderne au postindustriel, faisant cohabiter l'archaïque et la technologie de pointe, la tradition et le vertige de la modernité, les bidonvilles et les mégalopoles effrayantes. Tout cela au rythme d'une culture typique et irréductible, toujours à la recherche d'un avenir radieux et de la conservation d'un passé arraché aux tropiques sur la base de la diversité. Le Brésil reste le pays de l'équilibre des antagonismes, mais on en prend conscience.

Ce Brésil multiculturel et pervers, capable d'avancer à grands pas vers le futur, laissant sur le chemin des millions d'exclus reste un mystère : pourquoi le Brésil ne réussit-il pas ? Qu'est-ce qui manque à ce pays si riche par sa nature pour qu'il s'impose dans le concert des grands ? Est-ce que c'est la faute des Portugais qui l'ont colonisé, des hommes politiques qui l'ont dirigé depuis toujours au nom des élites, des médias qui se sont emparés de l'imaginaire national, des partis politiques qui n'ont pas eu des vrais projets pour une transformation efficace et radicale ?

Tant de questions qui certainement n'auront pas toutes les réponses attendues. La gauche rêvait du pouvoir au nom d'une réforme profonde du quotidien des Brésiliens. La droite songeait à se maintenir en place pour arriver à bout de son projet de modernisation économique et sociale. Qui a raison ? Quelles sont les raisons de la politique brésilienne ? Quel est le vrai rôle des médias, de la religion et des élites dans la vie politique de ce géant jusqu'à maintenant toujours un peu endormi ? Comment la gauche va s'en sortir maintenant qu'elle devra passer le test de la gestion face à tellement d'expectatives ?

Le Réseau Globo, principale chaîne de télévision brésilienne, toujours attaquée pour ses positions conservatrices, s'est plié. Maintenant c'est Lula. Bien sûr, Globo doit beaucoup d'argent aux banques de l'état et essaie déjà de s'accommoder à la nouvelle situation en son propre bénéfice. De son côté le PT aura besoin de temps pour imposer son programme. Donc il vaut mieux avoir les médias de son côté. Mais combien de temps l'effervescence va-t-elle tenir ? Lula sait qu'il n'a pas de marges de manœuvre. Il ne pourra pas faire d'erreurs. De toutes les promesses de campagne électorale, il y en a une essentielle à réaliser : en finir avec la faim au Brésil, ce qui est un énorme pari sur lequel on va lui demander des comptes. Il lui faudra aussi engager un dialogue avec Georges W. Bush, et chercher à savoir si l'Europe aidera le Brésil.

On peut dire que Lula va se battre pour maintenir l'inflation jugulée, pour faire face aux compromis de la dette extérieure, pour assurer l'équilibre des finances publiques, pour régler le très difficile problème de la faillite de la Sécurité sociale, pour améliorer la balance commerciale, pour trouver l'argent pour investir dans le social, pour faire des réformes dans les lois électorales et principalement des réformes fiscale et tributaire. Il faudra aussi une nouvelle politique de combat de la criminalité, énormément de discussions pour arriver à une nouvelle législation du travail et, enfin, il faudra de l'argent et des conditions politiques pour arriver à commencer la déconcentration de la richesse nationale, étant donné qu'aujourd'hui, au-delà de plus de 10 millions de chômeurs déclarés dans les statistiques, le 1 % le plus riche gagne le même salaire que les 50 % les plus pauvres, ce qui fait plus de 40 millions de misérables.

L'Amérique Latine vit un nouveau tournant. Après les dictatures militaires et la démocratisation ratée dans quelques pays, comme au Pérou de Fujimori (aujourd'hui présidé par Alejandro Toledo, lui aussi un homme venu du peuple, descendant d'indiens) et le Venezuela, ravagé par une crise politique, sous le contrôle de Hugo Chávez, un militaire populiste, il est bien temps de nouveaux changements. L'Argentine patauge dans la crise économique et politique. Le Mercosur (Marché commun des pays de l'Amérique du Sud) est coincé. Seul le Chili semble s'en sortir. Avec le PT le Brésil dira non à l'ALCA, le Marché commun pour la région idéalisé par les États-Unis et essayera de reprendre contact avec ses frères voisins.

Voilà ce qu'on aimerait contempler, avec le portrait d'un Brésil, après les élections. On disait, avec Stefan Zweig : « Brésil, terre d'avenir ». Aujourd'hui on ne rêve que du présent, de l'immédiat, de l'ici et du maintenant. L'avenir c'est demain. Le futur commence le 1er janvier 2003. Lula est là, selon l'un des slogans des campagnes du Parti des Travailleurs. L'espoir est bien vivant. Le géant se réveille. Le monde regarde le Brésil. Est-ce que l'avenir va enfin commencer ? Est-ce que l'utopie sera maintenant un lieu bien connu, au sud de l'Équateur, avec 175 millions d'habitants et plus de huit millions de kilomètres carrés de superficie ? L'utopie ne serait-elle pas une île mais peut-être un continent ? Lula a lui-même dit qu'il ne faut pas trop rêver. Mais pour l'imaginaire brésilien, l'impossible est déjà là.

Clóvis de Barros Filho
École de Communication et Arts, université de São Paulo

Bernardo Issler
Faculté de Communication sociale Cásper Líbero

ENTRE ADHÉSION ET AUTONOMIE : LA FIN DE L'ÈRE CARDOSO DANS LES MÉDIAS

Fernando Henrique Cardoso a été le président de la République au Brésil de 1994 à 2002. Professeur universitaire, intellectuel prestigieux, ancien sénateur et ministre (des Affaires Étrangères et de l'Économie), FHC, *leader* fondateur du PSDB (Parti de la Social-démocratie brésilienne) achève son mandat sans vouloir trop influencer sur le choix de son successeur. Dans le spectacle de l'État brésilien actuel, il joue le rôle du père (ou du grand-père) de la nation. N'ayant pas pu ou voulu laisser un héritier incontestable dans son propre parti, le président quitte son poste en bonne position pour se représenter dans quatre ans.

Dès ses premiers discours, totalement reproduits par les médias, FHC dessine un Brésil inédit. Sa définition du pays diffuse une image de la société différente de celle proposée par les militaires ou de celle entretenue par Fernando Collor, son prédécesseur destitué par le Congrès sous l'accusation de corruption.

Parce que nommer c'est toujours d'une certaine façon construire ou reconstruire le réel, le paysage politique ainsi dessiné devient quasi présent. Cet effet de théorie, propre au caractère performatif des discours politiques, dépend moins des propos énoncés que de la légitimité du porte-parole du président élu. Ici, une partie des médias a contribué fortement à la construction de cette reconnaissance. Une fois entretenue la légitimité du mandataire, les objectifs de campagne, énoncés avec éclat, semblent, non seulement poursuivis, mais déjà atteints.

L'effet performatif d'action sur le monde implique une action sur la représentation que les agents sociaux se font de ce monde. Ainsi, les médias brésiliens ont été particulièrement à même pour donner un cadre formel au discours performatif. La rupture hérétique, avec un ordre politique établi par les militaires et avec les représentations d'un Brésil idéal, qui lui servait de fondement suppose la rencontre entre le discours critique de rupture proposé par FHC et une crise objective ou perçue comme objective par les Brésiliens.

Or, les médias pouvaient, mieux que n'importe quelle autre instance de diffusion idéologique, « présenter » FHC et montrer « objectivement » la crise dont il parlait en permanence, c'est-à-dire faire méconnaître la lutte symbolique dont la réalité politique est objet. La règle déontologique qui préconise l'objectivité de l'information journalistique – perçue, dans les meilleurs des cas, par des professionnels et par les consommateurs de ses produits comme un but idéal à poursuivre – est la meilleure garantie de la conformité apparente entre la représentation proposée de la réalité et la réalité elle-même.

Ainsi, sous prétexte de décrire le Brésil « qu'il fallait oublier », l'effet performatif des discours politiques montrés par les médias lui confèrent une dimension prescriptive. Après les illusions de la « Nouvelle République » (appellation proposée par le président Tancredo Neves et son groupe immédiatement après le régime militaire – 1984) par rapport à la « Vieille République », du « Brésil nouveau » (projet soutenu par le président Fernando Collor, premier président élu directement par le peuple après le régime militaire) par rapport à un Brésil vieilli « dont on doit avoir honte », FHC nous invitait – par les médias et en partie avec son soutien – à entrer dans une nouvelle période : « o Brasil do Real – le mot Real indique aussi bien « réel » que la nouvelle monnaie, symbole de la stabilité financière et de la fin d'une longue période d'inflation ».

Pour pouvoir mieux annoncer cette rupture, la production éditoriale politique des journaux a obéi, d'un côté, à une logique propre au champ journalistique en tant qu'espace de lutte sociale et de concurrence pour la définition plus légitime de ce qu'est le journalisme et de ce que doivent être ses règles déontologiques ; d'un autre côté, ce champ n'est pas absolument isolé des autres champs sociaux malgré ses tendances à l'autonomisation relative. De cette façon, le champ politique aura plus ou moins d'influence sur les prises de position proprement éditoriales selon le niveau de structuration de l'espace social propre aux journalistes.

Suivant cette double tendance, la relation des médias avec FHC est majoritairement présentée comme une adhésion inconditionnée de la première aux prises de position présidentielles (I). Néanmoins, certains analystes signalent l'existence de positions très critiques à l'égard du président, qui obéissent à une logique de concurrence à l'intérieur du champ proprement journalistique (II).

Le manque d'autonomie du champ journalistique brésilien : l'hypothèse de l'adhésion inconditionnée à FHC

L'analyse sur la relation entre les médias et le président FHC se borne, en grande partie, à constater une adhésion, un soutien sans critique des premiers aux décisions et actions politiques présidentielles. Cette réflexion, dominante non seulement dans la production universitaire mais également au sein des commentaires publiés dans les journaux est fondée sur de très nombreux exemples parmi lesquels nous avons choisi l'extrait suivant d'un éditorial du journal *O Estado de S Paulo* : « Le gouvernement a essayé de restreindre la crise fiscale par le biais de certaines mesures importantes avec l'appui politique dont il disposait au congrès. S'il n'a pas atteint complètement son but c'est grâce à l'action des partis d'opposition, comme le PT (parti des travailleurs) et grâce aux stratégies de *leaders* comme Lula. Ce sont eux les responsables par la vulnérabilité de l'économie brésilienne. »

La production de l'information et la manifestation plus ou moins explicite de l'opinion sur le gouvernement FHC auraient permis la constatation d'une réduction de l'autonomie du champ journalistique brésilien par rapport au champ politique. Cette réduction, nommée par Luhmann comme une « diminution de l'autoréférence », tient aux interférences conjoncturelles entre les logiques de fonctionnement de ces deux univers sociaux pendant les huit ans du gouvernement FHC, leurs définitions légitimes et pragmatiques. Elles sont conjoncturelles en ce sens notamment qu'elles ne s'objectivent pas en des institutions structurant durablement l'espace social.

La réduction de l'autonomie du champ journalistique tient, par ailleurs, à la succession de crises politiques, entamée au coup d'État militaire de 1964 et renforcée par le mouvement pour les élections directes en 1984 et l'*impeachment* du président Fernando Collor en 1992.

Un premier effet immédiat de cette perte d'autonomie relative s'objective dans un relâchement du lien qui, dans les conjonctures routinières, s'établit entre certains espaces de lutte et des enjeux qui sont propres aux confrontations s'y déroulant. La soi-disant représentation homogène de FHC indique un tel relâchement dans la lutte propre au champ de la production de l'information journalistique et ses sous-champs. Ainsi, le fait que les journaux (*O Estado de S. Paulo, Folha de S. Paulo, O Globo e Jornal do Brasil*) et les revues hebdomadaires (*Veja, IstoÉ e Época*) offrent du président une image fort comparable est assez inouie dans cet espace de concurrence.

De cette façon, les journalistes brésiliens, situés dans un champ dont l'autonomie relative a été réduite par rapport au champ politique – c'est-à-dire appartenant à un espace social de production d'information affecté par des stratégies obéissant à des logiques multisectorielles – tendent à faire prévaloir dans leurs calculs pratiques un univers de référence qui va au-delà des frontières proprement journalistiques, largement externes à la logique sociale spécifique à ce champ. Le capital proprement journalistique s'accumule selon une logique tout à fait particulière, mais pendant la période FHC fut disputé non seulement à l'intérieur de son champ spécifique mais aussi dans d'autres espaces sociaux, notamment dans le champ politique.

En faisant l'économie de cette analyse proprement sociologique de la production journalistique, selon laquelle les médias sont considérés comme un espace social, certains intellectuels médiatiques, qui – selon la célèbre formule de Bourdieu – ont un pied dans la science et un pied dans l'objet de la science, ont produit un ensemble de commentaires – idéologiquement très marqués – descriptifs des choix éditoriaux de certains collègues. Pour cela, ils ont présenté les médias de façon réifiée, comme des choses, ayant une intention, des intérêts, des volontés et de la mauvaise foi.

Ainsi, pour certains comme Arbex, Carta, Cony, le respect journalistique exagéré aux décisions de FHC se doit à une révérence au capital accumulé par le président dans le champ académique, univers social dont les circuits de légitimation sont fort reconnus par les journalistes. Pour d'autres (Kucinski, Biondi, Halimi et Unger), la souplesse des rares critiques au gouvernement tient à une coïncidence idéologique entre les tendances libérales du président et les représentations du monde des propriétaires des médias.

La réduction de l'autonomie du champ journalistique par rapport au champ politique a été en partie engendrée par les crises qui ont sécoué, pendant trois décennies, le scénario politique national. Ces crises ont bouleversé les logiques de fonctionnement de ces champs en générant, après une longue période de dictature, un système d'interdépendance forcé. La fin de la censure n'a pas mis fin à un *habitus* de production journalistique fort marqué par l'« officialisme » et le respect aux règles et aux circuits de légitimation qui lui sont exogènes.

De cette façon, comme a souligné Pierre Bourdieu, les crises politiques ont pour effet de synchroniser les rythmes, les temporalités ou, dans la terminologie de l'auteur, les « durées structurales » propres aux différents champs sociaux des sociétés affectées par ces crises. Mais, dans des périodes perçues comme « hors crise » la singularité de la logique de fonctionnement de chaque champ tend à faire marquer ses frontières symboliques, à objectiver ses limites.

L'autonomie relative du champ journalistique brésilien : l'hypothèse de la critique indépendante à FHC

La thèse de l'adhésion inconditionnée à FHC limitait l'explication des décisions journalistiques à des causes de nature politique, c'est-à-dire des faits pertinents au champ des agents proprement politiques. Cette thèse a toujours été incapable de répondre à une importante question : si les données proprement politiques n'ont pas été bouleversées de manière significative, pourquoi les critiques à FHC se faisaient-elles sentir de plus en plus fréquemment ?

Il a fallu concevoir un nouveau cadre conceptuel où le traitement journalistique des décisions du gouvernement devient en partie soumis à une logique propre au champ journalistique, relativement autonome par rapport au champ politique. Selon cette seconde grille d'explications, les intérêts qui sont à l'origine des décisions éditoriales sont de plus en plus propres à un espace singulier de jeu. Dans cet espace sont en jeu des questions propres aux journalistes. En fonction de la diversité réflexive qui est propre aux prises de position de n'importe quel champ, les représentations de FHC proposées par les journaux sont – perçues comme – moins homogènes qu'on ne le croit[1].

Comme souligne Kucinski, « il y a eu des journalistes qui ont exercé l'esprit critique et il y a eu même des épisodes de journalisme investigatif, notamment à propos du cas de l'achat des voix et des « grampos » au BNDES. Le journal *Folha de S. Paulo* est sans doute celui qui a le plus fréquemment attaqué le gouvernement ».

De même, non seulement les entreprises de communication adoptent de multiples solutions pour présenter le président, mais au sein de chacune de ces entreprises, en tant qu'espaces de diversité et de conflit, les solutions éditoriales ayant pour objet l'image[2] du président sont objet de lutte. Ainsi, cette image ne doit pas être expliquée par la logique monolithique d'appareil mais selon une perspective de réflexivité dans le champ.

Parfois, le capital proprement journalistique accumulé par certains professionnels leur permet, dans un rapport de forces interne aux rédactions, de soutenir des opinions en désaccord avec les tendances de la politique éditoriale. L'exemple présenté par Machado da Silva est révélateur : « le journal *Zero Hora*, pro-FHC, permet dans ses pages les attaques permanentes de Luis Fernando Veríssimo au président de la République ».

De cette façon, le degré d'autonomie du champ dépendra d'une illusion et d'un rythme spécifiques à cet espace. D'abord une illusion que les luttes, les normes qui réglementent ses coups et ses trophées sont le fruit d'une délibération du sujet et ne sont pas définis dans l'intersubjectivité des relations sociales ou apprises et intériorisées grâce à une socialisation spécifique. L'existence d'un espace de lutte ayant pour enjeu la définition de ce que doit être le « bon journalisme » et disposant de règles spécifiques et de stratégies qui lui sont propres est incontestable.

L'appartenance à cet univers se produit selon des niveaux très hétérogènes d'engagement. Ainsi, les éditeurs et rédacteurs concernés dans la production quotidienne des journaux de la presse écrite et télévisés, les articulistes, qui se manifestent tous les jours mais qui ne sont pas obligés d'être dans les rédactions, ceux dont la production est hebdomadaire, d'autres qui n'ont même pas une régularité, des *free-lancers*, des spécialistes, des sources régulièrement consultées sur un sujet spécifique, celles consultées par une circonstance exceptionnelle etc. L'affaiblissement de cette appartenance est directement lié à la participation simultanée à d'autres champs.

Suivant cette analyse, on constate que la critique du gouvernement s'est montrée plus fréquente dans la mesure où le niveau d'engagement de son auteur dans l'espace proprement journalistique décroissait. On retrouvera dans les espaces d'opinion explicite signés par des personnalités qui ne font pas exclusivement partie du champ de la production des journaux les critiques les plus ouvertes au président. Dans le journal *Folha de S. Paulo*, FHC a été fortement critiqué par Clóvis Rossi, Eliane Cantanhede et surtout par les invités – sans aucun lien de travail avec le journal[3] – qui ont leurs articles publiés (Tendances et débats, p. 3). Ces critiques sont néanmoins introuvables aux éditoriaux.

L'autonomie relative des champs sociaux – au-delà des règles, des trophées et des agents spécifiques – dépend également de l'existence d'un rythme singulier, d'une temporalité qui lui est propre. Ces rythmes offrent un cadre temporel aux procédures, aux rites et aux logiques sociales spécifiques aux divers champs différenciés. « Ils acquièrent souvent, au moins dans les secteurs fortement institutionnalisés, tels que, par exemple, les secteurs politiques des sociétés complexes contemporaines, une forte visibilité sociale (et l'on peut d'ailleurs facilement constater que les acteurs sociaux s'en servent en tant qu'indices pratiques dans leurs évaluations et leurs calculs) ». De ce point de vue, nous devons conclure à l'existence d'une temporalité propre au champ journalistique car la production de l'agenda politique est indépendant, dans une large mesure, de l'occurrence des faits proprement politiques. C'est un signe privilégié de son autonomie relative.

Dans cette temporalité propre, l'examen d'une partie du matériel de presse et de télévision recueilli nous permet de constater une double démarche : l'approximation des mesures du gouvernement de l'image personnelle de FHC quand celles-là sont jugées positives et inversement l'éloignement quand les mesures se montrent impopulaires. De cette façon, l'image du président à été épargnée de manière systématique par une partie des médias. Par contre, la performance du gouvernement a été jugée parfois très sévèrement par certains journaux. Cette double démarche n'est pas du tout homogène.

L'analyse de la présence de FHC dans les médias journalistiques nous permet de comprendre que l'action d'un président de la République, objectivée par ses nombreuses prises de position, sont, en grande partie, perçues par les autres agents du champ politique – et par les profanes – en fonction de la production journalistique. De cette façon, le journaliste, quand il décide une politique éditoriale, quand il choisit une façon de présenter un homme politique parmi beaucoup d'autres, son action produit des effets sur des univers sociaux différents, entraîne des prises de position réflexives selon des logiques différentes et contribue à la redistribution des différents capitaux accumulés différemment.

Ce double effet est comparable à la distinction proposée par Goffman entre « jeu tendu » et « jeu relâché ». De cette façon, premièrement, les coups directs du jeu tendu correspondent à des lignes d'action qui, par elles-mêmes, modifient la situation des agents d'un univers donné. C'est le cas d'une action journalistique et l'effet qu'elle produit sur le champ proprement journalistique.

Deuxièmement, l'influence des prises de position du président de la République sur le champ politique est, en grande mesure, médiatisée. Ainsi, entre une décision donnée et ses conséquences s'interpose l'écran d'une « agence d'exécution » qui retraduit et reproduit, en fonction d'une logique qui lui est propre, cette décision à travers laquelle l'agent a essayé de modifier l'état du champ à son avantage.

De cette façon, ni l'adhésion à FHC, révélatrice d'une homologie structurelle entre les deux champs, ni l'autonomie d'un champ journalistique en voie de structuration ne rendent compte de la manière dont le président de la République fut rendu visible par les médias dans les huit dernières années. Très probablement il y a eu pendant cette période plusieurs phases selon lesquelles autonomie et homologie se sont remplacées tendanciellement. Très certainement les chercheurs s'y consacreront au plus vite.

NOTES

1. D'après une enquête réalisée par l'institut de sondage CNT – Vox Populi et publiée par la revue Imprensa n° 142, 1999, p. 28-30, 32 % des interviewés considèrent la presse « impartiale » à l'égard du gouvernement. Ce chiffre est d'autant plus important que si on considère que dans la même enquête 33 % ont souligné que la presse « ment plus que dit la vérité » et que pour 11 % la presse ne fait que mentir.

2. Isller, après une recherche exhaustive sur les choix photographiques opérés par le journal *O Estado de S. Paulo*, souligne que « le président FHC est soigneusement présenté en fonction de sa photogénie et la construction de la dignité de son image ». (ISSLER, B., « As máscaras de Barbie : um estudo dos conflitos simbólicos no fotojornalismo do Estadão », *in* Barros Filho, C., (org.), *Comunicação na pólis : ensaios sobre mídia e política*, Petrópolis, Vozes, 2002, p. 93.

3. « Il a fallu un président de la République civil, qui ne soit pas un général mais un civil, pas un homme de la caserne mais un professeur universitaire, pour que notre pays arrive au plus médiocre niveau en matière de qualité pour un chef d'État » (Propos tenus par le professeur de droit constitutionnel et ex-sénateur Paulo BROSSARD, « A Reeleição é um insulto à nação », *in* Nery, S., *A eleição da reeleição*, São Paulo, Geração Editorial, 1999, p. 9).

RÉFÉRENCES BIBLIOGRAPHIQUES

ALCOFORADO, F., *De Collor a FHC*, São Paulo, Nobel, 1998.

AMARAL, R., *FHC : Os paulistas no poder*, São Paulo, Casa Jorge Editorial, 1995.

BARROS FILHO, C., *Ética na comunicação*, São Paulo, Moderna, 1995.

BARROS FILHO, C., (org.), *Comunicação na pólis : ensaios sobre mídia e política*, Petrópolis, Vozes, 2002, p. 93.

BARROS FILHO, C., MONCLAIRE, S., « Brésil, l'écriture d'une constitution », in *Politix*, 1988, p. 68-81.

BIONDI, A., « Mentira e caradurismo : a imprensa e o reinado FHC », in *Anuário de Jornalismo da Faculdade de Comunicação Social Cásper Líbero*, 1999.

BORTONI, L., DE MOURA, R., *O mapa da corrupção no governo FHC*, São Paulo, Fundação Perseu Abramo, 2002.

BOURDIEU, P., « La production de la croyance : contribution à une économie des biens symboliques », in *Actes de la recherche en sciences sociales*, 13, février 1977.

BRITTOS, V., « Como a mídia favoreceu FHC na eleição de 1994 », in *Cadernos do ISP*, Pelotas, n° 10, p. 53-88, juin 1997.

DOBRY, M., *Sociologie des crises politiques*, Paris, PFNSP, 1963.

FIGUEIREDO, R., LAMOUNIER, B., (orgs.), *A era FHC : um balanço*, São Paulo, Cultura Editores, 2002.

HALIMI, S., *Os novos cães de guarda*, Petrópolis, Vozes, 1998.

KUCINSKI, B., A síndrome da antena parabólica : ética no jornalismo brasileiro, São Paulo, Fundação Perseu Abramo, 1998.

Kucinski, B., « A mídia de FHC e o fim da razão », *in* LESBAUPIN, I., *O desmonte da nação : balanço do governo FHC*, Petrópolis, Vozes, 1999.

MACHADO DA SILVA, J., *A miséria do jornalismo brasileiro*, Petrópolis, Vozes, 2000.

MATOS, H., « Agenda temática da pesquisa em comunicação política », *in* RUBIM, A. C. (org.), *Mídia, Eleições e Democracia*, São Paulo, Editora Página Aberta, 1994.

NERY, S., *A eleição da reeleição*, São Paulo, Geração Editorial, 1999.

PEREIRA, A., *Depois de FC*, São Paulo, Geração Editorial, 2002.

SALLUM JR., B., « O Brasil sob Cardoso : neoliberalismo e desenvolvimentismo » in *Tempo Social : Revista de Sociologia da USP*, vol.11, n° 2, octobre 1999.

TOURAINE, A., « O campo político de FHC », in *Tempo Social : Revista de Sociologia da USP*, vol. 11, n° 2, octobre 1999.

Léa Freitas Perez
Université Fédérale de Minas Gerais (UFMG)

LE MÉTISSAGE AU BRÉSIL VU À TRAVERS LES FÊTES

La diversité et la multiplicité des modes d'organisation sont à la base de la formation historique brésilienne, marquée et modelée par une profonde polyphonie. Autrement dit, la multiplicité est dans la société à l'intérieur de son tissu, elle est un état de la société. Cette structure sociale irréductible à une unité globale fixe et immuable, a été très bien perçue par Duvignaud quand il dit que le Brésil « est, certes, une nation, et ceux qui l'habitent s'affirment brésiliens, mais la multiplicité des groupes et des solidarités originales ne se fond point dans une image globale qui serait abstraite et vague » car dans ce pays « le vécu collectif résiste à la réduction » puisqu'une « surabondance affective, sensuelle, passionnelle accompagne le commerce des hommes, de la violence à la tendresse – qui défie souvent les statistiques ou les classifications » (1992, p. 7-8). Dans le même sens vont les observations de Febvre : « Terre immense, et c'est déjà un merveilleux problème, celui d'une pareille unité politique et culturelle maintenue depuis cinq siècles, sans effondrements, de Porto Alegre à Belém (ce qui veut dire de Gibraltar à Stockholm) et des limites du Pérou à Recife (soit, à peu près, de Paris à Moscou). Terre immense, compacte, puissamment continentale ». De Rio de Janeiro « l'enchanteresse » il fait un bond à São Paulo « la dévorante ». Un vol d'avion et voilà Belo Horizonte « qui pousse dans la brousse, tout jalonné, des avenues, des places, des quartiers entiers qui jailliront du sol, demain ». Au Minas Gerais il retrouve « ce Brésil de l'or qui n'est plus. Tant d'exquises cités ». Ce n'est pas tout : « Voici Recife encore, ses aspects vénitiens, ses magnifiques colonnades de cocotiers au long d'une mer étonnamment verte – qui vit jadis se traîner sur elle "gonflées comme des ventres de femmes enceintes", tant de nefs chargées de dépouilles orientales que les Lords du Sucre se disputaient entre eux… ». Après, « de relais en relais, au long d'une bande saturée d'histoire coloniale » il trouve Goiania, avec « son marché rempli d'odeurs fortes et de nourritures exotiques ». Le constat : « Autant de villes, autant de mondes ». Le survol de l'immensité est le seul moyen pour passer de l'un à l'autre car il y a « tant de Brésils dans ce Brésil… Et cependant, que d'autres Brésils encore ! » La conclusion : « Voir tout cela, posséder tout cela, on n'en finira pas. Et, sitôt la promenade terminée, il faudrait la recommencer. Avec de bonnes boussoles, car tout aurait changé dans l'intervalle » (1974, p. 12-13).

Et tout cela marche ? Bien sûr. Comment ? Ce qui fait du Brésil, le Brésil est le métissage, force sociale d'assemblage des éléments hétéroclites et contradictoires qui forment la société, jusqu'au brouillage des différences et des distinctions figées. Vecteur du mouvement, de la mobilité, de la plasticité et de la composition, le métissage est le principal mécanisme d'orientation sociale au Brésil et son origine non seulement est religieuse mais se confond avec la formation historique du pays[1]. Certes, le Brésilien est profondément religieux. Mais il s'agit d'une religiosité dionysiaque et carnavalesque, en un mot, festive et charnelle, plutôt vécue théâtralement, publiquement et collectivement que sentie dans la solitude du for intérieur, au fond de soi-même. Cela veut dire qu'au Brésil, la fête – procession religieuse et carnaval – est ce qui fait l'assemblage car elle est l'espace privilégié de réunion des différences, des figurations sociales, d'assemblée collective et de socialité.

Élément d'importance indiscutable dans l'entreprise coloniale portugaise – ce n'est pas à tort que les terres conquises furent placées sous le patronage de l'ordre du Christ – le catholicisme fut le plus puissant outil d'organisation et de contrôle de la vie brésilienne pendant très long temps. Il a cimenté l'union entre l'État et l'Église, union seulement défaite après la proclamation de la République Les préceptes catholiques, ses fêtes, son éthique donnaient le rythme et le ton de la vie quotidienne. L'éducation fut pendant très long temps monopole des Jésuites. Même la naissance d'une ville se faisait en général par la construction d'une chapelle et par l'adoption d'un saint patron, duquel généralement la ville recevait le nom. L'église était le lieu des potins et de la diffusion des nouvelles. À l'ombre de la croix se créait la solidarité communale et le Brésil se faisait.

Les processions et fêtes religieuses, aussi bien que le carnaval, sont les activités urbaines les plus anciennes du Brésil. Les gens envahissaient les rues et les jardins des environs des églises. Tout était agitation et mouvement. Prenons le cas de la fête du Divin Saint-Esprit, une des commémorations religieuses les plus anciennes au Brésil et qui fut jusqu'aux années 1920 une de nos fêtes les plus populaires. Elle remonte au Portugal du XIIIe siècle, et elle aurait été instituée par la reine Isabel à cause d'un vœu. Au début, fête de la noblesse, elle s'est très vite popularisée et se diffuse dans toutes les colonies lusitaniennes. Elle a lieu quarante jours après Pâques et elle fait partie des célébrations relatives au cycle de la Résurrection.

Organisée par les confréries de même nom, la fête, aussi nommée Folias (folies) do Divino était minutieusement préparée de mois avant sa réalisation. Pendant des mois, les bannières du Divin (*bandeiras du Divino*) ou *Peditórios* (« quêteurs ») parcouraient les villes et ses environs en quête de fonds pour la fête. Tout le monde attendait avec impatience de recevoir chez-soi le drapeau, l'embrasser, faire des vœux et donner sa contribution pour la fête. Des foules de pèlerins, tout seuls ou des familles entières, arrivaient de partout pour participer à l'Empire du Divin dont les neuvaines, la procession et la fête proprement dite étaient les moments centraux. L'église et les tribunes érigées sur la place ornées de banderoles, les foires, la musique des bandes, les étincelles des feux, le cloches qui tintent sans arrêt, un spectacle étourdissant auquel les gens assistaient émerveillés.

Une autre fête très populaire est celle de Notre-Dame-du-Rosaire, une des plus anciennes commémorations religieuses du Brésil. La fête célébrée par la confrérie de même nom et formée par des noirs s'articulait autour d'une reine et d'un roi (les rois du *Congo*) préalablement élus parmi les membres de la confrérie et couronnés par le prêtre pendant la messe qui suivait le cortège vers l'église. Après la messe venait la fête proprement dite. Les membres de la confrérie se réunissaient dans la maison du roi, où il y avait des chants et des danses africaines (les *Congos*).

La plus riche synthèse à propos de l'articulation entre religion et société au Brésil, sans doute, a été faite Freyre. Selon lui, parmi nous, il y a eu « une profonde confraternisation des valeurs et des sentiments », « qui se serait développée plus difficilement si un autre type de christianisme avait présidé au développement de la formation sociale du Brésil, un type plus clérical, plus ascétique, plus orthodoxe ; calviniste ou rigidement catholique ; et non cette religion douce, domestique, de relation pour ainsi dire familiale entre les saints et les hommes, qu'a présidé, du haut des chapelles patriarcales des moulins, des églises toujours en fête (baptêmes, mariages, fêtes patronales, avec étendards, chrêmes et neuvaines) à la formation sociale du Brésil ». Le christianisme lusitanien était fait de fêtes et de processions joueuses, colorées, quelque peu profanes, « avec les figures de Bacchus, de la Vierge fuyant en Égypte, de Mercure, d'Apollon, du petit Jésus, des douze apôtres, des satyres, des nymphes, des patriarches, des rois et des empereurs de corporations et, tout à fait à la fin seulement, du Saint-Sacrement » (1974, p. 342, 245). Plus qu'une religion, c'était une liturgie sociale, où se trouvaient côte à côte le lyrique, le passionnel, le charnel dans la composition d'une religiosité dionysiaque : « il ne manquait que la chair aux anges et aux Saints pour descendre de leurs autels les jours de fêtes et s'amuser avec le petit peuple ; les bœufs entraient dans les églises pour se faire bénir par le prêtre ; les mères berçaient leurs bébés avec les mêmes cantiques dont elles louaient l'Enfant divin ; les femmes stériles, les jupes levées, allaient se frotter contre les jambes de Saint Gonçalves de Amarante ; les maris qui soupçonnaient leurs épouses d'infidélité partaient interroger "les rochers des cornus" et les jeunes filles en mal de mariage "les rochers des épousailles" ; Notre-Dame de O' était adorée sous la forme d'une femme enceinte » (Freyre, 1974, p. 52). Les saints n'étaient pas des entités froides, éloignées. Tout au contraire. Traités avec l'intimité de membres de la famille, ornés de bijoux, les saints recevaient des attributs humains et familiers et participaient à la vie domestique et intime. On dansait, on courtisait et on présentait des comédies amoureuses dans les églises brésiliennes jusqu'au XIXe siècle. La chose paraît avoir fait trembler Rome. Une pastorale de 1726 recommandait aux prêtres de Pernambuco de ne pas consentir à des représentations dramatiques, des comédies et des bals dans l'intérieur de leurs églises. Sans aucun effet. La Barbinais assista, en 1717, à une fête de Noël au couvent des sœurs de Sainte Claire à Bahia. Les sœurs dansaient et chantaient, dit-il étonné, comme si elles étaient possédées de quelque démon (*Apud.* Freyre, 1974, p. 242). Il semble que les critiques des Européens en visite au pays furent d'une telle intensité qu'en 1817 les danses à l'intérieur des églises furent prohibées. Si les danses sont censurées, la cour continue. Radiguet, autre voyageur, voit à Rio en plein XIXe siècle les demoiselles accroupies sur leur chaise de tapisserie, à prendre « sans scrupule des sorbets et des glaces avec les jeunes gens qui venaient converser avec elles dans le lieu saint ». Et ajoute Freyre, « Flirtant et suçant des glaces dans les églises, exactement comme elles le feront, un siècle après, dans les salons de thé et sur les plages » (Freyre, 1974, p. 243).

Dans ce « christianisme lyriquement social », le fidèle traitait les choses de la religion avec intimité et complicité, allait à l'église comme s'il allait à une fête et se trouvait libéré de tout effort, de tout contrôle. C'était donc une religiosité moins attentive au sens intime des cérémonies qu'aux couleurs et à la pompe extérieures, c'est-à-dire tournée plutôt vers le concret que vers l'abstrait, toujours prête à faire des accords et des conciliations et non à imposer une moralité rigide et des codes figés[2]. La souplesse de l'éthique catholique facilite, au Brésil, le travail des forces sociales du métissage et de la carnavalisation, neutralisant les effets de la segmentation moderne. Aux États-Unis, par exemple, et à l'encontre du Brésil, il y a eu, dès le début de leur formation historique, la présence contraignante de la loi religieuse et civile, qui a modelé les groupes et les individus par la force punitive du châtiment extérieur et du sentiment interne de péché. Le résultat en est la constitution d'une société morale, où les notions d'ordre et de liberté sont les principes de base. Un tel type d'organisation n'a jamais existé au Brésil. Ici, l'idée de l'ordre ne fut qu'un principe abstrait, la liberté qu'un caprice.

Tout se passe comme si la dimension charnelle, sensuelle de la religiosité portugaise avait été renforcée et exacerbée sous la chaleur des tropiques. Pleine de culture des sens et de la chair, d'idolâtrie de la créature, complètement à contre-pied de l'orthodoxie et de l'ascétisme. La religiosité brésilienne semble avoir retenu de la religion avant tout et d'abord sa dimension esthétique, son pied-fort et seul piédestal est l'effervescence de l'assemblée[3]. La description de La Barbinais à propos de la fête de Saint-Gonçalves, à laquelle il a assisté à Bahia au XVIIIe siècle, le montre assez bien. « Danses frénétiques autour de la statue du saint, où entrait le Vice-roi lui-même, homme d'en certain âge, à côté des Frères, des nobles, des nègres. Et de tous les fripons de la ville ». Selon lui, promiscuité. « Guitares. Chants. Baraques foraines. Exaltation sexuelle. Toute cette excitation pendant trois longs jours de temps et au milieu de la forêt. De temps en temps, quelques hymnes sacrés. Une statue du saint arrachée à sa niche et sautant de main en main comme une balle de tennis ». La frénésie, le pêle-mêle humain lui rappellent les païens d'autrefois, durant le sacrifice annuellement offert à Hercule, cérémonie au cours de laquelle la statue du demi-dieu était fustigée et couverte d'injures (*Apud.* Freyre, 1974, p. 244).

Les fêtes dévoilent une société qui dès son début, vit du spectacle, des changements et du métissage de registres et de codes. Une société qui rit d'elle-même, que *poétise* les relations des hommes avec eux-mêmes. Le témoignage de Lavollée, qui assista à Rio, déjà en pleine époque impériale, à une fête du mercredi de cendres va dans ce sens. Une grande procession défila la nuit dans les rues de la ville. Les confréries portant les images des saints, dont un saint noir, des enfants vêtus comme des anges, une troupe militaire. Aux fenêtres les dames habillées avec grand luxe assistaient au cortège. La procession transformait la religion en spectacle nous dit-il (*Apud.* Freyre, 1984, p. 273, 274). Dans cette même ligne se placent les observations de Queiroz : « Le "superspectacle" que le Brésil offre au monde pendant le Carnaval correspond à cette préférence pour l'apparat, pour tout ce qui est fait de luxe et d'éclat, qui s'est manifestée dans le pays dès les temps anciens de la colonisation et s'est exprimée dans le qualificatif "théâtral", qui impliquait des actions offrant des aspects extraordinaires, animés, mouvementés. Cela est visible dans le goût porté aux spectacles, religieux ou laïques, qui ponctuent la vie brésilienne et avaient toujours lieu, aux premiers temps de la colonie, sur les places et dans les rues » (1992, p. 231). Et nous voilà face au baroque, non dans sa dimension d'art mais de style de vie ou, encore mieux dit, d'attitude, d'esthétique-éthique. Au Brésil, selon l'approche toujours incisive de Bastide, le baroque « se détache des murs des églises, des façades des palais, descend les escaliers majestueux pour se répandre dans les jardins, avec leurs grandes avenues qui s'achèvent en horizons d'azur, pour prendre possession du corps humain, le compliquant avec ses perruques et ses rubans ; il envahit la rue avec ses processions, ses chars allégoriques, sa pompe d'un moment, et atteint jusqu'aux âmes à travers le rituel de sa politesse et le subjectivisme de ses sentiments » (1978, p. 35). En un mot : l'attitude baroque « cherche à transformer le monde visible en fête, c'est-à-dire à mettre l'activité productive au service de la jouissance », à travers d'une « dramatisation fantastique » qui « suggère une fête fantastique et perpétuellement inachevée » (Duvignaud, 1984, p. 130, 138).

Le carnaval, la synthèse par excellence de la fête au Brésil n'est pas fait pour être regardé, il est avant tout vécu, et vécu à partir d'un registre qui se situe « en dehors des ornières habituelles » (Bakhtine, 1970, p. 170). Le carnaval est la fête du temps destructeur et régénérateur, son ambivalence est toute faite de changement-renouveau, d'une « relativité joyeuse », il ne connaît pas la négation, ni le parachèvement, pas plus que l'affirmation absolue, il s'oppose à toute fin définitive. Le « carnaval ne rend rien absolu mais proclame dans la joie la relativité universelle » (Bakhtine, 1970, p. 172, 173, 174, 221). Dans ce temps du monde à l'envers, le rassemblement des gens n'obéit qu'aux impulsions du plaisir fugace et erratique qui ne se fixe sur rien, ni sur personne. Les distances sociales sont atténuées par l'établissement d'un « contrat libre et familier » (synonyme d'attitude carnavalesque), dont la seule limite est le libre choix des partenaires momentanément réunis[4]. Plus qu'une fête tout court, le carnaval est une forme particulière d'être et de vivre le monde, à un principe d'organisation sociale, fait d'excentricités, de mésalliances, de profanations. Le Brésil est tout cela. Ce n'est par hasard si le pays est défini comme le pays du carnaval. Chez nous, tout commence et tout se termine par le carnaval, ce qui équivaut à dire que rien ne commence vraiment, pas plus que cela ne se termine. On vit toujours en train de, en changement, dans l'abondance carnavalesque. Mais ne nous trompons pas. Cela ne veut pas dire que la réalité est niée. Tout juste le contraire, elle est transfigurée et exacerbée par un réalisme ironique qui, tout en l'affirmant, se moque d'elle, car les fêtes – lieux de la nouveauté, de l'enchantement, de l'hallucination – sont des moments où les masques et la théâtralité des rôles sociaux acquièrent une autre dimension, celle du mouvement, de la gaieté, et surtout du mélange des codes et des gens, créant un monde virtuel où la réjouissance, la dépense somptueuse et la consommation agonistique propres au don et à l'échange généralisé sont les mots d'ordre. Imaginons, ce n'est pas difficile à réaliser, l'impact, l'éblouissement que le spectacle de cette force multiple qu'est la fête, produisait sur les gens. Venir en ville, rompre avec l'uniformité lassante de la vie ordinaire. Rencontrer la diversité des gens et la variété des choses. En un mot : la fête détache une « mystique du don », « un don qui entraîne sa réponse et provoque un autre don, un échange qui s'intensifie dans un espace délimité et concentré » (Duvignaud, 1984, p. 147, 148)[5]. Autrement dit : la fête montre la relativité de la réalité, car elle place, « pour quelque temps, l'homme et les hommes en face d'une réalité transobjective et transsubjective, arrache le social au social et puise dans la découverte des instances ainsi perçues une capacité infinie de création et d'innovation », innovation qui, « à son tour, agissant sur la trame de l'existence collective, la transforme et bouleverse, suggérant des formes nouvelles, qui, à leur tour, parce qu'elles sont cristallisées, pèseront sur les membres de la communauté ou de la civilisation » (Duvignaud, 1984, p. 258).

Les fêtes sont donc des outils très privilégiés pour entrer dans les entrailles de la société brésilienne et y voir sa manière d'opérer par l'hybridation, toujours prête à provoquer des cassures dans l'enchaînement des déterminismes. Elles nous donnent à voir sous un autre angle le spectacle du lien social, surtout dans ce qui touche les émotions et le sensible, car les fêtes sont l'acte même de la production de la vie.

Ainsi peut-on mieux comprendre la société brésilienne et son mouvement incessant, son incompatibilité avec les solutions définitives, sa composition moelleuse, ondulante, sa structure métisse et pour cause carnavalesque. C'est pour cela qu'il s'agissait pour moi dans ce texte d'éprouver les faits évoqués dans toutes leurs nuances et courbures afin de voir mon pays d'une manière qui se veut, bien sûr, une interprétation mais qui se veut généreuse. Comme disait Bastide, devant ce pays complexe et intriqué, il n'y a qu'une voie de compréhension, se muer en poète : « le sociologue qui étudie le Brésil ne sait plus quel système de concepts utiliser », il faut pour pénétrer cette réalité « découvrir des notions en quelque sorte liquides, capables de décrire des phénomènes de fusion, d'ébullition, d'interpénétration, qui se mouleraient sur une réalité vivante, en perpétuelle transformation » (Bastide, 1957, p. 15, 16).

NOTES

1. Toutefois le métissage n'est pas une nouveauté créée au Brésil. Il existait déjà à l'origine de la formation du Portugal, une société qui s'éveilla dans l'histoire avec la lutte contre la domination romaine, qui vécut l'occupation germanique et maure, une société produit de la rencontre entre « deux civilisations, une de l'Occident lointain, l'autre du proche Orient » (Faoro, 1989, p. 3).

2. Il est impossible de parler de la vie religieuse sans mentionner l'éthique qui la compose et la soutient. Sans entrer dans trop de détails qui ne concernent pas directement les propos de ce texte, je veux remarquer quel-

ques éléments de l'éthique catholique afin de percer comment l'esprit prométhéen, tout à fait moderne de cette éthique peut être transfiguré dans son application à une société dionysiaque telle la brésilienne. L'éthique catholique est une éthique de la conviction, où l'*intentio* concrète de l'acte particulier détermine la valeur. Le croyant porte à son compte personnel le poids de ses actions, suivant le cas avec un solde créditeur ou débiteur. Cependant, de façon très réaliste, l'Église reconnaît que « l'homme n'est pas une unité définie en termes absolument clairs, pouvant être évaluée avec précision, mais que sa vie morale est déterminée par des motifs antagonistes, et son comportement souvent contradictoire ». En reconnaissant la partialité de l'homme, l'Église révèle une souplesse vitale pour le confort du fidèle. Même en exigeant « comme idéal, une transformation radicale de la vie humaine », elle affaiblit le poids d'une telle exigence de par la certitude du pardon. A travers le sacrement et la pénitence, l'homme de foi dispose d'un moyen pour compenser sa propre imperfection, car la certitude du pardon le décharge de la monstrueuse tension à laquelle son imperfection le condamne ». Il s'ensuit donc que « dans le catholicisme le désenchantement du monde n'est pas complètement effectué comme dans le puritanisme protestant » (Weber, 1989, p. 133, 134).

3. Quand les fidèles sont assemblés, l'état d'effervescence religieuse se traduit par des « mouvements exubérants qui ne laissent pas facilement assujettir à des fins trop étroitement définies », ils s'échappent sans but précis, pour le « seul plaisir de se déployer », comme un jeu (Durkheim, 1985, p. 542, 545).

4. Les catégories carnavalesques – contrat libre et familier, excentricité, mésalliances, profanation – «ne sont pas des idées abstraites sur l'égalité et la liberté, sur le lien interne entre toutes choses, sur l'identité des contraires, etc. Ce sont des "pensées" rituelles et spectaculaires, concrètement perceptibles et jouées sous la forme de la vie elle-même », elles sont donc idées incarnées (Bakhtine, 1970, p. 170, 171).

5. Je suis redevable des idées de Duvignaud à propos de la fête en tant que don et surtout de son approche du Brésil comme étant une société d'échange généralisé. Selon lui dans les sociétés d'échange généralisé la fête existe « au plus haut niveau », c'est-à-dire, « non comme une compensation à l'insuffisance ou à la rareté », pas non plus « comme une permanence ou une survie », « mais comme une conduite permanente facilitant des échanges et des communications » que les sociétés dites développées ne sont plus capables de favoriser » (Duvignaud, 1984, p. 154).

RÉFÉRENCES BIBLIOGRAPHIQUES

BAKHTINE, M., *La Poétique de Dostoïevski*, Paris, Seuil, 1970.

BASTIDE, R., *Brésil. Terre des contrastes*, Paris, Hachette, 1957.

BASTIDE, R., *Images du nordeste mystique en noir et blanc*, Paris, Pandora Editions, 1978.

CANDIDO, A., « Dialética da malandragem, (Caracterização das Memórias de um Sargento de Milícias) », *Revista do Instituto de Estudos Brasileiros*, n° 8, São Paulo, USP, 1970.

DURKHEIM, E., *Les Formes élémentaires de la vie religieuse*, Paris, PUF, 1985.

DUVIGNAUD, J., « Avant-Propos », Freyre GILBERTO., *Terres du sucre*, Paris, Gallimard, 1992.

DUVIGNAUD, J., *Fêtes et civilisations*, Paris, Scarabée & Compagnie, 2e éd., 1984.

FAORO, R., *Os donos do poder : formação do patronato político brasileiro*, Porto Alegre, Globo, 2 v., 8. ed., 1989.

FEBVRE, L., « Brésil, terre d'histoire », (Préface), FREYRE, Gilberto, *Maîtres et esclaves. La formation de la société brésilienne*, Paris, Gallimard, 1974.

FREYRE, G., *Maîtres et esclaves. La formation de la société brésilienne*, Paris, Gallimard, 1974.

FREYRE, G., *Casa grande e senzala. Formação da Família Brasileira sob o regime da economia patriarcal*, Rio de Janeiro, José Olympio, 23 ed., 1984.

QUEIROZ, M. I. Pereira de., *Carnaval brésilien. Le vécu et le mythe*, Paris, Gallimard, 1992.

WEBER, M., *L'Éthique protestante et l'esprit du capitalisme*, Paris, Plon, 1989.

Sérgio Capparelli
Université fédérale du Rio Grande do Sul

Suzy dos Santos
Université fédérale de Bahia

LES FORMES ÉLECTRONIQUES DE LA CENSURE

Au Brésil, existe une croyance suivant laquelle la censure à la télévision s'est limitée à la période du régime autoritaire, autrement dit lorsque les militaires ont introduit une commission de censure dans ce média afin de contrôler ce qui pouvait être diffusé ou pas. Après cette longue nuit inquisitoriale (1964-1985), rares sont les moments où la censure de l'audiovisuel a été remise en discussion. Soit elle est l'objet de formes d'euphémisation, telle que « la pression du marché », soit elle intervient ponctuellement, comme durant la campagne de désinformation des élections présidentielles de 1989, à un moment où la droite risquait de perdre celles-ci contre le candidat du PT (Parti des Travailleurs).

Nous entendons examiner ici une forme de censure qui normalement ne porte pas ce nom et qui pourrait être décrite comme une censure prospective. Elle recouvre deux réalités conjointes. Les décisions prises par les militaires à l'époque de la dictature et qui n'ont jamais été revues et parallèlement. Et surtout, après le régime militaire, les pratiques clientélistes adoptées par les gouvernements civils qui ont fait en sorte que les concessions de radio et de télévision à des fins politiques deviennent un obstacle à la pluralité d'opinions. Toutes deux peuvent être considérées comme une censure peu visible, mais très efficace du fait qu'elle n'est jamais discutée. Le fait que la télévision est le seul médium vraiment national (87 % de la population brésilienne), montre l'importance de cette question, le groupe formé par les patrons de radio et de télévision étant un des plus puissants au Congrès national. Le pouvoir de ces « colonels électroniques » est donc grand, notamment à l'intérieur du pays où la presse écrite étant absente, la radio et la télévision sont les seules sources d'information politique.

Le clientélisme électronique

Pour comprendre ce phénomène il faut revenir aux années 1980. La fin des gouvernements militaires qui intervint à cette époque n'a pas été suivie d'un processus de démocratisation de la télévision brésilienne. Si, la fin de la censure préalable des contenus a accordé plus de liberté aux chaînes, le « colonélisme électronique », a en effet éliminé cette possibilité, apportant une discipline plus souple dans laquelle la programmation régionale ou locale est étroitement soumise aux intérêts électoraux des patrons de concessions et d'autorisation de retransmission télévisuelle.

Ainsi, l'expression « colonélisme électronique » désigne la relation basée sur le clientélisme politique entre les dirigeants étatiques et les patrons de chaînes de télévision, ce qui fait obstacle au pluralisme. On ne peut pas dire que le « colonélisme électronique » soit une caractéristique récente. Avant même l'inauguration de la première chaîne du pays, la loi donnait au chef de l'Exécutif le pouvoir d'accorder les autorisations de radiodiffusion. La transition récente vers la démocratie, qui coïncide avec la transition vers un modèle néolibéral de communication, a apporté de nouveaux éléments sur le plan de la communication, telles que la privatisation des télécommunications et l'ouverture de ce secteur à la participation étrangère Mais elle a intensifié la concentration de la propriété des moyens de communication et fragmenté le contrôle public.

C'est le mode de passage des gouvernements militaires à la démocratie qui explique en partie la nouvelle situation de contrôle de la télévision. À la différence de l'Argentine, où les militaires ont été obligés de rendre le pouvoir aux civils après leur malheureuse incursion lors de la Guerre des Malouines, au Brésil, il n y a pas eu de collapsus du pouvoir militaire. Ce passage s'est fait au moyen d'un relâchement progressif des contrôles exercés par le régime, avec une redistribution graduelle du pouvoir. Dans ce contexte, le gouvernement Sarney reproduisit des pratiques semblables à celles du régime militaire, puisque celui-ci était présent dans son mandat à l'intérieur de différents ministères et du staff qui était resté pratiquement le même. Bien qu'au début il se soit exprimé pour une révision des concessions de radio et de télévision, le gouvernement Sarney, par l'intermédiaire de son ministre des Communications, Antonio Carlos Magalhães, a non seulement maintenu les anciennes concessions mais il s'est également servi du processus de révision pour obtenir un soutien dans d'autres domaines. Et il a poursuivi pendant toute son administration la même démarche de concessions du gouvernement Figueiredo.

L'attitude la plus caractéristique de ce gouvernement correspond au processus d'élaboration de la Constitution de 1988. Dans cette période, les concessions de radiodiffusion sont devenues une monnaie d'échange politique pour faire voter l'amendement constitutionnel accordant cinq ans de mandat au président José Sarney. Selon Paulino Motter (1994), 91 parlementaires ont reçu en « cadeau » des concessions de radio et de télévision en échange d'un vote pour cet amendement.

Évolution des concessions de radio et de télévision à chaque période gouvernementale

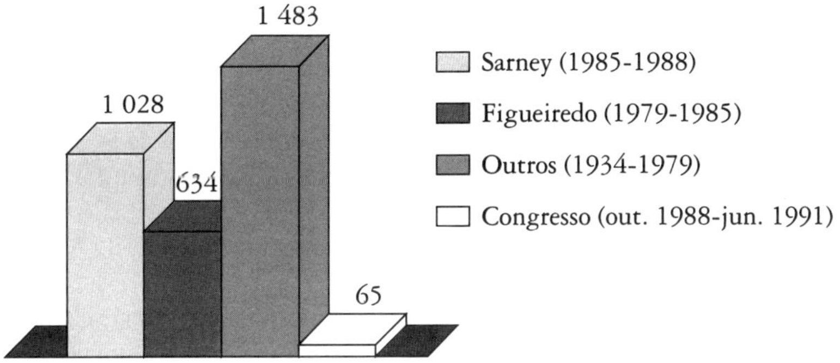

Source : Motter, 1994, p. 163.

Le nombre de concessions fut de 1 028, dont 82 concernaient la télévision. Parmi celles-ci, 43 ont été attribuées l'année du vote de l'amendement constitutionnel, et 30 d'entre elles ont été partagées entre les parlementaires des partis alliés avec le gouvernement. Le nombre de parlementaires exploitant des chaînes de télé-radiodiffusion est donc passé de 55 à 146, représentant 26,1 % des 559 membres de l'Assemblée constituante (Motter, 1994 : p. 163-180). Outre l'obtention du soutien au mandat de cinq ans, le ministre et le président ont également agi dans leur propre intérêt en s'autoconcédant, respectivement, 7 et 3 chaînes de télévision.

Lors du processus d'élaboration de la Constitution, quelques progrès ont été accomplis, tels que le transfert au Congrès du pouvoir d'autorisation de diffusion et la création du Conseil de Communication sociale, dont la fonction était d'aider le Congrès à mettre au point des politiques publiques concernant le secteur de la communication. Mais cette procédure traîne au Congrès depuis 1988 et jusqu'à présent, le Conseil n'a pas été mis en place.

Après la confuse période Collor, où les concessions ont été « gelées », le premier mandat de Fernando Henrique Cardoso semblait augurer une nouvelle étape de la télévision brésilienne. Représenté par le ministre Sérgio Motta (1994-1998), le gouvernement a accepté de négocier avec le Forum national pour la Démocratisation de la Communication, front civil formé par des syndicalistes, des professionnels libéraux, des universités et d'autres organisations non-gouvernementales. On a mis en place une politique de concessions régie par des critères technico-économiques (décret 1720 de 1995) et on a créé une agence indépendante de régulation, l'ANATEL (Agence nationale de Télécommunications).

Comme ce fut le cas lors du mandat du ministre Antonio Carlos Magalhães, le processus consistant à retirer les autorisations de diffusion au pouvoir politique n'a pas duré longtemps. En 1997, un autre amendement à la Constitution, rendant possible la réélection de Fernando Henrique Cardoso, apparaît dans les médias nationaux comme l'objet d'une négociation concernant la télévision. Cette fois-ci, la monnaie d'échange était lesdites RTVs (les chaînes de retransmission de télévision), qui n'étaient pas prévues dans le décret 1720 et sont soumises directement à un arrêté du Gouvernement, sans passer par le Congrès.

Jusqu'en 1997, le critère de distribution des 1 848 octrois des droits de retransmission de télévision a favorisé « les amis » du président-candidat à la réélection de la façon suivante : 268 octrois de droits de retransmission accordés à des politiciens ; 342 au groupe *SBT* ; 319 à *Rede Globo* ; 310 à *Rede Vida*, rattachée à l'Église catholique ; 252 à *Bandeirantes* ; 226 à *Manchete* ; 151 à *Rede Record,* appartenant à Igreja Universal do Reino de Deus ; et enfin, 125 réservés aux télévisions éducatives (Costa, 1997).

Depuis 1997, les négociations relatives à la télévision brésilienne se font exclusivement entre le marché et le Gouvernement, excluant toute participation de la société civile. Le secteur est réglementé par des décrets, sans passer par le Congrès. En 2000, se produit encore un changement : le décret 3451, du 9 mai, autorise les RTVs à devenir des concessionnaires responsables de la création de leurs programmes, sans l'approbation préalable du Congrès national.

Les intérêts qui régissent la propriété des concessions au Brésil dépassent les intérêts économiques. Selon l'Epcom (Institut d'Études et de Recherches en Communication), « *le chiffre d'affaires de ces médias est assuré par des fonds publics accordés par des gouvernements compromis avec les "maîtres des médias" locaux* » (Carta Capital, mars 2002, p. 18). Les compromissions des « médias locaux » vont au-delà des intérêts politiques. Elles passent également par la structure organisationnelle du crime organisé dans le pays. Ainsi, dans l'état de l'Acre, par exemple, les liens entre trafic de stupéfiants et télévision sont établis pour *TV Rio Branco*, affiliée du *SBT*, fondée en 1989 lors que le gouvernement Sarney en a signé la concession.

Le tableau ci-dessous n'est pas transparent bien entendu. Étant donné que, dans les listes publiées des patrons de chaînes, seuls les noms des entreprises ou des entités figurent, il est très difficile de préciser à quel point le clientélisme est installé à la télévision brésilienne aujourd'hui. Comme l'a déclaré Venício Lima, lors d'un entretien au Correio Braziliense : « *Traditionnellement, c'est une des plus grosses boîtes noires du pays* » (Costa, 1997). Un récent rapport du conseil technique du Parti des Travailleurs (PT) présente un tableau selon lequel 28 des 248 octrois de télévision sont contrôlés par des politiciens en cours de mandat (Bayma, 2001, p. 18-20).

Ce tableau, dressé à partir d'informations de Bayma (2001, p. 18-20), présente une distribution par parti politique au Brésil. Les chiffres sont relatifs à l'année 1996 et ont été obtenus en croisant des bases de données d'institutions publiques avec le nom de chaque politicien dont le mandat est en cours. Il s'agit d'une photographie à un moment précis, et donc sujette à changement à chaque élection. Dans ce tableau, il est intéressant de relever, plus que le nombre de concessions, la proportion des partis politiques, allant du Parti du Front libéral (PFL), appuyé par les promoteurs immobiliers et par le secteur financier, au Parti du Mouvement démocratique brésilien (PMDB), parti de l'opposition pendant la dictature militaire mais sans identité précise

Concessions de radio et de télévision par parti politique

Distribution par Parti (%)	Fonction/total de concessions			
	Conseillers municipaux : 175	Dép. Fédéraux : 93	Maires : 81	Dép. Fédérés : 81
PDT	5	–	–	4
PFL	21	49	35	38
PHS	1	–	–	–
PL	1	–	3	4
PMDB	18	16	26	17
PMN	–	–	1	2
PPB	9	8	19	12
PPS	6	–	6	5
PRP	2	–	–	4
PRONA	–	1	–	–
PSB	2	–	–	6
PSC	2	–	–	1
PSD	5	1	3	–
PSDB	18	14	1	7
PSDC	1		1	–
PST	1	–	–	–
PTB	6	11	49	–
PTN	–	–	1	–
PV	2	–	–	–

Source : Bayma, 2001, p. 18-20.

aujourd'hui ; du Parti social-démocrate brésilien (PSDB), auquel appartient en 2002 le président Fernando Henrique Cardoso, au Parti populaire brésilien (PPB), qui représente les entreprises et le secteur financier conservateurs. Ces quatre partis, qui concentrent les autorisations de radiodiffusion dans tous les tableaux électoraux analysés, ont formé la base des alliances électorales de tous les gouvernements démocratiques depuis Tancredo Neves/José Sarney jusqu'à Fernando Henrique Cardoso.

Le tableau serait tout autre si l'on analysait la distribution de canaux de télévision ou de radio par rapport aux politiciens qui ne sont pas en cours de mandat mais l'ayant déjà exercé ou ceux qui sont membres d'un parti. Dans l'étude faite en 1997 par le journal *Correio Braziliense*, on a dénombré 87 politiciens auxquels des octrois ont été attribués : 19 députés fédéraux et 11 fédérés, 6 sénateurs, 2 gouverneurs, 7 maires, 3 ex-gouverneurs, 8 ex-députés fédéraux, 8 ex-maires et 23 autres politiciens sans mandats (Costa, 1997). Quant au journal *Folha de São Paulo*, dans une étude récente, il rapporte que 24 % des autorisations sont attribuées à des politiciens (Lobato, 13 août 2001).

La manipulation des contenus diffusés par les chaînes de télévision appartenant à des politiciens a même embarrassé *Globo* qui, en mai 2001, a commencé à annoncer des interventions dans certaines stations affiliées de la chaîne. La première et la plus directe intervention a eu lieu dans la *TV Gazeta*, dont le patron est l'ex-président Fernando Collor, lorsque la *Centrale de Journalisme Globo* a pris la direction de l'information de l'affiliée au nom du fait que la production ne respectait pas le standard de qualité établi. Selon le journal *Observatório de Imprensa*, la *Centrale de Journalisme Globo* a décidé de limiter l'usage politique dans ses affiliées, en intervenant également dans la *TV Sergipe* (Aracajú-SE), du gouverneur Albano Franco (PSDB), et dans la *TV Verdes Mares* (Fortaleza-CE), du député fédéral Edson Queiroz (PPB) (Bruno, 2001). Le 10 mai 2001, la présentatrice du journal télévisé *Jornal Nacional*, Ana Paula Padrão, a signalé en direct le refus de l'affiliée *TV Bahia,* (appartenant à Antonio Carlos Magalhães, sénateur à l'époque) de filmer et de retransmettre les images de la protestation des étudiants qui demandaient la déchéance du mandat du sénateur. Les images, montrées au *Jornal Nacional*, des actes de violence de la police, qui a fait irruption dans l'Université fédérale de Bahia et frappé les étudiants, ont été cédées par le Syndicat des Employés de banques de l'État de Bahia (Assef, 2001).

Les grandes exploitations de la diffusion radio-télévisuelle

À chaque élection, les Brésiliens s'interrogent sur les critères pluralistes qui pourraient s'appliquer à la télévision brésilienne mais qui ne s'appliquent pas, puisque presque toutes les chaînes existantes ont été attribuées selon des critères idéologiques restreints, pendant la grande dictature militaire de 1964 à 1984, et selon des critères politiques de partis de 1984 jusqu'à présent, au profit notamment de personnes liées aux courants les plus conservateurs du pays.

L'inexistence de conseils de communication représentant la société civile dans la distribution de stations de radiodiffusion et l'absence de politiques publiques à même de contrôler les attributions d'autorisation, d'exploiter des canaux de radio-télédiffusion et d'empêcher que les concessions ne deviennent la monnaie de change politique, témoignent d'une cohabitation difficile entre la télévision et la démocratie. Les gouvernements élus qui ont succédé la dictature militaire ont été incapables de résoudre les conflits entre les intérêts privés et la pluralité d'opinions.

Telle constatation ne signifie pas que la relation de *Globo* avec les militaires soit la même depuis qu'elle a été défendue par le Maréchal Castelo Branco, lors de l'épisode de l'accord conclu entre cette chaîne de télévision et le groupe *Time/Life*, un accord qui allait à l'encontre de la Constitution brésilienne. Depuis la fin des années 1960, lorsque cet accord fut dénoncé, le pays a changé : les militaires ont changé et la télévision brésilienne a changé. Le fait que *Globo* se soit éloigné des militaires dans les dernières années de la dictature prouve que la chaîne s'était alliée avec eux pour défendre avant tout ses intérêts économiques, l'idéologie des militaires ne se trouvant qu'au second plan.

Pendant la dictature, les militaires se sont distingués par une censure de fer sur les médias, dont la télévision. Mais le processus de redémocratisation initié lors du gouvernement de José Sarney, en 1985, n'a pas touché ce media. Non seulement les privilèges accordés par les militaires se sont maintenus mais également les politiques clientélistes ont fait naître, à l'intérieur du pays, des milliers de « colonels électroniques », c'est-à-dire des entrepreneurs qui ont toujours confondu les étroits intérêts politiques de partis avec la communication représentant la pluralité d'opinions. Environ 25 % des stations de radiodiffusion et de chaînes de télévision appartiennent à ces politiciens qui exercent ou ont exercé un mandat, représentant en général les partis les plus conservateurs.

Ce système montre combien il est complexe de parler de censure aujourd'hui. Il s'agit d'une censure dont les responsables ne sont pas visibles, à la différence des militaires, mais qui n'en est pas moins une forme de censure présente chaque jour dans la salle de séjour des téléspectateurs. Cette situation explique en partie pourquoi le Conseil de Communication sociale, prévu dans la Constitution de 1988, n'a pas été mis en place jusqu'à présent. Elle explique également pourquoi c'est le Code national de Radiodiffusion, de 1963, qui réglemente la télévision encore aujourd'hui et pourquoi il est si difficile de mettre en place un minimum de mécanismes de contrôle public de la télévision de masse. La raison en est l'existence du grand bloc, au Congrès national, d'un « supraparti » de patrons de stations de radio et de chaînes de télévision qui défendent leurs intérêts, et imposent leur loi à la classe politique qui dépend beaucoup des moyens de communication pour faire élire ses membres.

Tout cela ne veut pas dire que le pays se trouve dans une impasse : lors du mouvement pour les élections directes, à la fin des années 1980, plus d'un million de manifestants ont crié à l'unisson « Le peuple n'est pas idiot, à bas *Globo* ! ». Peu de temps après, *Globo* s'est mis à présenter les grèves des métallurgistes comme telles et non plus comme une foule heureuse en train de fêter l'anniversaire de la ville. Bref, les intérêts économiques l'emportent souvent sur les pratiques politiques rétrogrades, y compris à l'intérieur des industries culturelles.

RÉFÉRENCES BIBLIOGRAPHIQUES

ASSEF, A., Bronca Pública, Mídia & CIA, *IstoÉ Dinheiro*, online, 25 mai 2001. Disponible sur [http://www.terra.com.br/istoedinheiro/196/midia/].

BAYMA, ISRAEL F. C., *A concentração da propriedade dos meios de comunicação e o coronelismo eletrônico no Brasil*, Brasília, Partido dos Trabalhadores, assessoria técnica, 2001. Disponible sur [http://www.pt.org.br].

BRUNO, C., « Intervenção da Globo : vitória da imparcialidade », *Observatório da Imprensa*. Disponible sur : [http:www.observatoriodaimprensa.com.br/artigos/iq230520015.htm].

CAPPARELLI, S., *Televisão e capitalismo no Brasil*, Porto Alegre, LPM, 1982.

CARTA CAPITAL, *Mais concentração, menos qualidade*, São Paulo, Carta Editorial, ed. 179 année VIII, mars 2002, p. 17-18.

COHN, G., *O timbre do monopólio*, Revista Isto É, 26.10.1977.

COSTA, S., *Coronelismo Eletrônico*, Brasília, Correio Braziliense, 21 juillet 1997. Disponible sur : [http://www.observatoriodaimprensa.com.br/artigos/mat2008d.htm].

CUNNINGHAM, S., SINCLAIR, J., *Latin American Television. A Global View*, Oxford e Nova Iorque, Oxford University Press, 1999.

HALLIN, D. C., PAPATHANASSOPOULOS, S., Political Clientelism and the Media, Southern Europe and Latin America in Comparative Perspective. *Media, Culture and Society*, Londres, Sage, v. 24, mars 2002. p. 175-196. Disponible sur : [http://www.portalcomunicacion.com/observa/polis/client.pdf], accessible depuis février 2002.

JAMBEIRO, O., *A TV no Brasil do século* XX, Salvador, EDUFBA, 2001.

KLINGL, E., *Cerco sobre Viana*, Rio de Janeiro, Jornal do Brasil, 22 janvier 2002. Disponible sur : [http://jbonline.terra.com.br/jb/papel/brasil/2002/01/22/jorbra20020122004.html] ;

LOBATO, E., *Assembléia de Deus aprova plano para eleições de 2002*, São Paulo, Folha de São Paulo, 4 août 2001, A6. Disponible sur : [http://www.uol.com.br/arqfolha]

MATTOS, S., *The Impact of the 1964 Revolution on Brazilian Television*, San Antonio (Estados Unidos), V. Klingensmith Independent Publisher, 1982.

MOTTER, P., *A batalha invisível da Constituinte : interesses privados versus caráter público da radiodifusão no Brasil*, Dissertação apresentada ao Departamento de Ciência Política e Relações Internacionais da Universidade de Brasília, Brasília, UnB, 1994.

POSSEBON, S., *Faltam parcerias nas redes. Atlas Brasileiro de Telecomunicações 2002*, São Paulo, Glasberg, 2002.

STRAUBHAAR, J., *O declínio da influência americana na TV brasileira*, in *Comunicação e Sociedade*, n° 9, juin 1983, p. 61-77.

Juremir Machado da Silva
Université pontificale catholique de Porto Alegre

LA POLITIQUE DANS LA TÉLÉVISION DE FICTION

Au Brésil, 2002 restera une période électorale. En octobre, le pays doit se donner un nouveau président de la République pour remplacer Fernando Henrique Cardoso, au pouvoir depuis 1994. À chaque campagne, le débat sur le rôle des médias dans la vie politique brésilienne reprend. Certains posent que tout est déterminé par les intérêts des puissances médiatiques, comme le Réseau Globo. La télévision ferait de la politique une fiction, toujours en faveur des oligarchies dominantes. Est-ce que cela est vrai ? Est-ce pour cette raison que Luís Inácio Lula da Silva, le candidat de gauche, du Parti des Travailleurs (PT), n'a pas été élu en 1989, 1994 et 1998 ?

Ce problème doit être abordé dans le contexte spécifique de la culture brésilienne. Sept ans après une première étude, ce sujet peut être de nouveau abordé par rapport aux nouvelles élections et aux nouveaux feuilletons, sur les mêmes bases théoriques.

La gauche et la droite continuent à s'affronter dans un contexte médiatique de plus en plus polémique. En 1989, Lula (PT) a été battu au deuxième tour des élections présidentielles par Collor de Melo (droite) et les médias (Globo) ont été accusés de favoriser le vainqueur. En 1994 et 1998, Lula a été battu par Fernando Henrique Cardoso et de nouveau les médias ont été mis en question.

Le schéma des critiques des médias brésiliens est classique : on manipule l'imaginaire d'une population de basse conscience critique à travers des émissions de télévision déguisées en divertissement, mais en réalité très marquées par des enjeux politiques. Le fait que le Parti des Travailleurs gère depuis quatorze ans la mairie de Porto Alegre et, depuis plus d'un an, la mairie de São Paulo, à l'écart de la gestion d'États importants comme le celui du Rio Grande du Sud ne semble pas convaincre ces critiques des médias de la relativité du pouvoir médiatique. Les électeurs auraient un comportement grégaire.

Juremir Machado da Silva

La vie et la télévision

La culture brésilienne est une culture du métissage. Le tribalisme propose moins la conquête de l'autre que la survivance de celui qui y adhère. Il s'agit moins d'un désir obsédant de sécurité et d'identité que d'un moyen d'intégration à un ensemble transitoire. La raison a échoué dans son projet d'universalité et le traditionnel explose partout forgeant, voilà le paradoxe, des rapports d'affection indispensables à la santé mentale des hommes. Tout est objet d'identité et tout se trouve lié. L'image télévisuelle, elle aussi, rassemble les morceaux d'une mosaïque culturelle composée de sentiments, de la réalité de groupes parfois très fermés, de manifestations religieuses diversifiées et de visions du monde particulières.

Christopher Lasch (1984) pensait que le débat des derniers quarante ans sur le narcissisme s'était attaché à une fausse cible. Selon lui, la dépendance par rapport à la technologie a produit un imaginaire du *victimal* et de la paranoïa. Le *minimalisme* postmoderne, dans une telle perspective, signifie la réduction des horizons, la fin du progrès, le manque de lendemain. Il oblige à choisir des stratégies de survie face au danger de la perte spirituelle. Les hommes ne s'affirment pas contre l'avenir, mais ils résistent, fustigés par le mal, proches du vide et de la folie. Le catastrophisme semble être le lot des intellectuels qui savent utiliser une sorte de vaccin contre l'optimisme de l'adhésion.

La relativisation du pouvoir de la raison fait encore peur. On ignore l'avertissement d'Ernesto Laclau pour lequel la postmodernité n'implique pas un changement des valeurs de la modernité, mais une relativisation des Lumières[1]. Le tribalisme, la religiosité et l'image semblent signifier pour certains une menace d'anéantissement de toutes les valeurs civilisatrices. On continue à suivre Adorno et Horkheimer qui cependant, il faut le rappeler, avaient compris les périls contenus dans le règne absolu de la raison.

Adorno et Horkheimer ont combattu la raison instrumentale et ont dénoncé la rationalité positiviste, finaliste, et le culte du progrès et de la technologie en tant qu'attributs de la culture bourgeoise. Ils plaidaient pour une rationalité au service de l'humanité et de la vie et s'opposaient au mythe de la raison, c'est-à-dire à la transformation du rationnel en discours fondateur, totalisant et pleinement justifié en lui-même. Ce rationalisme positiviste a dominé même le marxisme. Adorno et Horkheimer craignaient que les masses soient fascinées par le totalitarisme, mais les intellectuels n'ont jamais donné le meilleur exemple.

Adorno et Horkheimer arrivent à une vision hégémonique du rôle des médias dans l'aliénation des masses et dans la destruction de la rationalité : « Dans ce cas, la Raison est avant tout calcul de l'effet dans la technique de production et dans la diffusion : conformément à son contenu proprement dit, l'idéologie s'épuise dans l'idolâtrie de l'existence et du pouvoir qui contrôle la technique »[2]. L'analyse fine de l'image dans l'actualité ne permet pas des jugements si catégoriques. Les feuilletons de la télévision brésilienne, imprégnés des traits religieux et de la culture des jeunes, indiquent plutôt un phénomène de liaison.

Le programme de l'*Aufklärung* (la Philosophie des Lumières) avait été repris par Adorno et Horkheimer. IL s'agissait de libérer le monde de la magie, de détruire les mythes et de mener l'imagination à appuyer les savoirs. C'est l'origine du totalitarisme de la raison. Cette quête de l'objectivité totale a fini par nier la diversité, puisque rien ne devrait échapper au contrôle de la science. Elle tolère l'art pourvu qu'il ne veuille pas expliquer le monde. L'art est un non-savoir. Adorno et Horkheimer se sont aperçus que la « Raison est plus totalitaire que n'importe quel système »[3].

Il y a quelque chose de nostalgique dans les jugements d'Adorno et Horkheimer et dans cette culpabilisation permanente du marché. La raison positiviste s'aliène : elle devient un mécanisme nécessaire à la production des marchandises. On débouche sur une opposition manichéenne : la société rationnelle positiviste (le capitalisme) s'oppose à la société rationnelle humaniste (le socialisme). En réalité, les masses, méprisées par Adorno et Horkheimer, ont appris à jongler avec les marchandises, avec le capitalisme et avec le monde de l'image pour relativiser leur pouvoir dominateur ; par le biais des mythes, qui sont toujours là, les gens continuent à trouver dans le quotidien un antidote au mythe du progrès sans pour autant refuser la technologie.

En vérité l'ennemi n'est pas la technique mais le culte d'une raison imperméable dont les médias seraient le bourreau. Contre la puissance des maîtres du pouvoir, de la voix qui commande, contre, enfin, la puissance de l'émission, on a utilisé une dérisoire esthétique de la réception (Jauss, 1978). Une esthétique qui va au-delà des limites de la communication et des médias et s'enracine dans la vie de tous les jours. Toutes les valeurs sont victimes de la rumeur, ainsi que des messages de la télévision. Tout est détourné, fragmenté ou neutralisé par la dérision ou l'indifférence.

Les feuilletons de la télévision brésilienne servent d'écho à ce jeu de l'émission et de la réception, tandis que l'information des journaux télévisés est encore produite selon l'ancienne illusion de la manipulation et de la suppression. La fiction peut donc montrer toute la complexité du vécu, la multiplicité du réel dont les religions et les images font partie. C'est ainsi que l'image télévisuelle agglutine tout pour devenir le totem de la postmodernité. Les feuilletons brésiliens rassemblent les téléspectateurs autour d'un condensé de leur quotidien.

Les journaux, dont l'exemple le plus parfait est le *Journal National* (du Réseau *Globo*), produisent, au contraire, du réel de la fiction. L'information croit encore à sa transparence et au pouvoir de son émission. Les spécialistes de l'information méconnaissent l'aspect dérisoire de leur puissance. Si la fiction permet l'essor de la polysémie, donc de la vérité dans sa complexité non réductible à de simples énoncés, l'information reste attachée au conducteur, au connaisseur du chemin et elle cache des choses, ment et sous-informe. La fiction travaille sur une pluralité d'interprétations tandis que les journalistes s'attendent toujours à une lecture univoque.

Les feuilletons ironisent, découvrent la vie, exposent les paradoxes des gens, parlent ouvertement des maux du pouvoir. Ils assimilent tout pour le livrer au public. Entre les feuilletons et les journaux, il y a un grand paradoxe. Les téléspectateurs les neutralisent tous les deux et les détournent à leur gré. De toute façon, les feuilletons explicitent le retard du traitement des informations. Une même chaîne est capable d'interdire une information dans un journal et de la laisser passer à travers la fiction.

On s'imagine que l'information est dangereuse et univoque. On ne s'aperçoit pas que le téléspectateur la manipule comme les données d'un feuilleton. Il partage un sentiment, regarde une image, prend connaissance de quelque chose. Il reste que l'image se renouvelle pour à nouveau relier les gens et les faire naviguer dans un univers de signes. La télévision est-elle vraiment un monstre dangereux ? Le Réseau *Globo*, le plus important du Brésil, est-il une source permanente de manipulations de la population ? Le peuple serait-il capable de s'approprier de la production de l'image avec autonomie et conscience critique ? La télévision est-elle responsable de la crise économique, sociale, politique et culturelle dont tout le monde parle au Brésil ? Les feuilletons aliènent-ils les téléspectateurs ? Est-il possible de démontrer que la télévision rassemble ou sépare les gens ? Tout le monde se pose ces questions.

Les intellectuels brésiliens ont horreur de la télévision qu'ils voient comme l'instigatrice d'une nouvelle époque d'irrationalité. En 1992, dans une interview, un célèbre réalisateur brésilien de théâtre, Antunes Filho affirmait : « Il semble qu'il n'y a pas de vie intelligente dans les feuilletons brésiliens (...) Mais le pire est de savoir que les acteurs imaginent présenter des programmes de qualité : « On atteint le peuple », pensent-ils. C'est une bêtise. Ils ne sont pas responsables de cette situation. Le grand responsable est le coup d'État de 1964. La dictature a cassé l'échine de la culture brésilienne. Cela n'a pas été une simple interdiction de la censure. La violence a été plus grande ».

Le raisonnement d'Antunes Filho se conclut par un coup de pied dans le nouvel ennemi de la gauche brésilienne et des intellectuels engagés – la postmodernité : « Le Brésil était à cette époque-là à l'apogée de son essor théâtral. Avec les feuilletons, les hommes les plus importants du théâtre sont passés à la télévision, qui était utile au régime militaire. L'arrivée du postmodernisme, grâce à la télévision, a fini par briser la structure du théâtre au Brésil. Il y a plusieurs personnes, malgré tout, qui pensent que les feuilletons servent à démocratiser l'art dramatique. C'est le contraire : ils le vulgarisent (...) Je ne suis pas contre le loisir, mais où est l'éducation ? »[4].

Que signifie *éduquer quelqu'un* ? Décio Pignatari, un des critiques de télévision les plus connus au Brésil, s'est déclaré las des discours sur le faible niveau des émissions de télévision et considère que ce type de jugement vient des pseudo-intellectuels, y compris une grande partie des professeurs universitaires et des écrivains. Pour lui, en 1984, il était déjà temps d'en finir avec ces bavardages. *Éduquer* veut dire enregistrer dans l'esprit des autres un *devoir être* spécifique et non ouvrir une fenêtre sur le monde.

Mais à quoi réfléchissent les feuilletons ? Pantanal

Pantanal avec laquelle le Réseau *Manchete*, constitué en 1980, a dépassé pour la première fois les records d'audience du Réseau *Globo*, s'est penché sur la complexité de la vie brésilienne.

Pantanal a été tourné dans la région du Marécage du Mato Grosso, un des endroits les plus beaux du Brésil. Ce feuilleton soulève les problèmes de l'écologie et de l'identité nationale, de la corruption dans la vie politique et de l'honnêteté dans la conduite d'une nation.

La technique utilisée dans ce feuilleton était proche du cinéma, de grands plans, des images lentes, des paysages extraordinaires et un certain regard psychologique. Il évoquait la nécessité d'une vraie rationalité pour résoudre les problèmes de production et d'organisation de la vie, mais aussi des mythes, de la religiosité populaire et des légendes brésiliennes. Il montrait la pluralité d'un pays qui mêle l'archaïque au postmoderne et à la société postindustrielle. *Pantanal* a suscité toute une discussion sur le rôle du mysticisme dans la domination des pauvres, à qui l'on explique que seules l'organisation et l'union permettent de vaincre le pouvoir.

Comme dans les mythes, les personnages de *Pantanal* racontaient leur propre histoire. C'était une façon d'actualiser un passé commun, d'asseoir leur identité et les traits historiques et quotidiens qui constituent le visage d'un peuple et, parallèlement, de jouir du spectacle. Les gens de *Pantanal* découvrent, malgré plusieurs conflits, la convivialité et le dialogue avec la nature. Évidemment, on a joué aussi sur la séduction à travers la beauté sauvage et la nudité des femmes confondues avec la nature.

L'intervention du public dans les destins des personnages d'un feuilleton est considérable. Le créateur de l'*Esclave Isaura*, Gilberto Braga, dans une interview pour le journal *Libération*, constatait : « Si dans 1 000 ans on regardait des feuilletons, on aurait une idée de ce qu'était la société brésilienne. Un peu de réalité, un peu de rêve. Ici, la télévision est très populaire. Dans les favelas, on voit des antennes de télévision partout. Nous avons donc beaucoup de responsabilités. Je suis très fier par exemple des *Années de Plomb*. Sans dire qu'elle a influencé la chute du président Collor, ce qui serait ridicule, les premières manifestations de rue contre Collor ont coïncidé avec le début de cette série télé, où on montrait les luttes des années 1960 et les manifestations d'étudiants »[5].

Les intellectuels de gauche attendent d'un feuilleton qu'il soit pédagogique, éducateur et politiquement correct. *Pantanal* l'était. Une chaîne de télévision veut de l'audience. Le public, lui, désire s'amuser, pouvoir s'identifier aux personnages et obtenir aussi un peu d'information. Le réel peut être montré dès qu'il se place au-dessus de la propagande politique. *Pantanal* a cherché la complexité du vécu, mais les mythes et les rêves y étaient aussi présents. Il ne s'agissait pas d'un catéchisme. Baroque, la société brésilienne refuse un art du purement rationnel et demande d'aller au-delà du réalisme.

Certains parlent des méfaits de l'industrie culturelle en reprenant Adorno et Horkheimer et leur ouvrage *La Production Industrielle de Biens Culturels* (1944) où ils condamnent le manque de valeur utilitaire des nouveaux médias et regrettent l'élimination de l'imagination. Aujourd'hui les associations de protection des consommateurs contrôlent la qualité des marchandises, tandis que les gadgets augmentent comme un signe de ces temps où tout est jetable. Un choix n'est plus déterminé avant tout par l'utilité. On reconnaît la valeur du ludique. La société de l'utilité est en train de devenir obsolète.

Jean Baudrillard écrit : « L'image de l'homme assis et contemplant, un jour de grève, son écran de télévision vide, vaudra un jour comme une des plus belles images de l'anthropologie du XXe siècle » (1990, p. 21). La masse brésilienne pourtant bouge encore et les pauvres des bidonvilles, tous propriétaires d'au moins un téléviseur, ont inventé, en 1993, l'opération « rase quartier » : une stratégie collective de saccage des couches moyennes et des riches. Les foules de misérables descendaient des buttes de Rio de Janeiro ets en groupes, s'emparaient de tout ce que les gens avaient sur eux sur les plages. Comme des sauterelles, les voleurs semaient la panique et ne laissent rien derrière eux. C'est la force de l'*être ensemble* et le résultat du désarroi face à la pauvreté. Rio de Janeiro a ainsi découvert le climat de guerre civile et la police a du mal à protéger les plus favorisés. Où est la passivité ? Où est le conformisme ? Où est l'acceptation tranquille des mots d'ordre des médias ? La masse ne croit pas aux utopies des intellectuels, mais essaye de survivre avec ses propres moyens, même s'ils sont illicites.

Que le peuple soit capable de faire la part du plaisir et du conformisme rend perplexe. Le réductionnisme en question aura toujours une dette envers une phrase regrettable d'Adorno et Horkheimer : « Le plaisir favorise la résignation qu'il est censé aider à oublier »[6]. Tout est expliqué avec cet éloge chrétien de la souffrance émancipatrice. Le chercheur brésilien Carlos Eduardo Lins da Silva, dans son étude sur les lectures du *Journal National*, du Réseau *Globo*, a révélé la capacité des téléspectateurs à interpréter différemment les émissions proposées par les médias. Entre la lecture faite par des ouvriers du Paicará, quartier de São Paulo, et celle des habitants de Lagoa Seca, au Nord-Est du pays, il y a un univers de nuances, de particularités et de malentendus.

Pour Adorno et Horkheimer les foules sont des fantoches manipulés par une industrie culturelle puissante et implacable. Pris par les mesquineries de la vie privée, le peuple se limiterait aux amusements aliénants : « S'amuser signifie être d'accord... S'amuser signifie toujours ne penser à rien, oublier la souffrance même là où elle est montrée. Il s'agit, au fond, d'une forme d'impuissance »[7]. On peut dire, au contraire, que le plaisir fonde des stratégies populaires de réaction à la domination qui les étouffe.

Le plaisir est lié, selon Adorno et Horkheimer, au politique, et l'hédonisme illustre l'absence de conscience critique. Les sociétés actuelles devraient ainsi s'unifier dans un seul style de vie, celui de la haute culture et des stéréotypes d'élite. Les manifestations locales, les cultures régionales, de quartiers, des tribus et des bandes s'y sont opposées. S'amuser (la samba, le carnaval et le football) n'empêche pas les marginaux de saccager les plages *cariocas*, ce qui est aussi une action consciente. Le plaisir du vécu quotidien du football et des feuilletons n'a pas fermé la voie à la chute de Collor (président brésilien élu par le peuple et écarté du pouvoir, en 1991, accusé de corruption, après des manifestations populaires faites dans la joie).

La catharsis sublime les énergies ; les feuilletons, ainsi que les tribus des jeunes et certaines sectes, agissent comme des moteurs de ce lien virtuel libérateur, que ce soit pour le bien ou pour le mal. On peut se comporter comme des anges, des poètes, des fidèles ou des *sauterelles*. L'erreur d'Adorno consiste à penser la sublimation comme une voie à sens unique. Par les feuilletons, le peuple ne cherche pas à se transformer, mais à trouver la vie, le jeu, le rêve, surmonter l'angoisse, la misère et la tristesse.

Le maître du monde

Pantanal avait fait l'éloge du présent au nom d'un réformisme possible. *Le Maître du Monde*, moins utopique, a levé le rideau qui cachait encore la pourriture du présent brésilien en ignorant un futur devenu impossible. Les feuilletons parlent du quotidien des « gens de rien » : des conflits amoureux, des trahisons, des chantages, des crimes, des mauvais coups, des mensonges, des fantaisies et des aventures incroyables.

La grille du Réseau Globo pour les feuilletons, est fondée sur des thématiques. À 18 heures : l'Histoire et les adaptations des grands romans brésiliens. À 19 heures : l'humour à travers les sujets urbains et d'actualité. À 20 heures : le grand drame de la soirée, avec l'approche des problèmes sociaux, des questions politiques, des faits de société et des histoires tragiques. *Le Maître du Monde*, qui a été la réaction du Réseau Globo au succès de *Pantanal*, s'est occupé de l'ici et maintenant. Le politiquement correct a été balayé par le réalisme d'un Brésil cynique, cruel, sans éthique, irrationnel et violent. C'était le feuilleton de la désillusion. Avec l'élection de l'année 2002 les feuilletons se sont éloignés de la politique. Les sujets d'aujourd'hui traitent plutôt du comportement, de la science et des rapports entre hommes et femmes.

L'époque des clones

En 2002, le Brésil reste attaché aux feuilletons. Glória Perez, la plus en vogue des auteurs de feuilletons, a écrit le plus grand succès, *Le Clone*. Un clone, crée par un médecin marocain émigré au Brésil, fait à 20 ans la rencontre de sa « matrice ». Rien de politique. Aucun intérêt pour les problèmes idéologiques actuels. Après la fin de la dictature militaire de 1964 et avec la consolidation de la démocratie, les feuilletons ne servent plus de caisse de résonance pour des questions sociales qui ne trouvaient d'autres tribunes.

Au moment des élections d'octobre 2002, les médias s'en occupent dans les espaces pertinents. D'une certaine façon, l'on pourrait dire, contredisant la thèse soutenue dans la première étape de cette étude, que les journaux de télévision sont en train de reprendre leur place, et de renvoyer les feuilletons à des sujets plus classiques dans la fiction populaire : l'amour, les comportements sexuels et sociaux, les crimes et les faits divers.

Lula (PT) part favori pour gagner sa quatrième tentative présidentielle. Le Parti de la Social-démocratie Brésilienne, du président sortant, tente d'inverser cette logique, mais, en tout cas, la télévision brésilienne ne pourra pas être mise en cause (sauf révélation de dernière heure) de façon conséquente. Si la population reste attachée aux feuilletons, et maintenant aux « reality shows », la gauche monte. Même si elle ne gagne pas ces élections, son influence dans la politique brésilienne est de plus en plus grande. Si l'Europe tourne à droite, le Brésil fait des clins d'œil à la gauche.

Pendant longtemps la télévision brésilienne a fait de la politique une fiction. Aujourd'hui, certains hommes politiques et certains sociologues font de la fiction une politique. Il faut revenir à Dominique Wolton : « Le dernier argument en faveur de la télévision généraliste est d'ordre politique, et n'a pas changé depuis les débuts de la télévision : c'est le lien entre télévision et démocratie de masse. D'une certaine manière, on peut dire que la télévision de masse a les mêmes avantages et les mêmes inconvénients que la démocratie de masse : une égalité toujours factice et un suffrage universel dont il est impossible d'affirmer qu'il soit utilisé rationnellement. Cependant, on peut résumer les trois aspects démocratiques de la télévision de masse, l'acte même de la communication, la polysémie de l'image, l'incertitude quant aux conditions de réception et d'interprétation, le rôle déterminant du contexte dans la réception, élargissant les possibilités d'interprétation et étant donc un facteur de liberté » (Wolton, 1990, p. 115). Le cas brésilien est en la preuve.

NOTES

1. Laclau, E., « A Política e os Limites da Modernidade », *in* Hollanda, Heloísa Buarque de, *Pós-Modernismo e Política*, Rio de Janeiro, Rocco, 1991, p. 132.
2. Adorno, T. W., Horkheimer, M., *La Dialectique de la Raison*, Paris, Gallimard, 1974, p. 19.
3. *Id.*, p. 41.
4. Filho, A., « Telenovelas Empobrecem o País », *Veja, São Paulo*, 11 mars 1992, p. 86.
5. Braga, G., « Les Feuilletons à la Pelle » (propos recueilli par Annick Peigne-Giuly), *Libération*, Paris, 10 novembre 1992, p. 42.
6. Adorno, T. W., Horkheimer, M., *La Dialectique de la Raison*, *op. cit.*, p. 151. Selon cette perspective, l'amusement servirait simplement à cacher la réalité de l'exploitation capitaliste.
7. Adorno, T. W., Horkheimer, M., *La Dialectique de la Raison*, *op. cit.*, p. 153.

RÉFÉRENCES BIBLIOGRAPHIQUES

Adorno, T. W., Horkheimer, M., *La Dialectique de la Raison*, 1947, Paris, Gallimard, 1974.

Adorno, T. W., *Minima Moralia*, 1951, Paris, Payot, 1991.

ADORNO, T. W., *Dialectique négative*, 1966, Paris, Payot, 1992.

BAUDRILLARD, J., *La Transparence du mal. Essai sur les phénomènes extrêmes*, Paris, Galilée, 1990.

CHAUÍ, M., *Conformismo e Resistência*, São Paulo, Brasiliense, 1986.

COLLOR DE MELLO, P., *Passando a Limpo. À Trajetória de um Farsante*, São Paulo, Record, 1993.

DA MATTA, R., *Carnavais, Bandidos e Heróis*, Rio de Janeiro, Zahar, 1983.

DA MATTA, R., *L'Univers du football*, São Paulo, Perspectiva, 1985.

FAORO, R., *Os Donos do Poder. Formação do Patronato Político Brasileiro*, 1958, Porto Alegre, Globo, 1975 (vol. 1 et 2).

FREYRE, G., *Casa Grande & Senzala*, 1933, Rio de Janeiro, José Olympio, 1961. Édition française : *Maîtres et Esclaves. La formation de la Société Brésilienne*, Paris, Gallimard, 1978.

HARVEY, D., *The Condition of Postmodernity*, Oxford, Basil Blackwell, 1989.

HORKHEIMER, M., *Théorie traditionnelle et théorie critique*, 1937, Paris, Gallimard, 1974.

HUIZINGA, J., *Homo Ludens. Essai sur la fonction sociale du jeu*, 1938, Paris, Gallimard, 1951.

HUTCHEON, L., *A Poetics of Postmodernism. History, Theory, Fiction*, Londres, Routledge, 1987.

JAMESON, F., *Post-Modernism or the Culture Logic of Late Capitalism*, New York, Verso, 1991.

JAUSS, H. R., *Pour une esthétique de la réception*, 1972-1975, Paris, Gallimard, 1978.

LACLAU, E., « A Política e os Limites da Modernidade », *in* Hollanda, Heloísa Buarque de, *Pós-Modernismo e Política*, Rio de Janeiro, Rocco, 1991.

LASCH, C., *The Minimal Self. Psychic Survival in Troubled Times*, New York, Norton & Company, 1984.

LYOTARD, J.-F., *La Condition postmoderne*, Paris, Éditions de Minuit, 1979.

MAFFESOLI, M., *Logique de la Domination*, Paris, PUF, 1976.

MAFFESOLI, M., *Le Temps des tribus. Le déclin de l'individualisme dans les sociétés de masse.* Paris, Meridiens Klincksieck, 1988.

MORIN, E., *Les Stars*, 1957, Paris, Galilée, 1984.

PIGNATARI, D., *Signagem da Televisão*, São Paulo, Brasiliense, 1984.

QUEIROZ, M. I. Pereira de, *Carnaval brésilien. Le vécu et le mythe*, Paris, Gallimard, 1992.

SCHUTZ, A., *Le Chercheur et le quotidien, Phénoménologie des Sciences Sociales*, 1932, Paris, Klincksieck, 1987.

SFEZ, L., *Critique de la communication*, Paris, Seuil, 1988.

SILVA, Carlos Eduardo Lins da, *Muito Além do Jardim Botânico*, São Paulo, Summus, 1985.

WOLTON, D., *L'Éloge du grand public, une théorie critique de la télévision*, Paris, Flammarion, 1990.

Renato Janine Ribeiro
Université de São Paulo

APRÈS LES ÉLECTIONS BRÉSILIENNES

Les élections au Brésil, ce mois d'octobre, ont complètement changé les rapports entre les deux meilleurs partis brésiliens, le Parti des travailleurs (PT), qui vient d'emporter la présidence avec son *leader* Lula, et le Parti de la social-démocratie brésilienne (PSDB), qui quitte le pouvoir après huit ans. Il faut se rappeler qu'après *l'impeachment* de Fernando Collor, en 1992, de nombreux électeurs et même des membres de ces deux partis ont appelé de leurs vœux une alliance entre le PT et le PSDB. Pourquoi cela n'a pas marché, cela appartient peut-être à la *petite histoire*[1], mais toujours est-il que, depuis 1994, la distance entre les deux partis n'a fait que s'accroître.

Ils avaient appartenu tous les deux à la frange la plus à gauche de l'alliance contre la dictature militaire. Mais l'alliance que le PSDB noua en 1994 avec le PFL, qui avait soutenu le régime d'exception jusqu'au dernier moment, de même que son adoption d'une politique économique que beaucoup ont considérée comme néolibérale, ont rendu très difficiles les rapports PSDB-PT. Le pays n'en a pas moins profité du fait qu'il a eu, ces derniers huit ans, à la tête des deux champs adversaires, les meilleurs partis de son histoire, les deux motivés par des idées et des idéaux, plutôt que par des intérêts de leur clientèle.

On peut dire que la bonne politique de nos jours, celle que le XXe siècle nous a léguée, tourne autour de quatre idées-maîtresses – la république, la démocratie, le libéralisme et le socialisme. Ces idées sont divergentes, voire (pour les deux dernières en liste) antagonistes – peu importe : aujourd'hui toute bonne politique doit s'inspirer en quelque mesure de ces quatre idéaux. (D'autre part, la mauvaise politique de nos jours se concentre sur deux filières, le totalitarisme et le racisme).

Pour comprendre la démocratie[2], il ne suffit pas d'évoquer l'étymologie du mot grec, l'idée d'un pouvoir qui appartient au peuple. Il faut également se rappeler qu'en Grèce aussi bien les défenseurs que les détracteurs de ce régime le comprenaient comme celui où le pouvoir est aux mains de *hoi polloi*, c'est-à-dire, la foule, c'est-à-dire, les pauvres ; c'est pourquoi les ennemis de la démocratie craignaient que les démunis ne se dressent pour déposséder les riches. Cette dimension de la démocratie – son appel au désir de la masse, qui souhaite avoir davantage de biens – a été ignorée en Occident lors de la résurrection de ce régime. Quand celle-ci s'est produite, au XVIIIe siècle, il a été soigneusement amputé de la portée sociale qu'il avait eue en Grèce ancienne. Mais rappelons la leçon de Montesquieu, d'après laquelle il ne suffit pas de considérer chaque régime dans sa structure, dans ses institutions (ce qu'il appelait sa *nature*) : il faut aussi tenir compte des sentiments, des qualités affectives qui portent ses sujets à l'accepter (le *principe* de ce régime). Si on se demande *aujourd'hui* ce qui assure le soutien du peuple, du *demos* actuel à la démocratie, on dira que c'est le désir d'avoir et d'être toujours davantage. La démocratie est le régime du désir – de la citoyenneté en tant que désir.

Par contre, l'idée romaine de république met l'accent sur la supériorité du bien commun sur les intérêts – et les désirs – privés. C'est le régime de la maîtrise de soi par la volonté. Par là, si toute politique décente de nos jours doit être républicaine et démocratique, il subsiste une tension entre ces deux identités, parce que la masse ne lui accorde son soutien que si elle satisfait certains au moins de ses désirs – mais d'autre part ce régime ne marche que si l'esprit de la chose publique fait que tous renoncent en quelque mesure à leurs désirs et à leurs intérêts.

On comprend ainsi certaines difficultés de la politique dans un temps où, surtout en Occident, la renonciation aux désirs et aux intérêts paraît quelque chose qu'on ne peut demander aux gens. Pensez aux terroristes du 11 septembre sacrifiant leurs vies, et comparez cela à la mobilisation proposée par le président Bush, où, pour la première fois dans l'histoire en temps de guerre, on ne demandait pas aux citoyens d'épargner mais de consommer, d'acheter, afin de faire marcher l'économie. C'est le même esprit qui mène à la fin de la conscription universelle, remplacée de plus en plus par des armées professionnelles. La consommation, voire le consumérisme, est la traduction du désir dans le langage de la société des masses.

Je soutiens que le PT exprime le versant démocratique de la politique brésilienne, et que le PSDB représente son courant républicain. Leur conflit réside dans cette différence. L'appel du PT à ses électeurs, qui lui ont apporté le plus grand nombre de voix, légitime leur désir d'égalité. L'énorme masse des sans-terre, sans domicile, sans emploi croit qu'il pourra lui apporter les chances d'*avoir* davantage de biens, et d'*être* plus respectée. Mais le problème du PT est que dans une société complexe comme la nôtre il n'existe plus un *demos* unique, un peuple comme celui d'Athènes, voire celui dont rêvaient les romantiques et les marxistes – mais une myriade de petits *demoi,* que j'appellerai *sous-peuples*. Chacun de ces groupes – les sans-terre, les féministes, les gays, les chômeurs, les employés publics, la communauté universitaire – se mobilise avec une intensité, voire une organicité, comparable à celles du *demos* des Anciens, mais le problème est que tous ne sont que des parts, que des parties, voire des partis : leur somme ne fera jamais un universel ; la politique actuelle n'est plus hégélienne, elle n'a plus d'universel.

Telle est la critique que le PSDB a adressée, ces dernières années, au PT – et un peu à tous les autres acteurs de la politique brésilienne : ils ne seraient pas capables de prendre en compte les droits de la société en tant que telle. Le soutien du PT aux mouvements sociaux se ferait aux dépens de la société. (Ces mouvements seraient donc *corporatistes*, disaient-ils). Un jour, quand la Cour suprême brésilienne a rendu un arrêt favorable à des employés de la fonction publique qui demandaient des arriérés, le président Fernando Henrique Cardoso aurait dit : « Ils [les juges] ne pensent pas au Brésil ». Cette idée qu'il faut tenir compte du tout, la *res publica*, a été l'un des *leitmotiv* du discours toucan, c'est-à-dire, du PSDB. Mais cela a produit deux problèmes.

Primo, le PSDB en est venu à disqualifier systématiquement toute pratique démocratique effective, c'est-à-dire, celle des mouvements sociaux, celle des sous-peuples dont je parlais et qui se sont rapprochés de plus en plus du PT. Le PSDB s'est donc tourné contre les mouvements sociaux et démocratiques, en les accusant de corporatistes. Il a donc misé sur la *démobilisation*, plutôt que sur la mobilisation des masses.

Secundo : sans avoir le soutien des mouvements sociaux, le discours républicain du PSDB n'a pu avoir d'autre rationalité que celle du capital. Les marchés sont devenus le point de repère par excellence du discours officiel, l'aune à laquelle il mesurait sa politique. Ce n'est qu'à la veille des élections, quand la défaite s'avérait imminente, que le président de la République a commencé à critiquer les marchés, qui seraient devenus irrationnels. De *logikon* le marché, cet être antropomorphisé, serait devenu *ilogikon,* trop nerveux. Mais le gouvernement continuait à croire qu'il fallait le calmer, à n'importe quel prix.

Ce que j'appelle point de vue *républicain,* certains idéologues toucans (PSDB) ont préféré le comprendre à partir d'un langage hégélien. La *res publica* serait donc l'universel, tandis que les mouvements sociaux seraient astreints à la particularité. Or, pour employer ces termes, on pourrait dire que les toucans ont fini par appeler *universel* ce qui n'était qu'une particularité, celle du capital, surtout financier – par ailleurs moins légitime politiquement que les mouvements sociaux. Telle aura été la cause de l'échec toucan. Les thèmes républicains étaient présents plutôt dans leur discours que dans leur pratique. Si le PT, en tant qu'opposition mais aussi au niveau des communes et des quelques États qu'il gouvernait, misait sur une réelle pratique démocratique, celle de la mobilisation des masses, le PSDB, au gouvernail de l'économie et des États les plus puissants, n'a pas racheté la politique et la société brésiliennes de l'hypothèque du capital financier.

Cette différence explique l'antagonisme de nos meilleurs partis. Dans les élections nationales, où le principal enjeu est l'économie, le centre (PSDB) et la droite (surtout le PFL qui a rompu avec les militaires à la fin de la dictature, mais également le PPB des dictatoriaux non repentis) se sont rassemblés dès 1994, contre le PT, autour d'un agenda libéral. Pourtant, sur le plan des États et des communes, où sont en cause des valeurs et des questions de sociabilité, lors des élections le centre se rapproche de la gauche (le PT), surtout quand il y a un deuxième tour, recréant par là le partage des forces politiques qui datait du temps de la dictature et qui a fini par en avoir raison[3].

Beaucoup croyaient que l'idéal serait que la gauche avance peu à peu, qu'elle élise encore des maires et des gouverneurs d'État : elle nouerait des alliances *on the spot* avec le centre, elle formerait une génération de nouveaux administrateurs, et en 2006 ou 2010 elle briguerait la présidence avec un candidat moins rejeté que Lula. Rien ne s'est passé de tel. La stratégie Lula s'est avérée payante. Il a été accepté par l'écrasante majorité des électeurs. Par contre, aucun État important n'a été conquis par la gauche, qui a même perdu le Rio Grande do Sul, État où la capitale Porto Alegre (qui reste aux mains du PT, les élections municipales ne se produisant qu'en 2004) est devenue symbole de la lutte contre la mondialisation. De toute façon, le PT est le parti avec le plus grand groupe à la Chambre des députés et le seul à être présent dans les 27 Assemblées des États[4].

Des pronostics ? Le grand défi du PT sera de totaliser les désirs des sous-peuples qui composent (ou décomposent ?) une société complexe. (Ça a été l'incapacité du parti de concilier les désirs des travailleurs des transports en commun et ceux de la population qui a mené le PT à perdre la mairie de São Paulo pour Paulo Maluf, en 1992 : pendant les huit années suivantes la famille politique du chef de file des dictatoriaux non-repentis a conduit la plus grande ville brésilienne à une énorme crise). Il devra ajourner la satisfaction de maints désirs, il devra forger un discours républicain qui a été jusqu'à maintenant la marque du PSDB plutôt que la sienne.

D'autre part, la droite nostalgique de la dictature a subi un coup terrible, avec la défaite de Maluf à São Paulo, sans même arriver au deuxième tour, qui pour la première fois dans cet État a opposé le PSDB, finalement vainqueur, au PT. Les principaux leaders de la droite, comme lui et Antonio Carlos Magalhães, de Bahia, ont perdu leur dimension nationale, étant réduits à un *leadership* régional. La droite n'a même pas eu de candidat à la présidence. Aussi bien dans les élections nationales que dans celles de plusieurs États, l'opposition principale est maintenant entre le PT et le PSDB. Évidemment cela ne fera qu'éloigner un peu plus nos meilleurs partis, chacun desquels se voit sommé de nouer des alliances pas toujours admirables – mais d'autre part ce double *leadership* sur le discours et la pratique politiques a amélioré et continuera peut-être à améliorer la qualité de notre politique.

Pour finir, on peut se rappeler qu'en 2000 plusieurs analystes englobaient le PFL parmi les partis d'un réel profil idéologique et d'une forte présence politique. Mais, dans les deux dernières années, une succession de fautes politiques a mené, d'abord, son cacique Antonio Carlos Magalhães à perdre son rôle national, ensuite, son gouverneur du Maranhão, Mme. Roseana Sarney, à rater sa candidature présidentielle. Mais ces circonstances probablement n'étaient pas la cause, mais le symptôme, de la perte de base sociale du parti qui réunit les principales oligarchies régionales. Bref, s'il n'y a pas un désastre économique, ce qui malheureusement dépend très peu de Lula, car ce qui compte de ce point de vue est l'influence internationale et la spéculation bancaire, les années qui viennent peuvent être très riches pour la démocratie brésilienne.

NOTES

1. On parlait en 1993 d'une alliance pour 1994 – Lula à la présidence, Mário Covas (PSDB) gouverneur de São Paulo. Fernando Henrique Cardoso s'est opposé au sein du PSDB à la candidature de Lula, et José Dirceu, du PT, à celle de Covas. Mais, à dire vrai, les projets de chaque parti divergeaient déjà beaucoup, le PSDB désirant moderniser l'économie dans le sens de la mondialisation.

2. J'ai développé ces idées dans l'article « Democracia versus república : a questao do desejo nas lutas sociais », in Bignotto (org.), *Pensar a república*, Belo Horizonte : UFMG, 2000, et dans les livres *A República* (São Paulo : Publifolha, 2001) et *A Democracia* (São Paulo : Publifolha, 2001).

3. Les élections des États coïncident avec les fédérales. Elles viennent d'avoir lieu. Les municipales auront lieu en 2004. Tous les mandats au Brésil, à l'exception de ceux de sénateur, ont une durée de quatre ans. Lors du deuxième tour la gauche a l'habitude de soutenir le centre contre la droite (elle a voté Covas à Sao Paulo contre Maluf, pour le gouvernement de l'État, en 1998), mais le centre ne renvoie toujours pas l'ascenseur : si en 2000 il a soutenu Marta Suplicy (PT) contre Maluf pour la mairie de S. Paulo, il avait pourtant voté Pitta (droite) contre Erundina (PT), en 1996.

4. Le plus grand groupe ne dépasse que 91 députés sur 513. Les trois groupes parlementaires qui suivent sont le PFL (droite, 84), le PMDB (centre, 74) et le PSDB (centre, 71). De toute façon Lula n'aura pas au Congrès la majorité confortable dont a joui Fernando Henrique.

HOMMAGE

À Stephen Jay Gould

STEPHEN JAY GOULD (1941-2002)

BIOLOGISTE, PALÉONTOLOGUE ET HISTORIEN DES SCIENCES, OU L'HISTOIRE DU VIVANT ENTRE DÉTAILS ET SYNTHÈSES

Stephen Jay Gould, biologiste, paléontologue et historien des sciences, s'est éteint au printemps dernier à l'âge de soixante ans. Il laisse une œuvre scientifique considérable, mais également, ce qui est fort rare, une œuvre magistrale d'écrivain scientifique.

Les textes de Gould donnaient de la biologie à penser aux lecteurs les plus variés, et cet acte, quand il est réussi, est moins simple qu'il n'y paraît. Plus que tout autre il a montré, au fil des centaines de pages dans lesquelles il a livré ses réflexions, que le savoir scientifique ne se construit pas uniquement pour des cercles d'initiés, mais que la conceptualisation peut tirer un grand profit des efforts réalisés par certains pour diffuser les idées les plus fondamentales.

Le succès de Gould incite à se demander s'il existait un « style Gould ». En d'autres termes, il semble utile de rechercher les modalités mises en œuvre par cet auteur pour donner à ses textes une telle efficacité et leur assurer cette large diffusion, c'est-à-dire pour les rendre lisibles et les faire apprécier tant par l'honnête homme que par des lecteurs formés aux sciences de la vie.

Les lignes qui suivent se veulent donc un regard sur la forme et l'identité d'écrits scientifiques, dont la plus originale des particularités fut de réellement s'adresser à un large public.

Un faisceau de compétences

Stephen Jay Gould était toujours présenté comme Professeur de géologie, de biologie et d'histoire des sciences à l'Université de Harvard. Cette première remarque prévient immédiatement de l'étendue du champ de ses compétences.

Sur un plan scientifique, il est sans doute inutile de rappeler que depuis les années soixante-dix, il s'est affirmé, en tant que paléontologue et biologiste, comme l'un des penseurs majeurs des théories de l'évolution. Souvenons-nous qu'il est à l'origine, avec Niles Eldregde, de *la théorie des équilibres ponctués*, publiée en 1972, et que cinq ans plus tard, son ouvrage très remarqué, *Ontogeny and Phylogeny*, fit date en soulignant la nécessité d'introduire l'ontogenèse dans la réflexion sur l'évolution.

Au premier abord, deux plans semblent se superposer dans l'œuvre de Gould. Ses publications spécialisées de très haut niveau doivent en effet être distinguées de ses textes de synthèse largement diffusés. Pourtant, l'une des particularités de l'œuvre de ce scientifique réside précisément dans la cohérence qu'il a su donner à l'ensemble de ses textes. Ses préoccupations les plus fondamentales restent le cœur de ses synthèses et c'est ce qui fait leur force.

Quiconque se penche sur ces fameux écrits ne peut qu'être frappé par l'étendue du savoir de Gould. Par définition, le thème de l'évolutionnisme peut être propice à développer un savoir caractérisé par l'encyclopédisme biologique. Pour Gould, cela apparaissait probablement comme une nécessité qu'il a mise en œuvre dans ses réflexions sur « l'histoire naturelle », et ce, sans cacher sa jubilation. Au travers de ces textes, le lecteur est témoin du plaisir pris à passer d'une discipline à l'autre et à effectuer des incursions rapides, souvent aussi fulgurantes qu'éclairantes, dans des domaines parfois surprenants. Chacun doit s'attendre à rencontrer une remarque sur la *Passion selon Saint Matthieu* de Bach dans un texte sur le syndrome de Down[1], ou des plans d'églises médiévales dans un texte sur la taille et la forme des animaux[2].

Cette volonté de ne jamais limiter sa pensée semble concomitante de sa passion pour l'histoire des sciences. L'observation du passé pourrait en effet l'avoir convaincu que la pensée scientifique ne peut se contenter d'un cadre étroit et que les rencontres entre le savoir scientifique et la culture en général peuvent être heuristiques.

Si, une fois réussie, cette synthèse peut apparaître comme un « style », il ne faut cependant pas oublier qu'elle relève avant tout d'une méthode ; en tant que simple lecteur, nous pouvons rechercher ce que les textes de Gould nous révèlent sur elle.

Entre légèreté et gravité

Fondamentalement, les messages de Gould sont toujours sérieux. Parfois ils sont ardus mais, souvent, l'auteur s'attache à faire sourire son lecteur. En cela, il restera inimitable, cette qualité qui consiste à être capable de transmettre des informations compliquées, voire arides, de la manière la plus fiable qui soit, tout en donnant du plaisir et en amusant le lecteur, étant très mal partagée dans le monde savant.

Commencer par noter cette caractéristique du style de Gould ne relève pas de la provocation, car c'est un élément essentiel du succès de ses publications. Ses textes sont des démonstrations d'agilité intellectuelle et d'érudition, mais grâce à un humour parfaitement maîtrisé, ou plus souvent grâce à la légèreté de sa plume quand le sujet est trop grave, le lecteur ne perçoit aucune ostentation.

Mais ne nous y trompons pas, l'usage de ce ton n'a pas pour Gould une vocation séductrice, il ne s'agit pas d'un simple artifice rhétorique pour conquérir plus de lecteurs. Il résulte en fait d'une distanciation par rapport au sujet traité, qui n'est permise que grâce à la profonde connaissance qu'il en a.

Avec ses textes, que ce soit dans ses essais les plus longs ou dans ses « réflexions sur l'histoire naturelle », chroniques qu'il a publiées chaque mois entre 1973 et 2001, Gould a convaincu les spécialistes des sciences de la vie de l'originalité de sa pensée. Il savait en effet mener ses lecteurs tout au long d'un cheminement nouveau ; quelle que soit sa formation, chacun pouvait y trouver satisfaction, la finesse du ton, loin de desservir le fond scientifique, s'avérant le meilleur guide.

Les détails de la nature

Quant au fond scientifique de ses textes, Gould nous donne lui-même l'une des clés de son œuvre :

« ... donner immédiatement des interprétations générales conduit immédiatement à des discours ennuyeux ou tendancieux. La beauté de la nature réside dans les détails, les messages dans les synthèses. Une mise en perspective optimale doit renvoyer aux deux, et je ne connais pas de meilleure tactique que d'illustrer de passionnants principes généraux par des exemples particuliers bien choisis. »[3]

En dévoilant ainsi un aspect de sa méthode, Gould souligne qu'il a bien mesuré la difficulté de communiquer les concepts fondamentaux de la science et qu'il a compris la nécessité de rester concret pour être largement entendu.

Mais, encore une fois, il serait dommage de s'arrêter à une interprétation qui ne verrait dans le point de vue énoncé que du pragmatisme, une telle critique pouvant en effet être induite par son utilisation du mot « tactique ».

L'objectif de Gould est toujours de transmettre des idées générales. Ainsi, il n'a de cesse, dans la plupart de ses livres, de développer et de discuter les grands principes de l'évolutionnisme, sans omettre d'étudier l'histoire de ces idées, et c'est précisément, soulignons-le, parce que ce message passe parfaitement dans ses textes que ses écrits ont une telle valeur. Il a donc développé une méthode d'exposition qui, pour être efficace, ne sacrifie pas le fond scientifique, bien au contraire, puisque c'est sur lui qu'elle prend appui.

La présentation des détails de la nature ne peut donc être réduite, chez Gould, à une simple ornementation. « La beauté réside dans les détails », et Gould sait particulièrement montrer ces derniers. « La réinterprétation du schiste de Burgess », qui est au cœur de *La Vie est belle*, repose sur des développements précis dans lesquels le lecteur découvre des êtres aussi surprenants que *Anomalocaris* ou *Aysheaia*. Pas à pas, Gould explique comment l'hypothèse ancienne concernant l'interprétation de la très variée faune cambrienne de Burgess a été remise en question. Pour ce faire, il ne se limite pas aux idées générales qui se sont affrontées à environ un demi-siècle d'intervalle, mais présente méthodiquement la complexité des termes du débat, qui porte précisément sur l'interprétation des fossiles. Gould commence par nous faire partager sa passion pour ces objets qui constituent le quotidien de son métier de paléontologue, la beauté du détail résidant dans l'intérêt profond que l'on peut trouver à s'intéresser, comme lui, à la morphologie d'un *Nectocaris*, ou aux organes locomoteurs fascinants d'un *Hallucigenia*.

Les détails présentés ne sont donc pas des artifices, ils sont la part concrète du travail du scientifique avec laquelle s'articule une réflexion théorique plus générale. Gould commence par eux parce qu'ils donnent de quoi penser au lecteur, l'exposé des synthèses générales arrivant ensuite. Et, dans le cas de *La Vie est belle*, après avoir, grâce aux fameux détails, montré l'importance des fossiles, souligné les difficultés de la systématique et également cerné plusieurs aspects des débats sur l'évolution, il peut aborder la réflexion fondamentale vers laquelle il voulait mener son lecteur, c'est-à-dire une interrogation complexe sur la nature historique de l'évolution.

Les figures de pensée

Malgré tout l'art dont Gould était capable, la difficulté de certains thèmes pouvait exiger l'utilisation d'allégories.

Son ouvrage *L'Éventail du vivant* s'attaque au mythe du progrès. C'était une gageure de parvenir à diffuser un discours évolutionniste soutenant le triomphe des bactéries et niant celui des humains. De cette synthèse, chacun pourra garder à l'esprit la courbe caractéristique montrant la fréquence des individus de différentes espèces allant des bactéries à l'homme, en fonction de la complexité de ces êtres vivants[4]. Cette courbe asymétrique présente une croissance rapide à proximité de l'axe des ordonnées, avec un sommet au niveau des bactéries, ensuite elle décroît rapidement pour devenir asymptotique à l'axe des abscisses, quand elle indique la fréquence des individus pour l'homme. Il faut bien sûr comprendre que le monde vivant est resté dominé par les bactéries et que le « mouvement » qui a conduit à l'homme a été aléatoire et n'a rien à voir avec un prétendu progrès. Cette dernière idée n'est pas simple à communiquer, précisément parce qu'elle s'oppose à la conviction, courante dans le public, qui veut que l'homme soit le résultat d'une progression « vers une complexité fondamentalement avantageuse ». Gould n'hésite donc pas à formuler une allégorie qui frappe l'imagination, celle de « la marche de l'ivrogne »[5]. Un homme saoul, sortant d'un bar et traversant le trottoir en titubant, s'il fait des pas en avant et en arrière, de manière aléatoire finira par tomber dans le caniveau. Si le mur du bar est l'axe des ordonnées, on voit ce que représente la fréquence des hommes sur la courbe qui nous intéressait plus haut…

Le procédé est osé, mais il facilite la réflexion, et, mené avec beaucoup de rigueur, il permet à Gould, à plusieurs reprises, de présenter des thèses difficiles.

Gould intellectuel

Gould mérite d'être désigné comme un intellectuel au sens où il a su se risquer hors du monde académique pour prendre position dans la sphère publique.

Dès les années soixante-dix, il s'est engagé activement aux États-Unis dans un combat en faveur de l'évolutionnisme. Les lobbies créationnistes, loin d'être négligeables dans ce pays, ont trouvé en Gould un adversaire aussi compétent que déterminé.

Mais ce combat ne fut pas le seul. *La Mal-mesure de l'homme*, l'un de ses ouvrages de synthèse majeurs, montre à quel point la réflexion sur la place de la science dans la société était pour lui fondamentale. En s'attaquant aux techniques de mesures appliquées à l'homme, allant de la craniométrie aux tests d'intelligence, en passant par diverses analyses morphologiques, Gould dénonce toutes les formes de discriminations, concernant les races, les classes sociales ou les sexes, que ces utilisations perverses de la science ont entretenues, sinon engendrées.

Sur le plan de l'écriture, la méthode reste la même. Bien évidemment, ce n'est pas sur la beauté de la nature, dans ce cas, que Gould fonde sa synthèse. Mais les détails sont toujours présents : par exemple, le lecteur découvre les différents procédés de « mesure » du QI, et c'est en s'appuyant sur eux que l'auteur parvient à montrer comment la science a pu parfois s'égarer...

La science considérée dans son histoire

À chaque fois que cela a été possible, Gould s'est penché en historien sur le passé des thèmes qui l'intéressaient en tant que scientifique. Cette seconde passion était au moins aussi vive que celle qu'il avait pour la biologie. Le récit de son émotion lorsqu'il a découvert, lors d'une vente aux enchères, une édition de la *Philosophie Zoologique* annotée par Lamarck lui-même, prouve que cette passion n'était pas feinte, tout historien pourrait en témoigner[6].

Mais Gould ne s'est pas contenté d'exceller en histoire des sciences comme en sciences. Très souvent, lorsqu'il se consacrait à un thème, il s'attachait à user simultanément des apports de l'histoire et de ceux de la science. Le double éclairage qu'il obtenait ainsi le conduisait presque toujours à des conclusions novatrices. Il était convaincu – et ses différents travaux, synthèses ou chroniques, ne pouvaient que le conforter dans cette position – que la perspective historique était indispensable à toute compréhension approfondie d'un problème.

Ceci s'applique évidemment aux thèses sur l'évolution, la clarté de ses textes sur cette question est là pour en témoigner. Cependant, l'intervention de l'histoire y est double, car non seulement il s'agit de révéler l'histoire des sciences qui étudient l'évolution du vivant, mais, au-delà, il convient de prendre en compte le caractère historique de l'évolution elle-même.

L'histoire de la vie

« Qu'est-ce qu'on ne sait pas ? » : cette question a été posée en 1995 lors des *Rencontres philosophiques de l'UNESCO*[7]. Le court texte publié à l'issue de la conférence donnée par Gould est l'occasion pour lui de rappeler que la paléontologie est une science historique et de souligner le rôle de la contingence historique quant à la non-prévisibilité de la nature. Si ces lignes constituent une très claire définition de la paléontologie et de sa dépendance vis-à-vis des archives fossiles, elles ont aussi la valeur d'un engagement, dont voici la conclusion : « *Aussi devrions-nous considérer la non-prévisibilité de l'histoire et la nécessité de connaître les états antécédents comme une bénédiction, pour nous chercheurs, car ils nous fournissent le meilleur argument en faveur de la recherche, de la découverte et de la conservation.* » Cette phrase, à elle seule, nous rappelle que Gould s'est toujours attaché à envisager le vivant dans sa dimension historique et qu'à maintes reprises il a souligné le rôle de la contingence dans l'évolution. Soulignons que *La Vie est belle* est sans doute l'un des textes les plus importants aujourd'hui sur cette question.

Gould était habité par la volonté de comprendre l'évolution et de transmettre ses réflexions. Mais plus fondamentalement, pour lui, tout chercheur devrait se réjouir de connaître les limites de son propre savoir, car il ne peut alors que mieux les approcher et les dépasser. C'est peut-être parce qu'il avait si bien repéré les frontières de ce que l'on ne sait pas que Gould a si bien su expliquer ce qu'il savait.

Stéphane Tirard
Maître de conférences en Épistémologie et Histoire des Sciences
Centre François Viète d'Histoire des Sciences et des Techniques
Université de Nantes

NOTES

1. *Le Pouce du Panda*, série Biblio, p. 192.
2. *Darwin et les grandes énigmes de la vie*, Points Seuil, p. 187-190.
3. *La Vie est belle*, Points Seuil, p. 9.
4. *L'Éventail du vivant*, Points Seuil, p. 212.
5. *Ibid.*, p. 186.
6. *Les Pierres truquées de Marrakech*, p. 156.
7. S.J. Gould, « La paléontologie : une fiction de nos origines ». *Qu'est-ce qu'on ne sait pas ? Les rencontres philosophiques de l'Unesco-1995*, Gallimard/Unesco, 1996, p. 62-64.

OUVRAGES DE STEPHEN JAY GOULD PUBLIÉS EN FRANÇAIS

Darwin et les grandes énigmes de la vie, Pygmalion, 1979, et Seuil, coll. « Points Sciences », n° 43, 1984.

Le Pouce du panda, Grasset, 1982, et LGF, Le Livre de poche, série « Biblio essais », n° 4038, 1985.

La Mal-mesure de l'homme, Ramsay, 1983, et Odile Jacob, 1997.

Quand les poules auront des dents, Fayard, 1984, et Seuil, coll. « Points Sciences », n° 71, 1991.

Le Sourire du flamant rose, Seuil, coll. « Science ouverte », 1988, et coll. « Points Sciences », n° 87, 1993.

Aux Racines du temps, Grasset, 1990, LGF, Le Livre de poche, série « Biblio essais », n° 4247, 1997.

La Vie est belle, Seuil, coll. « Science ouverte », 1991, et coll. « Points Sciences », n° 128, 1998.

La Foire aux dinosaures, Seuil, coll. « Science ouverte », 1993, et coll. « Points Sciences », n° 121, 1997.

Le Livre de la vie (album illustré), sous la direction de Stephen Jay Gould, Seuil, coll. « Science ouverte », 1993.

Un Hérisson dans la tempête, Grasset, 1994, LGF, Le Livre de poche, série « Biblio essais », n° 4227, 1996.

Comme les huit doigts de la main, Seuil, coll. « Science ouverte », 1996, et coll. « Points Sciences », n° 137, 2000.

L'Éventail du vivant, Seuil, coll. « Science ouverte », 1997, et coll. « Points Sciences », n° 143, 2001.

Millénium, Seuil, coll. « Science ouverte », 1998.

Les Quatre antilopes de l'apocalypse, Seuil, coll. « Science ouverte », 2000.

Et Dieu dit « Que Darwin soit ! », Seuil, 2000.

Les Coquillages de Léonard, Seuil, coll. « Science ouverte », 2001.

Les Pierres truquées de Marrakech, Seuil, coll. « Science ouverte », 2002.

LECTURES

Divina Frau-Meigs, *Médiamorphoses américaines dans un espace privé unique au monde*, Paris, Economica, 2001.

Avec *Médiamorphoses américaines*, D. Frau-Meigs synthétise ses réflexions sur le fonctionnement de la société de l'information aux États-Unis, amorcée dans plusieurs ouvrages antérieurs (voir notamment les chapitres qu'elle a signés dans *Médias et technologie : l'exemple des États-Unis*, ouvrage collectif paru lui aussi en 2001 aux éditions Ellipses). Il ne s'agit pas à proprement parler d'un ouvrage sur les médias aux États-Unis ; on n'y trouvera pas les derniers tirages des journaux ni les parts d'audience des principales chaînes de télévision, informations somme toute banales, avantageusement remplacées par, entre autres, la liste des principaux *talk shows*, le synopsis de quelques éditions de l'*Oprah Winfrey Show* et une typologie des séries américaines les plus populaires.

L'intérêt de ce livre réside d'abord dans l'inscription de l'étude des médias électroniques dans le champ des valeurs qui ont fondé la société américaine : l'autonomie individuelle avec son corollaire, la défiance de l'État, qu'il soit protecteur ou coercitif, la primauté des droits de la personne, y compris celui de se situer en marge (*dissent*), dont le respect ne saurait pourtant faire obstacle à la préservation du bien commun.

On comprend mieux en suivant l'analyse de l'auteur l'épanouissement de l'Internet dans une société qui survalorise le moi et où la machine permet désormais l'ouverture sur une infinité d'échanges libérés de la pesanteur des corps et des réalités physiques, que le puritanisme sous-jacent à la société américaine primaire a toujours cherché à tenir à distance. La réflexion de D. Frau-Meigs rejoint celle de Josiane Jouët[1] qui voit dans l'écran de l'ordinateur tout à la fois un bouclier protecteur et le miroir capteur des fantasmes narcissiques de l'utilisateur. D. Frau-Meigs va plus loin lorsqu'elle assimile la communication médiatisée par l'Internet à la pornographie, qu'elle définit au moyen de cinq propriétés majeures (p. 162-63) : l'anonymat des partenaires, leur substitution à volonté, le maintien d'une distance entre eux découlant de leur absence d'engagement affectif, voire physique (voyeurisme), le caractère éphémère de la relation éminemment monnayable puisque de type contractuel. L'auteur voit même la machine pornographique à l'œuvre dans les *Talk Shows*, où les anonymes accèdent à la notoriété d'un jour en acceptant de sacrifier leur vie intime au profit d'une confession ritualisée par un officiant médiateur, qui peut inversement opérer le transfert de l'homme public, appartenant de préférence au monde politique, vers la sphère privée. Ce médiateur, nous dit D. Frau Meigs, sait jouer le jeu de la transparence et dévoiler ce qu'il faut de son intimité pour amener l'autre à lever les dernières inhibitions. Ainsi fallait-il qu'Oprah Winfrey exhibe ses bottines dans son émission du 11 septembre 2000, pour que le candidat Gore accepte de parler de ses chaussures favorites. Le débat démocratique avait fait là un grand pas, sans doute destiné à faire oublier le quasi-boycottage des conventions estivales des deux principaux partis par les grands réseaux de télévision américaine.

Cette trivialisation du débat politique, qui se double de la spectacularisation de l'anodin et de l'exhibition du déviant, éventuelle condition de son insertion dans le champ de l'acceptable, est minutieusement décrite par D. Frau Meigs. Le chapitre consacré à la couverture des campagnes électorales, y compris la dernière en date, fertile en rebondissements, qui a révélé les faiblesses de la machine médiatique lors de l'annonce des résultats, met clairement en lumière le poids des lobbies financiers et industriels dans le fonctionnement des machines électorales et la responsabilité des médias dans l'atrophie d'un débat de plus en plus focalisé sur la personnalité (*character*) des candidats.

La recherche du consensus et, par voie de conséquence, la couverture au premier degré des conflits qui, lorsqu'ils éclatent, comme à Los Angeles en avril 1992 par exemple, sont traités selon les filtres des stéréotypes traditionnels, servent en fait les entreprises du secteur des médias qui ont fait du divertissement leur fonds de commerce. C'est là que se réalisent les meilleurs scores d'audience et que les écrans publicitaires se négocient au plus haut.

Analysant la notion d'« exception » américaine, Loïc Wacquant évoque « un projet idéologique visant à soumettre l'ensemble des activités humaines à la tutelle des lois du marché »[2]. D. Frau-Meigs souscrirait sans peine à ce jugement si l'on considère la place qu'elle accorde dans son analyse au rôle du profit comme moteur de l'activité médiatique et au poids des « corporations » dans le fonctionnement du secteur. Telle est la puissance du principe de libre concurrence qu'il parvient parfois à détourner à son profit les droits fondamentaux du citoyen, le droit à la liberté d'expression étant le plus souvent invoqué pour couvrir des projets dont la finalité commerciale est incontestable. Ainsi, en mars 2001, une cour d'appel de Washington a-t-elle donné satisfaction à AT & T, le plus gros câblo-opérateur à cette date[3] qui, en vertu du 1er amendement de la Constitution, contestait les restrictions imposées aux câblo-opérateurs par la Federal Communications Commission, le régulateur en matière d'audiovisuel et de télécommunications, limitant leur part de marché à 30 % du parc national et leur interdisant de diffuser plus de 40 % de programmes originaires de sociétés de production qui leur sont affiliées. Dirigée aujourd'hui par Michael Powell, le fils de l'actuel responsable de la diplomatie américaine, la FCC ne tardera pas à faire droit à l'arrêt des magistrats de Washington en dérégulant encore davantage un secteur dont les contraintes avaient pourtant été substantiellement allégées en 1996.

S'il est vrai que, comme l'écrit D. Frau Meigs, le système audiovisuel n'est tenu de s'accommoder que « d'un minimum de contraintes régulatrices » (p. 64), la complaisance anticipée de la

FCC ne dispense pas, toutefois, de souligner la portée de certaines de ses récentes décisions. Lors de la fusion d'AOL avec Time Warner en janvier 2001, un an après le lancement du projet, l'instance de régulation n'avait donné son feu vert qu'en échange de l'ouverture par AOL de son service de messagerie « avancée » (voix et vidéo) à la concurrence. Le régulateur avait en outre requis de Time Warner qu'il donne aux abonnés à ses services du câble la possibilité de choisir un autre fournisseur d'accès à l'Internet qu'AOL. Ces contraintes ne faisaient, du reste, que renforcer celles analogues imposées par la Fair Trade Commission, le régulateur fédéral de la concurrence. D. Frau-Meigs semble si peu convaincue de l'utilité du régulateur chargé de l'audiovisuel et des télécommunications qu'on chercherait en vain, dans l'index de son ouvrage, une entrée relative à la régulation ou à l'instance qui en a la charge.

Mais, on l'a dit, l'ouvrage de D. Frau-Meigs n'a pas pour objet de fournir une cartographie détaillée de l'état des médias aux États-Unis. Son intérêt réside dans l'application d'une pensée originale sur les vecteurs techniques de la communication et leurs usages à une société qui est parvenue à faire de ses fondements philosophiques les moteurs d'une certaine modernité qui se veut exemplaire. Ces *Médiamorphoses* valent également par le mélange réussi entre une théorisation exigeante et une intime connaissance du terrain et des réalités les plus marginales de l'univers audiovisuel et cybernautique américain. Il est dommage que le propos ne soit pas servi par une langue moins métissée d'anglicismes et surtout débarrassée des coquilles et autres scories orthographiques qui déparent ce texte important.

Jean-Claude Sergeant

Patrick Baudry, Claude Sorbets, André Vitalis (dir.), *La Vie privée à l'heure des médias*, Pessac, Presses Universitaires de Bordeaux, coll. « Labyrinthes », 2002.

La collection « Labyrinthes » des Presses Universitaires de Bordeaux présente pour son premier ouvrage un état des lieux de « la vie privée à l'heure des médias » (issu d'un colloque organisé par le Centre d'étude des médias, les 23 et 24 novembre 2000). Le brouillage de l'espace public et de l'espace privé, la domination d'une logique marchande dans le monde médiatique, l'exhibition de la vie privée, des sentiments, de l'intime, aussi bien dans les programmes médiatiques que dans les mises en scène des hommes politiques, la liberté d'expression mais aussi le stockage et l'utilisation des traces que permet Internet, tout ceci met en lumière l'émergence d'un nouveau rapport à soi-même, d'une nouvelle construction identitaire dans les sociétés démocratiques où existent liberté d'informer et protection de la vie privée. L'autonomie de l'individu, finalité des sociétés démocratiques, se trouve à la fois résorbée et engagée dans une production publique de singularités privées, dans une construction de la personne à base d'expérimentations spéculaires, individuelles et collectives, chatoiement d'images et d'affects dont l'évanescence et la fragilité semblent évidentes.

Antoine Prost replace l'évolution des médias dans le contexte historique d'évolution du politique et de l'intime, qui voit l'affirmation des sentiments et de l'affectivité, l'émergence du corps et de la sexualité. Nous vivons maintenant dans une société où l'individu a sa pleine légitimité et « où le grignotage de la sphère publique par la sphère privée vide progressivement l'intérêt général de tout contenu légitime autre que la somme des intérêts privés ».

Yves Lavoinne retrace les rapports de la vie privée et de la vie publique au XIXe siècle face à la presse. La publicité par voie de presse permet aux gouvernés de contrôler les gouvernants, la confiance dans l'élu repose sur la publicité de ses actions, l'obscurité est le privilège de ceux qui ne font pas de politique. L'homme politique est exposé au jugement de ses concitoyens sauf en ce qui concerne l'intimité familiale.

Dominique Mehl nous rappelle le triomphe du témoignage personnel dans la télévision de l'intimité des années 1990. Mais l'exposition de l'intimité, la publicisation de l'espace privé et la privatisation de l'espace public n'abolissent pas ces deux espaces, elles les déspacialisent, les infléchissent, il y a modelage constant des rôles privés par les rôles publics et inversement, l'expérience personnelle, interpersonnelle et relationnelle, exposée à l'écran, contribue à l'identification personnelle et sociale du sujet, sans que ne disparaissent ni le for interne ni le for externe, c'est-à-dire l'activité critique du sujet.

Fabrice Mollo et Daniel Naulleau nous exposent « l'indiscrétion permanente d'Internet ». Chaque utilisateur fabrique son double informatique et le dispositif est plus ou moins liberticide selon qu'il stocke plus ou moins de traces. Face aux indiscrétions invisibles, générées par les cookies, et aux données de connexion enregistrées au cours des navigations même gratuites, la CNIL exprime ses réserves et les principes fondamentaux de la loi de 1978 sont repris dans les directives européennes 95/46 et 97/66. Mais ces réglementations de protection, outre qu'elles ne touchent pas les USA, restent largement théoriques, car elles ne sont assorties d'aucun caractère obligatoire ni d'aucun mécanisme de sanction. Les droits civiques de protection des données personnelles sont tout sauf assurés, étant donné le flou juridique régnant sur les droits et devoirs de chaque acteur de l'Internet.

Après ce panorama de la situation actuelle, les auteurs analysent le brouillage des frontières privé/public en montrant que cette confusion est la réelle condition de l'homme moderne. Trouble, « communication confondante », « limite aléatoire et fluctuante », « frontière hallucinatoire », telles sont les caractéristiques de « la télévision généralisée » que décrit Alain Mons à propos de nos parcours dans l'espace domestique, dans l'espace médiatique et dans l'espace urbain « truffé de pièges à regard ». Pluralité des rythmes perceptifs, perturbation sémiotique des lieux, circulation hyperactive des affects, kaléidoscope des images. Pour maîtriser ces changements de focale permanents, il s'agit de construire une « esthétique généralisée, appliquée à la vie sociale, où le corps, les affects, l'inconscient, l'Autre sont en jeu (ce qui bien sûr n'exclut pas les autres enjeux : politique, industriel, pouvoir) ».

De la même manière, Francis Jauréguiberry analyse nos usages du téléphone portable qui rend contigus des « icis » publics et des « ailleurs » privés. Le lieu ne fait plus lien et l'on voit les nouvelles formes de contrôle et de dépendance de l'éternel branché. « Le mobile réunit de façon dynamique ce qui est à la fois cher à l'individu et loin de lui. Miniaturisé, le mobile accompagne partout son propriétaire, qui n'est plus seul dans son effort pour recoller dans un semblant d'unité les multiples éclats de son vécu. »

Patrick Baudry analyse l'expression de l'intime comme « le symptôme d'une fragilisation sociopolitique non pas de l'individu mais de la fabrication identitaire. La vie privée ne serait pas du tout menacée, elle serait plutôt cette lumière aveuglante qui obscurcit l'échange social, tout se passant comme si la vie sociale n'était que cette affirmation naïve et conditionnée de soi ». L'individu s'engagerait ainsi dans une construction spéculaire de lui-même, où l'image projetée sur l'écran des professionnels de la présentation de foire ne serait qu'un simulacre, processus bien étranger à la construction d'un sujet véritable, qui, comme le dit Simmel, est « une affirmation personnelle de se situer en face, c'est-à-dire avec, contre et sans ». La véritable et difficile construction identitaire mêle le privé et le public, mais ne se résout pas dans la fantasmagorie télévisuelle, où elle ne serait, dans ses dédoublements spéculaires, que simulacre et forme imposée, obligée, convenue, de la singularité.

Qu'en est-il de la mise en visibilité de la vie privée des hommes politiques ? Elle n'échappe pas à la nécessité d'une contextualisation historique et géographique.

Pour Claude Sorbets, les hommes politiques sont « les hommes de cour » « dans la cité de l'opinion », les acteurs d'une représentation rhétorique faite de « jeux de face et de profil », jeu où nous sommes partie prenante. Acteurs « qui peuvent nous rassembler parce qu'ils nous ressemblent, comme autant d'images portées, déportées, reportées sur des supports complices. »

Christiane Restier-Melleray étudie les présentations que les hommes politiques font de leur vie privée dans la presse, en montrant comment les journalistes encadrent ou prennent en charge ce discours, ou au contraire comment les hommes politiques, dans des propos en première personne, assument seuls ce discours et les risques afférents.

Jean-Pascal Dalloz traite de l'étalage de la vie sexuelle de l'homme politique comme facteur de légitimation en contexte africain, suédois et finlandais.

Jean-Louis Seiler propose un parcours de politique comparée où il montre que la perception de la vie privée de l'homme politique par la classe politique, la presse, les magistrats, est conditionnée par l'histoire de longue durée où prédominent les structures familiales et religieuses.

La quatrième partie de l'ouvrage, après un rappel par Valéry Blasco de la difficulté à formaliser un droit à la vie privée et de l'imprécision d'une définition juridique de la notion, revient sur ce processus « d'institution » de l'individu réalisé dans les médias de l'intime. Edith Rémond attire notre attention sur la différence de traitement entre d'une part les stars du show business et les vedettes de la politique, pour qui la violation de la vie privée n'est qu'un business comme un autre, et d'autre part les citoyens ordinaires, pour qui la violation de la vie privée est plus cruelle (image d'un prévenu menotté), mais qui néanmoins paient de leurs deniers leur inscription dans le carnet du journal.

André Vitalis note que la vie du citoyen appartient à deux ordres d'existence, avec une distinction nette entre ce qui lui est propre et ce qui est commun, le droit à l'intimité ayant acquis la même valeur que les droits fondamentaux de la démocratie tels que la liberté d'information. Alors que la vie publique est relativement policée dans une société démocratique, il est temps que la vie domestique soit elle aussi soumise à un gouvernement démocratique, et il est permis de penser que l'arrivée des femmes en politique permettra de désenclaver le domestique. A. Vitalis souligne l'expansion de l'intime dans les émissions de téléréalité. Ces émissions sont des laboratoires, des lieux d'expérimentation où chacun surveille l'autre, où chacun déplace les limites de son moi spéculaire. Elles réalisent ainsi un formatage de l'intime, et même si le dévoilement n'est pas contraint, il devient néanmoins un passage obligé. C'est le triomphe de l'individu, « de l'individu incertain » à la recherche de techniques de « management de soi », dans un modèle social où il est seul maître à bord. Peut-on croire que c'est pour son seul bénéfice ?

Édith Puiglambert

Miguel ABENSOUR, Géraldine MUHLMANN (dir.), « L'École de Francfort : la Théorie critique entre philosophie et sociologie », *Tumultes*, Paris, éd. Kimé, n° 17-18, mai 2002.

Cette livraison de la revue *Tumultes* qui est consacrée à l'École de Francfort s'appuie sur un double parti pris. Le premier est de ne pas prendre en compte l'œuvre d'Habermas. Ce qui permet, d'une part, de redécouvrir l'originalité de la pensée des philosophes qui ont précédé l'auteur de « l'Espace public », et d'autre part, de mesurer ce qui, dans l'œuvre habermassienne, se rattache ou au contraire s'oppose aux théories de ses prédécesseurs. Le second parti pris est de proposer, à côté des articles analysant certains thèmes ou auteurs de l'École de Francfort, des traductions nouvelles des textes originaux de Theodor W. Adorno, Herbert Marcuse et Max Horkheimer : effort de traduction et de mise à disposition qu'il convient de saluer.

L'ouvrage se divise en trois parties. La première, intitulée « Critique de la Raison », s'ouvre sur un texte d'Herbert Marcuse, « Quelques implications sociales de la technologie moderne », et se clôt sur une analyse de Paul-Laurent Assoun retraçant la genèse du lien unissant la psychanalyse et la théorie critique. La deuxième partie, qui se nomme sans doute trop sobrement « Philosophie », est surtout consacrée à la pensée d'Adorno. Deux des sept textes, ceux de Vicky Iakovou et

Géraldine Muhlmann, dressent des parallèles pénétrants entre l'analyse de cet auteur et la pensée d'Hannah Arendt. La troisième partie, dont le titre est également minimaliste (« Sociologie »), propose cinq textes qui permettent d'entendre les théoriciens de Francfort (« La fonction sociale de la philosophie », de Horkheimer, et « Société », de Adorno) et invitent à découvrir le travail de Siegfried Kracauer.

Les responsables de cet ouvrage ont opté pour le minimalisme des titres, nous l'avons souligné, mais aussi de la présentation : une courte introduction générale de deux pages. Le lecteur se trouve donc face à une matière brute de 434 pages passionnantes, mais d'une lecture ardue pour le non philosophe. Un travail éditorial plus conséquent aurait rendu le projet plus attrayant et aurait pu faire de cet ouvrage une introduction idéale pour les étudiants en information/communication. Restent, malgré tout, des textes qui permettent de sortir des clichés et des poncifs entourant l'École de Francfort. Un ouvrage austère, mais précieux.

Éric Dacheux

Jesús Martín-Barbero, *Des Médias aux médiations. Communication, culture et hégémonie*, traduit de l'espagnol par Georges Durand, Paris, CNRS Éditions, coll. « CNRS Communication », 2002.

Voici enfin, grâce aux efforts de Guy Lochard, de Bruno Ollivier et de Dominique Wolton (directeur de collection), la traduction française d'un livre majeur dans le travail de ressaisissement de la culture de masse comme objet d'analyse non seulement intellectuellement légitime, mais essentiel à la compréhension historique et sociologique du monde contemporain[4]. Sa publication en espagnol en 1987 est le fruit d'une rupture et d'une rencontre, nourries par la formation européenne de l'auteur et son expérience latino-américaine (il est péruvien). Rupture théorique avec les thèses critiques de Marx et de Francfort qui ne voient dans la culture, et en particulier dans la culture de masse (de Sue à Disney) qu'idéologie et mystification, au profit d'une définition conflictualiste de la culture comme hégémonie, directement inspirée de Gramsci. Rencontre avec le succès populaire de la culture de masse en Amérique latine et l'enthousiasme de son public, dans le contexte d'une profonde acculturation réciproque des populations et des nations sud-américaines à la modernité urbaine, à l'économie capitaliste et au métissage culturel. C'est d'ailleurs cette relecture profondément dialectique des interactions entre culture de masse, publics populaires et nationaux et rapports sociaux qui fera des réflexions de Martín-Barbero une référence au sein de l'autre relecture gramscienne de la culture de masse qu'ont été les *Cultural Studies* britanniques. Par la traduction en français en 1993 d'un article de Ien Ang dans le numéro 11-12 de la revue *Hermès* consacré à la « recherche du public » (dirigé par Daniel Dayan), nous accédions en effet à la controverse qui faisait s'opposer les tenants d'une « résistance » populaire à l'hégémonie de la culture de masse (avec John Fiske qui détournait à son profit Michel de Certeau) aux tenants d'une ethnographie plus dialectique de l'acculturation créative réciproque, qui se jouait entre la culture de masse et ses diverses inscriptions ethniques, sociales et nationales (Ien Ang mobilisant à cette occasion un article en anglais de Martín-Barbero de 1988, tiré du dernier chapitre de son livre).

La thèse centrale de Martín-Barbero est en effet qu'il ne faut pas considérer les médias comme des « canaux » ou des « moyens » de communication (selon le modèle implicite d'une ingénierie téléphonique), mais comme une *médiation*, c'est-à-dire une acculturation réciproque entre les individus et les médias, qui transforme simultanément les formes culturelles de représentation du monde et les représentations culturelles qu'ont les individus du monde. De ce point de vue, et c'était l'apport essentiel à la controverse au sein des *Cultural Studies*, la massification de la culture par les industries culturelles ne doit pas être lue comme une menace envers une culture populaire qui serait « authentique » dans ses traditions ou sa vocation résistante ou révolutionnaire, mais comme le champ contemporain des torsions et des tensions culturelles, au sein duquel il s'agit de penser le « populaire » non pas en termes d'« extériorité garantie », mais d'« imbrication conflictuelle dans la massification », cette dernière définie alors comme « nouvelles conditions d'existence et de lutte, nouveau mode de fonctionnement de l'hégémonie » (p. 195).

Dans une première partie intitulée « Peuple et masse dans la culture : les enjeux du débat », et consacrée à une discussion serrée des auteurs, Martín-Barbero élabore un récit de la place du peuple dans la théorie en en soulignant tout l'aspect contradictoire : tantôt acteur progressiste, idéal et rationnel ; tantôt force stupide, vulgaire, dangereuse ; tantôt manipulé par l'idéologie, tantôt authentique dans ses particularismes irréductibles ; tantôt source de résistance au pouvoir et de créativité, tantôt rongé par les mesquineries de sa condition. Cette ambivalence se retrouve jusque dans la Théorie critique de l'école de Francfort, dans le clivage que souligne fortement Martín-Barbero entre la position de Theodor Adorno et celle de Walter Benjamin : d'un côté, radicale et nécessaire mystification des masses par l'industrie culturelle, de l'autre, nouvelle forme collective d'expérience sensible du monde où « le cinéma nous autorise non pas tant la présentation de choses nouvelles qu'une nouvelle manière de voir de vieilles choses, y compris le quotidien le plus sordide » (p. 56). Contre les apories de ce jeu d'opposition, c'est la piste du retour à la dialectique que choisit de suivre Martín-Barbero en mobilisant successivement quatre auteurs : Jacques Le Goff et sa relecture du Moyen-Âge à partir du détournement (carnavalesque), par la culture paysanne, des injonctions de l'Église ; E. P. Thompson et sa mise en évidence de la formation d'une culture populaire de classe pendant la révolution industrielle ; Edgar Morin et sa définition des industries culturelles comme nécessaire syncrétisme et de la culture de masse comme « médiation entre le réel et l'imaginaire » ; Antonio Gramsci enfin et sa définition du populaire non comme culture mais comme principe d'appropriation, déformation, détournement de l'hégémonie culturelle par les individus et les groupes sociaux subalternes (référence faite à Pierre Bourdieu et Richard Hoggart, mais surtout à Michel de Certeau, plus sensible à la dimension créative des usages et de la consommation).

Mais ce qui intéresse Martín-Barbero est moins la relative autonomie des usages populaires de la culture que les transformations mêmes de la culture à mesure que s'en déploient les usages populaires, à travers la médiation des médias de masse, en un « processus d'acculturation qui n'a jamais été purement répressif » (p. 100). C'est l'objet de sa seconde partie, intitulée « Matrices historiques de la médiation de masse ». Pour ce faire, Martín-Barbero, à la suite de Raymond Williams et d'Edgar Morin, restitue la question des médias et de la culture de masse contemporains dans la continuité d'une histoire longue de la contribution active des milieux populaires à la modernité, à travers leur usage collectif d'une « littérature orale » de colportage, leur appropriation de l'Encyclopédie grâce à l'Almanach, leur débordement du théâtre classique par le mélodrame et la pantomime. De sorte que cette « culture de masse » déjà en germe au XVIIe siècle va devenir, à partir du XIXe siècle, le véritable espace d'expression et de participation des milieux populaires à l'universalité de la nouvelle culture industrielle, urbaine et nationale, en lieu et place d'une « culture de classe » qui leur aurait été propre. Martín-Barbero souligne que c'est le feuilleton qui est alors porteur de ce déplacement culturel : fidèle à la tradition de la littérature de colportage, son écriture comme sa lecture sont collectifs, sa temporalité longue est celle même des jours de la vie quotidienne ; à la suite des almanachs, il vulgarise des pensées savantes ; sa typographie et ses titres sont adaptés à une lecture faiblement éclairée et discontinue. Dans le même temps, il intègre la modernité du journalisme documentaire et des débats politiques, l'interaction en temps réel avec son public, la transformation réciproque de l'imaginaire et du réel. Relecteur des *Mystères de Paris* d'Eugène Sue, Martín-Barbero préfère, à la lecture critique de Marx et Engels, la lecture dialectique de Gramsci, qui y voit une source de l'imaginaire des révolutionnaires de 1848 : « le piège que ni la critique littéraire, ni l'analyse idéologique n'ont pu éviter, c'est d'aller des structures du texte à celles de la société et vice-versa, sans passer par la médiation constituante de la lecture. De la lecture vivante, c'est-à-dire de celle que font les gens à partir de leur vie et des mouvements sociaux dans lesquels elle se trouve prise. Et cette absence de la lecture de l'analyse du feuilleton exprime, à droite comme à gauche, la non-prise en compte du lecteur populaire en tant que sujet de lecture » (p. 136).

Poursuivant l'analyse de son déplacement analytique dans une troisième partie intitulée « Modernité et médiation de masse en Amérique latine », Martín-Barbero illustre sa thèse selon laquelle la culture de masse a constitué la matrice à la fois de l'acculturation des milieux populaires à la modernité et de leur participation active à la formation de la modernité urbaine et nationale des « Nations » latino-américaines. S'agissant des médias de masse, il s'agit de « mettre en évidence le lieu d'articulation du sens que les processus économiques et politiques revêtent pour une société », montrant ainsi qu'ils sont les « articulateurs des pratiques de communication – hégémoniques et subalternes – et des mouvements sociaux » (p. 154). En caractérisant certains particularismes nationaux par un type de média, Martín-Barbero cherche à rendre compte comment les médias de masse ont à chaque fois permis la « transformation de l'idée politique de nation en vécu, sentiment et quotidienneté » (p. 155) : par le cinéma au Mexique, le feuilleton radiophonique en Argentine, la musique noire au Brésil, la presse écrite au Chili. Développant de la même façon une approche compréhensive de la télévision du point de vue des interactions entre son contexte (national) de production et ses contextes de réception (familial, populaire), Martín-Barbero montre que la médiation télévisuelle, loin d'être cet instrument de domination idéologique dénoncé par un certain « hyperfonctionnalisme de gauche », est bien cet espace à la fois de « négociation » du sens par les publics et de prise en charge, par « la culture de masse et l'industrie culturelle » (y compris sous des formes excessives), des préoccupations des groupes sociaux subalternes « qui se trouvent exclues du discours de la Culture, de l'éducation et de la politique » (p. 196).

En conclusion, on ne peut que recommander la lecture d'un ouvrage qui rétablit les chaînons manquants entre les travaux historiques sur les formes populaires d'appropriation et de transformation de la littérature et la sociologie des médias contemporains ; qui articule (*sans craindre de déroger*) les grandes questions de la sociologie de la culture avec l'analyse de la culture de masse ; qui, partant de la théorie européenne (en grande partie française), explore le contexte latino-américain et contribue depuis aux débats transnationaux des *Cultural Studies* (on lira sur ce point une contribution récente de l'auteur dans le n° 28 d'*Hermès*).

Éric Macé

NOTES

1. Josiane Jouët, *in* « Les technologies de l'Information et de la Communication pour quelle société ? », *Actes du Colloque*, Université de Technologie de Compiègne, avril 1997.
2. Loïc Wacquant, *in* « Sur l'Amérique comme prophétie auto-réalisante », *Actes de la recherche en sciences sociales*, « L'Exception américaine (2) », n° 139, septembre 2001, p. 87.
3. Ce titre est aujourd'hui détenu par Comcast à la suite de sa fusion avec la division câble d'AT & T en juillet 2002.
4. La traduction est un art difficile, et Georges Durand offre ici une lecture aisée, mais comportant quelques bizarreries comme l'usage du terme « massif » : comment comprendre des phrases comme « du populaire au massif » (p. 97), « le massif s'est conçu lentement à partir du populaire » (p. 127), « les processus sociaux au sein desquels se constituent le massif… » (p. 149) ? Au sens de « massification » ? De « culture de masse » ?

RÉSUMÉS – *Abstracts*

Jean-Marie CHARON et Arnaud MERCIER, *Pour en finir avec « le pouvoir des journalistes »*

Les journalistes et la société en général entretiennent le mythe du pouvoir de la presse et des journalistes. S'il est bien certain que les médias ne sont pas sans influence sur le cours de nos sociétés, la confusion pouvoir des médias – pouvoir des journalistes est fautive. D'abord parce que parler des « journalistes » sous un même vocable, en postulant ainsi leur unité est un non-sens. Jamais la profession ne fut aussi éclatée, traversée de tensions et de réalités différentes et contradictoires. Ensuite parce qu'au sein même des entreprises de médias et dans leurs relations avec les divers intervenants au processus de création de l'information, le plus notable n'est pas l'emprise des journalistes. Au contraire, c'est leur situation croissante de dépossession, face à la prégnance des logiques de communication et des logiques économiques qui est frappante.

Mots-clés : journalisme, professions, médias, pression économique.

To finish with the "power of journalists"

The journalists and the society in general, maintain the myth of the power of the press and journalists. If it is quite certain that mass media have some influence on the course of our societies, confusion between power of the medias – and journalists' power is faulty. First, because speaking about the "journalists" under a same term, and by thus postulating their unit, is a nonsense. Never the profession was also burst, crossed by tensions and realities different and contradictory. Secondly, because even at the core of the media companies and in their relations with the various persons which participate to the process of information, most notable is not the influence of the journalists. On the contrary, which is striking, is their increasing situation of dispossession, vis-a-vis the strenght of logics of communication and economy.

Keywords *: journalism, profession, media, economic pressure.*

Christine LETEINTURIER, *L'hétérogénéité des journalistes*

La radiographie des 31 903 journalistes titulaires de la carte de presse 2000 montre la très grande hétérogénéité du groupe, reliée à quatre facteurs principaux de différenciation : la situation professionnelle (statut, qualification, revenus), le média d'exercice, le sexe et la formation professionnelle initiale. 18 % des journalistes sont pigistes et ils travaillent surtout en presse spécialisée et en télévision régionale. Si la presse fait travailler 73 % des journalistes, les journalistes salariés (78 % des actifs) sont davantage concentrés dans les grands médias nationaux d'information générale, où les possibilités de carrières sont plus ouvertes. Les disparités entre les femmes et les hommes restent très sensibles, tant sur le plan de l'âge, que du statut ou de la rémunération. Dans l'ensemble, le passage par une école professionnelle agréée par la Convention collective des journalistes (12 % de l'effectif) représente, autant pour les femmes que pour les hommes, un avantage en terme de carrière : plus forte présence dans les grands médias nationaux, accès plus large à des postes d'encadrement.

Mots-clés : journalisme, qualification professionnelle, féminisation, recrutement, carrière.

The heterogeneity of the journalists

This study of the French professional journalists for 2000 shows great differences in this group. Four criteria are identified to explain that : professional position (status, job and salary), media, sex and professional training. 18 % of French journalists are free lance ("pigistes") : they work in specialised magazines and in regional TV. When 73 % of French journalists work in press, salaried journalists (78 %) are more frequently in the great national media, where careers' evolutions are easier. Great disparities between women and men are observed related to the age, the status, the remuneration Women are younger, more frequently free lance (21,6 %) and cannot easily become managers. In another way, journalists who have studied in professional agreed schools (12 %), either men or women, succeed better, specially in great national media and in management activities.

Keywords *: journalism, professional qualification, feminization, recruitment, career.*

Rémy RIEFFEL, *La profession de journaliste entre 1950 et 2000*

À partir du regroupement d'une série d'enquêtes socio-démographiques sur la profession de journalistes réalisées depuis 50 ans – avec toutes les limites méthodologiques que ce regroupement d'enquêtes éparses pose – nous nous proposons de tenter de déceler certaines tendances lourdes de la composition de ce secteur d'activité. L'évolution du marché du travail et de l'emploi montre ainsi une consolidation progressive de la profession, avec une élévation du niveau de formation des journalistes par exemple et le maintien d'un secteur d'emploi fort et dominant, celui de la presse écrite. Des éléments de disparités et de fragilités demeurent toutefois, à l'issue de ce processus de mutation de la profession. Si on a assisté à une féminisation progressive, de fortes inégalités selon les sexes persistent à l'embauche, dans les revenus ou l'évolution de carrière. Et on a vu s'installer depuis quelques années une précarisation du métier.

Mots-clés : féminisation, précarité, revenus, secteurs d'emploi, formation

The occupation of journalist between 1950 and 2000

From the regrouping of a series of social and demographic surveys on purpose of the occupation of journalists, realized for 50 years – with all the methodological limits that this regrouping of scattered investigations rise – we try to detect cer-

tain heavy tendencies of the composition of this branch of industry. The trend of work and employment market thus shows a progressive consolidation of the profession, with a rise in the training level of journalists for example and the perpetuation of a sector of employment strong and dominating, that of the newspaper industry. Elements of disparities and brittlenesses remain however, at the end of this process of change of the profession. If one witnessed a progressive feminization, strong inequalities according to sexes persist at the time of recruitment, in the incomes or for the evolution of career. And, for a few years, a precarisation of the trade has settled.

Keywords : *feminization, precariousness, incomes, sectors of employment, formation.*

Fabien BLANCHOT et Jean-Gustave PADIOLEAU, *Une économie politique du travail journalistique*

Un des paradoxes des journalistes français, et non des moindres, est l'ambiguïté des rapports qu'ils entretiennent avec les entreprises de médias. D'un côté, avec ostentation souvent, la profession journalistique affiche les postures d'un individualisme tous azimuts, se réclame d'une vocation intransigeante. De l'autre, *like it or not*, le labeur des grandes signatures ou des pigistes s'inscrit dans des organisations requérant la conformité voire la soumission à des exigences de discipline et d'efficacité qui aujourd'hui se transforment. Dans cette perspective, ce bref essai de sciences sociales décrit une forme, un modèle de l'entreprise de médias contemporaine. L'exercice isole, accentue des traits caractéristiques et ne projette, en aucune manière, de saisir les variétés et les singularités des firmes. L'ambition est d'offrir de nouvelles voies d'étude d'une économie politique du travail journalistique.

Mots-clés : journalisme, entreprise de presse, management, contraintes, sources.

A political economy of journalistic work

One of the paradoxes of the French journalists, and not of least, is the ambiguity of the relations they link with the companies medias. On one side, with ostentation often, the journalistic profession posts postures of an overall individualism, claiming of an intransigent vocation. On the other side, like it or not, the labour of the large signatures or freelance journalists fits in organizations requiring conformity even the tender with requirements of discipline and effectiveness which today change. From this point of view, this short text describes a form, a model of the contemporary company of medias. The exercise insulates, accentuates characteristic features and does not aim, in any manner, to seize the varieties and the singularities of the firms. The ambition is to offer new ways of study for a political economy of journalistic work.

Keywords : *journalism, press industry, management, constraints, sources.*

Dominique AUGEY, *Les journalistes : petits maillons au bout de la chaîne industrielle*

Le monde des médias et plus particulièrement celui de la presse a été immergé dans un nouvel environnement économique depuis le début des années 1980 – composé de déréglementation, d'intensification de la concurrence, d'internationalisation, de fusions-acquisitions et de nouvelles technologies, le tout couplé à un lectorat boudeur. Les journalistes font partie intégrante de la chaîne de production et subissent les conséquences de son évolution. La concurrence et la financiarisation du secteur des médias induit un contrôle des coûts et des gains de productivité qui fragilise la profession. Mais la concurrence accentue la possibilité de choix des consommateurs de médias qui doivent impérativement être fidélisés. Les journalistes disposent d'arguments pour revendiquer leur statut de maillon fort de par leur expertise informationnelle.

Mots-clés : groupes de communication, sociétés de presse, économie des médias, productivité.

Journalists : small links at the end of the industrial chain

In the 80's, medias economics started a new age. New laws allowed development and modernization of medias industries. At the same time, in developed countries, governments' political economy changed radically : deregulation, free market, internationalization. These "new deal" had lot of consequences on the management of medias and press groups. Small (group) was no more beautiful and mergers became usual. New technologies modified industrial organisation. In this context, journalists have a bad and a good position : a bad one, because they are a "cost" for firms – reduced editorial staff, freelances, growing productivity – and a good one because newspapers need readers and readers look for valued information.

Keywords : *groups of communication, press industries, economy of the media, productivity.*

Dominique MARCHETTI, *Les ajustements du marché scolaire au marché du travail journalistique*

À partir d'une enquête collective menée essentiellement par entretiens, cet article analyse la « professionnalisation » croissante de l'espace des formations au journalisme en France, notamment des écoles agréées. Après avoir décrit rapidement ses raisons, il montre comment ce mouvement ne peut être considéré comme un simple accroissement de l'autonomie du champ journalistique à travers par exemple le renforcement de savoir-faire spécifiques mais aussi comme un ajustement à l'égard du marché du travail, qui a connu une expansion sans précédent durant les deux dernières décennies. Cette « professionnalisation » est étudiée à travers, d'une part, les transformations des enseignements, et, d'autre part, le renforcement des relations que ces formations entretiennent avec les entreprises médiatiques.

Mots-clés : journalisme, qualifications, écoles, entreprises de presse, identité professionnelle.

Adjustments of the school market at the labour market journalistic

Based on empirical data, this article study the growing "professionalization" of training in the top french schools of journalism during the two last decades. The study shows that this trend of "professionalization" is an adaptation to the determinants of the labour market. These evolution is examined through, in the one hand, the transformations of journalists-training and, in the other hand, the increasing relationships between the schools of journalism and the media-firms.

Keywords : *journalism, qualifications, schools, companies of press, professional identity.*

Nicolas PÉLISSIER et Denis RUELLAN, *Les journalistes contre leur formation ?*

Plus des trois-quarts des journalistes entrant aujourd'hui dans le métier n'ont pas reçu de formation professionnelle. L'objet de cet article est d'analyser les causes de cette rareté de l'offre pédagogique. Il propose quatre explications principales : le système pédagogique actuel est une réponse préférentielle aux besoins des médias généralistes ; la fluidité des procédures d'embauche ne valorise pas les cursus normés d'apprentissage ; le défaut de formation conforte une certaine auto-représentation du groupe professionnel ; la persistance d'un modèle proto-positiviste dans la conception du métier.
Mots-clés : journalisme, qualification, écoles, recrutements, identité professionnelle.

Journalists against their formation ?

More of the three-quarter of the journalists entering the trade today did not receive professional training. The object of this article is to analyze the causes of this scarcity of the teaching offer. It proposes four principal explanations : the current teaching system is a preferential response to the needs of the not specialized medias ; the fluidity in the procedures of recruiting does not increase the value of the normalized cursus of training ; the defect of formation consolidates a certain self-representation of the occupational class ; the persistence of a model proto-positivist in the conception of the trade.
***Keywords :** journalism, qualification, schools, recruitments, identity professional.*

Nicolas PÉLISSIER, *Un cyberjournalisme qui se cherche*

Le cyberjournalisme existe-t-il vraiment et correspond-il à un nouveau paradigme dans la profession ? Nous esquissons d'abord l'idéal-type du cyberjournalisme et la façon dont il pourrait être une possible norme de qualité pour l'information véhiculée sur le Web. Puis nous avons confronté cet idéal à la réalité des pratiques observées dans de récents travaux de terrain, à au moins quatre niveaux de l'activité journalistique : les relations aux sources, au public, aux pairs et au produit fabriqué. Notre constat est le suivant. Il ne semble pas qu'Internet, depuis son introduction dans les rédactions des entreprises de presse, ait changé le métier de journaliste en profondeur, tant pour les procédures que pour la substance. Certes, Internet favorise l'émergence d'un journalisme d'expertise, modèle qui renvoie à un traitement de type techno-bureaucratico-commercial de l'information. Mais peut-on encore, dans ce cas, parler de journalisme ? Oui, à la condition de réinterroger l'identité de cette profession par la bande, c'est-à-dire en acceptant de repenser ses frontières à l'occasion du nouvel « accident systémique » généré par l'Internet.
Mots-clés : journalisme, Internet, technologies de l'information, identité professionnelle, sources.

A cyberjournalism which feels its way

Does the cyberjournalism really exist and correspond to a new paradigm in the profession ? We outline initially the ideal-type of the cyberjournalism and the way in which it could be a possible standard of quality for the information conveyed on the Web Then we confronted this ideal with the reality of the practices observed in recent researches, on at least four levels of the journalistic activity : relations with the sources, the public, the pars and the product manufactured. Our report is the following. Internet does not seem, since its introduction into the press, have very changed the trade of journalist, so much for the procedures than for the substance. Admittedly, Internet supports the emergence of a journalism of expertise, model which need a techno-bureaucratico-commercial kind of treatment of information. But, in this case, can we still speech of journalism ? Yes, at the condition of reinterrogating the identity of this profession on an other way, i.e. while agreeing to reconsider its borders at the time of the new "systemic accident" generated by Internet.

Keywords : *journalism, Internet, technologies of information, professional identity, sources.*

Éric LAGNEAU, *Agencier à l'AFP : l'éthique du métier menacée*

Il s'agit ici de quitter le terrain juridico-économique, le plus souvent retenu pour aborder l'AFP, et lui préférer une approche sociologique qui s'intéresse en priorité au travail quotidien des agenciers. Le modèle traditionnel d'excellence du journalisme d'agence a été remis en cause par les évolutions économiques récentes du marché de l'information, l'hyperconcurrence et la volonté de l'État français de se désengager quelque peu financièrement. Du coup, les agenciers se plaignent d'une perte de repères qui obère leur travail de hiérarchisation de l'information. Et la production d'informations est aussi rendue plus délicate depuis que les sources ont développé ressources et stratégies pour utiliser les médias dans leur plan de communication, en tentant de se placer en coproducteurs des nouvelles, au risque de faire de l'AFP un journalisme d'enregistrement.

Mots-clés : métier, concurrence, groupes de presse, sources, identité professionnelle.

AFP : questioning of the trade of journalist working in information agencies

The aim is here of leaving the juridic and economic ground, generally selected to approach the AFP, and to prefer a sociological approach to it which is interested in priority in daily work of the journalists. The traditional model of excellence of the journalism of agency was called into question by the recent economic trends in the information market, the hyper-competition and the will of the French State to disengage itself somewhat financially. Therefore, the journalists of agencies complain about a loss of reference mark which hinder their work of hierarchisation of information. And the production of information is also made more delicate since the sources developed resources and strategies to use the media in their plan of communication, while trying to place itself as coproducteurs of the news, with the risk to make AFP a journalism of recording.

Keywords : *trade, competition, groups of press, sources, professional identity.*

Michel MATHIEN, *Les journalistes et le pacte républicain. Les fondements historiques de la professionnalisation*

Dans l'histoire de la presse française, la profession de journaliste s'est construite sur un discours de la nécessité d'assurer une fonction de médiation entre la société (les citoyens) et le pouvoir politique (les élus). Cette médiation relève d'un contrat implicite avec la République dans le cadre d'un mouvement partagé qui s'est prolongé jusque dans la première alternance de gauche sous la Vᵉ République. À l'heure de la dérégulation du secteur, qui a occasionné une remise en cause de ce pacte républicain, il est nécessaire de revenir sur l'histoire de cette tradition.

Mots-clés : quatrième pouvoir, liberté de la presse, scandales, SNJ, emprise économique.

Journalists and the republican pact. Historical bases of the professionalization

In the history of the French press, the occupation of journalist was built on a speech of necessity to provide a function of mediation between the society (citizens) and the political power (elected officials). This mediation concerns an implied contract with the Republic within the framework of a shared movement which was prolonged until in the first alternation of left under Vᵉ République. At the moment of the deregulation of the sector, which caused a questioning of this republican pact, it is necessary to reconsider the history of this tradition.

Keywords : *fourth power, freedom of the press, scandals, SNJ, economic domination.*

Albert du ROY, *Les liaisons dangereuses du journalisme et de la politique*

L'élection présidentielle du printemps 2002 a révélé une faille profonde entre le monde politique et l'opinion publique. Les médias sont en partie responsables de cette situation dommageable pour le fonctionnement de la démocratie. Pour quatre raisons principales : la connivence qui s'est instaurée entre politiques et journalistes ; une déférence excessive à l'égard des institutions ; l'habileté croissante avec laquelle les responsables politiques pratiquent les techniques de communication ; le désintérêt des citoyens pour le débat politique, qui incitent les journaux à ne plus consacrer à la vie politique la place qu'elle devrait occuper.

Mots-clés : opinion publique, journalistes, connivence, déférence, marketing politique.

Dangerous connections of journalism and politics

The presidential election of spring 2002 has revealed a deep rift between the political world and public opinion. The media is partly responsible for this situation harmful to the functioning of a democracy. The four main reasons ave : the complicity which develops between politicians and journalists ; excessive deference with regard to institutions ; the increasing skill with which politicians handle the various techniques of communication ; the lack of interest shown by citizens in political debate, which incites newspapers to devote less space to political life than is merited.

Keywords : *public opinion, journalists, complicity, respect, political marketing.*

Jean-Marie CHARON, *Le journalisme d'investigation et la recherche d'une nouvelle légitimité*

Les années 1980 voient émerger la figure originale du journaliste d'investigation. Elle coïncide directement avec les « affaires » qui vont ponctuer la vie politique française durant près de deux décennies. Elle

a ses caractéristiques propres qui ne doivent pas être confondues avec la référence, anglo-saxonne. Au-delà des questions relevant des relations, médias-justice, il est possible de poser pour hypothèse qu'il s'agirait de l'une des réponses à la crise que traverse le journalisme politique en France.
Mots-clés : grands reporters, identité professionnelle, scandales, transparence, autonomie des journalistes.

The journalism of investigation and the search for a new legitimacy

The 1980s saw the emergence of the original investigative journalist. This coincided with the eruption of the "Affairs", which would punctuate French politics for the ensuing two decades. France's investigative journalism has its own attributes, not to be confused with those in the Anglo-Saxon domain. Reaching beyond questions of the media and justice, Charon's hypothesis zeroes in on the crisis of political journalism in France.
Keywords : *reporters, professional identity, scandals, transparency, autonomy of the journalists.*

Olivier BAISNÉE, *Un impossible journalisme européen*

Assiste-t-on à l'émergence d'une forme européenne de journalisme à la faveur de la couverture d'une actualité commune ? Le corps de presse accrédité auprès de l'Union européenne offre une situation expérimentale pour tester cette hypothèse d'une transnationalisation des pratiques. Comme on le voit, ce groupe de correspondants, s'il partage un certain nombre de propriétés, est surtout traversé par des frontières et des lignes de force qui, à l'opposé de ce que l'on serait en droit d'attendre, renvoient à des logiques nationales. Du même coup, et alors même qu'ils couvrent une actualité qui leur est non seulement commune mais l'est aussi à leurs audiences (notamment dans les pays membres), l'image projetée de l'UE est fortement contrastée selon les pays.
Mots-clés : correspondants, Union européenne, relations interculturelles, identités nationales.

An impossible european journalism

Is it possible to observe the rising of a European journalism when common current affairs are concerned ? The EU press corps offers an experimental situation to test this hypothesis of a transnationalization of journalistic practices. As we will show, this correspondents' group, while sharing some common characteristics, is above all divided by boundaries which relate back to national logics. As a consequence, while the current affairs they cover are the same for all correspondents but also for national audiences (in member states at least), the image of the EU that is given from a country to another is very different.
Keywords : *correspondents, European Union, intercultural relations, national identities.*

Meryl ALDRIDGE, *Journalistes au Royaume-Uni : « l'exceptionalisme » britannique*

Le journalisme en Grande-Bretagne est dans une situation paradoxale. Le nombre de journalistes augmente, en dépit de la baisse des ventes de journaux et des embarras financiers des médias audiovisuels. Les enquêtes d'opinion publique indiquent que les journalistes ne sont pas respectés, pourtant les jeunes sont désireux d'embrasser la carrière des médias. Un débutant typique dans le journalisme est maintenant un diplômé d'université, et la formation universitaire au journalisme augmente. En même temps, le système de formation est chaotique, beaucoup de praticiens continuent à affirmer que les qualifications requises sont plus pratiques qu'intellectuelles. Même dans la « société de la connaissance » d'aujourd'hui, le journalisme en Grande-Bretagne n'a ni les structures institutionnelles ni l'identité propre d'une profession. Dans l'idéologie et la mythologie professionnelles, les journalistes (même dans des médias sérieux et politiquement influents) se dépeignent en tant qu'ouvriers libres.
Mots-clés : précarité, féminisation, formation, statut, carrière, syndicats de journalistes.

Journalists in the United Kingdom : the British exceptionalism

Journalism in Britain is paradoxical. The number of journalists is expanding, despite declining sales of newspapers and financial pressures in broadcast media. Public opinion surveys indicate that journalists are not respected, yet young people are eager to take up media careers. A typical entrant to journalism is now a university graduate, and university-based training is expanding. At the same time, the training system is in chaos and many practitioners continue to claim that the skills needed are more practical than intellectual. Even in today's "knowledge society", journalism in Britain has neither the institutional structures nor the self-identity of a profession. In occupational ideology and mythology, journalists (even in serious and politically influential media) portray themselves as footloose craft workers.
Keywords : *precariousness, feminization, training, statute, career, journalists' trade unions.*

François DEMERS, *Journalistes au Canada et au Québec : reconfiguration générale*

Au cours des deux dernières années, le groupe professionnel des journalistes canadiens et québécois a été fortement déstabilisé par une vague sans précédent de concentration de la propriété des médias. Ce texte évoque le télescopage entre cet événement et la tradition qui a construit au fil du temps le professionnalisme journalistique au nord du continent américain. Ainsi, il rappelle que l'histoire des journalismes canadiens et québécois est similaire, même si pas tout à fait synchrone, à celle des autres pays développés, avec cependant l'accent particulier que donne l'appartenance à la fois aux traditions britannique et états-unienne. Au total, l'analyse conclut que l'identité professionnelle construite dans l'action collective apparaît désormais comme une nuisance en ce qu'elle impose aux employés des entreprises un référent normatif extérieur par rapport aux exigences de leur participation enthousiaste et novatrice au succès de l'œuvre collective que constitue l'entreprise/média.
Mots-clés : journalisme, identité professionnelle, carrière, statut, groupes de presse.

Journalists in Canada and Quebec : general reconfiguration

In the last two years, profound changes in the landscape of media ownership disrupted the context in which operate the professionnal journalists in Canada and Québec. This paper discusses the impacts of this event on the kind of professionnalism typical of journalism, north of the United States. First, it recalls how this journalism has known an history similar to the one registered in all the other western developped countries, although at times a little bit dephased. It insists also on the fact that this journalism is mainly a combination of two traditions : the british and the american. Finally it concludes that the new context presents the professionnal identity, built on collective action, as an obstacle in face of the necessity for the medias to obtain creativity and enthusiastic support from each and everyone of their employees.
Keywords : *journalism, professional identity, career, statute, groups of press.*

Benoît GREVISSE, *Journalistes belges : le cumul des fragilités*

Victime de la petite taille de ses marchés linguistiques, la Belgique cumule les facteurs de fragilisation pour la profession de journaliste. Elle subit les conséquences des mutations technologiques et des mouvements de concentration. Elle présente peu de possibilités de mobilité d'une rédaction à une autre. Elle n'a pas réellement réussi à imposer un statut professionnel fort. Et les faiblesses économiques de ce secteur expliquent les nombreux départs d'excellents professionnels vers des secteurs plus rémunérateurs, comme la communication. Le constat est aussi pessimiste sur le plan intellectuel. Les rédacteurs en chef, de plus en plus absorbés par la gestion d'entreprise, ne peuvent plus s'investir prioritairement dans la gestion rédactionnelle. Cette évolution trouve évidemment un écho dans la désaffection du public pour la presse d'opinion.
Mots-clés : précarité, formation, carrière, syndicats de journalistes, travailleurs indépendants.

Belgian journalists : accumulation of brittlenesses

Victim of the small size of its linguistic markets, Belgium cumulates the factors of embrittlement for the occupation of journalist. It undergoes the consequences of technological changes and industrial concentrations. It presents few possibilities of mobility of a drafting to another. It did not really succeed in imposing a strong professional statute. And the economic weaknesses of this sector explain the many departures of excellent professionals towards remunerative sectors, like communication. The report is also pessimistic on the intellectual level. The editors, increasingly occupied by the management of company, cannot invest themselves any more in editorial management. This evolution finds obviously an echo in the disaffection of the public for the press of opinion.
Keywords : *precariousness, training, career, journalists' trade unions, workers self-employed.*

Jean MICHEL, *Les documentalistes : l'urgence d'une reconnaissance sociale*

Le milieu professionnel de la documentation vit de profondes mutations. Internet et les nouvelles technologies numériques en réseau contribuent à accélérer la transformation des pratiques professionnelles et remettent en cause le modèle dominant d'organisation de la documentation développé dans les années 1970-1995 à savoir le « centre de documentation ».

Des approches plus variées du management de la documentation rendent possibles aujourd'hui de nouvelles proximités avec les services clients, conduisent à des fusions ou synergies avec d'autres entités (services informatiques, archives, communication...). C'est tout un ensemble de compétences diversifiées qu'il faut désormais prendre en compte, dans le cadre d'une approche systémique de la gestion de l'Infopolis, nouvelle cité de l'information et de la documentation. Dans ce contexte, la profession de documentaliste cherche à affirmer plus nettement son positionnement, sa valeur ajoutée, ses qualifications et sa contribution au développement de la société de l'information et de la connaissance. Cela a conduit l'ADBS (L'Association des professionnels de l'information et de la documentation) à mettre au point et publier un référentiel des métiers et qualifications, devenu récemment un Euro-référentiel partagé par neuf associations professionnelles d'Europe.

Mots-clés : technologies numériques, information, gestion de la connaissance, identité professionnelle, hétérogénéité.

Documentalists in search of recognition and identity

The professional environment of documentation knows deep changes. Internet and new numerical technologies in network contribute to accelerate the transformation of the professional practices and call into question the dominating model of organization of documentation developed in years 1970-1995, i.e. the "resource centre". More varied approaches of the management of documentation make possible today new proximities with the customer services, lead to fusions or synergies with other entities (data processing departments, files, communication...). It is a whole of diversified competences which it is necessary now to take into account, within the framework of a systemic approach of the management of Infopolis, new city of information and documentation. In this context, the profession of documentalist seeks more clearly to affirm its positioning, its added value, its qualifications and its contribution to the development of the information and knowledge society. That led the ADBS to develop and to publish a reference frame of the trades and qualifications, become recently a Euro-reference frame shared by nine trade associations of Europe.

Keywords : *numerical technologies, information, knowledge management, professional identity, heterogeneity.*

Marie-Françoise FAVE-BONNET, *Les universitaires : une identité professionnelle incertaine*

La profession d'universitaire a considérablement changé en quelques décennies : au double métier d'enseignant et de chercheur, se sont ajoutées de multiples activités administratives et représentatives. La profession reste hiérarchisée en de multiples statuts, et morcelée en disciplines ayant chacune des pratiques et des valeurs différentes, ce qui ne contribue pas à constituer une identité commune. Comme les obligations professionnelles se réduisent quasiment à un nombre d'heures d'enseignement, chacun s'investit de façon très inégale selon son tempérament, sa discipline, son statut, son sexe, son âge... La perte de prestige des professions intellectuelles actuelle est d'autant plus mal vécue par les universitaires français qu'il existe

hors de l'Université de grands organismes de recherche (CNRS, INSERM...) et des institutions d'enseignement prestigieuses (les Grandes Écoles).
Mots-clés : statuts, hétérogénéité, perte de prestige, distanciation.

Academics : a professional identity dubious

Academic profession have considerably change in a few decade : in addition to teach and research, there are now many administrative and representative activities. The profession still divided in hierarchies, status and disciplines with differents practices and values ; this does not contribute to a common identity. As duties are only a number of lessons to do in a year, everybody work very differently according to disposition, discipline, status, sexe, age... Loss of prestige for intellectual professions is more crucial for French academics because there are, outside of Universities, great research bodies (CNRS, INSERM...) and prestigious schools ("Grandes Ecoles").
Keywords : *statutes, heterogeneity, loss of prestige, distance.*

Lucien KARPIK, *Les avocats : entre le renouveau et le déclin*

La profession d'avocat vit une situation de malaise collectif qui s'explique par la tension entre l'incertitude de l'avenir et la fragilité d'une profession qui, dans les trois dernières décennies, a plus changé que pendant les deux siècles précédents. Cette période a été dominée par le développement du barreau d'affaires et une croissance démographique accélérée. Ils furent les ferments d'un sentiment de crise globale, avec une influence croissante des logiques de marché sur les pratiques. Au cœur de cette idée de crise, on trouve : des incertitudes sur l'identité de la profession, des inquiétudes sur les risques de l'hyperspécialisation pour l'unité de la profession comme groupe organisé, des tendances lourdes à l'accroissement des écarts de revenus entre les différentes catégories d'avocats ou de conseillers juridiques.
Mots-clés : concurrence, marché du droit, profession, éclatement, spécialisation.

Lawyers : a profession in way of heterogeneisation

The occupation of lawyer saw a situation of collective faintness which is explained by the tension between the uncertainty of the future and the brittleness of a profession which, in the three last decades, changed more than during the two previous centuries. This period was dominated by the development of the Bar of businesses and an accelerated demographic growth. They were the leavens of a feeling of large crisis, with an increasing influence of logics of market on the practices. In the heart of this idea of crisis, one finds : uncertainties on the identity of the profession, concerns on the risks of the hyperspecialisation for the unit of the profession like organized group, heavy tendencies to the increase in the variations of incomes between the various categories of lawyers or legal advisers.
Keywords : *competition, market of the right, profession, bursting, specialization.*

Olivier DA LAGE, *Les combats syndicaux*

Dans le débat sur la déontologie, les syndicats de journalistes peinent à faire entendre leur voix. Pourtant, à l'origine de la création du Syndicat des journalistes en 1918, il y avait la volonté de moraliser la profession, exprimée par la charte adoptée la même année. La création de la carte de presse en 1935 était, entre autres, motivée par les mêmes justifications. À l'usage, pourtant, tant pour des raisons juridiques que par manque de consensus dans la profession, la Commission de la carte ne joue pas le rôle d'organisme de contrôle déontologique réclamé par certains. Mais les dérapages ont souvent aussi pour origine les conditions matérielles et économiques d'exercice de la profession, terrain privilégié de la compétence des syndicats de journalistes.
Mots-clés : concentration de presse, déontologie, régulation juridique, conditions de travail, influence syndicale.

The trade-unions' fights

In the debate over the ethics of journalism, the journalists' unions find it hard to be heard. Yet, the will to moralise the profession was at the core of the creation in 1918 of the Syndicat des journalistes. This aim was materialised, the same year, by the adoption of the Covenant of Rights and Duties. The creation of the Press card in 1935 was, among other reasons, based on the same rationale. In practice, however, for legal reasons as well as because of a lack of consensus among the profession, the Press Card Committee fails to play the role of an ethical watchdog body called for by some. But the ethical failures may also find their origin in the material and economic conditions under which journalists practice their work. And this issue is a classical battlefield for journalists-unions.
Keywords : *concentration of press, deontology, legal regulation, working conditions, trade-union's influences.*

Benoît GREVISSE, *Légitimité, éthique et déontologie*

L'engouement pour l'éthique et la déontologie est moins le signe d'un regain de légitimité des journalistes qu'un signe de plus de leurs faiblesses. Cela témoigne à la fois d'une recherche identitaire – parfois menée sur le terrain mythologique, voire idéologique – et d'une tentative de réponse, sincère ou dilatoire, aux critiques publiques. Mais, plutôt que de s'appuyer sur l'idéologie libérale individualiste et de la liberté absolue de la presse, il faudrait mieux tourner la réflexion vers l'idée de responsabilité sociale des médias.
Mots-clés : identité professionnelle, liberté d'information, liberté d'expression, auto-régulation, MARS.

A renewal of legitimacy by ethics and deontology ?

The passion for ethics and deontology is less the sign of a renewal of legitimacy of the journalists than a new sign of their weaknesses. That testifies both to a research of collective identity – sometimes carried out on the mythological ground, even ideological – and to an attempt, sincere or dilatory, at responding to public criticisms. But, rather than to be based

on the liberal individualistic ideology and the absolute freedom of the press, it would be necessary to better turn the reflexion towards the idea of social responsibility for the media.
Keywords : *professional identity, freedom of information, freedom of expression, automatic regulation, MARS.*

Thierry WATINE, *Le modèle du « journalisme public »*

Malgré les réticences d'une partie de la profession depuis l'apparition du phénomène à la fin des années 1980 aux États-Unis, le journalisme public (*public journalism*) connaît aujourd'hui un essor spectaculaire. Une vaste enquête réalisée en juillet 2001 auprès de 360 journaux américains montre que deux éditeurs sur trois sont désormais « acquis » aux principes de ce nouveau paradigme et que près de la moitié d'entre eux en appliquent régulièrement les principales techniques (entrevues en profondeur, focus-groupes, forums citoyens, sondages, nouveaux procédés de feedback, etc.). Selon Jay Rosen, père fondateur de cette approche « revisitée » du métier, les journalistes publics doivent davantage contribuer à la qualité de la vie démocratique, en renouant notamment le lien de confiance – et donc un véritable dialogue – avec les citoyens. Lesquels attendent, outre la relation des faits de l'actualité, des solutions concrètes aux grands dysfonctionnements de la société et à certaines de leurs difficultés personnelles en matière de vie quotidienne. Faute de quoi, la plupart d'entre eux continueront de se détourner des médias traditionnels.
Mots-clés : démocratie, opinion publique, changement de paradigme, confiance, engagement.

The "public journalism" model

Despite the reticences of some journalists since its inception in the late 1980s, public journalism is an expanding phenomenon. A far-reaching study involving 360 American newspapers shows that two out of three publishers are now "sold" to the principles of this new paradigm and almost half of them regularly apply its principal techniques (in-depth interviews, focus groups, citizens' forums, opinion polls, innovative methods for feedback, etc.). According to Jay Rosen, one of the founders of this new approach, public journalists must contribute to the quality of democratic life by reestablishing a relationship of trust and a true dialogue between citizens and the press. As well as factual accounts, readers expect concrete solutions to society's great dysfunctions and to their own difficulties in everyday life. Without this constructive dimension, citizens will continue to abandon traditional news media.
Keywords : *democracy, public opinion, change of paradigm, confidence, political implication.*

LES AUTEURS DE HERMÈS 35

Meryl Aldridge, maître de conférences en Sociologie à l'université de Nottingham, Royaume-Uni. Auteur de *Making Social Work News* (Routledge, 1994) et d'articles de revues sur la profession de journaliste, les femmes journalistes, et les journaux régionaux.
[meryl.aldridge@nottingham.ac.uk]

Dominique Augey, maître de conférences en Sciences économiques à l'université d'Aix-Marseille. Initialement spécialisée en Économie monétaire et auteur notamment de *Théorie Monétaire* (1998), Édition Dalloz, elle travaille désormais à la croisée de l'économie et des sciences de l'information et de la communication (économie des médias numériques).
[dominique.augey@univ.u-3mrs.fr]

Olivier Baisnée, doctorant en Science politique à l'université de Rennes I, membre du CRAP/CNRS, IEP/université Rennes 1. À notamment publié : « Les journalistes accrédités auprès de l'Union européenne : correspondants à l'étranger ou généralistes spécialisés ? Logiques et paradoxes du poste de Bruxelles dans la presse française et britannique », *Réseaux*, n° 111, juin 2002 ; « Can political journalism exist at the EU Level ? », *in* Erik Neveu et Raymond Kuhn (dir.), *Political Journalism*, Routledge, 2002 ; et (avec D. Marchetti), « Euronews, un laboratoire de la production de l'information *européenne* », *Cultures et conflits*, n° 38-39, été-automne 2000.
[baisneeo@rennes.iep.fr]

Fabien Blanchot, maître de conférences en Sciences de gestion à l'université Paris IX-Dauphine. Chercheur au CREPA. Coordinateur au MBA CFPJ. Auteur, entre autres, de « La connaissance objective de Karl Popper : principales thèses et apports pour les recherches en gestion », *Revue Finance, Contrôle Stratégie*, n° 3, septembre 1999.

Sérgio Capparelli, professeur à l'université fédérale du Rio Grande do Sul.

Jean-Marie Charon, sociologue au Centre d'Étude des Mouvements Sociaux (CEMS), spécialiste des médias, EHESS, ingénieur CNRS. Ses travaux portent principalement sur la presse

écrite, le journalisme, les relations médias-justice, l'éthique de l'information. Il a publié notamment, *Cartes de presse,* Stock, 1993 ; *Un secret si bien violé*, Seuil, 2000.
[charon@ehess.fr]

Olivier Da Lage, journaliste à RFI, membre du bureau national du SNJ, président (2001-2002) de la Commission de la carte d'identité des journalistes professionnels. Auteur de plusieurs livres consacrés au Moyen-Orient.
[odalage@noos.fr]

Clóvis de Barros Filho, professeur de Déontologie des médias à l'École de Communication et Arts, université de São Paulo.

François Demers, professeur titulaire au Département d'information et de communication de l'université Laval, Québec, Canada. Auteur notamment de *Communication et syndicalisme. Des imprimeurs aux journalistes*, Éditions du Méridien, 1988.
[Francois.Demers@com.ulaval.ca]

Suzy dos Santos, étudiante de doctorat à l'université fédérale de Bahia.

Albert du Roy, conseiller éditorial de *Métro*, chroniqueur au *Télégramme de Brest* et à *La Vie*, ancien directeur de la rédaction de France 2, de *L'Expansion*, de *L'Événement du jeudi*, a publié notamment, sur l'information, *Le serment de Théophraste,* Flammarion, 1992, et *Le carnaval des hypocrites,* Le Seuil, 1997.

Marie-Françoise Fave-Bonnet, professeur de Sciences de l'Éducation à l'université Paris X-Nanterre. Anime le secteur « Enseignement supérieur » au Centre de Recherche Éducation et Formation de cette université, et travaille plus particulièrement sur les enseignants-chercheurs et sur l'évaluation dans les universités.
[fave@u-paris10.fr]

Léa Freitas Perez, docteur en Anthropologie, professeur et chercheur à l'Université Fédérale de Minas Gerais (UFMG).

Benoît Grevisse, professeur au département de Communication et membre de l'Observatoire du Récit Médiatique à l'université catholique de Louvain.
[grevisse@reci.ucl.ac.be]

Bernardo Issler, professeur de la faculté de Communication sociale Cásper Líbero.

Lucien Karpik, sociologue, professeur à l'École des Mines de Paris, Centre de Sociologie de l'Innovation (CSI), auteur de travaux sur les avocats dont *Les avocats. Entre l'État, le public et le mar-*

ché. XIIIe-XXe siècle, Gallimard, 1995 ; et sur l'économie de la qualité dont « Dispositifs de confiance et engagements crédibles », *Sociologie du Travail*, 4, 1996, p. 527-550 ; et « Confiance, rationalité et marché de la qualité » *in* Aubert F., Sylvestre J.-P. (dir.), *Confiance et rationalité*, INRA Éditions, 2001, p. 203-214.
[karpik@paris.ensmp.fr]

Éric Lagneau, journaliste à l'Agence France Presse et doctorant en Science politique à l'IEP Paris. Auteur de plusieurs études sur la couverture médiatique des conflits sociaux et sur le travail des agenciers, dont « Le style agencier et ses déclinaisons thématiques, l'exemple des journalistes de l'AFP », in *Réseaux* n° 111, 2002.
[eric.lagneau@infonie.fr]

Anne-Marie Laulan, professeur émérite à l'université de Bordeaux 3, Modernité et Identités culturelles.

Christine Leteinturier, maître de conférences en Sciences de l'information et de la communication à l'université Panthéon-Assas, Institut Français de Presse, auteur de diverses études sur les professionnels de l'information, dont *L'Identité professionnelle des documentalistes, le cas des médias*, ADBS, 1996 ; et *Les journalistes français à l'aube de l'an 2000. Profils et parcours*, en collaboration avec V. Devillard, M.-F. Lafosse et R. Rieffel.
[christine.leteinturier@wanadoo.fr]

Juremir Machado da Silva, docteur en Sociologie, journaliste et professeur à l'université pontificale catholique de Porto Alegre, Brésil.
[Juremir@pucrs.br]

Dominique Marchetti, sociologue, chargé de recherche CNRS, Centre de Sociologie européenne. Auteur notamment d'un ouvrage avec Denis Ruellan, *Devenir journalistes. Sociologie de l'entrée sur le marché du travail*, et de nombreux articles sur les transformations récentes de l'espace journalistique.
[marchett@msh-paris.fr]

Michel Mathien, professeur des universités en Sciences de l'information et de la communication, directeur du Centre d'Études et de Recherches Interdisciplinaires sur les Médias en Europe (CERIME), Groupe de Recherches Interdisciplinaires sur la Construction Européenne (GRICE, EA 3398) de l'université Robert Schuman de Strasbourg, membre du réseau ORBICOM de l'UNESCO. À notamment publié un important article sur « Le journalisme professionnel face aux mutations de l'information et de la communication », *Quaderni*, hiver 1999, n° 37 et dirigé le n° 45 de *Quaderni*, automne 2001 sur « Figures du journalisme : critique d'un imaginaire professionnel ».
[michel.mathien@urs.u-strasbg.fr]

Arnaud Mercier, maître de conférences en Science politique à l'université de Nice. Chercheur associé au Laboratoire Communication et Politique, CNRS, Paris, auteur notamment d'un ouvrage sur l'information télévisée *Le Journal télévisé*, Paris, Presses de Sciences-Po, 1996. Il a dirigé un précédent numéro d'*Hermès*, « Dérision-Contestation », CNRS Éditions, 2001.
[arno.mercier@wanadoo.fr]

Jean Michel, conseiller du directeur de l'École nationale des Ponts et Chaussées et consultant en management de l'information, de la documentation et des connaissances ; auteur de *Pratique du management de l'information*, Paris, ADBS, 1992.
[michel.jean@free.fr – www.enpc.fr/~michel-j/INDEX.html]

Jean-Gustave Padioleau, sociologue, professeur associé à l'université Paris IX-Dauphine. Chercheur au GEMAS, Maison des Sciences de l'Homme, Paris.

Nicolas Pélissier, docteur en Sciences politiques, maître de conférences en Sciences de l'information et de la communication à l'université de Nice-Sophia Antipolis, chercheur au Centre de Recherches en Information et Communication, LAMIC ; directeur de la collection « Communication et Civilisation » aux Éditions L'Harmattan ; coordonnateur de deux ouvrages et auteur d'une quinzaine d'articles scientifiques sur les médias, le journalisme et l'espace public.
[pelissie@iutsoph.unice.fr]

Renato Janine Ribeiro, professeur d'Éthique et de Philosophie politique à l'université de São Paulo, Brésil.

Rémy Rieffel, professeur en Sciences de l'information et de la communication à l'université Paris 2, Institut Français de Presse, auteur notamment de *La Tribu des clercs*, Calmann-Lévy-CNRS, 1993 ; *Sociologie des médias*, Ellipses, 2001, et de nombreux articles et études sur les journalistes, en particulier *Les journalistes français en l'an 2000. Profils et parcours*, en collaboration avec V. Devillard, M.F. Lafosse et Ch. Leteinturier, Éditions Panthéon-Assas, 2001 et *Les mutations du journalisme en France et au Québec*, codirection avec Thierry Watine, Éditions Panthéon-Assas, 2002.
[rrieffel@club-internet.fr]

Denis Ruellan, professeur des universités en Sciences de l'information et de la communication à l'IUT de Lannion, et chercheur au CRAPE/CNRS, IEP, université de Rennes 1. Auteur de nombreux travaux sur la profession de journalistes, dont notamment *Les pro du journalisme : de l'état au statut, la construction d'un espace professionnel*, Rennes, Presses Universitaires de Rennes, 1997, 170 p., et vient de codiriger le n° 111 de *Réseaux*, 2002, sur « Les journalistes spécialisés ».
[denis.ruellan@iut-lannion.fr]

Stéphane Tirard, maître de conférences en Épistémologie et Histoire des Sciences, Centre François Viète d'Histoire des Sciences et des Techniques, université de Nantes.

Thierry Watine, professeur de journalisme au département d'information et de communication de l'université Laval, Québec. Rédacteur en chef de la revue *Les Cahiers du journalisme*. Coordonnateur du dernier numéro « Quelques réflexions sur Bourdieu, la reconfiguration médiatique et la démocratie », printemps-été 2002. Coresponsable avec Rémy Rieffel de l'ouvrage collectif *Les mutations du journalisme en France et au Québec*, Éditions Panthéon Assas, Paris, 2002, 314 p. [Thierry.Watine@com.ulaval.ca]

Dominique Wolton, directeur de recherche au CNRS, Laboratoire Communication et Politique. Directeur de l'UPS Information, Communication et Enjeux scientifiques. Directeur de la revue *Hermès*. CNRS, Paris.

OUVRAGES REÇUS

BAUDRY, Patrick, SORBETS, Claude, VITALIS, André (dir.), *La Vie privée à l'heure des médias*, Pessac, Presses Universitaires de Bordeaux, coll. « Labyrinthes », 2002, 197 p.

BEAUDRY, Guylaine, BOISMENU, Gérard, *Le Nouveau monde numérique. Le cas des revues universitaires*, Paris, La Découverte, coll. « Recherches », 2002, 178 p.

BRETON, Philippe, PROULX, Serge, *L'Explosion de la communication à l'aube du XXIe siècle*, Paris, La Découverte, coll. « Sciences et société », 2002, 390 p.

Cahier Laser, « 1954-2004. D'une Modernité à l'autre », Paris, Éditions 00 h 00, n° 4-5, 2002, 212 p.

Communication, « Information, Médias, Théories pratiques », Revue québécoise des recherches et des pratiques en communication et information, Québec, Éditions Nota bene, hiver/printemps 2002, vol. 21, n° 2, 321 p.

DELSOL, Chantal, *La République, une question française*, Paris, Presses Universitaires de France, 2002, 151 p.

Ethnologie française, « Outre-mers : statuts, cultures, devenirs », Paris, Presses Universitaires de France, revue trimestrielle, n° 4, octobre-décembre, 2002, tome XXXII.

FROISSART, Pascal, *La Rumeur. Histoire et fantasmes*, Paris, Éditions Belin, coll. « Débats », 2002, 280 p.

GODELUCK, Solveig, *La Géopolitique d'Internet*, Paris, La Découverte, coll. « Cahiers libres », 2002, 240 p.

KAUFMANN, Jean-Claude, *Premier matin. Comment naît une histoire d'amour*, Paris, Armand Colin, coll. « Individu et Société », 2002, 264 p.

La Lettre de la Maison française d'Oxford, « Mécanisme et vitalisme. La belle et la bête : naissance et métamorphoses d'un conte », Oxford, Michaelmas Term, n° 14, 2001, 212 p.

L'Année sociologique, « Voies nouvelles de la sociologie », Paris, Presses Universitaires de France, vol. 52, n° 1, 2002, 217 p.

L'Année sociologique, « Sociologie du sport en France, aujourd'hui », Paris, Presses Universitaires de France, vol. 52, n° 2, 2002, p. 230-532 p.

Les Cahiers de médiologie, « La Scène terroriste », Paris, Gallimard, n° 13, 2002, 272 p.

Les Notes de la Fondation Jean-Jaurès, *Histoire et Mémoire*, « Les Assises du socialisme ou l'échec d'une tentative de rénovation d'un parti, François Kraus, préface de Alain Bergounioux », Paris, Fondation Jean-Jaurès, n° 31, juillet 2002, 166 p.

Les Notes de la Fondation Jean-Jaurès, « Mes convictions. L'Allemagne et la social-démocratie dans le nouveau monde, Gerhard Schröder », Paris, Fondation Jean-Jaurès, Plon, n° 32, septembre 2002, 166 p.

Les Notes de la Fondation Jean-Jaurès, « L'Étrange échec, Jean-Christophe Cambadélis », Paris, Fondation Jean-Jaurès, Plon, n° 33, novembre 2002, 136 p.

LIAUZU, Claude, LIAUZU, Josette, *Quand on chantait les colonies. Colonisation et culture populaire de 1830 à nos jours*, Paris, Éditions Syllepse, coll. « Histoire : enjeux et débats », mai 2002, 251 p.

MATTELART, Tristan (dir.), *La Mondialisation des médias contre la censure, Tiers Monde et audiovisuel sans frontières*, Bruxelles, De Boeck Université, Coéd. INA, coll. « Médias-Recherches », 2002, 307 p.

Paragrana, Internationale Zeitschrift für Historische Anthropologie, « [(v)er]SPIEL[en] Felder – Figuren – Regeln », sous la coordination de Erika Fischer-Lichte, Gertrud Lehnert, Maren Leidenberger, Berlin, Akademie Verlag, 11 – 1, 2002, 226 p.

PERRIAULT, Jacques, *L'Accès au savoir en ligne*, Paris, Éditions Odile Jacob, coll. « Le champ médiologique », 2002, 266 p.

Politique et musées, ouvrage collectif, Paris, L'Harmattan, coll. « Patrimoines et sociétés », 2001, 382 p.

Quaderni, La revue de la communication, « Le Risque : les choix technopolitiques », Paris, Éditions Sapientia, automne 2002, n° 48, 133 p.

REGOURD, Serge, *L'Exception culturelle*, Paris, Presses Universitaires de France, coll. « Que sais-je ? », 2002, 127 p.

Revue Internationale de Philosophie, « Pierre Bourdieu et la philosophie », sous la direction de Michel Meyer, Presses Universitaires de France, revue trimestrielle, n° 2, juin 2002, 365 p.

Revue politique et parlementaire, « Élections : sondages et alternance », Paris, 104e année, n° 1019, mai-juin/juillet-août 2002, 128 p.

ROUQUETTE, Sébastien, *Vie et mort des débats télévisés, 1958-2000*, Bruxelles, De Boeck Université, Coéd. INA, coll. « Médias-Recherches », 2002, 251 p.

SANTINI, André, *Bestiaire politique. Le carnaval des animaux*, Paris, Plon, 2002, 223 p.

TERRENOIRE, Jean-Paul (dir.), *Sciences de l'homme et de la société. La responsabilité des scientifiques*, préface de Lucien Sève, Paris, L'Harmattan, coll. « Espace théorique », 2001, 323 p.

THÉPAUT, Yves, Préface de Roland Lantner, *Pouvoir, information, économie*, Paris, Economica, coll. « Approfondissement de la Connaissance Économique », 2002, 375 p.

TISSERON, Serge, *Les Bienfaits des images*, Paris, Éditions Odile Jacob, 2002, 258 p.

VIDAL BENEYTO, José (dir.), *La Ventana global*, Madrid, Taurus, coll. « Pensamiento », 2002, 444 p.

VILCHES, Lorenzo, *La Migración digital*, Barcelone, Gedisa editorial, coll. « Estudios de televisión », 2001, 254 p.

VILLAIN-GANDOSSI, Christiane (dir.), *L'Europe à la recherche de son identité*, actes du 125e Congrès national des sociétés historiques et scientifiques, Lille, avril 2000, Paris, Éditions du CTHS, 2002, 556 p.

WINDISCH, Uli, (en collaboration), *Suisse-immigrés. Quarante ans de débats, 1960-2001*, Lausanne, Éditions L'Âge d'Homme, 2002, 280 p.

TITRES PARUS

Pour plus d'informations sur les publications, consulter le site :
http:www.wolton.cnrs.fr

Hermès 1 — 1988, 225 pages

Théorie politique et communication

Coordonné par Christian Lazzeri
et Jean-Pierre Chrétien-Goni

Hermès 2 — 1988, 250 pages

Masses et politique

Coordonné par Dominique Reynié

Hermès 3 — 1988, 188 pages

Psychologie ordinaire et sciences cognitives

Coordonné par Pascal Engel

Hermès 4 — 1989, 255 pages

Le nouvel espace public

Coordonné par Dorine Bregman, Daniel Dayan,
Jean-Marc Ferry et Dominique Wolton

Hermès 5-6 — 1990, 404 pages

Individus et politique

Coordonné par Erika Apfelbaum, Jean-Michel Besnier
et Alexandre Dorna

Hermès 7 — 1990, 310 pages

Bertrand Russell. De la logique à la politique

Coordonné par François Clementz, pour la partie
philosophique et logique et par Anne-Françoise Schmid
pour la partie politique

Hermès 8-9 — 1990, 415 pages

Frontières en mouvement

Coordonné par Daniel Dayan, Jean-Marc Ferry,
Jacques Sémelin, Isabelle Veyrat-Masson, Yves Winkin
et Dominique Wolton

Hermès 10 — 1992, 360 pages

Espaces publics, traditions et communautés

Coordonné par Jean-Marc Ferry

Hermès 11-12 — 1993, 464 pages

À la recherche du public
Réception, télévision, médias

Coordonné par Daniel Dayan

Hermès 13-14 — 1994, 444 pages

Espaces publics en images

Coordonné par Daniel Dayan et Isabelle Veyrat-Masson

Hermès 15 — 1995, 327 pages

Argumentation et rhétorique. I

Coordonné par Alain Boyer et Georges Vignaux

Hermès 16 — 1995, 325 pages

Argumentation et rhétorique. II

Coordonné par Alain Boyer et Georges Vignaux

Hermès 17-18 — 1995, 440 pages

Communication et politique

Coordonné par Gilles Gauthier, André Gosselin
et Jean Mouchon

Hermès 19 1996, 312 pages

Voies et impasses de la démocratisation

Coordonné par Patrice Meyer-Bisch
et Edward M. Swidersky

Hermès 20 1997, 296 pages

Toutes les pratiques culturelles se valent-elles ?
Création artistique, développement culturel et politique publique

Coordonné par Jean-Pierre Sylvestre

Hermès 21 1997, 288 pages

Sciences et médias

Coordonné par Suzanne de Cheveigné

Hermès 22 1998, 228 pages

Mimesis
Imiter, représenter, circuler

Coordonné par Susan Ossman

Hermès 23-24 1999, 396 pages

La cohabitation culturelle en Europe
Regards croisés des Quinze, de l'Est et du Sud

Coordonné par Éric Dacheux, Annie Daubenton,
Jean-Robert Henry, Patrice Meyer-Bisch
et Dominique Wolton

Hermès 25 1999, 312 pages

Le dispositif
Entre usage et concept

Coordonné par Geneviève Jacquinot-Delaunay
et Laurence Monnoyer

Hermès 26-27 2000, 388 pages

www. démocratie locale.fr

Coordonné par Éric Maigret
et Laurence Monnoyer-Smith

Hermès 28 2000, 320 pages

Amérique latine
Cultures et communication

Coordonné par Guy Lochard et Philipp R. Schlesinger

Hermès 29 2001, 288 pages

Dérision – Contestation

Coordonné par Arnaud Mercier

Hermès 30 2001, 262 pages

Stéréotypes dans les relations Nord-Sud

Coordonné par Gilles Boëtsch
et Christiane Villain-Gandossi

Hermès 31 2001, 308 pages

L'opinion publique
Perspectives anglo-saxonnes

Coordonné par Loïc Blondiaux et Dominique Reynié
avec la collaboration de Natalie La Balme

Hermès 32/33 2002, 656 pages

La France et les Outre-mers
L'enjeu multiculturel

Coordonné par Tamatoa Bambridge,
Jean-Pierre Doumenge, Bruno Ollivier, Jacky Simonin
et Dominique Wolton

Hermès 34 2002, 288 pages

L'espace, enjeux politiques

Coordonné par Isabelle Sourbès-Verger

HERMÈS
Cognition, Communication et Politique

Informations aux auteurs :
Les manuscrits doivent être adressés à la rédaction en trois exemplaires (avec une copie sur disquette : Word 5 Macintosh), saisis en double interligne et d'une longueur moyenne de 25 pages (notes et références bibliographiques comprises), n'excédant pas 1 500 signes par page. Chaque article doit comporter plusieurs *intertitres* et doit être accompagné d'un *résumé* (en français et en anglais) d'une dizaine de lignes environ. Les *appels de notes* figurent dans le texte en numérotation continue et les *notes*, sont rassemblées en fin d'article. Les *références bibliographiques* font également l'objet d'un appel, dans le texte, qui renvoie à une liste située en fin d'article.

Rédaction :
27, rue Damesme, F-75013 Paris Tél. 01.44.16.73.65 Fax. 01.44.16.73.69

Administration et diffusion :
CNRS ÉDITIONS, 15, rue Malebranche, F-75005 Paris Tél. 01.53.10.27.00 Fax. 01.53.10.27.27

Vente en commande permanente (voir ci-après)

Vente au numéro :
par l'intermédiaire de votre libraire habituel, ou sur demande à CNRS ÉDITIONS, Paris.

Prix de vente de HERMÈS 35, LES JOURNALISTES ONT-ILS ENCORE DU POUVOIR ? : 25 €

POUR RECEVOIR LA REVUE HERMÈS EN COMMANDE PERMANENTE

- Vous ne payez rien à l'avance
- Vous recevrez chaque numéro dès sa parution
- Vous effectuerez votre paiement après réception et sa facture correspoondante
- Vous avez la possibilité d'interromptre votre commande permanente à tout moment, sur simple lettre adressée à **CNRS ÉDITIONS.**

À compléter et à retourner (accompagné de votre règlement dans le cas d'une commande au numéro) à CNRS ÉDITIONS, 15, rue Malebranche, F-75005 Paris

Nom .... Prénom..

Nom du donneur d'ordre ....

Profession .... Société ou organisme..

Adresse ....

Code postal........................... Ville .... Tél ....

☐ Je désire recevoir la revue **HERMÈS en commande permanente,** à partir du numéro

☐ Je désire recevoir **le (ou les) numéro(s)** coché(s) sur la liste figurant ci-dessous

☐ Chèque à l'ordre de **CNRS ÉDITIONS**

☐ Carte bleue Visa (avec autorisation de prélever sur mon compte)

N° .... Date de validité :

Date : Signature obligatoire :

COMMANDE AU NUMÉRO

(Participation aux frais de port : 5 € pour le premier ouvrage et 1 € par ouvrage supplémentaire)

☐	n° 1	THÉORIE POLITIQUE ET COMMUNICATION	160 FF. - 24,39 €
☐	n° 2	MASSES ET POLITIQUE	160 FF. - 24,39 €
☐	n° 3	PSYCHOLOGIE ORDINAIRE ET SCIENCES COGNITIVES	160 FF. - 24,39 €
☐	n° 4	LE NOUVEL ESPACE PUBLIC	160 FF. - 24,39 €
☐	n° 5-6	INDIVIDUS ET POLITIQUE	160 FF. - 24,39 €
☐	n° 7	BERTRAND RUSSELL. DE LA LOGIQUE À LA POLITIQUE	160 FF. - 24,39 €
☐	n° 8-9	FRONTIÈRES EN MOUVEMENT	160 FF. - 24,39 €
☐	n° 10	ESPACES PUBLICS, TRADITIONS ET COMMUNAUTÉS	160 FF. - 24,39 €
☐	n° 11-12	À LA RECHERCHE DU PUBLIC (*Réception, télévision, médias)*	160 FF. - 24,39 €
☐	n° 13-14	ESPACES PUBLICS EN IMAGES	185 FF. - 28,20 €
☐	n° 15	ARGUMENTATION ET RHÉTORIQUE (I)	160 FF. - 24,39 €
☐	n° 16	ARGUMENTATION ET RHÉTORIQUE (II)	160 FF. - 24,39 €
☐	n° 17-18	COMMUNICATION ET POLITIQUE	185 FF. - 28,20 €
☐	n° 19	VOIES ET IMPASSES DE LA DÉMOCRATISATION	210 FF. - 32,01 €
☐	n° 20	TOUTS LES PRATIQUES CULTURELLES SE VALENT-ELLES ?	195 FF. - 29,73 €
☐	n° 21	SCIENCES ET MÉDIAS	195 FF. - 29,73 €
☐	n° 22	MIMESIS (*Imiter, représenter, circuler)*	170 FF. - 25,92 €
☐	n° 23-24	LA COHABITATION CULTURELLE EN EUROPE (*Regards croisés des Quinze, de l'Est et du Sud)*	195 FF. - 29,73 €
☐	n° 25	LE DISPOSITIF (*Entre usage et concept)*	195 FF. - 29,73 €
☐	n° 26-27	www.démocratie locale.fr	195 FF. - 29,73 €
☐	n° 28	AMÉRIQUE LATINE (*Cultures et communication)*	195 FF. - 29,73 €
☐	n° 29	DÉRISION – CONTESTATION	150 FF. - 22,87 €
☐	n° 30	STÉRÉOTYPES DANS LES RELATIONS NORD-SUD	150,87 FF. - 23 €
☐	n° 31	L'OPINION PUBLIQUE (*Perspectives anglo-saxonnes)*	150,87 FF. - 23 €
☐	n° 32-33	LA FRANCE ET LES OUTRE-MERS (*L'enjeu multiculturel)*	29 €
☐	n° 34	L'ESPACE, ENJEUX POLITIQUES	23 €

COGNITION
COMMUNICATION
POLITIQUE

LA REVUE HERMÈS EN LIBRAIRIE

(Liste non exhaustive : Paris, banlieue et province)

FNAC, 1 rue Pierre-Lescot, 75001 Paris	01.40.41.40.00
COMPAGNIE, 58, rue des Écoles, 75005 Paris	01.43.26.45.36
GIBERT JEUNE, 5, place St-Michel, 75005 Paris	01.43.25.70.07
LIBRAIRIE DE CNRS ÉDITIONS, 151 bis, rue St-Jacques, 75005 Paris	01.53.10.05.05
PALIMPSESTE, 16, rue de Santeuil, 75005 Paris	01.43.35.04.54
PUF, 49, bd St-Michel, 75005 Paris	01.53.25.83.40
TEKHNÉ, 7, rue de Carmes, 75005 Paris	01.43.54.70.84
FNAC, 136, rue de Rennes, 75006 Paris	01.49.54.30.00
JOSEPH GIBERT, 26, bd St-Michel, 75006 Paris	01.46.34.21.41
LA HUNE, 170, bd St-Germain, 75006 Paris	01.45.48.35.85
THIERRY GARNIER, 41, rue de Vaugirard, 75006 Paris	01.45.48.89.62
TSCHANN, 125, boulevard du Montparnasse, 75006 Paris	01.43.35.42.05
LIBRAIRIE DOCUMENTATION FRANÇAISE, 29, quai Voltaire, 75007 Paris	01.40.15.71.08
SCIENCES POLITIQUES, 30, rue St-Guillaume, 75007 Paris	01.45.48.36.02
LE ROI LIRE, 4, rue Florian, 92330 Sceaux	01.43.50.20.60
LIBRAIRIE BERTHET, 107, Gde rue Ch.-de-Gaulle, 94130 Nogent-sur-Marne	01.48.73.22.50
LIBRAIRIE REGARDS, 2, rue de la Charité, 13002 Marseille	04.91.90.55.34
VENTS DU SUD, 7, rue Maréchal-Foch, 13100 Aix-en-Provence	04.42.23.03.38
AU BROUILLON DE CULTURE, 29, rue St-Sauveur, 14000 Caen	02.31.50.12.76
LIBRAIRIE DE L'UNIVERSITÉ, 17, rue de la Liberté, 21000 Dijon	03.80.30.51.17
LIBRAIRIE ÉTUDES, 5, allée Antonio-Machado, 31000 Toulouse	05.61.44.18.25
OMBRES BLANCHES, 50, rue Gambetta, 31000 Toulouse	05.61.21.44.94
PRIVAT, 14, rue des Arts, 31000 Toulouse	05.61.23.09.26
LA MACHINE À LIRE, 18, place du Parlement, 33000 Bordeaux	05.56.48.03.87
LIBRAIRIE UNIVERSITAIRE, 40, Cours Pasteur, 33000 Bordeaux	05.56.92.61.89
MOLLAT, 15, rue Vital-Carles, 33000 Bordeaux	05.56.56.40.40
LIBRAIRIE GIBERT, 6, rue de l'Université, 34000 Montpellier	04.67.52.85.15
LA BOÎTE À LIVRES, 13, rue des Halles, 37000 Tours	02.47.05.70.39
LIBRAIRIE DE L'UNIVERSITÉ, 2, place Docteur Léon-Martin, 38000 Grenoble	04.76.46.61.63
VENT D'OUEST, 5, place du Bon Pasteur, 44000 Nantes	02.40.48.64.81
RICHER, 6-8, rue Chaperonnière, 49100 Angers	02.41.25.50.00
GUERLIN MARTIN, 70, place Drouet d'Orlon, 51100 Reims	03.26.88.40.30
LE HALL DU LIVRE, 38, rue St-Dizier, 54000 Nancy	03.83.35.53.01
GÉRONIMO, 2, rue Ambroise Thomas, 57000 Metz	03.87.74.48.01
LE FURET DU NORD, 15, place du Général de Gaulle, 59000 Lille	03.20.78.43.43
LIBRAIRIE LES VOLCANS, 80, bd Gergovia, 63000 Clermont-Ferrand	04.73.43.66.55
LIBRAIRIE DES FACULTÉS, 2, rue de Rome, 67000 Strasbourg	03.88.60.12.12
LIBRAIRIE KLEBER, 1, rue des Francs-Bourgeois, 67000 Strasbourg	03.88.75.53.34
LIBRAIRIE FLAMMARION, 19, place Bellecour, 69002 Lyon	04.78.38.01.57
LIBRAIRIE DOCUMENTATION FRANÇAISE, 165, rue Garibaldi, 69003 Lyon	04.78.63.23.02
L'ARMITIÈRE, 5, rue des Basnage, 76000 Rouen	02.35.70.57.42
FORUM DU LIVRE, 5, quai Lamartine, 35000 Rennes	02.99.79.38.93

COLLECTION « CNRS COMMUNICATION »

CNRS Éditions, 15 rue Malebranche, 75005 Paris

Directeur de collection
Dominique Wolton

Créée en 1998, la collection « CNRS Communication » publie des travaux interdisciplinaires de chercheurs et d'universitaires. Elle vise trois objectifs :

- Publier des études portant sur les *dimensions suivantes de la communication* :
  - interpersonnelle,
  - médiatisée par les techniques classiques ou nouvelles,
  - politique,
  - interculturelle.
- Développer des connaissances dans ce champ scientifique neuf, difficile, mais essentiel, la communication étant substantiellement modifiée par le progrès technique, les enjeux économiques et les idéologies. Dans l'explosion de la communication, comment distinguer ce qui relève des valeurs et des idéaux, humanistes et démocratiques, de ce qui renvoie aux intérêts et aux idéologies ?
- Poursuivre la politique du CNRS dans ce domaine de recherche interdisciplinaire où, depuis plus de quinze ans, il joue un rôle précurseur, et ce, en favorisant des travaux théoriques, des recherches empiriques, des œuvres d'auteurs étrangers.

Ces trois types de livres contribueront à construire ce domaine de connaissance, indispensable à l'avenir des sociétés contemporaines.
Cette collection complète la revue *Hermès* (cognition, communication, politique), publiée depuis 1988 à CNRS Éditions.

OUVRAGES PARUS

Associations et communication. Critique du marketing, Éric Dacheux, 1998

Miroirs maghrébins. Itinéraires de soi et paysages de rencontre, sous la direction de Susan Ossman, 1998

La Fin de l'exception culturelle ?, Joëlle Farchy, 1999

Les Oies du Capitole ou les raisons de la rumeur, sous la direction de Françoise Reumaux, 1999

L'« Expert » à la télévision. Traditions électives et légitimité médiatique, Yves Chevalier, 1999

Pratiques médiatiques. 50 mots clés, Claire Belisle, Jean Bianchi et Robert Jourdan, 2000

L'Environnement dans les journaux télévisés. Médiateurs et visions du monde, Suzanne de Cheveigné, 2000

CNN et la mondialisation de l'imaginaire, Andrea Semprini, 2000

Observer la communication. Naissance d'une interdiscipline, Bruno Ollivier, 2000

Vaincre l'indifférence. Les associations dans l'espace public européen, Éric Dacheux, 2000

Raison pratique et sociologie de l'éthique. Autour des travaux de Paul Ladrière, coordonné par Simone Bateman-Novaes, Ruwen Ogien, Patrick Pharo, 2000

Langage et Travail. Communication, cognition, action, sous la direction de Anni Borzeix, Béatrice Fraenkel, 2001

La Démocratie mise en scènes. Télévision et élections, Marlène Coulomb-Gully, 2001

L'Ordre sensoriel. Une enquête sur les fondements de la psychologie théorique, Friedrich A. von Hayek. Traduit de l'anglais par Philippe R. Mach, 2001

Prévention du sida et agenda politique. Les campagnes en direction du grand public (1987-1996), Geneviève Paicheler, 2002

Des médias aux médiations. Communication, culture et hégémonie, Jesús Martín-Barbero. Traduit de l'espagnol par Georges Durand, 2002

Naturaliser la phénoménologie. Essais sur la phénoménologie contemporaine et les sciences cognitives, sous la direction de Jean Petitot, Francisco J. Valera, Bernard Pachoud, Jean-Michel Roy, 2002

« Purification ethnique ». Une formule et son histoire, Alice Krieg-Planque, 2003

À PARAÎTRE

Internet et le droit d'auteur. La culture Napster, Joëlle Farchy, 2003
Prospéro. Une technologie littéraire pour les sciences humaines, Francis Chateauraynaud, 2003

Imprimé en France par
EUROPE MEDIA DUPLICATION S.A.
53110 Lassay-les-Châteaux
N° 10384 - Dépôt légal : mars 2003
Mise en page : STDI, Lassay-les-Châteaux